本書是國家社會科學基金項目"歷代注列'古今字'多維組群研究"
（項目編號：18BYY142）的階段性成果

"古今字"學術史叢書

李運富　主編

顏師古『古今字』研究

張青松　關　玲 ———— 著

社會科學文獻出版社

SOCIAL SCIENCES ACADEMIC PRESS (CHINA)

張青松，一九六九年生，湖南武岡人。現爲貴州師範大學文學院教授，博士生導師，鄭州大學文學院兼職教授，漢字文明傳承傳播與教育研究中心西南地區研究基地副主任。一九九一年畢業於邵陽師範專科學校，一九九九年畢業於湖南教育學院（本科），二〇〇二年畢業於華南師範大學，獲碩士學位，二〇一一年畢業於暨南大學，獲博士學位。主要研究文字學和訓詁學。發表學術論文近五十篇，出版《〈正字通〉異體字研究》與《上海博物館藏戰國楚簡集釋》（第二作者），參編《辭源》第三版。主持國家社會科學基金一般項目和廣東省哲學社會科學規劃項目各一項。

關玲，一九八三年生，遼寧撫順人。二〇〇六年本科畢業於遼寧師範大學，獲學士學位；二〇〇九年畢業於北京師範大學，獲碩士學位。現就職於遼寧省統計局。

追求"古今字"學術史之"真"

——"'古今字'學術史叢書"總序

李運富

漢語之源久遠難考，漢字歷史已逾五千年 ①，而漢字記録漢語形成可考的字詞關係，目前還祇能從殷商甲骨文説起。隨着時代等因素的變化，漢語字詞的對應關係也不斷發生變化，這往往成爲解讀文獻的障礙。裘錫圭先生曾指出："文字的用法，也就是人們用哪個字來代表哪個詞的習慣，古今有不少變化。如果某種古代的用字方法已被遺忘，但在某種或某些傳世古書裏還保存着，就會給閱讀古書的人造成麻煩。"② 出於解讀文獻的需要，漢代學者便已發明"古今字"這個訓釋術語用來溝通詞語用字的古今差異，相沿至今，從而產生大量指認和考證古今字詞關係變化的材料和論述，形成學術史上關注"字用"現象的一道亮麗風景。從清代開始，部分學者逐漸誤解"古今字"的"用字"内涵，以今律古，强人就己，按照後人的"造字"觀念理解古人，遂將古人提出的"古今字"混同於現代人提出的"分化字"。我們認爲

---

① 王暉：《漢字正式形成於距今 5500—5000 年之間》，《中國社會科學報》2019 年 7 月 22 日，第 4 版。

② 裘錫圭：《考古發現的秦漢文字資料對於校讀古籍的重要性》，《中國社會科學》1980 年第 5 期；收入《中國出土古文獻十講》，復旦大學出版社，2004，第 128~129 頁。

這種誤解不符合學術史研究的"求真"原則①，不利於現代學術的正常發展，也有礙於歷代"古今字"訓注材料在當代發揮它應有的價值，所以我們申請了國家社科基金重大項目——"'古今字'資料庫建設及相關專題研究"②，擬在彙編歷代學者注釋或列舉過的"古今字"字組材料及相關論述的基礎上，嘗試還原"古今字"學術史的實際面貌，進而探討"古今字"的學理和價值。項目名中的"資料"主要指古今學者研究古今字的論著（"古今字"字組材料已另有項目完成，《古代注列"古今字"輯考》單獨出版），"相關專題研究"主要指斷代的"古今字"研究和專家專書的"古今字"研究。本叢書發表的是該重大項目"相關專題研究"方面的成果，包括按時代劃分的 4 種"'古今字'學術史"專著和按專家專書劃分的 5 種"'古今字'學術史"專著。現就"古今字"的研究問題做一引言式的概述，權作該叢書之總序。

一　現代人對"古今字"的基本認識

20 世紀以來，研究或涉及"古今字"材料的論著（含教材）在 800種以上，單篇論文有 300 多篇，內容大都屬概念爭論和字例分析，至今沒有對歷代注明和列舉的古今字材料進行全面彙總，也沒有對歷代學者有關古今字的學術觀點進行系統梳理，致使現代人在論述"古今字"問題時，或誤解歷史，或無顧歷史，把本來屬於不同時代用字不同的异字同用現象混淆於孳乳造字形成的文字增繁現象。可以説，現代"古今字"的研究還留有許多問題和不足，主要表現在以下幾個方面。

---

① 李運富：《漢語學術史研究的基本原則》，《湖北師範學院學報》（哲學社會科學版）2010年第 4 期。
② 2013 年 11 月正式批准立項，項目編號爲"13&ZD129"。

（一）在理論研究方面，對古今字性質認識不一

“古今字”是中國傳統語言文字學領域的重要概念。20 世紀以來，學界對其性質呈現兩種分歧明顯的理解。

一種以王力①、賈延柱②、洪成玉③等學者爲代表，認爲古今字是爲了區別記錄功能而以原來的某個多功能字爲基礎分化出新字的現象，原來的母字叫古字，後來分化的新字叫今字，合稱古今字。由於王力先生主編的《古代漢語》教材被全國高校普遍采用，這種觀點影響極大，被學界普遍接受。賈延柱把這種觀點表述爲：“古今字是字形問題，有造字相承的關係。産生在前的稱古字，産生在後的稱今字。在造字時間上，古今字有先後之分，古今之別。古今字除了‘時’這種關係外，還有一個重要的特點，就是古字義項多，而今字祇有古字多種意義中的一個，今字或分擔古字的引申義，或取代古字的本義。”④他們傾向於將“古今字”看作漢字孳乳的造字問題，認爲“古今字”就是“分化字”或“分別文”，這實際是今人出於誤解而做出的重新定義，其古今字概念已非原態。

另一種以裘錫圭⑤、劉又辛⑥、楊潤陸⑦等學者爲代表，主張古今字是歷時文獻中記錄同詞而先後使用了不同形體的一組字，先使用的叫古字，後使用的叫今字，合稱古今字。裘錫圭指出：“一個詞的不同書寫形式，通行時間往往有前後，在前者就是在後者的古字，在後者就是在前者的今字。……説某兩個字是古今字，就是説它們是同一個詞的

---

① 參見王力《古代漢語》（校訂重排本），中華書局，1999，第 170~173 頁。
② 參見賈延柱編著《常用古今通假字字典》，遼寧人民出版社，1988，第 17 頁。
③ 參見洪成玉《古今字概述》，《北京師範學院學報》（社會科學版）1992 年第 3 期。
④ 賈延柱編著《常用古今字通假字字典》，遼寧人民出版社，1988，第 17 頁。
⑤ 參見裘錫圭《文字學概要》（修訂本），商務印書館，2013。
⑥ 參見劉又辛《談談假借字、异體字、古今字和本字》，《西南師範大學學報》（人文社會科學版)1984 年第 2 期。
⑦ 參見楊潤陸《論古今字》，陸宗達主編《訓詁研究》第 1 輯，北京師範大學出版社，1981；《論古今字的定稱與定義》，《古漢語研究》1999 年第 1 期。

通行時間有先後的兩種書寫形式。……近代講文字學的人，有時從説明文字孳乳情况的角度來使用'古今字'這個名稱，把它主要用來稱呼母字跟分化字。近年來，還有人明確主張把'古今字'這個名稱專用來指有'造字相承關係'的字。他們所説的古今字，跟古人所説的古今字，不但範圍有大小的不同，而且基本概念也是不一致的。古人講古今字是從解釋古書字義出發的。"① 這種觀念和古人相仿，都認爲古今字屬於相同詞語的不同用字問題，記錄同詞的古字和今字不一定存在分化關係，所以他們的 "古今字" 範圍較廣，應該包括分化字或者跟分化字交叉，因而不等於分化字。

（二）在古漢語教學實踐中，古今字與其他術語糾纏不清

在觀念歧異的背景下，受古今字等同於分化字觀念的連帶影響，王力將不同形體的字分爲古今字、異體字、繁簡字三類，繼而幾乎所有古代漢語教材都出現辨析古今字與異體字、繁簡字、同源字、假借字等字例的内容。這些術語提出的背景迥異，角度不同，涉及的材料難免交叉，無法區别，正如我們不能把幾個人對立區分爲同學關係、同鄉關係、親戚關係一樣。由於角度和判定標準的不同，概念與概念之間其實是不會混同的，祇是針對具體材料發生交叉，可以做出不同的歸屬。針對記錄相同詞語的同組字，着眼於字形與音義關係，可以是異體字關係，也可以是本字與借字關係；而着眼於用字時代的先後，本字先用、通假字後起，或者使用有先有後的一組異體字，都可以認爲是古今字的關係。學界往往將材料的多屬等同於概念的交叉，於是强行對立進行辨析。對此，劉又辛曾指出古今字問題成因的複雜

① 裘錫圭:《文字學概要》（修訂本），商務印書館，2013，第 256~259 頁。

性，呼籲不可將古今字與同源字、異體字、假借字等概念相對立 ①；王寧 ②、蔣紹愚 ③ 主張用別的術語表示漢字中的分化現象，從而避免跟“古今字”糾纏。但實際上，由於歷史問題沒有正本清源，大家不明就裹，祇好順從慣性，忙於辨析區別而難以自拔。

（三）在學術史研究中，以今律古，對傳統古今字研究的評價多與事實不符

歷代文獻中的古今字訓詁材料數量豐富、分布極廣，目前尚無全面彙總歷時古今字材料并展開研究的成果。對個別學者的“古今字”進行舉例式研究的倒是不少，但總體上由於掌握材料不全，又先入爲主地受古今字就是分化字的現代學術觀念影響，常常出現不符合歷史事實的論斷和評價。有人認爲“古今字”的所指範圍是逐步擴大的，這其實是現代學者因對材料掌握不充分而產生的錯覺，我們系統梳理發現，直到清代徐灝，古人的古今字觀念并沒有多大變化；有人認爲段玉裁有時把“古今字”的“古字”稱爲假借字或把“今字”稱爲俗字是判斷失誤，批評段玉裁對古今字的認識不清、概念混亂，其實這祇是段玉裁從不同的角度表述同組材料而已，使用不同術語的目的不盡相同，古今字着眼於用字的先後，假借字、俗字等更多着眼於字形的來源或屬性；有人認爲王筠把“古今字”稱爲“分別文”“累增字”，因而促進了“古今字”的科學研究，其實在王筠的著作中這幾個術語是并存的，角度不同，無法相互取代，祇是現代人將王筠的古今字與分別文混同起來，纔強説王筠對古今字有了新的看法；還有人認爲鄭玄是最早研究“古今字”的學者，其實鄭玄的説法大都來自鄭衆，祇

① 參見劉又辛《談談假借字、異體字、古今字和本字》，《西南師範大學學報》(人文社會科學版)1984 年第 2 期。
② 王寧、林銀生、周之朗等編著《古代漢語通論》，北京師範大學出版社，1996，第 49 頁。
③ 蔣紹愚:《古漢語詞彙綱要》，商務印書館，2005，第 209 頁。

是比鄭眾多舉了些例子而已。凡此種種，都是没有充分占有材料因而缺乏全面比較的結果，經不起歷史事實的檢驗。

可見，“古今字”的研究并不像我們想象的那麼簡單，要説清楚這些問題，必須考察歷史上“古今字”的真實面貌，還原古人的本意，所以有必要全面測查“古今字”的學術歷程和實際材料，祇有從事實出發，纔能弄清楚古人的“古今字”究竟是什麼，也纔能搞明白現代學者對“古今字”發生誤解的根源。

二 “古今字”的歷史面貌

（一）古人眼中的“古今字”

“古今字”是個學術史概念，應在歷史語境中理解它的含義和作用。最早提出這個問題的是古代訓詁家，他們在注釋中用“古今字”説明不同時代用不同字符表達同一詞項（文獻中的音義結合體單位）的用字現象。除了典型的“古今字”表述，還有許多包含古今用字關係的其他表述方式。有的將“古”“今”對舉，如“某古字，某今字”等；有的單説“古”或“今”，如“古（今）作（爲）某”“古（今）某字”“古（今）文（字）某”等。無論怎麼表述，其中都包含“古”或“今”的時間概念。最初提出“古今字”相關名稱的是漢代學者鄭眾和鄭玄。

（1）【諸侯之繅斿九就。】鄭司農云：“‘繅’當爲‘藻’。‘繅’，古字也，‘藻’，今字也，同物同音。”（漢·鄭玄注《周禮·夏官》）

（2）【凡國之大事，治其禮儀以佐宗伯。】故書“儀”爲“義”。

鄭司農云:"'義'讀爲'儀'。古者書'儀'但爲'義',今時所謂
'義'爲'誼'。"(漢·鄭玄注《周禮·春官》)

(3)【君天下曰天子,朝諸侯、分職授政任功曰予一人。】《覲
禮》曰:"伯父實來,余一人嘉之。"余、予古今字。(漢·鄭玄注
《禮記·曲禮》)

鄭衆是東漢早期人物,他雖未明確使用"古今字"這個術語,但
已用"古字、今字"溝通詞語用字的時代差異,且對古今字的内涵做
出基本界定。[①] 如例(1)闡述記錄{五彩絲繩}義的詞語古今分別使
用"繅"和"藻"字,更重要的是指出古今字具有"同物同音"的性
質,即"同義同音"却使用了不同的字形記錄。例(2)具體分析{儀
態}義詞語歷史上分別用古字"義"、今字"儀"記錄,表示{意義}
的詞語曾用古字"誼"、今字"義"記錄。東漢晚期的鄭玄則明確開始
使用"古今字"的術語溝通詞語用字的古今差異,例(3)記錄{自稱
代詞}的"余"和"予"字構成"古今字"關係(研究發現"予""余"
實際使用的古今關係是不斷變化的[②])。可見他們提出或使用"古今字"
概念與文字分化無關,不屬於造字的問題,完全是針對文獻解讀溝通
詞語古今用字差异而言的。

我們通過對大量實際材料的調查,發現從漢代到清代的學者對
"古今字"性質的認識基本上保持着一致性,都是在訓詁注釋的範疇内
溝通歷時同詞異字現象。清代是中國傳統語言文字學研究的巔峰,而
段玉裁的成就更是超拔前人。段玉裁對"古今字"的相關問題有着深
刻的認識,是學術史上第一位對古今字進行理論闡釋的學者。其著作
中有大量關於"古今字"的精闢論述,如:

---

① 參見李運富《早期有關"古今字"的表述用語及材料辨析》,《勵耘學刊(語言卷)》總第6輯,
學苑出版社,2008。
② 參見李運富《"余予古今字"考辨》,《古漢語研究》2008年第4期。

（4）【今，是時也。】古今人用字不同，謂之古今字。（清·段玉裁《説文解字注·亼部》）

（5）【余，語之舒也。】余、予古今字。凡言古今字者，主謂同音，而古用彼今用此，异字。若《禮經》古文用余一人，《禮記》用予一人。（清·段玉裁《説文解字注·八部》）

（6）【誼，人所宜也。】凡讀經傳者，不可不知古今字。古今無定時，周爲古則漢爲今，漢爲古則晋宋爲今，隨時异用者謂之古今字。（清·段玉裁《説文解字注·言部》）

（7）【婬，厶逸也。】婬之字今多以淫代之。淫行而婬廢矣。（清·段玉裁《説文解字注·女部》）

段玉裁首次對"古今字"進行定義，如上舉例（4）認爲"古今人用字不同，謂之古今字"，例（5）提出"凡言古今字者，主謂同音，而古用彼今用此，异字"。從這些不同表述中可以看出，段玉裁眼中的"古今字"也是立足於詞語用字角度的。他對"古今字"研究的理論貢獻還表現在提出"古今無定時"，如例（6）認爲"古今字"的"古"和"今"并非絶對的時間概念，而是相對的，古今可以轉換，隨時异用；而"凡讀經傳者，不可不知古今字"則更説明"古今字"是釋讀文獻的訓詁學問題。此外，他的貢獻還表現在獨創"某行某廢"的訓詁體式，揭示詞語古今用字演變的結果，如例（7），這無疑也與造字相承無關。①

段玉裁在《經韻樓集》卷四中又説："凡鄭言古今字者，非如《説文解字》謂古文籀篆之别，謂古今所用字不同。"其"謂古今所用字不同"固然不錯，但斷言"非如《説文解字》謂古文籀篆之别"則可能過於拘泥。因爲對於什麽是"用字不同"，如果對"字"的看法古今有

---

① 參本叢書中劉琳《段玉裁〈説文解字注〉"古今字"研究》。

異，那對具體材料的判斷就難免不同。現代構形學告訴我們，漢字的不同形體有的是异構關係，有的是异寫關係。① 所謂“用字不同”通常是指具有异構關係的不同字位或者不同字種，衹是寫法不同的异寫字一般不看作用了不同的字，因而構不成“古今字”關係。但古人没有明確的异寫、异構概念，他們衹看字形差异，字形差异不同的字，就有可能被認定爲“古今字”，所以“古文籀篆之別”也可以屬於“古今所用字不同”。例如：

（7）卜，灼剥龜也，象灸龜之形。一曰象龜兆之從横也。𠧓，古文卜。（漢·許慎《説文解字·卜部》）

（8）外，遠也。卜尚平旦，今夕卜，於事外矣。𡖄，古文外。（漢·許慎《説文解字·夕部》）

按許慎的標注，我們可以認爲，在{占卜}詞項上，“𠧓”爲古文，則“卜”爲今字，“𠧓、卜”構成“古今字”關係；在{外面}詞項上，“𡖄”是古文，“外”爲今字，則“𡖄、外”也構成“古今字”關係。但其實“𠧓”與“卜”的差別衹是寫法不同（對古文字的隸定或轉寫方式不同），構形上都是“象龜兆之從横也”，并非兩個不同的字位。又如：

（9）�，溥也。从二，闕；方聲。�，古文旁。�，亦古文旁。�，籀文。（漢·許慎《説文解字·丄部》）

（10）【旁㫄雱㝄雰㝵】《説文》“溥也”。《爾雅》“二達謂之岐旁”。隸作旁。古作雱、㝓。籀作雰。或作㝵。（宋·丁度《集韻》卷三）

按，在許慎看來，秦漢時期使用的小篆字形“�”，在“古文”時

---

① 王寧：《漢字構形學講座》，上海教育出版社，2002。

代的文獻裏寫作“颜颜”，在籀文材料裏寫作“颜”，都屬於前代不同的用字。其中有的結構不同，有的祇是寫法不同，由於形體上有差異，都可以看作不同的字。那麼，所謂“古文”“籀文”可能不是純字體概念，而主要指字形的來源和出處，所以後世如《集韻》之類往往將《説文》的古文形體轉寫爲當代通行的字形。如把古文“颜”與“颜”分別轉寫成楷體字形“夈”與“夈”，這并不表明“夈”與“夈”這種字形在文獻中實際用過。之所以把轉寫後失去了“古文”書寫風格的字形仍然稱爲“古作某”，可能因爲古人所説的“古文”原來就不是着眼於字體風格的。當然，對這些由古代的某種古文字形轉寫而來的後出字形，由於文獻裏不一定實際使用過，如果要作爲用字現象來分析，最好回到古文字形的時代按古文原形的功能分析，轉寫字形祇能看作古文原形的代號而已。

我們説許慎的“古文”未必是一個純字體概念，更大程度上是指古代文獻裏的用字，大概相當於“古代文字”，具體所指時代和文獻隨相對概念而異，但都是指字形的來源而不是指書寫風格。關於這個問題我已指導桂柳玥寫過一篇碩士學位論文，題爲《〈説文〉“古文”所指及相關“古文”研究》。通過全面考察《説文·叙》中 10 處“古文”所指和《説文》正文中出現的幾百個“古文”的含義，我們認爲，《説文解字》中的“古文”應泛指秦代小篆和秦隸産生之前除大篆之外的古代文獻用字，它強調的是文字材料在來源和時代上的差異以及字形結構的不同，未必有統一的書寫風格。其中“古文以爲某”的説解體例，正是用來説明古文書籍的用字現象的，即某個字形在古代文獻裏用來記錄另一個詞，也就是當成另一個字用。正如段玉裁在“中”下注曰：

　　　　凡云古文以爲某字者，此明六書之假借。以，用也。本非某字，古文用之爲某字也。如古文以洒爲灑埽字，以足爲詩大雅字，

以丂爲巧字，以臤爲賢字，……皆因古時字少，依聲托事。至於古
文以屮爲艸字，……以臭爲澤字，此則非屬依聲，或因形近相借。
無容後人效尤者也。①

也正如陸宗達先生所說：

> 許慎所謂"古文"，就是漢代所發掘出的古文經典中的字體。
> 但實際上《説文》所説的"古文"，不僅僅限於古文經典，春秋時
> 代秦篆以外群書故籍所使用的文字，都叫"古文"。……此外，許
> 慎還引據很多秦以前的其他古籍，如《逸周書》、《山海經》、《春秋
> 國語》、《老子》、《孟子》、《楚辭》、《司馬法》等等，都可以根據上
> 面所説的道理來推斷爲"古文"。據《説文解字·叙》，許慎還收集
> 了當時出土的鼎彝銘文的字體，也稱爲古文。②

陸先生所説的"字體"應該理解爲字形，許慎注列的"古文""籀
文"等與"小篆"不同，主要不是書寫風格類別的對立，而是字形結
構和使用功能的差異，是文獻來源的時代不同。這樣理解許慎的"古
文"，纔可以跟司馬遷《史記》所説的"古文"③、鄭玄等注釋家注列的
"古文"④ 以及後世字書如《廣韻》中所謂的"古文"統一起來。它們都
是指古代文獻中的用字現象，衹是具體來源不同而已。所以我們把這
類指稱古代文獻中用過的"古文"當作"古今字"的"古字"，也都納
入注列"古今字"的材料提取範圍。

總之，古人的"古今字"是個訓詁學概念，屬於文獻用字問題，

---

① （漢）許慎撰、（清）段玉裁注《説文解字注》，上海古籍出版社，2011，第 21 頁。
② 陸宗達：《説文解字通論》，中華書局，2015，第 23 頁。
③ 王國維：《〈史記〉所謂古文説》，載《觀堂集林》，中華書局，1961，第 307~312 頁。
④ 參見李玉平《試析鄭玄〈周禮注〉中的"古文"與"故書"》，《古籍整理研究學刊》
2005 年第 5 期。

跟造字和文字分化無關。凡是不同時代的文獻記錄同一詞項而使用了不同的字，不管是結構不同的字位字種，還是同一字位字種的不同字形，都可以叫“古今字”。其要點有三：一是“同物同音”，即文獻中功能相同，記錄的是相同詞語；二是“文字不同”，前後使用不同的字形記錄；三是使用時代有先後。概括起來説，古今字是指不同時代記錄同一詞項所用的不同字，而不同的字是指兩個或兩個以上的一組字，所以古今字是字組概念而不是個體概念。

（二）“古今字”與“分化字”“分別文”的關係

既然“古今字”在傳統語言文字學的發展歷程中一直屬於訓詁學領域的問題，是文獻用字問題，那麼現代學者將其等同於“分化字”和“分別文”，或者認爲“古今字”包含“分化字”“分別文”，將其看成文字孳乳的造字問題，無疑都是不符合學術史原貌的。這裏既有對古人學説的無意識誤解，也有故意追求某種學理而强人就己的非學術史研究方法，所以需要從學理和方法上辨明原委，纔能真正消除誤解。

1. 分化字、分別文不是“古今字”

今人把“古今字”等同於“分化字”，或者認爲“古今字”包含“分化字”，顯然不合古人的實際，更重要的是在學理上也無法講通。所謂“分化字”，一般是指原來具有多項功能的字被分化爲各自承擔原來部分功能的幾個字的文字現象。例如“采”字原來曾記錄｛采摘｝｛彩色｝｛理睬｝等多個詞項，“采”字記詞職能過於繁重，於是以“采”作爲聲符分別新增義符，另造新字，分擔各項職能。如增“手”旁造“採”記錄｛採摘｝、增“彡”旁新造“彩”專記｛彩色｝、增“目”旁新造“睬”記錄｛理睬｝等，將“采”稱爲“母字”，將“採、彩、睬”看作由母字孳乳出的分化字。值得注意的是，“分化”通常指由舊事物滋生出新事物的過程，所以“分化”是就“字”而言，增多的衹是記錄詞語的字形，記詞職能仍是原有的，并未出現新的增項，不宜使用職能“分化”的表述。分化字產生以後，衹是將原有記詞職能進行了重新分工調整，將原來一個字的職能分擔給幾個字。職能分工不衹有字形分化孳乳新字一途，還可以有其他方法，如改換義符、異體分工、借字分擔等，所以字形分化不等於職能分工，更不等於古今字。

那麼分化字是否能够等於“古今字”的概念呢？答案是否定的，我們可以舉出如下理由。首先，“分化字”單指一方，要跟“母字”相對纔成爲指一組字的概念；而“古今字”是包含古字和今字的組概念，“分化字”和“古今字”這兩個概念根本不對稱。其次，“母字”與“分化字”在功能上是總分關係或包含與被包含關係，并不對等，母字一個字承擔多項職能，而分化字衹是承擔原來母字的一項功能，它的功能要比母字少，分化字與母字的功能不對等，所以分化字和母字記錄的不是同一個詞；而“古今字”的“古字”和“今字”是同一關係，音義相同。最後，文字分化是漢字字種的孳乳發展現象，屬於“造字”問題；古今字是不同時代詞語用字的不同，屬於“用字”問題。可見“古今字”和“分化字”是不同的現象，性質存在明顯差異。

今人之所以會把“古今字”看成“分化字”，應該與誤解清代王筠的“分別文”有關。他們以爲王筠的“分別文”就是“古今字”，而“分別文”也可以叫“分化字”，所以“古今字”就是“分化字”。其實這三個概念各不相同，不能混淆，王筠的分別文不等於古今字，分別文也不等於分化字，分化字自然也就不等於古今字。

我們先看王筠提出“分別文”的學術背景和研究意圖。①“分別文、累增字”是王筠在研究《說文》异部重文時提出的，他在《說文釋例》卷八對“分別文、累增字”做過界定：

---

① 參見李運富、蔣志遠《論王筠“分別文、累增字”的學術背景與研究意圖》，《勵耘學刊（語言卷）》總第 16 輯，學苑出版社，2013。

　　分別文、累增字（此亦異部重文，以其由一字遞增也，別輯
之）：字有不須偏旁而義已足者，則其偏旁爲後人遞加也。其加偏
旁而義遂异者，是爲分別文。……其加偏旁而義仍不异者，是謂累
增字。①

　　可見王筠提出"分別文、累增字"的學術背景與"古今字"無
關，主要是爲研究"重文"現象。《説文》"重文"是指功能基本相同
的用字，以异體字居多，但不限於异體字。"分別文"如下文例（1）
"然"字包含"然₁"（燃燒）、"然₂"（應答之詞）、"然₃"（代詞）等
多個同形詞項，增"口"旁造"嘫"將"然₂"從形體上跟意義不同
的"然₁""然₃"分別開，所以稱爲"分別文"；而"嘫""然"記録
詞項"然₂"屬同功能字，所以屬"重文"現象。"累增字"如下文例
（2）"复"字本義指"返回"，後遞增義符"彳"作"復"，二者屬同音
同義的异體字關係，也屬於重文。

　　（1）"嘫"下云"語聲也"，蓋即然否之然。《火部》："然，燒
也"，借爲應詞，又加口爲別耳。《脈經》凡應答之詞，皆以然字代
曰字，嘫下祇云然聲。（清·王筠《説文釋例》卷八）
　　（2）《夊部》复下云："行故道也"，《彳部》復下云："往來也"，
夫往而復來，則所行者必故道也。《玉篇》曰："复，今作復。"案：
从夊，義已足矣。又加彳，微複也。復下祇云复聲。（清·王筠
《説文釋例》卷八）

　　王筠説"分別文""累增字""此亦異部重文"，祇是由於這兩種
重文都是"遞增"偏旁造出新字而形成的，所以"別輯"出來另立一

_____

①　（清）王筠：《説文釋例》，中華書局，1987，第173頁。

卷。新字的記詞功能若與母字的某些義項不同就是“分別文”，没有不同則是“累增字”。這一發明的實質，是把在《説文》中處於平面静態的一部分“异部重文”從造字的角度進行動態分析，以揭示部分“异部重文”産生的原因，并非字際關係新的分類。這些“重文”以增旁造字的方式産生，遂使“分別文”“累增字”可以延伸爲專門探討造字孳乳問題的漢字學理論，它跟形體構造和字種增益密切相關，而跟漢字的使用屬於不同的學術層面，所以跟“古今字”没有必然聯繫。

我們説“古今字”不等於“分別文”“累增字”，還可以從下面幾點來説明：第一，“古今字”指稱的字例可以没有“增偏旁”的形體關係。第二，“分別文”“累增字”祇能指稱造字時間在後的字，而“古今字”的“古”“今”無定時，所以用字的古今關係跟造字的時間順序有時并不一致。第三，“古今字”的古字和今字“同物同音”，判斷的標準是在文獻中音義相同，即記錄同一詞項。累增字是“加偏旁而義仍不异者”，而“分別文”是“加偏旁而義遂异者”，就是説稱爲“分別文”是因爲它跟原字的意義不再相同（有的音也不同）而記錄了另一個詞項。第四，王筠著作中“古今字”與“分別文、累增字”是兩套共存异用的術語。使用“古今字”術語時，着眼於文獻用字不同而功能相同，常常跟注釋性用語配合，目的是用熟悉的今字解釋不太熟悉的古字；而使用“分別文”“累增字”則着眼於文字孳乳關係，目的是説明某個字是以某個字爲基礎産生的，故常有“後作”“後起”之類的用語配合。①

所以我們認爲“分別文”與“古今字”性質不同，判斷標準不同，不能相互取代。其實，“分別文”不僅不是“古今字”，也不等同於“分化字”，因爲分化母字職能的手段多種多樣，不限於“增偏旁”，增

---

① 參見李運富、蔣志遠《從“分別文”“累增字”與“古今字”的關係看後人對這些術語的誤解》，《蘇州大學學報》（哲學社會科學版）2013 年第 3 期。

旁分化衹是漢字分化的手段之一，漢字還可以通過改換偏旁、異體分工、借字分化、另造新字等方式來達到分化原字職能的目的。這幾組概念之間的區別如下表所示。

字組概念	概念性質	記詞職能
古字—今字	文獻用字	功能同一
被分別字—分別文	孳乳造字	功能相異
母字—分化字	增形分工	功能合分

　　“古今字”“分別文”“分化字”不僅提出的學術背景與研究意圖各不相同，而且“古今字”是“古字”和“今字”的合稱，屬於字組概念；而“分別文”“分化字”却都是單指一方，要分別與“被分別字”“母字”并舉纔能構成組概念。它們的性質也存在根本不同，古今字是訓詁家就文獻用字的歷時差異而言的，主要爲破解文獻釋讀的障礙，用一個熟悉的今字去解釋陌生的古字；分別文是王筠就孳乳造字提出的概念，强調的是增旁造字的方法；母字和分化字則是當代學者從漢字職能的分工角度提出的，它强調字形的分化和增多，由一個字變成幾個字，目的在於分擔母字的功能。此外，它們的記詞職能也各不相同，古今字要求同音同義，記詞職能必須相同；分別文的功能必須與被分別字相異；而分化字所記詞項是母字原來多項職能中的一項。

　　“古今字”既然可以在不同時代替換使用，則音義相同，是針對某一詞項而言的，即古字與今字的對應範圍是記錄同一個詞項的字。離開這個詞項，在不同的音義之間，則無所謂古字和今字。因此所謂“職能分化”，所謂“今字衹承擔古字的某一個職務”，所謂“分擔古字的本義，或引申義，或假借義”等説法都是錯誤的，因爲這樣説的時候，這個“古字”跟“今字”記錄的已經不再是“同詞”關係了。

2."古今字"的"古字"和"今字"可從别的角度另加説明

記録同一詞項的"古今字"之間存在多種複雜關係，有的古今字是異體字關係，有的是本字與借字的關係，有的是借字與本字的關係，有的是借字與借字的關係，有的是源本字與分化本字的關係，等等。這些字際關係可以從不同角度説明某組古今字的成因，却不是跟"古今字"處於同一系統的并列概念，因而拿"古今字"跟"分化字""分別文""異體字""通假字"等相提并論并進行辨析是没有意義的，不過可以用不同概念對"古今字"的"古字"和"今字"從别的角度加以説明。或説明來源，或説明屬性；有的祇説明"古字"或"今字"，有的兩者都説明，從而形成另一種對應關係。如用"分別文"説明"古今字"中"今字"的來源，表面上"分別文"跟"古字"或"古文"相對，實際上是省略了"今字"的名號而直接説明這個今字是怎麼來的。這樣的"分別文""累增字"祇對"今字"起説明作用，不能作爲組概念取代"古今字"或作爲"古今字"包含的類。例如：

（3）《節南山》"維石巖巖"，《傳》："積石貌。"《釋文》："巖本或作嚴。"案：嚴者古字，巖則後作之分別文。（清·王筠《毛詩重言》中篇）

王筠説"嚴者古字，巖則後作之分別文"，意謂在山崖義上"嚴$_1$"是古字，"巖"是今字。今字"巖"是爲了區別"嚴$_2$"的｛嚴厲｝義而產生的一個"分別文"，也就是由"嚴$_2$"詞項的分別文"巖"充當了"嚴$_1$"這個"古字"的"今字"。可見這裏的"古今字"是針對｛山崖｝詞項而言的，"分別文"是針對｛嚴厲｝詞項而言的，它們不在同一個術語體系中。

還可以用"俗字""專字""借字"甚至後來纔有的"分化字"等説明"今字"的屬性，有時也説明某個"古字"是"假借字""通借字""借字"等。這種對"古字"或"今字"屬性説明的用語并非混同"古今字",也不跟"古今字"關係矛盾,因爲彼此角度不同。例如:

（4）《玉篇》:"燗,火焰也。"焰即燗之俗字,此以俗字釋古字法也。（清·王筠《説文釋例》卷七）

（5）【作,起也,从人,乍聲。】鐘鼎文以"乍"爲"作",然則"乍"是上古通借字,"作"是中古分别字。（清·王筠《説文解字句讀》第八上）

例（4）記録詞語｛火焰｝,"燗"和"焰"構成古今字關係,今字的來源是俗字,此處用俗字解釋古字,俗字説明的是今字的性質,并非與古字構成組概念。例（5）記録｛興起｝義先使用古字"乍",後用今字"作",二者構成古今字關係;而又説"乍"是通借字,"作"是"分别字",目的在於從另外的層面説明古字和今字的性質,并不影響"乍—作"是一組古今字的判斷。

這種既從用字時代上擺出"古今字"關係,又儘量從其他角度説明其中"古字"和"今字"的來源或屬性的做法,漢唐訓詁家已發其端,段玉裁、王筠等清代學者做得更多,超過前人。這些用來説明"古字"和"今字"屬性的術語跟"古今字"不在同一個系統,没有并列比較或辨析的邏輯基礎。

但現代許多學者常常批評段玉裁、王筠等人把"古今字"説成"通假字""俗字"等,認爲他們判斷失誤因而造成矛盾,這是今人把"古今字"跟"通假字""异體字"等對立起來辨析的結果,實際不懂古人是從其他角度對古今字用字來源或屬性的説明。正如"夫妻"關係可以再解釋各自的身份或籍貫一樣,古人對"古今字"關係的進一步説明并非將有關概念并列對立。

利用“古今字”材料來研究文字孳乳分化現象應該是可以的，但必須明確這祇是材料的共用，不能據此認爲古人的“古今字”概念就是指文字孳乳分化的造字問題，更不能以今律古、强人就己，用今人重新界定的概念去妄議古人。在研究文字分化現象時，最好不要使用“古今字”這個具有訓詁意義的概念，以免引起誤解歧義，導致相關概念的混亂。

三 “古今字”學術史材料的處理

學術史上的“古今字”不等於文獻中實際存在的古今字，而是指歷代學者注釋過、論述過或列舉過的“古今字”，需要區別時可稱爲“注列‘古今字’”，或者用加引號的“古今字”。“古今字”學術史研究必須建立在“注列‘古今字’”材料基礎上，古人没有注列過的古今字不在本叢書的考察範圍之內。

“注列‘古今字’”材料需要從歷代的隨文釋義類注疏、纂集類訓詁專書、考釋類訓詁劄記、研究論文和相關教材中提取。我們采用的基本方法是用“古”和“今”作爲關鍵字進行檢索，但遇到的困難有：第一，大量的古籍没有電子版，需要人工通讀，逐一查檢；第二，檢索得到的有關材料大都是没有標點的，而且很多屬於現代人的轉錄，存在文字訛誤，所以需要對獲得的材料核實原版原文，并在讀懂弄通的基礎上進行標點；第三，校勘無誤的真實材料也不一定都是有效的，其中許多甚至絕大部分含有“古”或“今”的語料并非討論古今用字不同問題，需要人工排除；第四，對於經過甄別提取出來的近萬條材料，也需要考察彼此之間的關係，經過系聯、去重、歸類、排序等，纔能形成便於查檢利用的資料集。其中的任何一項工作都十分棘手，不僅需要查找、比對、校勘的耐心，更需要文字學、訓詁學、文獻學等方面的學力和識斷。

（一）檢索材料的核實、校勘和標點

"注列'古今字'"的材料大都來自"中國基本古籍庫""瀚堂典藏"和"四庫全書"等電子數據庫，部分來自古籍紙本或電子圖版的手工查找，都有具體版本依據。通用古籍數據庫中的電子文本存在許多錯訛和標點不當（有的没有標點）問題，需要核對原版和校正標點。項目組成員手工搜集到材料後自己的移録或轉録也容易造成錯訛，更是需要後來的反覆校勘。核查原書原圖、校對文字和準確標點的工作非常繁重，但十分必要。如果録入時發生文字訛誤或標點不當，就可能造成對注列原文理解的困難。例如：

（1）【出佳楊及柳】古文柳。（明·馮惟訥《古詩紀·古逸第八》）

按，瀚堂典藏數據庫將【 】中的"及柳"録作"及柳"，據原書圖版發現爲誤録，需勘正，所以"柳—柳"不是古今字，"柳—柳"纔是古今字。

（2）【罪釁】忻近反。杜注《左傳》云："釁，瑕隙也，罪也。"賈注《國語》："兆也。"《説文》作釁，从爨（七亂反）省。釁字象祭器。酉，古酒字也。分，聲也。今俗作釁，略也。《經》作釁，謬也。（唐·慧琳《一切經音義》卷十二）

按，瀚堂典藏數據庫將"今俗作釁"録爲"今俗作釁"，與原書圖版不符，需勘正，則構成古今字的是"釁—釁"，而不是"釁—釁"。

（3）【敕勒勑】《説文》：誡也。臿地曰敕。从（攴）[支] 束聲。古从力。或作勑。本音賚，世以爲敕字，行之久矣。（宋·丁度等《集韻》卷十）

按，以上文字在項目組提供的初稿中録文爲："[宋] 丁度等《集韻》卷十：〖敕勒勑〗《説文·言部》：誡也。兩地曰敕。从支束聲。古从力。"這段録文經核查原書，發現存在嚴重問題：一是《集韻》原文引《説文》沒有"某部"，應忠實原文體例無需增補"某部"。而且録者的增補也補錯了，要補的話應該是"攴部"而不是"言部"。二是原文"臿地曰敕"被誤録成"兩地曰敕"，完全不辭。三是原文的"从支"當爲"从攴"之誤，録文應予校正。四是字頭有"勑"字，而録文沒有相應內容。其實原文還有"或作勑。本音賚，世以爲敕字，行之久矣"，録文不當删省。

如果不是電子文本或手工轉録產生的錯訛，而是圖書版本原有的錯訛，更可能導致"古今字"字組判斷的失真，在理據充分的情況下應該校勘，必要時可加校勘説明，以避免出現錯誤的古今字關係。例如：

（4）【疧】古文。陟尼反。今作胅。皮厚也。（遼·行均《龍龕手鑑》入聲卷四·疒部）

按，《説文·肉部》："胘，牛百葉也。从肉，弦省聲。"與"疧"的音義不符。考《龍龕手鑑》入聲卷四肉部："【����】四俗。【胝胝】二正。丁尼反。皮厚也。六。"可見《龍龕手鑑》"疧"字下"今作胅"的"胅"應爲"胝"字誤刻，當勘正爲"（胅）[胝]"。胝同胝，猶疧同痕。這樣，構成古今字關係的是"胝—疧"而不是"胅—疧"。

（5）【舊垜】下音奧。《説文》云"古文奧字也"。《文字典説》
云"土宆也"。又趙、姚二音。《説文》："窯也，燒瓦竈也。"傳作
姚，非也。（唐·慧琳《一切經音義》卷九十三）

按，慧琳《音義》引《説文》"古文奧字也"當爲"壝"字之誤。
《説文·土部》："壝，四方土可居也。从土奧聲。垗，古文壝。"音奧
之垜當爲垗字隸定，當看作"壝"的古文，與音趙之垜（訓土宆也）、
音姚之垜（窯字異構）爲同形關係。"舊垜"之"垜"既"音奧"，則
應爲"壝"的古字（楷寫），取"四方土可居"義。後面却引《文字
典説》訓"土宆也"，則當音趙。慧琳這條材料音義錯亂，按"壝—
垜"作爲一組古今字的話，原文當勘正爲："下音奧。《説文》云'古
文（奧）[壝]字也'。又趙、姚二音。《文字典説》云：'土宆也。'《説
文》：'窯，燒瓦竈也。'"

（二）"古今字"材料的鑒別

注列"古今字"散見於歷代的古籍注釋和語文工具書中，除了
典型的"某某古今字"表述，還有許多包含古今用字關係的其他表
述方式，如"某古字，某今字""古（今）作（爲）某""古（今）
某字""古（今）文（字）某"等，其中都包含時間名詞"古"或
"今"，所以搜集材料時可以用"古""今"作爲檢索詞，但不是所有含
"古""今"的材料都是反映用字現象的"古今字"，所以需要把梳并逐
一鑒別，排除大量的非用字性質的"古""今"材料，纔能提取出真正
的"古今字"字組來加以研究。

1. 與"古今字"表述類似的文獻正文，不是注列"古今字"

古書中的正文通常用大字粗文刻印，與注釋語有明顯區別，即使
不看形式，就語意内容而言也是容易辨析的。例如：

（1）由余片言，秦人是憚。日磾效忠，飛聲有漢。桓桓撫軍，古賢作冠。來牧幽都，濟厥塗炭。（晉·盧諶《贈劉琨詩》）

其中的"古賢作冠"不是注釋語，不是"古代的賢字寫作冠字"的意思，因而不是"古今字"材料。此類非注釋語中的"古""今"材料首先被剔除出去。

2. 指稱不同時代的版本异文，目的不在説明用字關係的，不算注列"古今字"

古人常用"古本""今本"指稱版本异文，比較容易分辨。如果用"古文""今文"來指稱，就要特別注意了。"版本概念的'古文''今文'既不同於字形概念的'古文''今文'，也不同於字符使用關係的'古今字'，它們彼此之間祇有异同的關係，没有源流關係。"① 指稱版本异文的"古文""今文"往往與有校勘意味的"作"或者"爲"組合運用，具體有"古（今）文（或）作某""古（今）文（或）爲某""古（今）文皆（作）爲某"等形式；也有直接用"今作某"或"古作某"的，不含"文"和"字"。例如：

（2）【設黍於腊北，其西稷。設湆於醬北。御布對席，贊啓會，卻于敦南，對敦於北。】啓，發也。今文啓作開。古文卻爲綌。（漢·鄭玄注、唐·賈公彥疏《儀禮注疏》卷五）

（3）【若殺，則特豚，載合升，離肺實於鼎，設扃鼏。】今文扃爲鉉，古文鼏爲密。（漢·鄭玄注、唐·賈公彥疏《儀禮注疏》卷三）

（4）【夫坤，妥然示人簡矣。】妥，今作隤。（明·姚士粦輯《陸氏易解》）

---

① 李運富：《早期有關"古今字"的表述用語及材料辨析》，《勵耘學刊（語言卷）》總第6輯，學苑出版社，2008。

例（2）（3）的鄭注，意思是《儀禮》中的"贊啓會""卻于敦南""設扃鼏"在他見到的某個"今文"或者"古文"版本中分別寫作"贊開會""綌于敦南""設鉉鼏""設扃密"。例（4）"妥，今作隋"，是說這句話《周易》古本作"妥"而今本作"隋"。這種版本校勘性質的"古""今"意在説明同一位置的字詞古今版本不同，不一定是同一詞語不同時代的用字不同，即使恰好也屬於用字不同，而其實并不是注家特意要注明的，就是説注家的目的在於説明版本差異而不在於用字差異。當版本異文跟用字差異重合時，收録爲"古今字組"也是可以的，如上文"卻"與"綌"、"鼏"與"密"；但不是用字差異的異文就應該排除，不能算"古今字"，如上文"啓"與"開"、"扃"與"鉉"。

3. 指稱詞語變化或同義詞的"古今語"，不是注列"古今字"

稱呼不同時代同一事物可能使用不同詞語，這種具有時代差異的同義詞語被稱爲"古今語"。如漢揚雄《方言》曰："秦晋之間凡物壯大謂之嘏，或曰夏。秦晋之間凡人之大謂之奘，或謂之壯。燕之北鄙齊楚之郊或曰京，或曰將。皆古今語也。"下面的注釋材料也屬於"古今語"而不是"古今字"。

（5）【凡祭祀，飾其牛牲，設其楅衡，置其绋，共其水稾。】鄭司農云："楅衡，所以楅持牛也。绋，著牛鼻繩，所以牽牛者。今時謂之雉，與古者名同。"（漢·鄭玄注、唐·賈公彦疏《周禮注疏》卷十二）

（6）【絳緹絓紬絲絮綿】絳，赤色也。古謂之纁。（唐·顏師古《急就篇》注）

（7）【服文采。】青赤爲文，色絲爲采。傅奕云：采是古文繡字。（明·焦竑《老子翼》卷五）

按，例（5）（6）有“謂之”作標記，很容易判斷是指古今稱謂不同，非古今用字不同。例（7）“采”的本義爲“采取”，也借用指“彩色絲織品”，後來寫作“綵”。清朱駿聲《説文通訓定聲》：“采，字亦作綵。”“繡”，《説文》訓“五采備也”，則本義指“經繪畫而使五彩具備”，也指“有彩色花紋的絲織品”，後來寫作“綉”。唐傅奕説“采是古文繡字”，實際意思應指在古代“采（綵）”是跟現代的“繡”同義的詞。它們讀音不同，當然不是“古今字”。

4. 指稱字符職能變化的“古”“今”材料，不是注列“古今字”

一個字初創時職能是單一的，而在以後長期的使用中職能會發生變化。古人訓注中遇到這種職能變化而需要説明時，也往往使用“古”或“今”來表述。例如：

（8）【霓】案《字林》“越俱反”。今借爲芛，音于句反。（唐·陸德明《經典釋文》卷二十九）

（9）【飯】扶晚反。《禮記》：“飯黍毋以箸積枏。”……又曰：“文王一飯，亦一飯。”野王案，《説文》“飯，食也”，謂食飯也……今亦以爲餅字。（梁·顧野王《原本〈玉篇〉殘卷》卷九）

例（8）原文出自《爾雅·釋天》“螮蝀謂之霓。螮蝀，虹也”，郭璞注：“俗名謂‘美人虹’，江東呼‘霓’。”可知《爾雅》之“霓”記錄的詞義是{彩虹}。而《經典釋文》指出“今借爲芛”，即“霓”這個字形在“今”時被借用來記錄和“芛”字相當的意義。因此這則訓條反映了“霓”在後代開始承擔假借義{芛}，其記錄職能增加了。例（9）顧野王指出“文王一飯，亦一飯”中的“飯”字與《説文》訓釋一致，都表動作義{吃飯}，而“今亦以爲餅字”，則説明“飯”在“今”時還記錄本由“餅”字記錄的名詞義{飯食}。可見這兩則訓釋雖然都包含“今”，但它們反映的是“霓”“飯”在“今”時的職能變化，而不是針對某個詞義的歷時用字變化，因而不屬於“古今字”問題。

5.指稱字形或構件的構造功能的“古”“今”材料，不算注列“古今字”

古人分析漢字結構時，往往指出某個形體或構件的功能相當於某個“古文”或“今文”的意義，這樣的“古文”“今文”不是指同詞的古今用字差異，不屬於“古今字”關係。如：

（10）【大】天大，地大，人亦大焉。象人形，古文人也。凡大之屬皆从大。臣鍇按，《老子》“天大，地大，王亦大也”，古文亦以此爲人字也。（南唐·徐鍇《説文解字繫傳》卷二十）

（11）【不可攫】烏虢反。《考聲》云“以手攫取也”。从手，蒦聲。《經》文單作蒦亦通。从萑，音完。从又，古文手字。（唐·慧琳《一切經音義》卷七十五）

例（10）説“大”是“古文人”，“古文亦以此爲人字”，意思是“大”在古文字的構形中表示“人”，即“大”字造意爲伸展肢體之人形。清王筠《説文釋例》：“此謂天地之大，無由象之以作字，故象人之形以作大字，非謂大字即是人也。”例（11）“从又，古文手字”是説“又”在構字時表示“手”的意義，不是説{手}這個詞古代用“又”而後代用“手”。可見這裏的“古文”是指古文字構造中的形體功能，不是指古文獻中實際使用的字。

6.指稱字形局部變化的“古”“今”材料，不是注列“古今字”

某個字的形體古代寫作什麼樣，後來變成什麼樣，注列者也可能用“古作某”“今作某”來説明，這樣的材料意在説明形體書寫的某些變化，不是指同詞所用字種的不同。如：

（12）【亘】求宣也。又姓。从二从囘，囘音回，今作日。與
互字不同，互从二从舟，舟今作月。凡宣垣字从亘。（明·樂韶鳳
《洪武正韻》卷四）

（13）【壽】是酉切。《説文》作𦓃，“久也。从老省，畻聲”。畻
音疇。隷作壽。上从毛从人，今作龶。俗上从士，誤。（元·李文
仲《字鑑》卷三）

例（12）“今作日”是説古文字“亘”的中間部分原來寫作“囘”，
而後來訛變寫作了“日”。“舟今作月”是説“互”字中原來的“舟”
形現在訛變成了“月”形。例（13）“上从毛从人”是指小篆字形的上
部，而“今作龶”是指隷變以後的寫法。這些“古”“今”跟上條的
“古文”相似，也是就文字形體而言，不是就文獻用字而言。

7. 祇有單方面的“古”或“今”，不構成對舉字組的材料，不算注
列“古今字”

這時“古”或“今”祇指某個時代的字，不是指不同時代的某組
字。如下例（14）的“古字韋、圍、違三字義通”，即泛指古時候的用
字，不是跟某個“今字”相對而言的；例（15）“男、南古字通用”也
不是“古”“今”對舉，而是泛指古代這兩個字通用。這些字組都不構
成“古今字”。

（14）【十韋，十圍也。】《漢書·成帝紀》：“大風拔甘泉中大木
十韋以上。”師古曰：“韋與圍同。”又《墨子·貴義篇》“圍心”即
“違心”。蓋古字韋、圍、違三字義通。（清·吳玉搢《別雅》卷一）

（15）【南，艸木至南方，有枝任也。】按，古南、男二字相假
借。（清·段玉裁《説文解字注》卷六）
【二百里男邦，《史記》云任國〔漢諱邦改爲國〕。】棟案：《白
虎通》引《書》云“侯甸任衛作國伯”，今《酒誥》作男，古男與

南通，皆訓爲任……王肅《家語》亦載子産語，云：男、南古字通用。（清・惠棟《九經古義・尚書古義上》）

8. 不屬於認識問題，而是文字訛變、校勘不精所引起的文字關係錯亂，致使古人誤注誤列的，不算注列"古今字"

例如：

（16）【妑】舊注："古文班字。"按：班，通作頒、般。《集韻》或作辬、斑。或作瓣，《説文》本作辬。《易・賁卦》陸氏釋文：賁，古斑字。今改作妑，非。（明・張自烈《正字通》卷七）

按，"妑"本爲"發"字古文，方月切。"月、丹"形近，明刻本《篇海》誤作"方丹切"，《詳校篇海》承《篇海》之誤而補作"音班"，《正字通》又承《詳校篇海》"音班"而定爲"古文班字"，屬誤判。[1]

（17）【厥】徒到切。古文盜。[宋・陳彭年等《大廣益會玉篇》（澤存堂本）卷二十二 ）]

按，《説文・次部》："厎，歉也。从次厂聲。讀若移。"或作欨（《玉篇・次部》："盜，徒到切。逃也。《説文》：'私利物也。'欨，弋之切，歉也。"），訛作厥（《五音集韻》卷十一）、厥（上元本與《康熙字典》引《玉篇》）、厥（澤存堂本）。"欨"訛作"厥"，廣益者誤與上字（盜）認同，遂收録於厂部之末。上元本、和刻本與元刻本但言古文，并無"盜"字。頗疑"盜"字乃明清人所加。[2]

---

[1]　參見楊寶忠《疑難字三考》，中華書局，2018，第370頁。
[2]　參見楊寶忠《疑難字三考》，中華書局，2018，第11~12頁。

（三）“古今字”字組的分合

“古今字”是不同時代記録同一詞項（在字典中也可能表現爲同一詞位）的不同用字或不同字形。“詞項”指負載一個義項的詞形，屬於音義結合體。故區分不同的“古今字”字組應以表達的音義爲標準，即根據“古字”“今字”所記録的讀音和意義來確定字組的分合。

1. 同音同義的“古字”和“今字”合成一組“古今字”

隨文釋義材料中的“古今字”往往是單音單義的，比較容易處理。但大型字典辭書中提及的“古今字”可能具有多音多義。讀音相同且意義相關的詞項可以歸納爲一個詞位，屬於一個詞位的不同詞項的“古今字”可以合并爲一組處理，即一組“古今字”的音義可以包括幾個相關的義項，多個相關義項通常是可以分别具有古今對應關係的。如：

（1）【生】所京切。産也，進也，起也，出也。【㞢】古文。（宋·陳彭年等《大廣益會玉篇》卷二十九）

按，㞢、生乃小篆楷化而异者。儘管有“産也，進也，起也，出也”多個義項，但這些義項具有内在關聯，屬於同一個詞位的不同義項，就詞位而言是音義相同的，所以“㞢—生”算是一組古今字。

讀音相同當以古音爲準，以大型工具書如《漢語大字典》等爲據。如果某組字在工具書裏并無相同的注音，而古人確實看作“古今字”，那也可以從實際用法出發，“音隨義定”，使它們讀音相同從而確定爲古今字組。例如“哉—才”，字書中未見有相同的注音，但在表{才始}義上被古人多次標注爲“古今字”，那説明它們應該有相同相近的讀音，“哉”本來也是从“才”得聲的，故可根據“才”的“才始”義讀“cái”的事實，把“哉”也認定爲有 cái 的讀音，這樣“哉—才”作爲一組“古今字”纔能成立。

　　同音同義的一組“古今字”也可以包含多個異寫字形。就是説，在音義相同的條件下，如果某個“今”字對應多個“古”字，或者某個“古”字對應多個“今”字，或者“古字”“今字”各有多個字形，那麼多個“古字”和多個“今字”可以合并爲一組，各取一個字形爲代表標志字組，其餘字形可跟在代表字的後面，以保存字形。例如：

　　（2）【僻辟薜俗】邪也。或省。亦作薜。古作俗。（宋·丁度等《集韻》卷十）

　　【辟僻】《爾雅》“邪僻也”。【俗俗】并上同，古文。（金·韓道昭《五音集韻》卷十五）

　　【僻】《説文》辟也。从人，辟聲。邪也。……《集韻》古作俗。（元·熊忠《古今韻會舉要》卷二十八）

　　按，這組古今字的“今字”是“僻”，或省寫爲“辟”，還可以借用“薜”，這三個都是邪僻義的今字，而“俗、俗、俗”則都屬於“僻”的“古字”，所以可以組合爲“俗 俗 俗—僻 辟 薜”或“俗（俗俗）—僻（辟薜）”的字組模式。

　　（3）【克】古作𠁁𠂤，即“可”字之變文。克與可同義，但轉其聲耳。（清·黃生《字詁》）

　　按，黃生認爲𠁁𠂤都是“可”的變文，則“可”與“克”構成古今字關係。這裏雖然出現了兩個古文字形，但没有結構變化，屬於異寫，可當一個字看待，故可以在“可”後面同時列出“𠁁𠂤”兩個字形，從而形成“可𠁁𠂤—克”或“可（𠁁𠂤）—克”的古今字字組形式。

　　這種一對多、多對一或多對多的古今字組，在列舉具體材料時，如果材料來源不同，字形也不同，也可以在多對的字組下再分別列出單對的字組。

2. 意義無關和讀音不同的"古今字"應分別爲不同的字組

如果一組"古今字"形體相同，但在不同語境中表示不同的音義，這種情況在字典辭書中通常是合在一起的，但注列時是針對不同音義的，爲了反映注列者的真實認識，應該把這種"古今字"分別作爲不同的字組來對待，形式上可用"古$_1$—今$_1$"和"古$_2$—今$_2$"來表示不同的字組。例如：

（4）【勝夌】識蒸切。《説文》："任也。"古作夌。又并詩證切，克也。（宋·司馬光《類篇》卷十三）

按，"勝"字楚系簡帛文字作𦥑（郭.老乙.15）、𦥑（郭.成.9），從力，㡀（古文乘）聲，當即夌字所本。《類篇》注列爲古今字而有平去兩讀，意義也不同，這就可以分爲兩組：

夌$_1$—勝$_1$：（shēng）能够承受，禁得起。

夌$_2$—勝$_2$：（shèng）戰勝。

即使音義相同，但同一字或爲古字，或爲今字，并且對應的字不同時，也應該分列不同的字組。如：

（5）【棝盛】上霞巖反。《考聲》云：木匭也。……或作械，亦作楠，古字也。（唐·慧琳《一切經音義》卷十）

【寶械】音咸。《廣雅》：筐謂之械。形如小匱子，從木，咸聲。經文作函，古字。（唐·慧琳《一切經音義》卷二十九）

其中的"械"相對於"棝"是古字，相對於"函"是今字，於是分爲兩組：械—棝、函—械。

經過前面的校勘、鑒別和分合處理，我們共搜集到"注列'古今字'" 近萬組, 編輯成《古代注列 "古今字" 輯考》, 作爲 "古今字" 學術史研究的基本材料。

四 "古今字" 學術史的研究

在全面搜集、整理、彙纂了歷代 "古今字" 材料後, "古今字" 學術史的研究纔能有所依憑, 纔能分析出真相。

(一) 學術史研究的基本原則——求真

我們曾提出學術研究的基本原則是 "學史求真, 學理求通"。[①] 這需要首先具有 "學理" "學史" 相區别的觀念。就古今不同的用字現象而言, 如果從用字事實出發, 考察甲字和乙字是否在不同時代記録了同一個詞, 記録同一個詞的甲字和乙字是怎麽來的, 彼此具有哪些屬性關係, 這些關係在歷史上有没有發展變化, 對漢字系統和漢語系統有没有影響, 等等, 這些都屬於學理的研究。如果從學者認知出發, 考察有哪些學者關注了歷時的同詞異字現象, 他們是怎麽標注這些現象的, 指出過哪些字例, 有過哪些論述, 形成了哪些成果, 這些成果解決了什麼問題, 對學術產生了什麼影響, 在現代有無價值, 等等, 這些屬於學史的研究。

"'古今字' 學術史叢書" 研究的 "古今字" 當然是 "學史" 性的, 是前人通過標注、論述、列舉等方式認知的 "古今字", 我們把它們簡稱爲 "注列 '古今字'"。這種 "古今字" 有的符合事實和學理, 有

---

① 李運富:《漢語學術史研究的基本原則》,《湖北師範學院學報》(哲學社會科學版) 2010 年第 4 期。

的祇是一家之言，甚至是不符合事實和學理的錯誤認知，因而"注列
'古今字'"不等於文獻中實際存在的古今字，也不等於今人理解的古
今字。爲了區別，我們給學史性的"注列'古今字'"加引號，表示這
是帶有古人主觀認識的，祇能評價，不能篡改；文獻中客觀存在的古
今字和今人理解的古今字不加引號，可以根據學理和自己的認識指認。
區分學史的"古今字"和學理的古今字，纔能針對學史的"古今字"
做實事求是的研究，纔能真正理解前人的"古今字"觀念和學術發展
的過程。

站在學術史的立場，研究"注列'古今字'"，必須堅持"求真"
原則，包括求真有、求真意和求真評。①

所謂"求真有"，就是前人確實認定過某某是"古今字"，也就是
我們搜集的"注列'古今字'"材料必須真實可靠。上面關於"注列
'古今字'"材料的處理就是確保"真有"的措施。此不贅述。

所謂"求真意"，就是準確理解古人有關材料的原意，避免以今律
古，強人就己。要做到這一點不太容易。首先，不宜拘泥於某些表述
的字面意思，而要儘量結合材料實例來理解。例如許慎把"古文"跟
"籀文""大篆""小篆"等概念并提，後人大都理解爲着重書寫風格
的"字體"。但我們看許慎使用這些概念時，所舉的字例都是在形體和
結構上有差異的，基本不是同一字形的不同書寫風格問題，而且《説
文》裏所説的"體"（"改易殊體"）也基本是就形體而言，後來的"或
體""俗體""獨體""合體""繁體""簡體"等就是繼承形體含義的，
所以從實際材料和使用目的看，與其把"古文"等理解爲後世的"字
體"概念，不如看作古人指稱字形來源的材料概念更爲真實。其次，
不宜囿於局部片面，而要全面綜合考察某個人的學術思想。例如有人
認爲清代學者王筠提出的"分別文""累增字"是要把前人説的"古今

---

① 參見李運富《漢語學術史研究的基本原則》,《湖北師範學院學報》(哲學社會科學版)
2010 年第 4 期。

字”限定在有“造字增偏旁”的孳乳字範圍。其實在王筠的著作中，這幾個術語是跟“古今字”并行的。“古今字”指稱用字現象，“分別文”指稱造字現象，彼此内涵不同，用“分別文”取代“古今字”并非王筠本意，而是後人强加給王筠的。最後，準確理解古人原意有時還得結合學術大背景。例如前文提到的《説文》“古文”，一方面可以就許慎論許慎，另一方面也可以聯繫同時代的司馬遷、鄭玄等學者的“古文”，甚至漢代的“今古文經學”來理解許慎的“古文”。任何學術問題都有産生的時代背景，任何學術思想也都會受到時代學術大背景的影響，注意到這一點，纔能避免泛時誤解和隨意解釋。理解“古今字”也有學術背景問題。“古今字”最初由漢代學者提出，一直是訓詁家的注釋用語，指出不同時代記録同一詞項而分別使用了不同的字符，意在用易知的字（通常是“今字”）解讀難懂的字（通常是“古字”）。因此，“古今字”的性質屬用字問題，而非造字問題。就用字而言，既包括用不同的字種記録同一個詞項或詞音①，也包括用同一字種的不同字形來記録同一個詞項或詞音。但 20 世紀以來，大多數學者把“古今字”看作造字現象，認爲“有造字相承的關係”，在造字時間上有先後之分，還有就是古字義項多，而今字衹有古字多種意義中的一個。這種認識忽略了“古今字”的訓詁目的和解讀經書的學術背景，自然難以符合古人的初衷。

所謂“求真評”，就是對古人學術思想和學術成果的評價要符合實際，不拔高，不貶低，客觀公允。對“古今字”學史的評價，也要從學術事實出發，在特定的歷史背景和學術環境中，在準確理解古人原意的基礎上，客觀指出其學術史意義和現代價值。如段玉裁有時會把“古今字”的古字稱爲“假借字”或把今字稱爲“俗字”等，有人從概念對立出發，批評段氏混淆失誤，認爲段玉裁既説某某是“古今

---

① 關於詞項、詞音、詞位等概念請參見李運富《論漢字職用的考察與描寫》，《上海師範大學學報》（哲學社會科學版）2017 年第 1 期。

字",又説某是"假借字",某是"俗字",自相矛盾。其實段玉裁是從不同角度來分析同組材料而已,説它們是"古今字"乃着眼於用字時代的先後,説某字是"假借字"或"俗字"則是進一步説明這個字的來源或屬性;這些概念所處層面不同,解釋目的不同,根本就不矛盾。又如現代學者在評述"古今字"學術史時,常常拔高王筠的"分別文""累增字"。如洪成玉説:"王筠没有囿於漢人關於古今字的見解,也没有因襲段玉裁的説法。他在分析了古字和今字的關係以後,提出了分別文的説法。……王筠所説的分別字,就是古今字,此外,他還從造字角度提出了累增字這一術語,累增字其實也是古今字。"[①] 李淑萍也因爲"分別文""累增字"而評價"王筠在古今字研究上的貢獻應當肩負着'概念轉向'的地位"[②]。其實"分別文""累增字"是王筠發現的兩種形成原因比較特殊的"异部重文",和"古今字"在學術來源上就不相同。所以在王筠的著作中,"古今字"跟"分別文、累增字"是兩套共存而有明顯區别的術語,不是可以相互取代的同一性術語。客觀地説,王筠的"古今字"觀念和漢人及段玉裁的是一致的,并未因"分別文""累增字"術語的發明而改變。

(二)"古今字"學術史的分期研究

前人的"古今字"觀念當然也是會發展變化的,特別是就總體而言,所以纔有"古今字"學術史。要想還原歷史面貌,正確認識"古今字"學術的歷史作用和現實價值,不能滿足於對零散材料的辨析和概念印象上的爭辯,必須全面利用"注列'古今字'"資料庫材料,系統歸納各家的古今字觀念及其傳承脈絡,遵照古人原意

---

① 參見洪成玉《古今字概述》,《北京師範學院學報》(社會科學版)1992 年第 3 期。
② 參見李淑萍《清儒古今字觀念之傳承與嬗變——以段玉裁、王筠、徐灝爲探討對象》,《文與哲》2007 年第 11 期。

考察該問題的産生和發展過程，如此纔能正本清源地描寫古今字學術史，修正學界長期以來因舉例方式而産生的對古今字術語以及前人古今字觀念的有關偏見。因此，縱向的"古今字"學術通史是必須建立的。

　　通史是連貫的，但往往需要分期分階段來描述，而某一時期或某一階段是共時的、橫向的，所以通史可以表現爲若干斷代史。根據不同時代的"古今字"研究特色，我們把"古今字"學術通史劃分爲四個階段：唐以前"古今字"研究、宋元明"古今字"研究、清代"古今字"研究、近現代"古今字"研究。大致説來，唐代以前的"古今字"，主要目的在於解讀文獻，一般由某個"今字"溝通某個"古字"，以便解讀使用該"古字"的文獻。宋代以後，隨着大型字書的編撰，彙聚"古今字"字形的材料增多，往往出現一個"今字"對應多個"古字"或者相反的情況。這種多組"古今字"的系聯，目的顯然不是針對某種具體文獻的，而是帶有搜集材料供人查找的工具書性質，既可以爲更廣泛的文獻解讀服務，也可以爲描寫文字現象、總結用字規律的研究工作服務。到了清代，"古今字"研究進入理論探討階段，段玉裁、徐灝等都有一些論述，特別是段玉裁，對"古今字"的概念、性質、範疇等多有界定，同時擴展至用字現象和用字規律的研究，涉及大量古今字"某行某廢"的分析。徐灝曾試圖給"古今字"分類，認爲"古今字"包括"載籍古今本"和"造字相承增偏旁"兩類，實際上是把段玉裁所論述的"古今字"和王筠所提出的"分別文""累增字"簡單相加，屬於誤解王筠原意而導致的不合學史也不合邏輯的一種理論框架。進入現代，"古今字"研究走向歧途。既有誤解古人原意的，也有替換古人概念的，主要癥結在於把"學史"研究混同爲"學理"研究，用現代人的學理思想去解讀和要求古人的學史事實。比如現代人把"古今字"誤解爲"分化字"，實際上就是從學理上認爲"古今字"應該是"分化字"，所以把用字性質的"古今字"改造成造字性質的"分化字"。這種思想的源頭可能跟清代徐灝有關。徐灝不僅誤解王筠的"分別文""累增字"并混同段玉裁的"載籍古今本",還在舉例分析時基本上衹涉及"分別文""累增字",以致後人進一步誤解"古今字"衹有"分別文"和"累增字",非增偏旁造出新字的其他古今不同用字不算"古今字",而"分別文""累增字"又被後人看作"分化字",於是"古今字"就完全被"分化字"同義替換了。現代人對"古今字"的誤解既有因襲也有發揮,致使現代的"古今字"很多時候已不再是古代的"古今字",特別是將"古今字"推入"异體字""通假字""同源字"等不同系統概念辨析的泥潭,使得現代的"古今字"研究紛繁複雜,亟須疏清源流,撥亂反正。

根據以上思路,我們對"古今字"學術通史的研究,共産生 4 種斷代史研究專著。它們是:

《唐以前"古今字"學術史研究》(蔣志遠)
《宋元明"古今字"學術史研究》(張燕)
《清代"古今字"學術史研究》(鍾韻)
《近現代"古今字"學術史研究》(溫敏)

這 4 部"古今字"斷代學術史專著首次對古今學者的古今字研究史進行全面梳理和總結,以兩千多年的歷史視野對"古今字"學術傳承脈絡進行溯源探流,全景式展現古今字研究如何從訓詁學領域演變到文字學領域的整個過程,澄清了今人的許多錯誤認識,引發系列相關概念的重新定位。

(三)"古今字"學術史的專題研究

"古今字"學術通史的研究是粗綫條的、總括式的。其中會碰到許多材料辨析、具體問題的討論和代表性專家專著的詳細評介,這些內容如果都放到通史和斷代史中展開,可能使"古今字"學術通史變得繁雜枝蔓。因此,我們把一些需要重點研究和詳細評介的代表性專家和專著單獨提出來作爲"專題",同時平列地納入"'古今字'學術史叢書",以便從某些特殊角度和視點來反映"古今字"學術史。這些專題性專著有:

> 《張揖〈古今字詁〉輯佚與研究》(蘇天運)
> 《顏師古"古今字"研究》(張青松、關玲)
> 《韓道昭〈五音集韻〉"古今字"研究》(張志麗)
> 《段玉裁〈說文解字注〉"古今字"研究》(劉琳)
> 《王筠"古今字"研究》(蔣志遠)

這 5 種著作除了全面搜集考辨特定學者和有關著作的"古今字"材料外,重點評析相關學者在"古今字"學術史上的特點和貢獻,以及跟別的學者的關係。

作爲專題性研究,項目組成員還正式發表了 40 餘篇相關論文。其中標題中含有"古今字"關鍵詞的就有:

李運富《早期有關"古今字"的表述用語及材料辨析》,《勵耘學刊(語言卷)》總第 6 輯,學苑出版社,2008。

李運富《"余予古今字"考辨》,《古漢語研究》2008 年第 4 期。

李運富、蔣志遠《論王筠"分別文、累增字"的學術背景與研究意圖》,《勵耘學刊(語言卷)》總第 16 輯,學苑出版社,2013。

李運富、蔣志遠《從"分別文""累增字"與"古今字"的關係看後人對這些術語的誤解》,《蘇州大學學報》(哲學社會科學版)2013 年第 3 期。

蘇天運《〈古今字詁〉文獻性質研究》,《學術交流》2013 年第

5 期。

關玲《顏師古和鄭玄、段玉裁的古今字觀念比較》,《漢字學微刊》2017 年 8 月 3 日。

李玉平《論“古今字”觀念的産生時代》,《天津大學學報》(社會科學版) 2015 年第 5 期。

蔣志遠《魏晉南北朝“古今字”訓詁論略》,《勵耘語言學刊》2015 年第 2 期。

鍾韻《〈段注〉“古今字”的字用學思想淺析》,《勵耘語言學刊》2015 年第 2 期。

溫敏《黄侃的“古今字”和“後出字”》,《勵耘語言學刊》2016 年第 2 期。

李運富《“古今字”研究需釐清概念》,《中國社會科學報》2017 年 9 月 5 日第 3 版。

俞紹宏《古今字考辨叢札》,《漢字漢語研究》2018 年第 3 期。

李運富《異時用字的變化與“古今字”研究》,《中國社會科學報》2019 年 1 月 15 日第 5 版。

溫敏《“古今字”的現代研究價值探析》,《中國文字學報》,商務印書館,2019。

張青松《顏師古〈漢書注〉古今字研究與辭書編纂》,《阜陽師範大學學報》(社會科學版) 2020 年第 3 期。

李運富、溫敏《古代注列“古今字”的材料鑒別與學術價值》,《西南交通大學學報》(社會科學版) 2020 年第 5 期。

張青松《古今字研究應該重視出土文獻——以顏師古〈漢書注〉古今字研究爲例》,《漢字漢語研究》2021 年第 1 期;人大複印報刊資料《語言文字學》2021 年第 8 期全文轉載。

張青松、關玲《顏師古〈漢書注〉“古今字”字際關係略論》,《阜陽師範大學學報》2022 年第 5 期。

這些論文雖然没有作爲獨立表現形式收録於叢書中，但其作爲專題研究的材料和觀點是融匯在了叢書的著作裏的。

五 “古今字”研究的學術價值

“古今字”是古代訓詁家注釋説明不同時代記録同一詞項而使用了不同字符或字形的現象。這種現象涉及漢字的演變、語言的演變和字詞關係的變化，所以我們搜集甄别歷代注列“古今字”材料，其價值應該是多方面的。既可以考察“古今字”在訓詁學領域的意義，也可以考察其給文字學、語言學帶來的影響；既可以從理論角度探討“古今字”的學術史，也可以從材料角度探討“古今字”的現實利用。

（一）注列“古今字”的學術史價值

“古今字”概念自漢代提出，一直沿用至今，但人們對“古今字”性質的認識并不一致。特别是 20 世紀以來，各種現代思想被强塞進歷史長河，致使歷史面貌越來越模糊。要改變這種研究狀況，唯有正本清源，先抛開現有的一切成見，從搜集第一手材料開始，重新梳理“古今字”提出、應用、變化、誤解的過程，這樣纔能重現歷史上“古今字”的真實面貌，還原古人的本意。古人的本意在學理上并不一定都正確，但我們對它的展示和理解必須正確，否則就不是學術的歷史。不容易理解的地方寧可多做推測，全面考慮，也不要無視、簡單否定或用現代人的思想替代。例如《説文》“尗，豆也”，段玉裁注：“尗豆古今語，亦古今字，此以漢時語釋古語也。《戰國策》‘韓地五穀所生，非麥而豆。民之所食，大抵豆飯藿羹’，《史記》豆作尗。”從學理上看，説“尗—菽”爲“古今字”理所當然，可“尗”與“豆”既然是“古今語”，就不應該“亦古今字”，因爲古今語是指義同而音不同的兩个詞，而古今字記録的必須是音義全同的一個詞，它們屬於對立關係。但段玉裁明明説“尗豆古今語，亦古今字”，你就不能不承認他有把同一組字既看作“古今語”又看作“古今字”的事實，而且這種事實還不是孤立的。如《説文·邑部》：“邰，炎帝之後，姜姓所封，周棄外家國。从邑，台聲。右扶風斄縣是也。”段注：“見《地理志》。周人作邰，漢人作斄，古今語小异，故古今字不同。”又《説文·穴部》：“竇，空也。”段注：“空、孔，古今語。”《説文·穴部》：“窾，空也。”段注：“空、孔，古今字。”對這種學術歷史的事實，我們不能忽略掩蓋，更不能篡改更換，祇能解釋和批評。最簡單的辦法當然是按照現代人的觀念直接否定段玉裁，説他“自相矛盾”，是錯誤的，但這并没有解釋段玉裁爲什麽認爲“古今語”和“古今字”可以共存，這麽明顯的“自相矛盾”他會看不出來嗎？那就祇能認爲他有時把某組字既看作“古今語”又看作“古今字”是有他的某種道理的。先看有關的一條材料。《説文》“荅，豆屬”，段注：“許言尗，豆也。象豆生之形也。荅，小豆也。萁，豆莖也。藿，尗之少也。豉，配鹽幽尗也。然則尗與古食肉器同名，故荅、登二字入豆部。按豆即尗，一語之轉。周人之文皆言尗，少言豆者。惟《戰國策》張儀云韓地五穀所生，非麥而豆。《史記》作菽。吳氏師道云：古語祇稱菽，漢以後方呼豆。若然，則荅、登字蓋出漢制乎。”這裏包含尗豆的音義關係及其變化原因，大致能解釋段玉裁爲什麽説“尗豆古今語，亦古今字”。就音而言，“尗與古食肉器（豆$_1$）同名”，故可借“豆”記録“尗（豆$_2$）”。就義而言，“豆$_2$即尗”，都是指菽。但“周人之文皆言尗，少言豆$_2$者”，“古語祇稱菽（尗），漢以後方呼豆$_2$”。可見“尗（菽）”與“豆$_2$”在漢代可能同音同義，而歷時看雖然同詞但并不同音，由周人之“尗”音變爲漢後之“豆$_2$”音，乃屬“一語之轉”。“一

41

語之轉”本質上是“一語”的“音轉”。雖然讀音略有變化，用字不同，但從淵源關係上講，段玉裁認爲轉前與轉後是“一語”（同一個詞）。這裏的同詞，是基於語言發展特別是語音的方俗和古今變轉而進行的歷時認同。大概正是因爲這樣的特殊性，着眼於古今讀音的變化，段玉裁認爲“朮豆古今語”，而着眼於古今仍屬一詞，段玉裁認爲朮豆“亦古今字”。“豆”無論就音（語）言還是就字言，都晚於“朮”，因而二者具有“古今”關係。以此檢驗“邰—釐”“空—孔”兩組，也符合歷時性“一語之轉”而用字不同的情況，即段所謂“古今語小异，故古今字不同”。① 如果我們對段玉裁的這些表述文字的理解不誤，那就得重新認識段玉裁的“古今字”觀念，即在段玉裁看來，“古今字”雖然“主謂同音”，但對於“一語之轉”而讀音略有變化的“古今語”的不同用字，也可以將它們算作“古今字”。可見段玉裁一方面把“古籀篆隸”字體方面的古今差異排除在“古今字”之外，同時又把“一語之轉”的古今語納入“古今字”，這兩點跟他以前的學者是不同的，而對以後的學者如朱駿聲却是有影響的。如果不從第一手材料出發，不站在古人的角度想問題，就難以發現段玉裁“古今字”思想的特殊性。所以研究“注列‘古今字’”首先是建立真實“古今字”學術史的需要，這方面的價值在前述“古今字”學術史研究中也有充分體現，不再贅述。

（二）注列“古今字”的訓詁學價值

“古今字”原本是訓詁家提出用來幫助讀者解讀文獻的注釋術語，通過對這些材料的全面清理，可以溝通文獻中的字際關係和字詞關係，

---

① 對段玉裁“一語之轉”的“古今語”和“古今字”關係的理解，中山大學吳吉煌、天津師範大學李玉平、遼寧師範大學王虎、合肥師範學院張道升、湖南師範大學蔣志遠及鄭州大學張青松參與了討論，互有啓發，特此致謝。

從而正確理解每個漢字在文獻中的實際功能。這不僅有利於準確解讀文獻字詞含義，而且對現代字典辭書的編撰和修訂也有重要參考價值。“古今字”作爲訓詁用語主要有兩個作用：一是用“今字”訓“古字”，從功能上達到古今溝通的目的；二是以“今”帶“古”，類聚同功能所用字，從認讀上達到增廣見聞的目的。

正是由於漢語言文字隨着時代在不斷發展變化，文獻中出現大量歷時同詞異字現象，成爲釋讀文獻、溝通文意的障礙，注釋家這纔發明“古今字”的訓詁體式，從東漢鄭衆始創至今近兩千年沿用不絕。古人對“古今字”的注列和分析，往往溝通了字詞關係，指明了某字是某詞的古字，用人所共知的今字解釋生僻的古字，因而也可以成爲今天我們釋讀文獻、疏通詞義文意的重要借鑒。例如：

（1）【故人不耐無樂，樂不耐無形，形而不爲道，不耐無亂。】形，聲音動静也。耐，古書能字也。後世變之，此獨存焉。（漢·鄭玄注、唐·孙穎達疏《禮記正義》卷三十九）

（2）【適足以弔君自損也。】晋灼曰：“弔，古貶字也。”（唐·李善注《文選》卷八）

例（1）指明“耐”是“能”的古字，二者構成古今字關係，文獻傳抄刊刻過程中，古字“耐”多數被改成今字“能”，祇有《禮記》保留古代的用字習慣，倘若没有訓釋者的溝通，我們便很難建立借字“耐”字與{能够}之間的關聯。例（2）中，讀者見到“弔”很難捕捉字形所指的音義，李善引用晋灼的注釋認爲“弔”是“貶”的古字，意思就很清晰準確了，詞語用字的古今差異不溝通，句子根本就無法講通。

“古今字”的訓詁價值還表現在通過以今字類聚幾組古字，將相同詞語的不同時代用字繫聯到一起，起到增廣讀者見聞的功效，爲其他文獻的釋讀提供參考。例如：

（3）【及】逮也。从又、从人。乀，古文及，秦刻石及如此。
弓，亦古文及。逮，亦古文及。（漢·許慎《説文解字》卷三）

（4）【勇喆】古文嚞，《字書》作喆，今作哲，同。知列反。
《爾雅》："哲，智也。"《尚書》："知人則哲。"（唐·慧琳《一切經
音義》卷四十三）

例（3）除訓釋詞義外，繫聯了相關的三組古今字："乀—及""弓—
及""逮—及"，這種繫聯工作已經不僅僅是在解釋詞義，主要用意更
是爲讀者類聚詞義｛追上｝的古今用字習慣，增廣讀者見聞，爲今後
文獻閱讀溝通相關字詞關係積纍素材，所以它的最終目的仍是爲解讀
文獻提供便利。例（4）溝通"喆"與"哲"的古今異體關係，其義已
明，但訓釋者仍繫聯出古字"嚞"，也是出於增廣見聞的目的，以便讀
者遇到"嚞"字時好聯繫到"哲"來釋讀。

對"古今字"的訓詁功能，古人多有揭示，如王筠著作中的下列
材料。

《説文解字句讀》卷二上：《蒼頡篇》："啁，嘲也。"……以嘲
釋啁，乃以今字釋古字之法，漢人多有之。

《説文解字句讀》卷九上：《漢書·儒林傳》："魯徐生善爲頌。"
此頌貌之本義也。借爲雅頌。《詩序》曰："頌者，美盛德之形容。"
以容説頌，以今字解古字也。

《説文解字句讀》卷九下："厠，清也。"《廣韻》引作"圊也"，
此以今字代古字，使人易曉也。

《説文解字句讀》卷十上：《毛傳》："戌，滅也。"……案毛以
今字釋古字。

《説文解字句讀》卷十上：“爄，火爄車網絶也。”爄一引作燥，亦通。網一引作輞，則以今字改之，取易曉也。

《説文釋例》卷十三：《荀子·臣道》：“邊境之臣處，則疆垂不喪。”注：“垂與陲同。”按，此以今字釋古字也。

《説文釋例》卷十六：“戲”下云“巇也”……説解中以今字説古字亦時有之。

《説文釋例》卷十八：“髟”下云“長髮猋猋”，《玉篇》“長髮髟髟也”，兩書皆是，不可互改也。許君用猋者，發明假借；……顧氏用髟者，直解之也，正如《史記》《漢書》之同文者，此用古字，彼用今字，對勘之而自明。

上述各例皆注明爲“古今字”，講的都是文獻用字和典籍解讀（釋義）問題，目的在於“以今字釋古字”，“使人易曉也”。

（三）注列“古今字”的文字學價值

漢字學具有形體、結構、職用三個平面，漢字職用學是其中重要的一個平面。漢字職用學主要研究漢字的職能和實際用法，需要通過不同文字材料的系統考察，描寫用字現象，總結用字特點，解釋用字成因，揭示用字規律，反映用字歷史。雖然“古今字”是從訓詁的實用角度提出的，但它描述的正好是文獻用字的時代差異，反映的實質正好是字詞關係的變化，所以“古今字”與“字用學”天然契合；而且注列“古今字”是古人針對他們親見的文獻實際用字的説明，往往保存了古籍用字的原貌，比起今人依據可能屢經改竄的傳世文獻來考察文獻用字情況，可能更爲可靠。因此，歷代注列的“古今字”材料是“字用學”考察用字現象和探討用字理論不可多得的資源庫。

1. 利用注列"古今字"考察字詞關係和字際關係

字用學對用字現象的考察有兩個角度，一是從字符出發，考察漢字的記錄職能，即某個字記錄了哪些詞；二是從語符出發，考察語符的用字情況，即某一語符用了哪些字記錄。無論哪個角度，實際上都是考察字詞關係。漢語的字詞關係不是一一對應的，也不是一成不變的。注列"古今字"材料爲我們提供了許多這方面的典型實例。如：

（1）【何，儋也。从人，可聲。】臣鉉等曰：儋何即負何也。借爲誰何之何，今俗別作擔荷，非是。（宋·徐鉉校定《説文解字》卷八）

（2）【呵，苛也。】苛者，訶之假借字。漢人多用荷爲訶，亦用苛爲訶。（清·段玉裁《説文解字注》卷二）

【苛人受錢。】按訶責字……俗作呵，古多以苛字、荷字代之。（清·段玉裁《説文解字·叙》注）

（3）【勝㱽】識蒸切。《説文》："任也。"古作㱽。又并詩證切，克也。（宋·司馬光《類篇》卷十三）

例（1）中"何"記錄｛擔荷｝和｛疑問詞何｝，前者屬本來用法，後者是借用，這屬於一字多用，或者同字异詞。從詞語用字角度看，記錄｛擔荷｝義古用"何"，今借"荷"字記錄，這屬於多字同用，或者同詞异字。例（2）中"苛"的本用表示｛小草｝，而借用記錄｛訶責｝義；"荷"本用表示｛荷花｝，也借用記錄｛訶責｝。這都是一字多用。而記錄｛訶責｝義的詞項，却可以先後使用"荷""苛""訶""呵"等，真實反映了古籍中的多字同用現象。例（3）注列的古今字字組中，㱽是古字，勝爲今字，但有平去兩讀，應該分爲兩組：㱽₁—勝₁（shēng），能够承受，禁得起；㱽₂—勝₂（shèng），戰勝。勝，楚系簡帛文字作𣍬（郭.老乙.15）、𣍊（郭.成.9），从力，㱽（古文乘）聲，當即夒字所本。這也是同字異詞現象。

多字同用（同詞異字）時，包含不同的字際關係。字際關係是漢字職用學的重要內容，注列"古今字"爲研究同職用字際關係提供了豐富的素材。如：

【犇—奔】（本字—本字）《漢書·禮樂志》："樂官師瞽抱其器而犇散，或適諸侯，或入河海。"顏師古注："犇，古奔字。"在表{奔跑}詞項時，古代用"犇"字，後來用"奔"字，形成古今字。這組"古今字"是因造字方法不同而形成的異體字，反映了異體本字關係。《説文》："奔，走也。从夭，賁省聲。與走同意，俱从夭。""奔"的本義即{奔跑}，《詩經·小雅·小弁》："鹿斯之奔，維足伎伎。""犇"字不見於《説文》，从三牛會意，構意爲群牛奔跑，本義也是{奔跑}。《荀子·大略》："故吉行五十，犇喪百里，賵贈及事，禮之大也。"

【牙—芽】（借字—本字）《説文解字·竹部》："管，如篪，六孔。十二月之音。物開地牙，故謂之管。"段玉裁注："物開地牙四字有脱誤，當作物貫地而牙。貫、管同音，牙、芽古今字。古書多云十一月物萌，十二月物牙，正月物見也。"就是説，在表達{萌芽}詞項上，古代用"牙"，後代用"芽"，形成古今字。"牙"的本義是{大牙}，假借爲{萌芽}義，後來以"牙"爲聲符，以"艸"爲義符取意草木萌芽，造出"芽"字專門記録{萌芽}義。所以，"牙"和"芽"反映了假借字和後補本字的關係。

【霸—魄】（本字—借字）《漢書·律曆志》引《尚書·武成》："惟一月壬辰，旁死霸。"顏師古注："霸，古魄字，同。"句中的"霸"表{月初月光}。顏注指出，在這個意義上"霸"是古字，"魄"是今字。《説文解字·月部》："霸，月始生霸然也。承大月，二日；承小月，三日。从月，霎聲。《周書》曰：哉生霸。"從構形和《尚書》用例看，{月初月光}是"霸"字本義。"魄"在《説文》中訓作"陰神也。从鬼，白聲"，本義爲{陰神}，《左傳·昭公七年》"人生始化爲魄"的"魄"是其本用。而"魄"和"霸"古音相同,所以"魄"可借用爲"霸"。因而在{月初月光}義上,今字"魄"是古字"霸"的通假字。

【率—帥】(借字—借字)《説文解字·㫃部》"旗"段注:"樂師注曰:故書帥爲率。然則許作率都者故書,鄭作帥都者今書也。《聘禮》注曰:古文帥皆作率。"又《率部》"率"段注:"率,捕鳥畢也。畢者,田網也。所以捕鳥。亦名率。按此篆本義不行。凡衛訓將帥也,達訓先導也,皆不用本字而用率,又或用帥。"又《辵部》"達"字注:"達,先道也。道,今之導字。達,經典假率字爲之。……大鄭以漢人帥領字通用帥,與周時用率不同故也。此所謂古今字。"《巾部》"帥"字注:"帥,佩巾也。……率導、將帥字在許書作達、作衛,而不作帥與率。"《行部》"衛"字注:"衛,將衛也。衛也,今本作衛也。誤。……衛,導也,循也。今之率字。率行而衛廢矣。率者,捕鳥畢也。將帥字古祇作將衛。帥行而衛又廢矣。帥者,佩巾也。衛與辵部達音義同。"段注是説,就{率領}這個詞項而言,"率"爲秦代以前使用的古字,"帥"爲漢代以後使用的今字。但這組古字和今字都是借字,因爲"率"的本義訓{捕鳥網},記錄{率領}義是假借用法;"帥"的本義是{佩巾},記錄{率領}義也是假借用法。"衛""達"的本義訓{先導},當是{率領}義的本字。

2. 利用注列"古今字"考察用字歷史

如果把同一字詞的注列"古今字"材料按照時代串聯起來,往往可以清晰地梳理某個字的職能演變情况或某個詞的用字歷史面貌,這是研究漢字職用史的基礎工作。如詞語{地}的歷時用字可從注列"古今字"材料中找到如下綫索。

《説文·土部》:"地,元氣初分……墬,籒文地从隊。"可見先秦籒文時代記錄{地}多用"墬"字,漢代通行的今字應該是"地",所以《説文》纔會注出它的古字(籒文)"墬"。考西漢《楊量買山刻石》

作█，西晋《臨辟雍碑》作█①，都是"地"字而形體稍有不同，説明"地"字前承秦代，至漢魏六朝已經是社會習用字。但注列"古今字"材料反映，漢代文獻中仍然有用古字"墬"的，《漢書》中就多見。

（1）【参天墬而施化，豈云人事之厚薄哉。】師古曰："墬，古地字。"（唐·顏師古《漢書注》卷一百）

（2）【《周官》："天墬之祀。"】師古曰："墬，古地字也。"（唐·顏師古《漢書注》卷二十五）

漢代文人有崇古的個人用字習慣，故當時文獻有用古文字的現象并不奇怪，所以王觀國《學林·古文》説："司馬遷、班固作史，亦或用古文字。……墬，乃古文地也。"《汗簡》卷下收録有《碧落》文的三個"地"字古文"███"，其中"█"可能是聲符"彖"的省變形式，屬於形體訛變造成的古字。

到了唐代，{地}的用字發生重大變化，這在注列"古今字"材料中也有所體現。如唐代出現的武周新字，其中記録{地}的系列會意字就被此後的學者作爲"古字"注列：

（3）【委坕】古地字也，則天后所制字也。（唐·慧琳《一切經音義》卷五十四）

（4）【坕嶳】二。古文，音地。（遼·行均《龍龕手鑑》卷一·山部第五）

（5）【坙墬坴】三。古文，音地。【坔埊】二。古文地字。【坙】古文地字。（遼·行均《龍龕手鑑》卷二·土部第五）

（6）【地陸】題利切，下地，重濁陰爲地。【坕墬埊坴】古文。

① 毛遠明：《漢魏六朝碑刻异體字字典》，中華書局，2014，第160頁。

（朝鮮本《龍龕手鑑》上卷第四·土部第五）

（7）【不如盡歸中山之新地。】元作坔，武后時字耳。今并从古。此謂中山之新地（元作扶柳）。正曰：姚云：竇蘋《唐史釋音》云："坔，古地字。見《戰國策》。"今策中間作坔，安知非自武后時傳寫相承，如臣作惡之類？然古文乃作坔。又《鶡冠子》《亢倉子》皆有坔字，恐有自來。愚按鄭氏《書略》："籀文地作坔。"武后蓋有所本。意本書坔，而後轉从坔歟？後多此字，以義通，不復出。（宋·鮑彪原注、元·吳師道補正《戰國策校注·趙卷第六》）

《龍龕手鑑》中指認的"古字"包括形聲"墜"類字和武后時期"坔"類字。"坔""坔""圤""坴"都屬會意字，是基本部件"山""水""土"的不同組合形式，構形理據清晰。"嶐""隆"屬形聲系列古字，意符爲"山""土""阜"，"豕聲"爲"象聲"的聲旁簡省字。｛地｝的用字還有更複雜的情況：

（8）【隉墜】二。古文地字。（遼·行均《龍龕手鑑》卷二·阜部第十一）

（9）【墜】同防。舊本阜部隉注："古文防。"此重出，分爲二，誤。《古文奇字》朱謀㙔曰："墜爲大篆地字。"又云："古地字。"本作一，故旦上二字从一。俗作坔。按籀文地篆作墜。今闕墜不載，以墜爲墜，變墜爲古文地，亦非。（明·張自烈《正字通》卷二·土部）

【隉】同防。《説文》"防"重文作隉。舊注"古防字"，《古文奇字》以隉爲古地字，并非。舊本土部墜重出。（明·張自烈《正字通》卷十一·阜部）

釋行均、朱謀㙔都指認"墜（隉）"爲"古地字"，而張自烈認爲

"防"有重文作"陞",并非"地"字。《説文·自部》："防,隄也。从阜方聲。陞,防或从土。"今考《汗簡》也曾收録ᷡ的古文字形,我們認爲可能是"象"聲符輪廓的省變形式,與"方"字近似,和"防"重文"陞"屬於偶然同形。注家還提到"墜"也能記録{地},如:

　　(10)【地】徒二切。釋土地。又天地。《漢》"参天墜而施化",注:"古地字。"(宋·歐陽德、郭守正《增修校正押韻釋疑》卷四)
　　(11)【墜】直類反。落也。又古文音地。(遼·行均《龍龕手鑑》卷二·土部第五)

　　"墜"被指認爲古字,所引《漢書》用例應該是音近而訛寫的字形。宋張有《復古編》:"【墜墜】墜从土隊,直類切。陊也。下古地字。""墜"記録{墜落}和"墜"記録{地}意義完全不同,由於形近音近,容易誤寫誤用。這種由於字形錯訛或由於形體演變而形成的古文跟用字的古文性質是不同的。
　　綜上可見,武后政權被推翻後,新造會意字由於和當時形聲造字的主導方式不合[1],故被廢棄,社會習用字最終又重新回歸"地"。經過歷時纍積,記録{地}的字符有了形聲和會意兩個"古字"系列:形聲字類如"墜、陞、壆、陞",會意字類如"壆、壆、壆、杢"等。其中許多字形是訛寫變异的結果,并非都是不同的字種。
　　注列"古今字"材料,可以和文獻實際用字互證,包括出土文獻。如《説文》説"地"的籀文作"墜",出土先秦文字確實多見"墜"字,限於篇幅,例略。
　　可見,注列"古今字"不僅可以爲閲讀古書掃除障礙,而且可以

---

[1]　據齊元濤考察,"形聲字是隋唐五代楷書的主導構形方式,此時的會意字主要是歷史字形的傳承,造新字的能量不高"。參見《武周新字的構形學考察》,《陝西師範大學學報》(哲學社會科學版)2005年第6期。

勾勒詞語異時用字變化的綫索，反映不同時代的用字背景和用字習慣，以及字符形體的演變情况，因而對研究漢字發展史很有價值。

3. 利用注列“古今字”分析用字變化原因和規律

記錄某個詞項已有“古字”，爲何要另用“今字”？換用今字又該换用什麽樣的今字？這都是漢字職用學需要解決的問題。歷代注列“古今字”材料有的已經蘊含這方面的分析，例如王筠常常指出某組“古今字”的古字是“借字”，而今字是後作“分別文”，那就是說，之所以要用這個今字取代那個古字，是因爲那個古字有本義、借義，閱讀時不太容易辨析，所以後作并换用了具有“分別”作用的今字。從諸如此類的注列“古今字”材料中，我們可以揭示古今用字變化的大致動因和選字的基本規則。

首先，我們發現今字的理據性總體來説要比古字强，這説明用字的理據性是推動今字取代古字的動力之一。例如：

（1）夋，當爲豭之古文。（黄侃《説文同文·彑部》）
（2）因者，古文席字。《説文》席之古文作囷。（王國維《定本觀堂集林·讀書札記》）

例（1）古文“夋”爲象形字。《説文》：“夋，豕也。从彑，下象其足。”後由於形體演變，象形表義的理據已經不顯，遂以形聲結構的今字“豭”代之。例（2）的“因”作爲古字也是象形性的，隨着形體演變，形貌弱化，遂采用了理據更清晰的形聲字“席”（从巾石聲）。這説明構形理據清晰的今字更容易被選擇以取代古字。

同理，有些今字增加或改换表義構件，其實也是爲了理據更明顯或更切合。如：

（3）《木部》：“櫼，弋也。”段注：“《釋宫》曰：‘櫼謂之

杕。'……弋、杕古今字。"（清·段玉裁《説文解字注·木部》）

（4）《酉部》："醬，醢也。从肉、从酉，酒以和醬也。爿聲。
䤈，古文。"（清·段玉裁《説文解字注·酉部》）

（5）【狯】去業切。多畏也。今作怯。（宋·陳彭年等《大廣益
會玉篇》卷二十三）

例（3）的古字"弋"爲象形字。宋陳彭年等《大廣益會玉篇》、元熊忠《古今韻會舉要》都曾指認"弋、杕"是古今字。《説文·厂部》："弋，槷也。象折木衺鋭著形。从厂，象物挂之也。"從字形看，金文作"十"，小篆作？，都已看不出象形意味，遂增"木"旁，構成形聲字。原來的象形字降格爲表音構件。例（4）"䤈—醬"古今字中，古字"䤈"本已"从酉"，今字又增"月（肉）"旁，則"酒以和醬"的信息更完整。例（5）的古字"狯"从"犬"，不管是表{怯}的主體還是原因都嫌迂曲拘泥；今字"怯"从心，更能體現畏怯的心理範疇。

其次，如果理據或其他條件差不多，通常是書寫便利者占優，所以某些"古今字"的今字會比古字更簡便。例如：

（6）【䵂】音巨，黑黍也。今作秬。（宋·陳彭年等《大廣益會
玉篇》卷十五）

古字"䵂"从鬯，矩聲。《説文·鬯部》："鬯，……从凵，凵，器也；中象米；匕所以扱之。"理據清晰，但構件多，筆畫繁，使用時書寫不便利，所以今字選用同樣是形聲字但筆畫簡單的"秬"。其他如"籟—麴""蠭—蜂""齩—咬"都屬於今字選擇的字形簡單的情況。

再次，根據字詞關係調整需要而換用區別度大的今字可能也是一個選項。因爲漢字使用時不能祇管某個特定的字詞，還得關注相關的字詞，避免所用字跟其他字在形體上或職用上混同或失衡。例如：

（7）【骰節】又作垸，同。胡灌反。《通俗文》："燒骨以桼曰垸。"《蒼頡訓詁》："垸，以桼和之。"……桼，古漆字。（唐·慧琳《一切經音義》卷七十三）

古字 "桼" 其實是記録｛漆汁｝義的本字，筆畫也不多，可後來｛漆汁｝義却捨本字 "桼" 而借用｛水名｝的 "漆"，除了職用的區別性調整恐怕很難做出其他合理解釋。因爲秦漢以後，"桼" 被大量借用表數詞｛七｝，使用頻率高，文獻中 "桼" 是記録｛七｝還是｛漆｝容易模糊；而表示｛水名｝的 "漆" 使用頻率很低，爲了平衡職用以增强 "桼" 的表詞清晰度，就借用頻率較低的同音字 "漆" 來記録 "桼" 原來承擔的｛漆汁｝義。經過這樣的調整，"桼" 專門記録使用頻率高的數詞義｛七｝，"漆" 則記録使用頻率都較低的｛水名｝義和｛漆汁｝義，直到後來又用 "柒" 取代 "桼"，這大概也是因爲 "桼" 跟 "黍" 在形體上區別度較小。

（8）【厭，笮也。】段注：《竹部》曰："笮者，迫也。"此義今人字作壓，乃古今字之殊。《土部》壓訓壞也，塞也。無笮義。……按厭之本義笮也，合也。與 "壓" 義尚近，於 "猒，飽也" 義則遠。而各書皆假厭爲猒足、猒憎字。猒足、猒憎失其正字，而厭之本義罕知之矣。（清·段玉裁《説文解字注》卷九）

段注指認 "厭—壓" 在記録｛壓迫｝義上的 "古今字" 關係，并指出今字行用的原因是由借字導致的職能轉移：｛滿足、厭憎｝等義失其本字 "猒"，多借用 "厭" 記録，故｛壓迫｝義又轉借 "壓" 字記録，形成“猒—厭”“厭—壓”字詞關係的系列調整。

最後，錯訛也是造成用字變化的原因之一，但這不應該是主觀追求的結果，而往往是無意識造成的客觀存在。例如：

（9）【第】此字亦不當增。古止作弟，形誤作苐，苐又誤作茅，苐復誤作第。（黃侃《説文段注小箋》五上）

“弟—弟—苐—第”客觀上形成多組“古今字”關係，但後面的今字都是由於形體訛變造成的，不是用字者主觀的構造和選用。

古今用字變化還有出於詞義變化、語音變化、個人喜惡、社會習慣等原因的，歷代注列“古今字”材料中均有表述，值得深入發掘和系統整理。

（四）注列“古今字”的語言學價值

注列“古今字”在語言學領域的價值包括語義、語音、語法三個層面。

1. 語義層面

語義跟“古今字”的關係是通過詞語來體現的。某個詞語意義發生變化，如果變化到了需要成爲一個新詞的時候，往往會用改變原來用字的手段使新詞得以顯現和固定，原來的用字和爲了分化新詞而換用的字也是形成“古今字”的途徑，因而通過“古今字”材料可以考察詞語意義的變化情況。例如：

（1）【停】止也。古作亭。（宋·毛晃等《增修互注禮部韻略》卷二）
【停】止也。从人，亭聲。特丁切。按《説文》：“亭，民所安定也。”本實字，因安定得亭止義。故“竫”訓“亭安也”。《文選》謝靈運《初去郡》詩注云：“《蒼頡篇》：‘亭，定也。’‘亭’‘停’

古字通。”《釋名》：“含，合也，合口亭之也。”并古止作“亭”之
證。……知同謹按：《釋名》：“停，定也，定於所在也。”知漢時
已別出“停”字。《漢·高帝紀》“亭長”，小顔注“亭”謂“停留
宿食之處”，此不本古説，因漢制自解名義。亦可見古“停”止作
“亭”。（清·鄭珍、鄭知同《説文新附考》卷三）

“亭”本義爲供人停留休息或食宿的建築物，因其功用在供人停
留，故引申出停留、停止義。當停留、停止義仍然用“亭”記録的時
候，亭閣義與停止義還可以看作一詞多義，而另造分化字“停”專門
記録停止義，與原來記録停止義的“亭”構成“亭—停”古今字關係，
則停止義的“亭（停）”就應該看作派生了新詞，今字“停”就是這個
新詞的標志。所以通過這組“古今字”材料，我們可以了解“亭閣—
停止”的派生綫索，同時根據今字“停”的出現時代推知派生詞｛停
止｝産生的時代。

類似的材料很多，凡是具有職能分化作用的“今字”都可以提供
詞義變化和詞語派生的綫索。具有職能分化作用的“今字”不限於形
體上增換義符的“分化字”，形體上沒有聯繫的新造字，甚至借用或轉
用某個現成字，衹要它專門分擔了原字的某個義項，都有可能提供原
字記録的詞語産生派生詞的證據，如“備—箙”“畏—威”“葉（篥）
—頁”“介（个）—箇（個）”等“古今字”。

2. 語音層面

“音同或音近”是“古今字”的基本特徵。但“古今字”的“音同
音近”是建立在“記録同一詞項”的理論基礎上的，實際上由於時代
差異和語音變化，古字和今字的讀音未必完全相同。甚至可以説，有
些詞語正是因爲有了語音的變化，纔造成異時用字的變化。例如當語
音發生古今變化時，古字如果是形聲字，其聲符標音度會漸弱，不能
準確提示字音，那麼就可能會換用聲符表音性更強的字。由此“古字”

與"今字"之間就會留下語音演變的印痕，所以"古今字"材料就可以爲考察歷史性語音演變軌迹提供綫索。例如：

（2）【矜，矛柄也。】《方言》曰："矛，其柄謂之矜。"……字从，令聲，令聲古音在真部，故古假矜爲憐。《毛詩·鴻雁》傳曰"矜，憐也"，言假借也。……【从矛，令聲】各本篆作矜，解云"今聲"，今依漢石經《論語》、溧水《校官碑》、魏《受禪表》皆作矜正之。《毛詩》與天、臻、民、旬、填等字韻，讀如鄰，古音也。漢韋玄成《戒子孫詩》始韻心，晋張華《女史箴》、潘岳《哀永逝文》始入蒸韻。由是巨巾一反，僅見《方言》注、《過秦論》李注、《廣韻·十七真》，而他義則皆入蒸韻，今音之大變於古也。矛柄之字，改而爲槿，云"古作矜"。他義字亦皆作矜，从今聲，又古今字形之大變也。（清·段玉裁《説文解字注·矛部》）

段玉裁指認"矜—憐"記録｛憐憫｝、"矜—槿"記録｛矛柄｝是兩組"古今字"。其中"矜"从"令"聲，古音"讀如鄰"，故可借爲"憐"。但漢代開始與"心"相韻，晋代入蒸韻，故"从令聲，古音在真部"的"矜"字記録｛憐憫｝詞標音度不足，今字遂采用古"真部"的"憐"字。古字"矜"改用今字"憐"，反映的正是這種語音的變化。

（3）【櫨】山查本作櫨。今借柤字爲之，變作查，因誤爲查。（黄侃《説文段注小箋·木部》）
【洰】渣滓之渣，《説文》所無。《手部》"揩"下云"取水洰也"。洰即今之渣字，知渣古作洰。（黄侃《説文段注小箋·水部》）

黄侃指認"櫨—柤—查"爲古今字關係。《説文·木部》："櫨，果似梨而酢。"段注："按即今梨之肉粗味酸者也。張揖注《子虚賦》云：

‘樝似梨而甘。’古音在五部。”《説文·虍部》：“虘，虎不柔不信也。从虍，且聲。讀若鄌縣。”段注：“按邑部曰：鄌，沛國縣也。……然則古音本在五部。沛人言鄌，若昨何切。此方言之異。而虘讀同之。”“樝柤”同聲符字，古音皆屬魚部。“柤”形體變爲上下結構作查，訛爲“查”，纍增“木”旁作“楂”。《廣韻》“查”，側加切，假開二平麻莊，已入麻韻。“柤查”反映了上古魚部字向中古“虞魚麻”演變的過程。

（4）【胜】犬膏臭也。从肉，生聲。一曰不熟。徐引《禮記》：“飲胜而萡熟。”今文通作腥。（元·熊忠《古今韻會舉要》卷九）

【胜，犬膏臭也。】《庖人》《內則》：“秋行犢麛，膳膏腥。”杜子春云：“膏腥，豕膏也。”後鄭云：“膏腥，鷄膏也。”……《論語》：“君賜腥，必孰而薦之。”字當作胜，今經典膏胜、胜肉字通用腥爲之而胜廢矣，而腥之本義廢矣。（清·段玉裁《説文解字注》卷四）

熊忠、段玉裁都指認“胜—腥”爲“古今字”，記録﹛腥氣﹜義，其中“胜”爲古字，“腥”爲今字。從今字聲符的改換可以考察語音演變的過程，二字的聲符古音相近，“生”“星”同是耕部平聲字，“生”爲生紐，“星”爲心紐。但《説文》反切音，“胜”爲桑徑切，而“生”爲所庚切，韻部已不太一致。《廣韻》“生”，梗開二平庚生，而“星”，梗開四平青心。今字選擇“星”作爲聲符記録﹛腥氣﹜，正是反映了語音的古今變化。

（5）瘨，今作癲。（黃侃《説文段注小箋·疒部》）
　　　幐，今作袋。（黃侃《説文段注小箋·巾部》）
　　　洮，今作淘。（黃侃《説文段注小箋·水部》）

“瘨—癲”古今字中古字與今字古音同。而聲符“真”，古章母，屬照三組字。“照三歸端”，“真”從上古端母舌音發展爲舌上音，記錄{癲狂}語音上標音不太協調，故改換聲符以“顛”爲今字聲符。“縢袋”“洮淘”也反映了“古無舌上音”的語音演變過程。

可見“古今字”材料，特別是其中“聲符替換”類，的確可以反映“古字”和“今字”之間的語音聯繫和演變，應該成爲漢語語音史研究的寶貴資料。“古今字”的注列是大量的，指認者時代明確，如果全面考察注列“古今字”的語音關係，輔之以文獻分時用字調查，那麼上古、中古、近古語音的發展演變應該在不同時代的“古今字”材料中都有所反映，這是值得今後深入拓展的課題。

3. 語法層面

語法屬性跟文字不是太密切，所以正常的古今用字不同往往很難反映語法問題。但如果把某些“古今字”放到實際語言中檢驗，也可能發現被掩蓋的某些語法現象。例如：

（6）【娶】七句切。取女爲娶。古亦單作取。（宋·戴侗《六書故》卷九）

“取—娶”作爲一組“古今字”是被公認的，但這組古今字有兩個問題需要考證：一是“娶”出現於何時，二是有了“娶”後娶妻語境中還用不用“取”。如果“娶”“取”同時使用，它們的功能真的完全相同嗎？

考出土文獻，秦代前娶妻義都用“取”字，罕見用“娶”者。甲骨文已有“娶”字（菁7.1），但用爲人名，可能跟娶妻義的“娶”屬同形字。傳世先秦文獻則“取”“娶”并用，似乎不屬於用後起的“娶”替換原先的“取”的情況，也就是跟一般所説的“古今字”此消彼長的用字差異不完全相同。這種同時并用現象當然也是可以解釋的，比如“古”字在“今”字出現後仍然習慣性沿用，或者先秦文獻本來都是用“取”而傳抄過程中不斷被後人篡改爲“娶”了。如果“取”“娶”的使用真的毫無區別，那這些解釋是能够成立的。可我們發現，先秦文獻中“取”“娶”的用法事實上是有區別的，即在表述娶妻事件時，“取”後面一定帶表示女性的賓語（女性通稱或某個具體的女人），至少前後有女性或婚嫁方面的詞語；而“娶”可以單用，前後可以不出現女性或婚嫁方面的詞語。請看用例：

> 取妻如之何？匪媒不得。（《詩經·齊風·南山》）
> 取妻不取同姓，故買妾不知其姓則卜之。（《禮記·曲禮》）
> 余取女。（《帛書丙四》）

這個語法限制到漢代以後仍然保持：

> 如秦爲太子建取婦。（《史記·楚世家》）
> 勿取齊女，淫而迷國。（《漢書·五行志》）
> 爲子彭祖取魯女。（《三國志·魏志》）

《說文解字·又部》：“取，捕取也。从又从耳。”引申爲没有特定對象的一般“取得、拿到”。“取”表述娶妻事件時之所以後面一定要出現女性，大概是因爲這種用法的“取”仍然是一般意義的“取得、獲得”，并没有獨立的“取女人爲妻”這類義項。這個推測從下面的例子中可以看得更清楚：

> 兄弟死，皆取其妻妻之。（《史記·匈奴列傳》）
> 後鈞取掖庭出女李嬈爲小妻。（《後漢書·陳敬王羨傳》）

其中的“取”祇有“取得”“拿”之類的意義，結爲夫妻的意思是用“妻之”“爲小妻”來表示的。如果“取”具有獨立的“取女人爲妻”義，那句中的“妻之”“爲小妻”就屬多餘。可見字書詞典中給“取”設立“娶妻”義項而等同於“娶”并不符合上古語言事實。

《説文解字·女部》：“娶，取婦也。从女从取，取亦聲。”段注：“取彼之女爲我之婦也。”“娶”字本身含有“取”的對象“女”和目的“爲婦”義，因而用“娶”字表示娶妻事件，後面可以出現女性名詞，也可以不再出現女性名詞作賓語，還可以用“於”介紹出地方或所屬人作補語。用例如：

> 鄭武公娶于申。(《左傳·隱公元年》)
>
> 椒舉娶于申公牟。(《左傳·襄公二十六年》)
>
> 君娶於吴。(《論語·述而》)
>
> 萬章問曰：“《詩》云：‘娶妻如之何？必告父母。’信斯言也，宜莫如舜。舜之不告而娶，何也？”孟子曰：“告則不得娶。……是以不告也。”(《孟子·萬章上》)

這説明至少在先秦“取”和“娶”是有區別的兩個詞，不能互相取代，因而不具備“古今字”的條件，把它們看作“古今字”是不準確的，因爲忽略了它們語法上的差異。這種差異的消除，以及最終在娶妻意義上衹用“娶”不再用“取”，應該是在漢代以後了。

六　項目完成情況説明

“‘古今字’學術史叢書”一共9種，是國家社科基金重大項目“‘古今字’資料庫建設及相關專題研究”的主要成果，分別由蔣志遠

（湖南師範大學）、張艷（湘潭大學）、鍾韻（生活·讀書·新知三聯書店）、温敏（鄭州大學）、蘇天運（齊齊哈爾大學）、張青松（貴州師範大學）、關玲（北京師範大學碩士畢業）、張志麗（天津師範大學碩士畢業）、劉琳（陝西師範大學）等人承擔和完成。作爲學術史叢書研究基礎的是“古今字”資料庫的建設和《古代注列“古今字”輯考》的編撰，實際上就是材料的搜集與整理。材料的搜集與整理工作實際上在項目批准之前就開始了，前後經歷逾十年，參與的人員衆多。具體操作流程大致是：

第一階段，制訂體例，確定實施方法，試做樣條，分工布置。主要參與人員有李運富、蔣志遠、鍾韻等。

第二階段，從歷代古籍注釋、小學專書（字詞典）、學術筆記等著作中搜集原始材料，録入電腦，形成電子資料。按書籍分工，參與人員多爲在校碩士研究生和博士研究生，也有博士後、訪問學者和校外人員，如（音序，下同）陳安琪、何余華、黄甜甜、姜雯潔、蔣志遠、李娟、劉瓊、牛振、時玲玲、韋良玉、温敏、武媛媛、徐多懿、張浩、張燕、張喆、鍾韻、周易等。

第三階段，核實原書（影印圖片），校對文字，標點原文，按“古今字”性質排除非古今字，標注“古今字”字際關係，撰寫“説明”，建立參數完整的“古今字”數據庫。按“古今字”的“今字”音節分工，參與人員主要是在校博士研究生和校外高校教師，有高淑燕、何余華、黄甜甜、蔣志遠、李建清、李娟、李玉平、劉琳、牛振、蘇天運、王海平、王虎、温敏、吳國昇、吳吉煌、張道升、張青松、張素鳳、張喆、鍾韻等。

第四階段，初步統稿，針對問題集中討論，重點核對和修改。按“今字”音節分工，參與人員有何余華、蔣志遠、李玉平、李運富、劉琳、牛振、蘇天運、王虎、温敏、吳國昇、吳吉煌、張道升、張青松、張素鳳、張喆等。

　　第五階段，再次剪切圖片，全面復查，核實版本，校對原文，解決疑難，修改表述，調整版式，重新分合排序，統稿編目，整理參考文獻，等等。參與人員有蔡宏煒、程慧、程婕、馮曉瑞、何余華、蔣志遠、李玉平、李運富、劉正印、牛振、任健行、孫倩、王虎、王勝華、王瑜、王雲、韋良玉、溫敏、吳國昇、吳吉煌、尉侯凱、張道升、張青松、張曉玲、張陽、周天閣、朱芳等。

　　第六階段，統稿加工，組裝合成，列印成册，申請結項，等等。參與人員主要是何余華、李運富、張青松。

　　第七階段，最後通讀，逐條修改，提交出版稿。主要由李運富、季旭昇承擔。

　　第八階段，排版後的校對、修訂。主要由李運富、張青松負責。

　　以上主要就基礎材料的搜集、整理、彙校而言（其成果《古代注列"古今字"輯考》因性質不同未收入該叢書）。該叢書的斷代史和專題史研究則基本上是在李運富指導下，作爲博士學位論文或碩士學位論文，由各書作者獨立完成的。收入叢書時做了一定的修改，但由於各書撰寫的時間不同，面對的研究素材不同，碩博士研究生的要求不同，内容或有輕重，體例并不統一，而且爲了保持各書的相對獨立，緒論部分多有重複。凡此遺憾，頗出無奈，祈讀者諒宥。

　　李建廷在編撰體例、版本目録、校對等方面多有貢獻，何清、李晶在項目的統稿會上負責了接待服務工作。

　　謝謝所有參與項目工作的人員。

目　録

上　編

下　編

上 編

緒　論

一　顏師古生平和著述

顏師古名籀，字師古（一説名師古，字籀），以字行，唐京兆萬年（今陝西西安市）人。生於隋開皇元年（581），卒於唐貞觀十九年（645），終年65歲。顏師古是名儒顏之推之孫，顏思魯之子。顏師古兄弟四人，二弟顏相時，三弟顏勤禮，四弟顏育德，皆有學名。[①]

顏師古博通經史，在經學、語言文字學、歷史學等諸多方面都有很深的造詣。他遵循祖訓，博覽群書，學問淹博，擅長文字、訓詁、聲韻、校勘之學；他還是研究《漢書》的專家，對兩漢以後的經學史也十分熟悉。[②]

顏師古曾任安養縣尉，以政績突出聞名。後坐事免職居長安，十年不得官，家貧，以教授爲業。隋大業十三年（617），太原留守李淵起兵入關，顏師古從父至同州朝邑長春宮謁見，被授予朝散大夫之職。唐武德元年（618），李淵稱帝，建立唐王朝，拜顏師古爲敦煌公

---

① 《舊唐書》卷七十三：“顏籀字師古，雍州萬年人，齊黄門侍郎之推孫也。其先本居琅邪，世仕江左；及之推歷事周、齊、齊滅，始居關中。”參見（後晋）劉昫等《舊唐書》，中華書局，1975，第2594頁。
② 《舊唐書》卷七十三：“少傳家業，博覽群書，尤精詁訓，善屬文。”參見（後晋）劉昫等《舊唐書》，中華書局，1975，第2594頁。

府文學，轉起居舍人，再遷中書舍人，掌機密，專典皇帝詔敕。軍國政務等重大詔令皆出於顏師古之手，其文才當時未有敢與其相比者。顏師古勤於政事，又擅長文辭，其所擬制誥册奏之工整美好，名冠當時。

唐武德九年（626），秦王李世民即皇帝位，顏師古被擢爲中書侍郎，封琅邪縣男。後因事獲罪，兩次被貶。太宗評價顏師古曰：“卿之學識，良有可稱，但事親居官，未爲清論所許。今之此授，卿自取之。朕以卿曩日任使，不忍遐棄，宜深自誡勵也。”①

太宗朝時，爲了適應大一統政治和國子監經學教育的需要，統治者重視對傳統文化典籍的整理。“太宗以經籍去聖久遠，文字訛謬，令師古於祕書省考定《五經》，師古多所釐正，既成，奏之。太宗復遣諸儒重加詳議。于時諸儒傳習已久，皆共非之。師古輒引晋、宋已來古今本，隨言曉答，援據詳明，皆出其意表，諸儒莫不嘆服。”②這實際上是對漢魏兩晋南北朝及隋朝以後五經版本與文字的一次大清理，歷時兩年多。

《五經正義》就是以“五經定本”作爲其底本的。《貞觀政要》卷七：“……頒其所定書於天下，令學者習焉。太宗又以文學多門，章句繁雜，詔師古與國子祭酒孔穎達等諸儒，撰定五經疏義，凡一百八十卷，名曰《五經正義》，付國學施行。”③顏師古校定的“五經定本”以封建王朝法定的經典形式頒行全國，作爲中央官學至地方州縣各級學校的標準教科書，成爲朝廷取士的圭臬，直至宋代數百年間，士人謹守，無有異議。這是空前的盛舉，對於學習者來説，消除了求經無所適從的苦惱。

唐貞觀七年（633），顏師古被任命爲秘書少監，專管校定古書的

---

① （後晋）劉昫等：《舊唐書》，中華書局，1975，第 2595 頁。
② （後晋）劉昫等：《舊唐書》，中華書局，1975，第 2594 頁。
③ （唐）吳兢：《貞觀政要》卷七《崇儒學第二十七》，《四部叢刊》本。

工作，每遇疑惑不解的奇文難字，他都能一一辨析，并説明其本源。貞觀十一年（637），顏師古奉詔與博士撰寫成《五禮》，進爵爲子。後又奉太子承乾之命注《漢書》。貞觀十五年（641）書成，進秘書監，以文學入選崇賢、弘文兩館學士。

《漢書注》是顏師古晚年力作，在審定音讀、詮釋字義方面用功最多，成績最大。他博采諸家注本之長，并加入個人觀點，糾正了以往注家的不少失誤，成爲"解釋詳明，深爲學者所重"的注本，[①] 當時即有"杜征南[②]、顏祕書[③] 爲左丘明、班孟堅[④] 忠臣"[⑤] 之稱譽。

貞觀十九年（645），顏師古隨從太宗征遼東，途中病故，終年65歲，謚曰"戴"。

顏師古一生著述很多，與人合撰的有：《五經正義》百餘篇，《隋書》八十五卷，《大唐禮儀》一百卷，《令》三十一卷。獨立撰寫的有：《急就章注》一卷，《漢書注》一百二十卷，《匡謬正俗》八卷，《顏師古集》六十卷。此外還有《安興貴家傳》等。在顏師古的著述中，《匡謬正俗》《急就章注》《顏氏字樣》承祖先之餘緒，啓三唐之門户，顏師古作爲唐代正字學的先驅者而永垂史册。《匡謬正俗》《急就章注》，皆爲語言文字學方面的專著，訓釋與考據都頗爲精當。

《急就篇》是漢代用韻語編成的一部日常名物雜字彙，供學童識字之用，是"三倉"中唯一保存下來流傳至今的。其詳羅諸名、部別義類，具有一定的學術價值。顏師古在爲其作注的過程中，極其熟練地運用其精博的語言文字知識，將原書"分別部居不雜厠"的各種名物詞分析得十分精當，大大提高了原書在語言文字研究方面的價值。

① （後晋）劉昫等：《舊唐書》，中華書局，1975，第2595頁。
② 引者按：杜預病逝後，司馬炎追贈其爲征南大將軍，故稱。
③ 引者按：顏師古曾任秘書少監，故稱。唐代官制中，掌經籍圖書的秘書省設秘書監一人，從三品；秘書少監二人，從四品上；秘書丞一人，從五品上。
④ 引者按：班固字孟堅。
⑤ （宋）歐陽修、（宋）宋祁：《新唐書》，中華書局，1975，第5642頁。

顏師古晚年撰寫的《匡謬正俗》在內容上分爲 "匡謬" 和 "正俗" 兩部分。他十分重視字的音與義配合關係的相應。對前代音義家如劉昌宗、周續之、徐仙民等的一些説法做了糾正。顏師古并非單純糾正他們音切的不正，而是以當時的音義配合規定爲準，通過糾正音讀來糾正他們對詞義的錯誤理解。從中我們可以看出師古重時音、重規範的思想。《四庫提要》評《匡謬正俗》云："皆論諸書字義字音及俗語相承之异，考據極爲精密。"

綜觀顏氏一生的學術研究，他在語言文字方面的突出貢獻足以爲後人所稱道。他能够 "多角度地來探索和闡明各種複雜的語言現象，因此取得了卓异的成績"。[①] "有唐一代，以經學、史學而兼文字訓詁學家，孔穎達之外，師古一人而已"。[②]

二　選題緣起、研究意義與目標

（一）選題緣起

"古今字" 這個概念是訓詁學家從訓詁實踐中提出來的，其目的是溝通古今用字的差异，以便讀者疏通文意，正確解讀古書。

"古今字" 是一個歷史概念，從漢代提出至今，所包含的內容不斷發展變化。歷史上不同時期的語言文字學家觀念中的古今字範圍不盡相同，目前對於古今字的認識仍然衆説紛紜，莫衷一是。我們應該如何看待今人對古今字的不同理解？其差异在哪裏？究竟如何理解古今字纔能更符合古人原意呢？

要解決這些問題，必須抓住問題產生的根源，即從古人提出 "古今字" 的背景和原因、"古今字" 涵蓋範圍的變化入手。因此，系統梳

---

①　劉曉東:《顏師古》，吉常宏、王佩增編《中國古代語言學家評傳》，山東教育出版社，1992，第 148 頁。

②　李建國:《漢語訓詁學史》，上海辭書出版社，2002，第 95 頁。

理古今字從産生到發展的演變情況就是解決各種問題的有效途徑。由於“古今字”是一個歷史概念，因此在分析這個術語的内涵和外延的時候就要用歷史的眼光，從古人的本意出發，從古人的著述中總結、歸納其對古今字的認識，而不能夾雜今人的已有觀念。祇有充分尊重古人原意，不以今律古，系統總結古人對古今字的理解，纔能正本清源，恢復其本來面貌。

　　李運富教授認爲，現代“古今字”的研究存在許多問題和不足，主要有以下三個誤區：（1）在“古今字”的性質上，把用字問題誤認爲造字問題；（2）在“古今字”的材料上，把不同角度的歸屬誤當成概念糾葛；（3）在“古今字”的學史評價上，强人就己，誤設臧否。①

　　從學術史的角度研究古今字，現代學者已取得了一系列成果。李運富教授主持的國家社科基金重點項目“歷代訓注古今字彙纂及數據庫建設”、重大項目“‘古今字’資料庫建設及相關專題研究”旨在通過彙編歷代注列“古今字”字組和系統描述“古今字”學術史，客觀評價“古今字”的學術史意義并發掘其現代研究價值。“古今字”學術史研究包括專書研究和斷代史研究。專書研究已經完成《〈説文段注〉“古今字”研究》②《張揖〈古今字詁〉研究》③《顔師古“古今字”研究》④《王筠“古今字”研究》⑤《〈五音集韻〉古今字研究》⑥。斷代史研究包括《唐以前“古今字”學術史研究》⑦《宋元明“古今字”學術史研究》⑧《清代“古今字”學術史研究》⑨《近現代“古今字”學

① 李運富：《“古今字”研究需釐清概念》，《中國社會科學報》2017年9月5日第3版。
② 劉琳：《〈説文段注〉“古今字”研究》，博士學位論文，北京師範大學，2009。
③ 蘇天運：《張揖〈古今字詁〉研究》，碩士學位論文，北京師範大學，2009。
④ 關玲：《顔師古“古今字”研究》，碩士學位論文，北京師範大學，2009。
⑤ 蔣志遠：《王筠“古今字”研究》，碩士學位論文，北京師範大學，2011；社會科學文獻出版社，2021。
⑥ 張志麗：《〈五音集韻〉古今字研究》，碩士學位論文，天津師範大學，2017。
⑦ 蔣志遠：《唐以前“古今字”學術史研究》，博士學位論文，北京師範大學，2014。
⑧ 張燕：《宋元明“古今字”學術史研究》，博士學位論文，中央民族大學，2017。
⑨ 鍾韻：《清代“古今字”學術史研究》，博士學位論文，北京師範大學，2016。

術史研究》①。上述研究以《歷代注列“古今字”字組彙編》（現名《古代注列“古今字”輯考》）爲基礎，運用李運富教授倡導的漢字職用學（簡稱“字用學”）理論，填補了“古今字”學術史研究的空白，具有重要的學術價值。

2000 年之前，學界對段玉裁《説文解字注》古今字的研究成果比較多，也比較深入。②但是對段玉裁之前的訓詁學家，例如顏師古等著作中的古今字研究則明顯不足。2000 年之後，涌現出一大批顏師古《漢書注》古今字研究成果，尤其是碩士學位論文，但是，這些論著在理論指導和材料分析上都存在不少問題（評述見後）。

《漢書》爲東漢班固所著，唐代訓詁學家顏師古爲《漢書》作注，兩相比較，已經相差幾近六百年，兩個時期通用的語言文字已經發生很多變化。《後漢書·列女傳》：“時《漢書》始出，多未能通者。同郡馬融伏于閣下，從昭受讀。”③可見，《漢書》在立著之時就因爲其用字用詞的晦澀而給閱讀者造成一定的障礙。顏師古《漢書·叙例》：“《漢書》舊文多有古字，解説之後屢經遷易，後人習讀，以意刊改，傳寫既多，彌更淺俗。今則曲覈古本，歸其真正，一往難識者，皆從而釋之。”④爲了幫助時人閱讀《漢書》，顏師古根據唐代語言文字規範對前代語言文字現象做出解釋，這些都是寶貴的文字訓釋材料。我們通過《漢書》的用字用詞現象能够瞭解漢代的語言文字使用面貌，通過顏師古的注文，可以瞭解唐代語言文字的使用狀況，尤其是唐人的正字觀念。通過漢唐語言文字使用情況的比較，能够看出兩個時代語言文字使用情況的異同，從而探尋古今字演變的軌迹。

本書的研究對象是顏師古“古今字”，指的是顏師古在《漢書注》

---

① 温敏：《近現代“古今字”學術史研究》，博士學位論文，北京師範大學，2017。
② 參見劉琳《〈説文段注〉“古今字”研究》，博士學位論文，北京師範大學，2009。
③ （南朝宋）范曄撰，（唐）李賢等注《後漢書》，中華書局，1965，第 2785 頁。
④ （漢）班固撰，（唐）顏師古注《漢書》，中華書局，1962，“叙例”第 2 頁。

《匡謬正俗》等訓詁著作中通過標注、論述、列舉等方式認知的"古今字"。之所以加上引號，是因爲這種"古今字"屬於學史性的訓詁材料，既不等於文獻中實際存在的古今字，也不等於今人理解的古今字。有的符合事實和學理，有的祇是一家之言，甚至是不符合事實和學理的錯誤認知。① 例如《漢書・韋賢傳》："其諫詩曰：'肅肅我祖，國自豕韋，黼衣朱紱，四牡龍旂。'"師古曰："黼衣畫爲斧形，而白與黑爲彩也。朱紱爲朱裳畫爲亞文也。亞，古弗字也，故因謂之。紱字又作黻，其音同聲。"今按："亞"爲花紋形，本作"亞"，并無音義可言。"弗"字見於甲骨文等古文字材料，但無一作"亞"形者，顏師古謂"亞，古弗字"純屬臆測。熊加全認爲："'亞'當即'弗'字俗寫，而非其古文。"② 亦屬臆測。③

（二）研究意義

具體而言，研究顏師古"古今字"有以下幾個方面的價值。

1. 訓詁學價值

"古今字"最基本的作用就是用今字解釋古字，溝通詞語用字的古今差异，從而達到正確解讀文獻的目的。這是研究顏師古"古今字"最重要的價值。

2. 文字學價值

顏師古曾校五經并撰"五經定本"，又在此基礎上編成《顏氏字樣》，在漢字使用方面有很强的規範意識。對於《漢書》中使用的古字，顏氏用唐代通行的規範漢字（即今字）加以解釋。因此，研究《漢書注》"古今字"有利於瞭解顏師古的字樣學觀念。

"古今字"是從訓詁的實用角度提出的，反映了文獻用字的時代差

---

① 蔣志遠：《王筠"古今字"研究》，李運富主編《古今字學術史叢書》，社會科學文獻出版社，2021，"總序"，第 33 頁。

② 熊加全：《〈新修玉篇〉研究》，中國社會科學出版社，2019，第 275 頁。

③ 説詳本書第 143~145 頁。

異，其實質是字詞關係的變化。研究《漢書注》“古今字”有助於考察字際關係、用字歷史，因而對研究漢字發展史很有價值。

3．辭書學價值

顏師古《漢書注》“古今字”爲後人編纂字典辭書提供了豐富的原始材料。例如《漢語大字典》（第 2 版）“嫚”“汆”“厝”“匽”等字頭下分別徵引顏師古《漢書注》“古要字”“夘（古攀字）”“古錯字”“古偃字”，等等。①

4．文獻學價值

顏師古在漢字使用方面有很强的崇古意識，他對《漢書》文本的校訂就集中體現了這種思想。一般都認爲司馬遷作《史記》多用今字，而班固作《漢書》多用古字。其實這與顏師古的校訂有很大的關係。顏師古用今字給《漢書》中的古字作注，這些古字的寫法因此被保留下來，從而導致顏注《漢書》裏被後人改成今字的字，要比《史記》少得多。②

（三）研究目標

本書通過窮盡式的搜集、整理，全面研究顏師古注列的“古今字”材料，還原他本來的古今字觀念，同時揭示這些材料的應用價值。

（1）歸納、總結顏氏“古今字”的注釋用語及其内涵，全面、準確地把握顏師古的“古今字”觀念。

（2）客觀、公正地評價顏師古“古今字”觀念的成就和不足。

（3）爲古今字理論研究工作提供學術史方面的具體材料。

（4）揭示顏師古《漢書注》“古今字”的應用價值。

---

① 《漢語大字典》（第 2 版）徵引《漢書注》“古今字”例條共有 109 個。參見本書下編（在注列原文末尾標注＃）。

② 參見裘錫圭《文字學概要》（修訂本），商務印書館，2013，第 258 頁。

三　古今字研究現狀

（一）古今字的定義和性質

就古今字的定義和性質而言，目前學術界大致有兩種意見。

一種意見認爲古今字是漢字發展演變過程中的一種孳乳分化現象。

王力主編《古代漢語》教材雖然没有給古今字下一個明確的定義，但從其所舉的古今字的例字和所作的説明來看，是把古今字限定在分化字範圍以内。該教材認爲，古今字的産生是因爲先秦時代漢字數量少，古字"'兼職'現象多，後代不斷分化"。① 後起的這些今字是爲了分擔古字的職務，解決"兼職"過多的問題纔産生的。

朱振家主編《古代漢語》教材認爲："上古時代，特别是先秦時代，漢字數量少，漢字産生速度又落後於詞的發展，常常是一字寫多詞，致使不同的詞在書寫形式上劃一無别，影響書面交際。後代爲了加以區别，讓使用頻率高的常用詞佔據原形，給非常用詞另造新字，於是便形成了古今字。"②

洪成玉認爲："古今字是漢字在發展中所産生的古今异字現象。……漢字是詞符音節文字。一個漢字，既表示一個音節，又表示一個詞。……詞是語言中最活躍、對社會最敏感的部分。隨着社會的發展，語言爲了滿足交際的需要，原有的詞會引申出新的詞義，新的詞也會不斷的産生。詞義的引申，新詞的産生，必然會要求記録詞的漢字也相應的發展變化。文字具有穩定性的特點。開始的時候，新的詞義或新的詞，往往由原有的字兼任。隨後，爲了區别新舊詞義或新舊詞，同時也是爲了減輕原有漢字的負擔，就以原字的形體爲基礎，或增加偏旁，或改變偏旁，另造一個新字。我們把這種文字現象稱爲古

---

① 　王力主編《古代漢語》，中華書局，1962，第153~154頁。
② 　朱振家主編《古代漢語》，中央廣播電視大學出版社，1990。

今字。”①

　　另一種意見認爲古今字就是歷時的同詞異字現象。

　　陸錫興認爲：“古今字就是漢語同詞先後異字的現象。”②

　　裘錫圭認爲：“‘古今字’也是跟一詞多形現象有關的一個術語。一個詞的不同書寫形式，通行時間往往有前後，在前者就是在後者的古字，在後者就是在前者的今字。”③

　　王寧等認爲：“所謂古今字，是一種縱向歷時的同詞異字現象，即記録同一個詞（實際是詞的某個義項），不同時代社會用字有不同，前一個時代所用的字叫古字，後一個時代所用的字叫今字。”④

　　產生分歧的原因主要在於兩者立論角度不同。前者從文字學着眼，強調古字承擔職能過多，因此產生今字來分化其職能，古今字是漢字發展演變過程中的一種孳乳分化現象；而後者從訓詁角度出發，主要立足文意訓釋，認爲“古今字就是漢語同詞先後異字的現象”。

　　對於古今字術語的使用問題，裘錫圭有很精闢的評述。

　　　　近代講文字學的人，有時從説明文字孳乳情况的角度來使用“古今字”這個名稱，把它主要用來稱呼母字跟分化字。近年來，還有人明確主張把“古今字”這個名稱專用來指有“造字相承的關係”的字。他們所説的古今字，跟古人所説的古今字，不但範圍有大小的不同，而且基本概念也是不一致的。古人講古今字是從解釋古書字義出發的。這種意義的古今字當然也包括母字和分化字，但

---

① 洪成玉：《古今字》，語文出版社，1995，第 1 頁。洪成玉先生致力於古今字研究，相關論著還有：《古今字概説》，《中國語文》1981 年第 2 期；《古今字概述》，《北京師範學院學報》1992 年第 3 期；《古今字辨正》，《首都師範大學學報》2009 年第 3 期；《古今字字典》，商務印書館，2013。

② 陸錫興：《談古今字》，《中國語文》1981 年第 5 期。

③ 裘錫圭：《文字學概要》（修訂本），商務印書館，2013，第 256 頁。

④ 王寧、林銀生、周之朗、秦永龍、謝紀鋒編著《古代漢語通論》，北京師範大學出版社，1996，第 49 頁。

是孰古孰今是根據文字使用的實際情況而定的，母字并不一定被看作古字，分化字并不一定被看作今字。①

蔣紹愚對此也有很清醒的認識。

有的把本原字和區別字稱爲"古今字"。這是術語的不同。從時代來看，確實本原字都屬於"古"，區別字都屬於"今"；"古"、"今"是相對而言的，以先秦爲古，則漢魏爲今；以漢魏爲古，則唐宋爲今。所以稱之爲"古今字"也是可以的。

但若以術語的精確性而論，我主張稱"本原字"和"區別字"，而不稱"古今字"。②

以上兩位先生的意見都很中肯，但是王力《古代漢語》古今字觀念的影響與之相比要大得多。

唐作藩主編《中國語言文字學大辭典》（徵求意見本）"古今字"條：

指同表某一字義而古今用字有异的字。在古代典籍中，有的詞用不同的字來表示，這些字的通行時間往往有前有後。前者就是後者的古字，後者就是前者的今字。例如表示義爲土塊的那個詞，早先用"凷"，後來用"塊"，"凷"是"塊"的古字，"塊"是"凷"的今字。又如，早先表示義爲陰影的那個字用"景"字，後來用"影"字，景、影爲古今字。古今字形成有多種渠道。有些古今字是由於某些异體字出現而形成的。有些古今字是由於區別字的出現而形成的。如"竟"的本義爲樂曲終結，引申指邊境，另造區別字"境"表示"竟"這一引申義，竟境爲古今字。還有一些古今字是

---

① 裘錫圭：《文字學概要》（修訂本），商務印書館，2013，第259頁。
② 具體理由從略。參見蔣紹愚《古漢語詞彙綱要》，北京大學出版社，1989，第212頁。

漢字簡化造成的。古字和今字的關係有其複雜的一面。首先，所謂古今有相對性，如絝是袴的古字，袴是絝的今字，後來又出現了褲字，則袴、褲爲古今字。其次，所謂古今并非全都反映某不同用字開始使用字的先後。比如顏師古注《漢書》時說徠、來爲古今字，其實人們表示往來之來，最先用的是來，大概在戰國末期纔有後起本字徠的出現。再次，古今字有時還會互相易位。例如許慎著《說文》的時代，"線"爲古字，"綫"爲今字，到了晋代成了綫、線古今字。現代同于《說文》時代，線、綫爲古今字。①

此書在正式出版時，釋文內容跟徵求意見本完全不同，觀點亦截然相反。

【古今字】㈠傳統訓詁學的一個術語，也稱分別字或區別字，是同源字之中的一類。指一個字所兼任的意義過多，另造一個新字，以分擔其中的一個意義。從形體結構上看，古今字有造字相承的關係，新造的今字多以古字爲基礎，或增加偏旁，或改變偏旁。增加偏旁的如：古字"要"是"腰"的本字，後又引申出邀約、求取、攔截、要挾等義，爲了減輕"要"字的負擔，以"要"爲基礎，增加偏旁"月（瀘②，即肉）"，另造一個今字"腰"，分擔其中的身腰義，改變偏旁的如：古字"赴"有急趨、到達、告喪等義，因告喪不僅急趨而且用言，於是改偏旁"走"爲"言"，又新造一個今字"訃"，以分擔其中的告喪義。這兩種情況占古今字中的絕大多數。還有一些古今字，古字和今字形體迥异，但從字的

---

① 唐作藩主編，楊耐思、孫竹副主編《中國語言文字學大辭典》（徵求意見本），（香港）遠帆世紀出版社、中華辭書出版社，2006。轉引自洪成玉《古今字辨正》，《首都師範大學學報》2009 年第 3 期。

② 按：當爲亂碼。疑爲"肉"之小篆字形。

意義和造字方法上，還是可以看到它們之間的聯繫。如：志、識 zhì，在表示記住、標記義時，志是古字，識（识）① 是今字。兩者都是形聲字，祇是聲符不同。志從之得聲，識從戠得聲。今字是從古字派生出來的。文字是詞的視覺符號。今字的產生，也即新詞的產生，不僅標志着以形符爲主導的漢字的發展，而且也標志着同源詞的產生和發展。這是古今字與异體字、通假字的一個根本區別。㈡書名。《漢書·藝文志》中的孝經家部分，著録有《古今字》一卷。已亡佚。1995 年，語文出版社出版古今字專著《古今字》，作者洪成玉。該書吸收了清人王筠、徐灝等有關古今字的研究成果，并參照王力在《古代漢語》、《同源字論》中有關古今字的總結性論述，全面而概括地介紹了古今字的產生和發展。該書主要内容有：（一）什麽是古今字，（二）古今字概述，（三）古今字的特點，（四）古今字和通假字的區別，（五）古今字和异體字的區別，（六）古今字和同源字的區別，并收有 258 組最常見的古今字。②

洪成玉認爲：“古今字是傳統訓詁學的一個術語，產生於西漢時期。起初是指在經傳中的同詞而古今异字，後來擴大到子、史等著作中的同詞异字，含義曾一度比較寬泛，但範圍還是十分有限。後隨着假借字、通假字、通用字、同源字等術語的先後產生，隨着對漢語文字現象研究的逐漸深入，到了清代，古今字的含義開始漸趨一致，定位於分別字（今也稱區別字），但仍沿用古今字這一術語。上世紀 60 年代初，古今字被列入高等學校古代漢語的教學内容，對古今字的理解已基本上趨於一致。自清代以來對漢字發展的深入研究表明，古今字是

---

① 按：原書爲簡體版。
② 唐作藩主編，楊耐思、孫竹副主編《中國語言文字學大辭典》，中國大百科全書出版社，2007，第 209 頁。

漢字適應漢語詞義的發展，遵循漢字造字的規律，滿足記錄新詞産生需要的文字現象。"①

對於洪成玉的觀點，李運富、蔣志遠已辨其非②，此不贅述。

當然，學界也有折中的做法。例如趙克勤認爲："傳統訓詁學所説的古今字是廣義的古今字；我們今天所要研究的古今字衹是被王筠叫做'分别文'的那一種，是狹義的古今字。兩者是既有聯繫又有區别的。"③

又如馬文熙、張歸璧認爲 "古今字" 有狹義與廣義之别："在某一詞義上先後産生的形體異中有同的若干字，原來的字稱古字，後造的字稱今字（也稱分别文、區别字）。此爲狹義界説。……廣義的界説，指同一個詞在古書中先後所使用的不同的字，包括大批異體字在内，……廣義界説的標準是時間古今，與劃分標準不同的假借字、異體字、同源字多有交叉。"④

又如徐天興認爲："古今字既是古漢語中一種常見的語言文字現象，又是漢字發展過程中的一種孳乳分化現象。無論用字方面還是造字方面都屬於古今字的範疇，反映的都是歷時的同詞異字現象。"⑤

事實上，由於王力《古代漢語》古今字觀念的廣泛影響，目前古今字研究成果絶大多數都以之爲理論指導。

（二）古今字與相關術語的關係

學界一般認爲古字和今字在形音義上具有以下關係。

（1）在形體上，古字和今字多有造字相承的關係。或前後相承增

---

① 洪成玉：《古今字辨正》，《首都師範大學學報》2009 年第 3 期。
② 李運富、蔣志遠：《論王筠 "分别文、累增字" 的學術背景與研究意圖》，《勵耘學刊（語言卷）》總第 16 輯，學苑出版社，2013；李運富、蔣志遠：《從 "分别文" "累增字" 與 "古今字" 的關係看後人對這些術語的誤解》，《蘇州大學學報》（哲學社會科學版）2013 年第 3 期。
③ 趙克勤：《古漢語詞彙概要》，浙江教育出版社，1987，第 225 頁。又見趙克勤《古代漢語詞彙學》，商務印書館，1994，第 228 頁。按：1994 年版在 "分别文" 後增加了 "累增字"。
④ 馬文熙、張歸璧編著《古漢語知識詳解辭典》，中華書局，1996，第 59 頁。
⑤ 徐天興：《古今字概説》，《采寫編》2017 年第 3 期。

加偏旁，即增加義符或聲符；或前後相承改換偏旁。對於相承形體迥異的古今字，有些人認爲難以找出來古字分化的痕迹，不列入古今字範圍。但也有的學者并不認爲古今字形體間有必然聯繫，形體迥异的字也可能成爲古今字。

（2）在語音上，今字産生之時，與古字都是相同或相近的，或聲韻俱同，或聲同韻近，或聲近韻同。

（3）在意義上，古字和今字的意義都有必然聯繫，它們所包含的意義不一定完全相同，但必有一個交點，即必有一個相同義項。

1. 古今字與异體字的關係

對於异體字和古今字的關係，有的學者認爲"异體字和古今字是完全不同的兩個概念"，[①] 而有的學者認爲兩者并不是可以截然分開的，是"包容兼交叉重叠的關係"。[②]

學界一般認爲异體字與古今字的區別主要有以下幾點。

（1）性質上的差别：古今字是詞的分化在文字上的反映，是文字爲了適應語言的發展而做出的自身調整。异體字則是文字發展史上的冗餘現象，這些不同形體的出現并未導致詞的分化演變，而是給漢字的使用增加了困難，所以在使用中不斷被淘汰。

（2）形體上的差别：古今字中的絶大多數字在字形上都是前後相承的。异體字則是由於改變形符、聲符、偏旁位置，或由於隸變、訛寫等所形成的，在形體上没有必然的相承關係。

（3）語音上的差别：异體字之間聲音完全相同，古字和今字的聲音有時相同，有時衹是相近。

（4）意義上的差别：絶大多數古今字在意義上衹是部分相同。對於异體字而言，全同型异體字之間音義完全相同，可以不受條件限制地在任何語言環境中互换；包容型异體字一字能完全包含另一字的意

---

① 謝永玲:《古今字與通假字、异體字》,《北京印刷學院學報》2000 年第 9 期。
② 孫雍長:《論"古今字"暨辭書對古今字的處理》,《辭書研究》2006 年第 2 期。

義；交叉型異體字則有一個或幾個意義相同。

我們認爲，異體字的 "名稱和概念確定在文字學範圍内"，① 而 "古今字" 是從訓詁學的角度提出的，其名稱和概念應當確定在訓詁學範圍内。兩者的劃分角度不同，并不是非此即彼的對立概念。"正如我們不能把一群人區分爲 '老人' 和 '男人' 一樣，我們也没有必要把 '古今字' 和 '異體字' 對立起來加以區分"。② 異體字可以充當 "古今字" 的材料，兩者并不矛盾。從不同角度來衡量，必然有一部分字既是異體關係又是古今關係，對這兩個不同領域的概念進行上述區分是完全没有必要的。

2．古今字與假借字的關係

學界一般將假借分爲兩類，本無其字的假借稱爲假借，本有其字的假借稱爲通假。

關於本無其字的假借。

假借是記詞符號的借用。許慎説："假借者，本無其字，依聲托事，令長是也。"用我們今天的語言來解釋即 "語言中的某個詞没有記録它的專用字，而祇是依照聲音（相同或相近）把這個詞所表示的事物寄托在表示他事物的文字上，即借用已有的他字來記録"。③

學界普遍認爲古今字和假借字既有聯繫又有區別。

兩者的交叉、聯繫主要表現爲：有些古今字是通過文字假借的途徑而形成的，由假借而形成的古今字 "在今字産生以前，古字曾有被借去表示與之有關或無關的意義的假借階段"。④ 由文字假借造成的古今字又可具體分爲兩種情況。

（1）某字被借走，爲它的本義造新字，原字與新字構成古今字。

---

① 孫雍長：《論 "古今字" 暨辭書對古今字的處理》，《辭書研究》2006 年第 2 期。
② 李運富：《關於 "異體字" 的幾個問題》，《語言文字應用》2006 年第 1 期。
③ 王寧主編《古代漢語》，北京出版社，2002，第 39 頁。
④ 姚小林：《通假字、假借字、古今字的聯繫與區別》，《河北廣播電視大學學報》2005 年第 2 期。

（2）古字用於表本義，爲假借義造新字，形成古今字。①

兩者的區別主要表現爲：（1）因詞義的引申而產生的古今字與假借字沒有關係。（2）因文字的假借而產生的古今字與單純的假借字也是有區別的。

其一，兩者涉及的範圍不同。古今字是就兩個字的關係而言的；假借字是就一個字的性質説的，是對一個字的定性。

其二，觀察問題的角度不同。古今字的着眼點是同一個詞（更準確地説是同一個義項）在不同的時代用不同的字表示，假借字則着眼於文字在使用過程中所顯現的意義跟它的字形所體現的本義是否有聯繫。

我們認爲，假借字屬於文字學範疇，而古今字則屬於訓詁學範疇，兩者是屬於不同平面的兩個概念，因此可能產生交叉重疊部分。假借字衹不過是在一定的條件下可以構成古今字的材料而已。對兩者進行上述辨析沒有太大必要，也沒有太大價值。

關於本有其字的通假。

通假是古代漢語書面語中的一種比較常見的用字現象，前人也叫假借。通假是指“古人用字寫詞時本有其字而不用，却用一個音同音近的字來代替的現象。原本當用的字叫本字，臨時用來替代本字的那個字叫通假字或通借字（簡稱借字）”。②

研究古今字和通假字關係的學者很多，在兩者關係的認識上有兩種不同的意見。大多數學者認爲“古今字與通假字是兩個不同的概念”③，是可以區分的。

概括各家觀點，認爲古今字和通假字的差別主要有以下幾點。

（1）性質上的差別：古今字是在漢字發展過程中孳乳產生的，字形和字義都有“世系關係”，今字的意義不超出古字的意義範圍；通假

---

① 盧烈紅：《古今字與同源字、假借字、通假字、异體字的關係》，《語文知識》2007 年第 1 期。

② 王寧主編《古代漢語》，北京出版社，2002，第 56 頁。

③ 康健：《對漢字古今字的再界定》，《貴州師範大學學報》（社會科學版）2002 年第 1 期。

字是共時的同音字之間的一種臨時借用現象，離開了具體語言環境，借字和本字之間就没有關係了。

（2）字形上的差别：古字和今字之間在造字上存在着前後相承的關係，而本字和借字之間則没有這種關係。本字和借字在形體上即使有共同的構件，也是形聲字取同一聲符，而義符又往往相去甚遠。

（3）意義上的差别：古今字的“古字”和“今字”之間的意義有多方面的聯繫，假借字的“本字”和“借字”之間在意義上則没有任何聯繫。

（4）時間上的差别：古今字的“古字”和“今字”一般在時間上具有前後相承關係，是歷史發展中的異時現象；本字和借字必須以兩者同時存在爲前提，是同一個歷史時段的共時現象。

也有部分學者認爲，古今字和通假字“不是平行關係，兩者交叉重叠，你中有我，我中有你，因此，不可能把古今字與通假字作一個一刀切的劃分”。①

賈延柱認爲：“古今字，特别是其中的區别字，一般有其二重性，强調文字産生的先後，便應當是古今字；强調其音同、音近，從用字方法講，這部分借音的古今字當做通假字亦未嘗不可。”②

事實上，就産生時間而言，在“今字”産生初期尚未被整個社會習用的時候會有“古字”和“今字”混用的一個階段，而且“古”和“今”并不是絶對的，兩個字可能交替成爲“古字”和“今字”。所以，古今字是有共時存在的情况的。這樣看來時間的先後并不是判斷“古今字”和“通假字”的決定性因素。

我們認爲，“通假字”和“古今字”也是屬於不同領域的兩個術語。通假字是古漢語書面語中的一種用字現象，屬於文字學範疇；古

---

① 陸錫興：《談古今字》，《中國語文》1981 年第 5 期。
② 賈延柱：《簡論古今字與通假字》，《常用古今字通假字字典》附録，遼寧人民出版社，1988，第 512 頁。

今字則是爲了溝通古今的同詞异字，屬於訓詁學範疇。同一組字從文字學的角度看可能是通假字，從訓詁學的角度看也可能同時是古今字，這兩個術語并不是從同一層面劃分的，有交叉現象并不矛盾。

3．古今字與同源字的關係

王力認爲："凡音義皆近，音近義同，或義近音同的字，叫做同源字。這些字都有同一來源。……同源字，常常是以某一概念爲中心，而以語音的細微差別（或同音），表示相近或相關的幾個概念。"[①]

學界對於古今字與同源字的關係，主要有兩種意見。

一部分學者認爲古今字一般都是同源字或屬於同源字，兩者是等同或被包含和包含的關係。

朱星認爲："古今字一般都是同源字。"[②]

洪成玉認爲古今字是"很常見的同源字"，"但是同源字并不一定都是古今字"。[③]

殷寄明將同源字分爲五類，其中一種就是前後相承增加義符或音符的古今字。[④]

聶中慶認爲："同源字與古今字的關係比較密切，因爲它們都是指音義相同或相近的字而言。從這個意義上講，古今字都是同源字。但我們并不能反過來説，同源字都是古今字。"[⑤]

也有部分學者認爲古今字和同源字是兩個相互交叉的概念，它們之間既有聯繫又有區别。

張勁秋認爲，古今字的產生有兩條途徑：因假借造成一字記録多詞最終發生分化而形成古今字，因引申造成一字表示多義後來產生分

---

① 王力：《同源字典》，商務印書館，1982，第 3 頁。
② 朱星主編《古代漢語》（下），天津人民出版社，1980，第 27 頁。
③ 洪成玉：《古今字》，語文出版社，1995，第 152 頁。
④ 殷寄明：《語源學概論》，上海教育出版社，2000，第 128 頁。
⑤ 聶中慶：《郭店楚簡〈老子〉古今字、同源字研究》，《陰山學刊》（社會科學版）2003 年第 6 期。

化而形成古今字。祇有經過後一條途徑產生的古今字纔是同源字。即"祇有源字曾經表示過後起同源字語義的一組同源字纔有可能是古今字"。①

龔嘉鎮認爲，"古今字也并不都是同源字"，"因詞義引伸而產生的古今字都是同源字，至於因同音假借而產生的古今字如'莫/慕'、'辟/璧'等，由於没有相同的語源，就絶不是同源字了"。②

潘志剛認爲，古今字滿足同源字音同音近的條件，但在原詞和新詞的意義是否相通這方面，祇有因詞義引申而形成的古今字纔是同源字，因詞義假借形成的古今字在意義上毫不相關，因此不是同源字。另外，同源字因爲具備"音近義通"的特點，所以往往不拘形體；古今字則一般有造字相承的關係。潘氏引用了王寧的觀點，將同源字分爲三種類型：形體無關的同源字，同聲符的同源字，同形的同源字。他認爲古今字祇與同聲符的同源字有交叉。③

盧烈紅認爲："古今字與同源字是部分重疊關係。"④

我們認爲，同源字是構成古今字的重要材料之一，但兩者并不是在一個層面上劃分的術語。如果不明確兩個概念是從不同的角度界定的話，必然會把它們之間的關係弄得混淆不清。

4．古今字與累增字、分别文（字）、分化字、區别字的關係

"分别文（字）"和"累增字"是清代王筠提出的。《説文釋例》卷八："字有不需偏旁而義已足者，則其偏旁爲後人遞加也。其加偏旁而義遂异者，是爲分别文。其種有二，一則正文爲借義所奪，因加偏旁以别之者也；一則本字義多，既加偏旁，則祇分其一義也。""其加偏旁而義仍不异者，是謂累增字。"⑤

---

① 張勁秋：《再説古今字》，《安徽教育學院學報》1999 年第 4 期。
② 龔嘉鎮：《古今字説》，向光忠主編《文字學論叢》（第 1 輯），吉林文史出版社，2001。
③ 潘志剛：《古今字研究》，碩士學位論文，廣西師範大學，2004，第 27~31 頁。
④ 盧烈紅：《古今字與同源字、假借字、通假字、异體字的關係》，《語文知識》2007 年第 1 期。
⑤ （清）王筠：《説文釋例》，中華書局，1987。

有的學者認爲古今字與分別字、累增字是一樣的。例如王力認爲：“王筠講分別字，累增字……其實都是同源字。”

另有部分學者認爲古今字祇等同於分別字或分化字、區別字。如龔嘉鎮認爲“從漢字分化的角度接觸古今字的論述，始見於唐代的顏師古”，“段氏的古今字着眼於古今的‘用字不同’，意在總結以今字訓釋古字的條例，屬訓詁學的範疇；王氏的古今字着眼於古今的‘造字相承’，意在揭示漢字孳乳分化的規律，屬文字學的範疇。這是表象上雖有交叉但名同實异的兩個不同概念”，“從產生的原因和分化的方式來看，古今字的實質就是具有孳乳關係的分化字”。① 趙海燕認爲“古今字（現在通稱爲分化字或區別字、分別字）是爲了區別詞義而產生的”。②

蔣紹愚主張不用“古今字”這一術語，而是改用“本原字”和“區別字”分別指稱古字和今字。他認爲：（1）“古今字”的名稱從時代的先後着眼，没有表達出這一類字的特點（具體分析從略，下同）；（2）從“古今字”這個名稱本身看，古人并不專用來指本原字和區別字。③

賈延柱認爲，累增字、分別字是古今字中的一類。他將古今字分爲四類，其中的兩類就是累增字和分別文：增加偏旁，分其一義（有人稱這部分字爲累增字）；按古字的假借義，加義符以別之（有人稱這類古今字爲分別字）。④

裴錫圭正確地指出：“近代講文字學的人，有時從説明文字孳乳情況的角度來使用‘古今字’這個名稱，把它主要用來稱呼母字跟分化字。近年來，還有人明確主張把‘古今字’這個名稱專用來指有‘造字相承的關係’的字。他們所説的古今字，跟古人所説的古今字，不

---

① 龔嘉鎮：《古今字説》，向光忠主編《文字學論叢》（第 1 輯），吉林文史出版社，2001。
② 趙海燕：《段玉裁對古今字的開創性研究》，《廣西社會科學》2005 年第 9 期。
③ 參見蔣紹愚《古漢語詞彙綱要》，北京大學出版社，1989，第 212~213 頁。或蔣紹愚《古漢語詞彙綱要》，商務印書館，2005，第 209~210 頁。
④ 賈延柱：《簡論古今字與通假字》，《常用古今字通假字字典》附錄，遼寧人民出版社，1988，第 485~488 頁。

但範圍有大小的不同，而且基本概念也是不一致的。"①

李運富、蔣志遠認爲，現代學者通常把王筠提出的 "分別文、累增字" 等同於 "古今字"，而實際上這兩個概念源自王筠對《説文》 "重文" 的研究。王筠發現《説文》存在 "异部重文" 現象，而有些 "异部重文" 是由 "一字遞增" 産生的，這種 "一字遞增" 的重文現象跟漢字的發展演變有關，所以他將 "一字遞增" 分成 "分別文" 和 "累增字" 專門提出來討論，細緻分析其中各類情形，一方面揭示漢字孳乳造字的具體規律，同時梳理新造字與 "本字" 之間的種種關係。這些因發展而形成的具有歷時性質的各種字際關係，雖然有的可以歸屬於 "古今字"，但原本不是從 "古今字" 的角度立論，因而跟 "古今字" 并不重合。如果認爲王筠討論 "分別文、累增字" 目的在於以新的名目取代 "古今字"，那不符合王筠的研究初衷，難以體現 "分別文、累增字" 的真正學術價值。②

李運富、蔣志遠又進一步認爲，"分別文" "累增字" 是王筠研究漢字 "重文" 時從造字角度提出的文字增繁現象，與溝通文獻用字的 "古今字" 有着不同的學術背景和研究目的，屬於不同性質的概念。由於角度不同，它們在材料分析上有交集，所以王筠偶爾用 "分別文" 或 "累增字" 指稱 "古今字" 的 "今字"，意在解釋這些 "今字" 的成因，并未改變 "古今字" 的歷史定義。徐灝是曲解 "古今字" 本義的源頭，他把王筠的 "分別文" "累增字" 跟 "載籍古今本" 并列，而且在分析説明時把 "古今字" 主要指向 "造字相承，增偏旁" 現象。後人受此誤導，進一步將 "古今字" 完全等同於具有 "造字相承" 關係的 "分別文" "累增字"，并認爲這是王筠的 "古今字" 觀念，其實不

---

① 裘錫圭：《文字學概要》（修訂本），商務印書館，2013，第 259 頁。
② 李運富、蔣志遠：《論王筠 "分別文、累增字" 的學術背景與研究意圖》，《勵耘學刊（語言卷）》總第 16 輯，學苑出版社，2013。

符合王筠的本意。①

　　我們認爲，分化字、分別字（文）、區別字所指基本相同，都是從文字學的角度對文字孳乳現象所進行的命名，它們的着眼點在於新字對原字的區別和分擔職務的功能。累增字也是文字學概念，增添構件前後的字所記録的是同一個詞，屬於異體字的一種。它們與古今字也是不同層面的概念，没有辨析和比較的必要。今人所説的古今字某種程度上已經脱離了古人提出時的原意，改變了古人的古今字範圍，不符合歷史上使用古今字的實際狀况，也背離了古今字的本質屬性。古今字的内涵可以從各種現象中歸納概括出來，古今字這一名稱也是可以保留的，祇不過應該給予更符合古人原意的界定。

　　異體字、假借字、同源字、分化字等都是從文字學角度着眼的術語，與訓詁學術語“古今字”并不是從同一層面上提出來的，所以内部有交叉現象是正常的。異體字、假借字等材料祇要同時符合三個條件（音同或音近、可以記録同一個義項、可以异時存在）就可以構成古今字關係。例如：本字—通假字，通假字—通假字，源本字—分化本字，等等，這些都是構成古今字的資料。

　　（三）從其他角度研究古今字的成果

　　用古今字理論推求漢字本義的有：袁慶德《古今字與古文字本義的考釋》②，祝鴻熹、芮東莉《從古今字看漢字形體演變與本義的推求》③，等等。

　　從古今字談漢字規範化問題的有：張勁秋《從古今字看漢字的特點和規範》④。

---

① 李運富、蔣志遠：《從“分別文”“累增字”與“古今字”的關係看後人對這些術語的誤解》，《蘇州大學學報》（哲學社會科學版）2013 年第 3 期。
② 袁慶德：《古今字與古文字本義的考釋》，《大連大學學報》1996 年第 3 期。
③ 祝鴻熹、芮東莉：《從古今字看漢字形體演變與本義的推求》，《寧夏大學學報》（人文社會科學版）2003 年第 5 期。
④ 張勁秋：《從古今字看漢字的特點和規範》，《語言文字應用》1999 年第 3 期。

從出土文獻來研究古今字問題的有：聶中慶《郭店楚簡〈老子〉古今字、同源字研究》① 等。對於這一點，王彩琴在《20 世紀兩漢用字研究綜述》中說："關於兩漢古今字的研究也要充分利用出土文獻，并且要和傳世文獻進行對比研究，這樣能更加真實地反映出兩漢古今字的真實使用情况。正如余濤在分析《銀雀山漢簡》中古今字的原因時所言，'出土材料具有很强的語言真實性，它没有經過後人的删改，因而保留了大量的古字。'" ②

四　顏師古語言學研究現狀

在顏師古的著述中，學界關注最多的是《漢書注》，其次是《匡謬正俗》與《急就篇注》。下面重點介紹《漢書注》與《匡謬正俗》研究。

（一）顏師古語言學綜合研究

劉曉東介紹了《漢書注》的著述背景及其主要内容：第一，校正文字；第二，解説詞義；第三，審辨字音。③

史鑒認爲顏師古在唐初規範語言文字方面，主要做了三方面的工作：首先是搜羅各種五經鈔本，參照《説文》《字林》《玉篇》等字書以及前代《石經》拓本，相互比較，確定各經的楷體文字，撰成 "五經定本"，作爲官方的定本經書，供天下取法；其次是網羅奇書，收集難字，析疑溯源，作《字樣》；最後是針對當時世俗之言中的謬誤，"質諸經史，匡而正之"，著作《匡謬正俗》。④

梁宗奎、李瑞生首先介紹了顏師古在訓詁學方面所取得的卓著成

---

① 聶中慶：《郭店楚簡〈老子〉古今字、同源字研究》，《陰山學刊》（社會科學版）2003 年第 6 期。
② 王彩琴：《20 世紀兩漢用字研究綜述》，《殷都學刊》2004 年第 4 期。
③ 劉曉東：《顏師古》，吉常宏、王佩增編《中國古代語言學家評傳》，山東教育出版社，1992，第 145~146 頁。
④ 史鑒：《顏師古的語文規範實踐》，《語文建設》1995 年第 11 期。

就:（1）爲《漢書》作注,（2）考訂《五經》,（3）參與《隋書》撰寫,（4）修訂《五禮》,（5）晚著《匡謬正俗》八卷。然後分析其取得成就的主客觀條件:（1）家庭條件,（2）個人主觀條件,（3）朝廷對顏師古的重用。最後從思想觀點和政治主張等方面分析其仕途失意的根本原因。①

張金霞從文字學、音韻學、訓詁學、詞彙學、語用學、漢語規範化等幾個方面全面研究顏師古在語言學上所取得的成就。②

申屠爐明在梳理唐代著名經學家孔穎達和顏師古的家世與生平的基礎上,以經學史與思想史相結合的廣闊視角,對其學術貢獻和思想特色做了深入分析。③

都惜青論述了以唐代顏師古、顏元孫、顏真卿等爲代表的一個延續十數代,相傳相繼的文人世家所傳習的學術和文化精神,總結了顏系主要著作、顏氏家學的傳習方式和顏氏家學對後世的影響。④

孫艷秋認爲顏師古通過刊正經文、規範文字、糾辨舛誤,在唐初語言文字規範化、標準化方面做出了重大貢獻。⑤

（二）《漢書注》研究

關於《漢書注》研究,有兩篇綜述值得重視。

王智群分音韻、訓詁與其他三類,對 20 世紀 80 年代以來的顏師古《漢書注》研究進行了回顧。⑥

萬獻初全面檢索、分析前人對顏師古《漢書注》的衆多研究著述,分音系、聲訓、文字訓詁和整體研究四部分進行詳盡的綜論,肯定已

---

①　梁宗奎、李瑞生:《論一代訓詁大師顏師古》,《臨沂師範學院學報》2002 年第 5 期。
②　張金霞:《顏師古語言學研究》,齊魯書社, 2006。張金霞相關系列論文有:《論顏師古對音義關係的認識》,《古籍整理研究學刊》2003 年第 1 期;《顏師古的古音學》,《古漢語研究》2003 年第 2 期;《顏師古在口語詞研究上的貢獻》,《徐州師範大學學報》(哲學社會科學版) 2004 年第 5 期;《顏師古在語源研究上的貢獻》,《新疆師範大學學報》(哲學社會科學版) 2006 年第 2 期。
③　申屠爐明:《孔穎達 顏師古評傳》,南京大學出版社, 2006。
④　都惜青:《唐代顏氏家學考論》,碩士學位論文,吉林大學, 2006。
⑤　孫艷秋:《論顏師古對文字學的貢獻》,《商丘師範學院學報》2011 年第 11 期。
⑥　王智群:《二十年來顏師古〈漢書注〉研究述略》,《古籍整理研究學刊》2003 年第 4 期。

有的成績，指出材料基礎研究嚴重不足所導致的弊病，強調這類音義研究必須仔細辨析同質與異質材料，必須音義互聯，并將建立專題資料庫進行窮盡性研究。①

1.《漢書注》總體研究

祝鴻傑認爲《漢書注》之所以能獲得人們如此的推崇，有以下幾方面的原因。（1）《漢書注》博采衆説，折中潤色，一反因襲前人的陋習，敢於擺脱舊注，創發新義。（2）《漢書注》徵引廣博，考訂精審，於古義古音之詮釋，多所致力；於語法修辭之分析，遠勝前人；以唐語疏通訓詁，亦爲一大特色。（3）《漢書注》行文簡明周詳，條理縝密，於所不知，則付闕如，表現了嚴謹求實的治學態度。②

周曉瑜總結了顏注六個方面的特點，依次是作叙例、吸收前人成果、校勘精審、注音詳、釋義確切靈活、闕所不知，同時這也是顏師古作注使用的值得稱道的方法。對於顏注的價值，該文從兩個方面加以評定：一是閲讀《漢書》的有力工具，二是文字、音韻、訓詁的寶庫。文章也指出了顏注的缺陷。③

孫兵論述了顏師古注《漢書》的條件，認爲其成功的原因在於深厚的家學淵源和注意揚長避短、發揮其學術優勢。該文結合具體的顏注訓詁實例予以分析，總結了顏師古的治學方法和訓詁特色。該文不乏精到的見解，但條理欠清晰。④

孫兵結合具體的顏注訓詁實例，闡述了《漢書注》的訓詁特色，總結了存在的問題和不足。⑤

姬孟昭主要論述《漢書注》在訓詁、校勘及考證等方面取得的成就，總結了其校勘和考證的內容和原則。⑥

---

① 萬獻初：《顏師古〈漢書注〉音義研究綜論》，《古籍整理研究學刊》2010 年第 6 期。
② 祝鴻傑：《顏師古和他的〈漢書注〉》，《語文研究》1982 年第 2 輯。
③ 周曉瑜：《〈漢書〉顏注評議》，《文獻》1987 年第 4 期。
④ 孫兵：《從〈漢書注〉看顏師古訓詁學》，《鄭州大學學報》1989 年第 4 期。
⑤ 孫兵：《〈漢書〉顏注再探》，《鄭州大學學報》1991 年第 5 期。
⑥ 姬孟昭：《顏師古〈漢書注〉文獻學成就初探》，碩士學位論文，安徽大學，2004。

孫顯斌從文獻學的角度介紹了《漢書》顏注産生的學術背景、注釋内容、注釋體例、文獻運用和顏注歷史地位的確立。①

2.《漢書注》文字訓詁研究

程明安初步清理《漢書注》校勘文字异同現象 210 餘例（不計重複和他人的説解），從异同文字的來源、校對使用的術語、异同文字的表徵及評判、异同文字的相互關係等四個方面進行分析，以此闡明《漢書注》在規範文字方面的重要作用。②

程明安又從術語、表徵、來源、相互關係等方面分析了顏師古注《漢書》的 200 多條异文，認爲這些异文既反映了顏師古的校勘特點，爲後人校讀古書异文提供了比較典範的樣本，又反映了顏師古的校勘、文字、訓詁思想。③

王智群將顏師古著述中的方言材料搜檢出來，分爲“前人注”和“顏師古注”兩部分，按照材料本身的詞彙、語音内容進行科學整理和分析。對於“顏師古注”部分，根據方言材料涉及的地域分作江淮吴越、關中、山東河北三個方言地域進行討論。在全面分析顏師古方俗語詞義研究和方言語音研究的基礎上，嘗試從方言學史的角度對之作出評説，從而得出結論：顏師古的方言俗語研究，既繼承了漢代經注重視引證方言的傳統，又在語音研究方面有了超越前人的認識。④

程明安運用計量統計方法分析《漢書》顏師古注解釋文字現象的原因、方法與作用，總結出顏師古的文字觀，以及在文字學、訓詁學、校勘學、字典學等方面的價值。⑤ 該文統計了部分注釋書中解釋文字現象的術語使用情況，對文獻用字的分辨已有比較清楚的認識，并且有

---

① 孫顯斌：《〈漢書〉顏師古注研究》，鳳凰出版社，2018。
② 程明安：《顏注〈漢書〉校對文字异同之計量分析》，《改革與戰略》2003 年第 9 期。
③ 程明安：《論顏師古注〈漢書〉的异文》，《語言研究》2003 年第 4 期。
④ 王智群：《顏師古注引方俗語研究》，碩士學位論文，華東師範大學，2004。
⑤ 程明安：《〈漢書〉顏注解釋文字現象的方法與價值》，《鄖陽師範高等專科學校學報》2005 年第 1 期。

自己的一套術語，這在幾代的史注中都是很少見的。

對顏師古訓詁進行考辨、糾正的有：董志翹的《〈漢書〉舊訓考辨略例》，祝鴻傑的《〈漢書〉顏注釋例》，張如元的《〈漢書〉詞義札記》，尤煒祥的《〈漢書〉顏注异議舉例》和《〈漢書〉顏注商榷舉例》，鄭賢章的《〈漢書〉古今注考辨略例》，等等。也有從某一個詞語的注釋來談顏師古對訓詁學的貢獻的，如王輝的《“都官”顏注申論》，林海權、黃淮的《從“六國互喪”看古代副詞“互”字的意義和用法——兼談顏師古對“互”、“更”詞義訓釋的貢獻》等。①

《漢書注》音韻、語法等方面研究與古今字無關，此不贅述。

（三）《匡謬正俗》研究

劉曉東在討論《匡謬正俗》中的古今字時，能够聯繫《漢書注》相應字組。例如“烏呼”條。②

趙伯義將《匡謬正俗》全書内容概括爲考釋古籍正文、糾正古注誤訓、探求俗語來源三個方面，認爲其在編寫體例、研究課題、保存資料等三方面皆有學術價值，但在注音、取例上有訛誤，不能正確解釋虚詞的用法，解説出現失誤。③

羅曉燕從方法論的視角來審視顏師古的《匡謬正俗》，考察其學術研究上的成就與失誤。羅氏從三個方面進行研究。首先，詳細介紹《匡謬正俗》涉及的語言文字内容。考釋古書中詞語的意義和讀音以及文字的形體結構，考釋虚詞、辨明假借、探求唐代俗語語源等問

---

① 董志翹:《〈漢書〉舊訓考辨略例》,《江蘇師範學院學報》1981 年第 4 期。祝鴻傑:《〈漢書〉顏注釋例》,《研究生論文選集·語言文學分册（一）》,江蘇古籍出版社, 1985。張如元:《〈漢書〉詞義札記》,《溫州師專學報》(社會科學版) 1985 年第 1 期。尤煒祥:《〈漢書〉顏注异議舉例》,《浙江大學學報》1995 年第 2 期;《〈漢書〉顏注商榷舉例》,《中國人民警官大學學報》1995 年第 2 期。鄭賢章:《〈漢書〉古今注考辨略例》,《中國語文通訊》1999 年 6 月第 50 期。王輝:《“都官”顏注申論》,《人文雜志》1993 年第 6 期。林海權、黃淮:《從“六國互喪”看古代副詞“互”字的意義和用法——兼談顏師古對“互”、“更”詞義訓釋的貢獻》,《福州師專學報》1994 年第 3 期。

② 劉曉東:《匡謬正俗平議》,山東大學出版社, 1999,第 48 頁。

③ 趙伯義:《論顏師古的〈匡謬正俗〉》,《河北師範大學學報》2004 年第 1 期。

題，是顏氏研究的重點。其次，着重論述了顏師古的治學方法和思想。以音證義、以義證音、形音義互求、韻脚系聯法、根據文理辨析文義、注重書證材料是《匡謬正俗》最爲突出的特點。最後，闡述顏師古研究實踐的不足之處。顏師古對文字的假借、聯綿字的釋義等方面還存在一些不正確的認識，他的復古傾向也導致一些誤謬。①

鄧文琦、范知歐全面總結《匡謬正俗》的訓詁學貢獻。首先是匡謬。（1）校正俗本衍奪，是正文字。（2）駁正舊注，對一些歷代懸而未決或存有歧義的問題做出了精當的評判。（3）在注解詞語時具有顯著的特點，即不祇滿足於表面意義的疏通，更能深入詞語内部去探索詞義演變和命名由來。（4）於訂正音讀方面致力頗多。（5）在訂正前人用典立稱方面，亦頗有可述之處。其次是正俗。顏師古突破經史範圍，密切結合實際，以三卷的篇幅對一些方言俗語進行探討。作者認爲，從整個中國訓詁學史來看，顏師古的《匡謬正俗》開訓詁體式札記之先河，對於後世學者在筆記雜考之類的書中撰寫校勘文字、質疑辨證的文章，《匡謬正俗》亦實有首倡之功。②

向莉娟認爲顏師古《匡謬正俗》在文字觀、治學方法等方面對許慎《説文解字》有所繼承，甚至突破。《匡謬正俗》反映了顏氏的"正字"觀，這種觀念對後人"正字"產生了很大的影響。③

真大成以顏師古《匡謬正俗》卷八"替"條爲中心對以下三個問題作了考釋，并得出初步結論。（1）"替"之替代義的來源、產生時代及其在南北朝、隋唐的流變，認爲"替"之替代義係由其本義引申而來，至晚產生於 5 世紀；隋唐以後成爲常用詞，已爲不同社會階層、社會集團所廣泛接受，意義和用法也有了進一步發展。（2）表替代義

---

① 羅曉燕：《從〈匡謬正俗〉看顏師古的語言文字研究》，碩士學位論文，四川師範大學，2004。
② 鄧文琦、范知歐：《〈匡謬正俗〉的訓詁學貢獻》，《理論學刊》2004 年第 11 期。
③ 向莉娟：《淺論顏師古〈匡謬正俗〉在文字學史上的價值》，《襄樊職業技術學院學報》2011 年第 10 期。

的“替”在唐代的用字情況，指出《匡謬正俗》所說的“頣”是“頔”
的訛字，“頔”是替代之“替”在當時的通俗用字。（3）“頔”字的消
亡，認爲顏師古規範文字的工作對“頔”字的消亡固然有一定作用，
但關鍵仍在於詞語本身的變化對其用字的調節。①

　　穆春宇通過對《匡謬正俗》書中引文的分析，從詞典學視角去剖
析作者引文的思路和模式，指出《匡謬正俗》在詞典編纂方面的重要
意義及其對後世學者的巨大影響。②

　　吳小玉從現代語言學理論角度來全面分析顏師古《匡謬正俗》樸
素的語言學思想，并將其歸納爲五個大類——訓詁學、音韻學、語法
學、語源學和校勘學思想，對《匡謬正俗》中存在的音讀、詞義的誤
釋進行糾正。③

　　嚴旭認爲《匡謬正俗》的版本系統主要有二：一是上承影宋本而各
有少量校改的影宋鈔本系統，包含明本、沈本、何本及其翻刻者；二是
上承宋刻本而經過盧、惠校改的雅雨堂本系統，包含盧本、惠本、雅雨
堂本及其翻刻者。二者在文字、引文和少量條目的文意上有所差别。④

五　顏師古“古今字”研究現狀

　　對於顏師古在《漢書注》中注釋或列舉過的“古今字”，學界已經
有不少研究成果。

　　第一類是在討論古今字時涉及顏師古注列“古今字”的材料。

　　趙克勤有專章介紹古今字，内容包括：歷代訓詁學家關於古今字
的不同解釋，古今字的產生及其與通假字、同源字、异體字的關係，

①　真大成：《論常用詞“替”之替代義的產生時代及其唐代用字——以〈匡謬正俗〉卷八“替”
條爲中心》，《古漢語研究》2014 年第 2 期。
②　穆春宇：《從詞典學視角看〈匡謬正俗〉——論〈匡謬正俗〉對詞典編纂的啓示》，《科
技展望》2015 年第 25 期。
③　吳小玉：《顏師古〈匡謬正俗〉研究》，碩士學位論文，西南科技大學，2015。
④　嚴旭：《顏師古〈匡謬正俗〉的版本系統》，《古籍研究》2017 年第 2 期。

應該正確認識古今字。① 趙克勤認爲古代注釋家所謂的古今字包括了好幾種情況，并以顏師古《漢書注》爲例加以分析。第一，一個字古今寫法不同，聲音、意義都完全一樣。因此，他所指的這一類古今字實際上是異體字。（按：舉例從略。下同。）第二，讀音相同或相近的借用，實際上是通假字。第三，古字與今字的意義交叉，今字取代了古字的某一個意義，或者今字另加偏旁而成新字，或者古字另加偏旁而成爲新字，構成區別字與本字的關係。這實際上就是今天所謂的古今字。

趙克勤指出：

顏師古對"古今字"和"通假字"的概念也不十分清楚。有時同一字，在此處指爲古字，在彼處又指爲通假。如《東方朔傳》："以筦窺天。"注："筦，古管字。"《賈誼傳》："筦子曰。"注："筦與管同。筦子，管仲也。"既説"筦"是"管"的古字，又説"筦""管"是通假字。又如《賈山傳》："親執醬而饋。"注："饋，古餽字。"《武五子傳》："數相餽遺。"注："餽亦饋也。"既説"餽"是"饋"的古字，又説"餽"與"饋"是通假字。②

按：趙氏對顏師古的批評不能成立。首先，古今字與通假字本身是可以交叉的。其次，"某與某同"或"某亦某也"并不是表述通假字的專用術語。

裴錫圭有專節介紹古今字，其例證大多出自顏氏《漢書注》。其中有很多精闢的見解。例如：

---

①　趙克勤：《古漢語詞彙概要》，浙江教育出版社，1987，第 223 頁。又見趙克勤《古代漢語詞彙學》，商務印書館，1994，第 263~264 頁。按：兩個版本的表述稍有不同，引文出自前者。

②　趙克勤：《古漢語詞彙概要》，浙江教育出版社，1987，第 223 頁。

　　用來注釋某個詞的古字的今字，通常就是這個詞在當時的習用的書寫形式。所以，這種説法跟"A通B"一類説法，在實際内容上往往并無區别。……

　　由於講古今字的目的主要在於注釋古書字義，而不在於説明文字歷史，所謂"古今"并不一定反映一個詞的不同書寫形式開始使用的時間的早晚。如果A開始使用的時間晚於B，但是到後來A已經不再通行而B仍在通行的話，就可以把A看作B的古字。……

　　一般都認爲司馬遷作《史記》多用今字，班固作《漢書》多用古字。《漢書》的確有用古字的地方。但是，有些人舉出來的《史記》用今字《漢書》用古字的例子，如《史記》用"烹"《漢書》用"亨"，《史記》用"早"《漢書》用"蚤"等（《漢書》顏師古注屢言"蚤古早字"），却是有問題的。從我們現有的關於古代用字情况的知識來看，在司馬遷和班固的時代，從"火"的"烹"根本還没有出現（參看〔一一（一）1A〕）"亨——享"條）；把早晚的{早}寫作"蚤"，在班固的時代是很常見的，在司馬遷的時代更是普遍現象（參看〔九（一）〕）。《史記》原來一定也跟《漢書》一樣，是以"亨"表{烹}，以"蚤"表{早}的，後來纔被傳抄、刊刻的人改成了"烹"和"早"。就這兩個例子來説，《史記》、《漢書》本來都用了當時的通行字，并不存在一今一古的問題，祇不過《史記》所用的字被後人改成了他們所用的今字而已。《漢書》裏被後人改成今字的字，要比《史記》少得多。人們所以會産生《史記》多用今字《漢書》多用古字的印象，這是一個重要原因。總之，研究古今字，要重視各個時代直接遺留下來的文字資料，不能輕信屢經後人傳抄刊刻的古書。①

---

① 裘錫圭：《文字學概要》（修訂本），商務印書館，2013，第258頁。

　　由此可見《漢書注》注列古今字的重要性，同時也反映了裘先生對《漢書注》確實下過很深的功夫。

　　孫雍長認爲顏師古所論古今字實際包含了三類文字現象：一是"漢字字體演進過程中不同歷史時期所産生和使用的一些異體字"；二是"漢字孳乳發展過程中用'加注意符'的構形模式所造出的字，它們與各自的'初文'構成相對的'古今字'"；三是"從廣義的、共時的角度來看構成通假字的（如'蚤''早'）"。①

　　第二類是在對顏師古《漢書注》的研究中，有不少專門研究顏師古注列"古今字"的内容。這些論著對顏師古"古今字"觀念的認識和評價多與事實不符，對顏師古注列"古今字"的統計數據也各不相同。

　　程明安對《漢書》顏注使用的 30 多個術語進行分類考察。其中跟古今字有關的術語包括以下四種。（1）"後 × 字改作 ×"，1 例。注明古今字。如："番，音蒲何反。其後番字改作鄱。"（2）"本 × 字"，2 例。也用於注明古今字與通用字。如："褱本懷字。""沛，音子禮反。此本濟水之字。"（3）"古 × 字"，422 例②。這個術語，齊佩瑢《訓詁學概論》、馮浩菲《中國訓詁學》都認爲是標明古今字最常見的方法。而顏注"古 × 字"，除反映二字有時代先後外，有三種意義關係。一是異體字關係。包括段玉裁所説"今字行而古字隨廢"以及異體字，這類數量最多。如："侮，古侮字""禔，古詎字""囏，古艱字""絫，古累字"。二是古今分化字關係。例如："惪，古德字""昜，古陽字""它，古佗字""皃，古貌字""耑，古端字""厷，古肱字"。三是通用假借字關係。如："蚤，古早字""蜚，古飛字"。（4）"× 讀

<hr />

①　孫雍長：《"古今字"研究平議——兼談字典詞書中對"古今字"的處理》，《五邑大學學報》1994 年第 5 期。

②　引者按：同篇表格中"古某字"統計數據爲 267 次，應該是不計重複的統計。但與我們的統計數據有較大出入。

曰",1916 例。……但總體説來,顏注"讀曰"例的主體是古代通用假借字,其次是古今分化字。但其中不少通用假借字也存在詞義分化關係。①

任國俊認爲顏注中"某,某古字"有三個作用:(1)釋异體字,(2)釋假借字(包括通假字),(3)説明古今字。②

張金霞認爲:

> 專有名詞、虛詞等皆有習用之字,《漢書》常常不用這些習用之字,而用不太常用的"古字"來表示,這也使《漢書》難讀。
>
> 專有名詞,如《地理志》"屬鄉,故屬國也"、《藝文志》"《筦子》八十六篇"、《五行志》"劉歆以爲處羲氏繼天而王"等。"賴"是古國名,《春秋》、《左傳》皆有記載,但因上古"賴"、"屬"同屬來母月部,《漢書》不用"賴"字,而改用"屬"字;《筦子》傳爲名相管仲所作,"管"字現存,而《漢書》却用"筦"字;"伏羲"是上古帝王,"伏"字現存,而《漢書》却用"處"字。
>
> 古代漢語中的虛詞,多數是由假借而來。這些虛詞起初并無本字,但有習用之字。《漢書》常常不用這些習用之字,而用與之相應的"古字"。如《外戚傳》"審皇后欲從其奢與"、《佞幸傳》"於戲傷哉"、《楚元王傳》"嗚虖"、《爰盎晁錯傳》"烏虖"、《匡張孔馬傳》"於虖"等。表示疑問的語氣詞"歟"現存而不用,却用"與"字;表示感嘆的"嗚呼"現存而不用,却用"於戲"、"嗚虖"、"烏

---

① 程明安:《〈漢書〉顏注解釋文字現象的方法與價值》,《鄖陽師範高等專科學校學報》2005 年第 1 期。
② 任國俊:《顏師古〈漢書注〉研究》,碩士學位論文,寧夏大學,2005。

虖”、“於虖”等。①

張金霞又指出：

　　師古在注釋《漢書》時經常用到“某，古某字”這一術語，這主要是用來注釋古書字義的，與我們今天所説的“古今字”不是一個概念。……而顏師古用來注釋某古字的今字，通常就是這個字當時通行的書寫形式。古字和今字之間絶大多數是异體關係，也有的是假借關係，也有的是我們今天所説的古今字關係（即本原字和後起字關係）。②

按：以上認識和表述都是正確的。

但張金霞緊接着又指出：

　　……師古的古今字，乃指字之體而言，爲一字（音義俱同者）之古今异體，如《漢書注》所云“壄，古野字”、“蟁，古蚊字也”、“婿，古惰字”等。這實際上就是現在我們所説的异體字。但异體字之體也有古今之別（産生有先有後），從這方面來説，這也是一種古今字。但師古的這一古今字的觀點未能貫徹始終，在《漢書注》中又有釋假借字、本原字等情况。③

按：將顏師古的古今字觀念局限於异體字，并不符合顏氏本意，顯然是錯誤的觀點。

王秀麗、別敏鴿通過對顏師古《漢書注》中“×，古某字”訓詁

---

① 張金霞：《顏師古語言學研究》，齊魯書社，2006，第30~31頁。
② 張金霞：《顏師古語言學研究》，齊魯書社，2006，第35~36頁。
③ 張金霞：《顏師古語言學研究》，齊魯書社，2006，第38頁。

條例的分析，認爲 "×，古某字" 具有説明古今字、通假字、同源字、异體字的作用。①

鄭玲運用計量統計方法將顔注所示 "古字" 分作异體字、古今字、通假字、同源通用字四大類進行逐條分析，指出："《漢書》百卷，顔注以'某，古某字'的格式收録古文共計 129 條，同一字形出現於不同卷目中者計爲一。"②

何玉蘭從三個方面入手，對《漢書注》中涉及的唐代古今字進行全面研究。首先，對該書中古今字的注釋方式進行研究。其次，對《漢書注》中古今字的特點進行考察。最後，對《漢書注》中所體現出來的唐代古今字的演變發展情况與現代文字應用進行了對比。遺憾的是，她對於古今字的認識其實是自相矛盾的。例如：

> 古今字是漢字發展過程中所産生的同詞异字現象，即在表達同一詞義，因時代不同而出現的形體不同的漢字。其中産生時代較早的稱爲古字，産生時代較晚的稱爲今字。③

又如：

> 經過考察，我們發現，顔師古對《漢書》中的古今字的注釋，主要采用 "某，古某字"、"某與某同"、"某即某字"、"某亦某字"、"某，或作某"、"某，本作某"、"某讀曰某"、"某，讀與某同" 等八種方式。這些注釋方式，可以分爲三大類别。第一類是直接説明古今字的，如 "某，古某字"、"某與某同"、"某即某字"、"某亦某

---

① 王秀麗、别敏鴿：《顔師古〈漢書注〉"×，云某字" 作用類析》，《河北科技大學學報》（社會科學版）2007 年第 3 期。
② 鄭玲：《〈漢書〉顔注 "古字" 考——兼與〈説文解字〉古文比較》，碩士學位論文，蘭州大學，2007。
③ 何玉蘭：《顔師古〈漢書注〉古今字研究》，碩士學位論文，暨南大學，2007，第 1 頁。

字"等。第二類主要是用來説明版本异文的，其中也有部分内容涉及到古今字，如"某，或作某"、"某，本作某"等。第三類主要是用來破釋假借字的，其中也有相當一部分内容涉及到古今字，如"某讀曰某"、"某，讀與某同"。①

按：其定義屬於學術史概念，但在具體分析時運用的却是王力《古代漢語》的古今字理論。

關玲通過《匡謬正俗》分析顔師古的古今字觀念，從《漢書注》中找出顔師古的古今字用例。兩者互相比較、印證，總結其古今字觀念。主體部分包括三個方面：首先，分析顔師古對古今字的表述方式；其次，從字際關係方面研究顔師古的古今字材料，對顔師古提到的 139 組②古今字逐一分析歸類；最後，從歷時的角度，研究古今字内容的發展演變，比較顔師古與鄭玄、段玉裁的古今字觀念的异同。關玲指出："直接用'古某字'這個術語來表述古今字，這是顔師古在《漢書注》中最主要的表述方式，共有 137 組。"

李曉波碩士學位論文主體部分即第二章"顔師古《漢書注》字際關係分類研究"按照通假關係、异體關係、古今關係、同源關係把顔注古今字分爲四類，且分別列有附表。李氏指出，"'某，古某字''某，今作某''某某古今字'我們統稱爲'古今'，共 187 組"，"古今關係 445 條"，③跟本書的統計數據最爲接近。

蔣志遠博士學位論文附表收錄顔師古《漢書注》"古今字"共 424 條（包括顔師古本人指認的字組 400 條，引用前人指認的字組 24

---

① 何玉蘭：《顔師古〈漢書注〉古今字研究》，碩士學位論文，暨南大學，2007，第 8 頁。
② 中英文摘要統計數據均爲 143 組；正文統計數據出現 5 次，均爲 139 組。摘要與正文的統計數據不統一，當以正文爲準。參見關玲《顔師古古今字研究》，碩士學位論文，北京師範大學，2009，第 32、47、53、55、57 頁。
③ 李曉波：《顔師古〈漢書注〉字際關係研究》，碩士學位論文，寧夏大學，2010。

條)。①

　　各家對顏師古 "古今字" 字際關係的認識,基本上都包括以下幾個方面。(1)注釋通假字。本字(或常用之字)現存而不用,却用了通假字這樣的 "古字"。(2)注釋古今字。一對古今字例,不用已通行的今字,却用古字。古代字少,一個字往往記録幾個詞義相關的詞;後代爲了區别新舊詞義或詞,就以原字爲基礎,增加或改易偏旁,另造一個新字,這個新字承擔舊字的一個意義。(3)注釋异體字。漢字系統有許多异體字,即記録同一個詞的字有幾種不同的寫法。而《漢書》之用字,不用這個字通行的寫法,却用這個字古代的一種寫法。

　　此外,鄭玲、王秀麗、别敏鴿等還列了同源通用字。

　　我們認爲,這種分類是把通假字、古今字、异體字等這些并不在同一角度提出的術語對立了起來,本身并不科學。這些術語不是存在於同一範疇内的,因此不構成對立關係。當然,這些從文字學角度分析得出的异體字、通假字等材料可以借鑒,因爲它們都可以作爲構成古今字的材料。

　　此外,任國俊認爲顏師古也有用 "讀曰" 或 "讀同" 來注釋古今字的情况。② 胡繼明認爲顏師古《漢書注》訓詁術語 "讀曰" 與 "讀爲" 都有説明古今字的功用。③

　　我們認爲,用 "讀曰" 或 "讀同" 等術語來注釋的所謂古今字,其實不是顏師古心目中的古今字,而是今人根據今天的理論分析得出的結論。我們不能把今天的觀點加在古人身上。

　　李杏認爲:"裘錫圭的看法是有道理的,僅僅着眼於 '造字相承' 來理解 '古今字' 是不符合前人 '古今字' 觀念的。但本節討論的是

---

① 蔣志遠:《唐以前 "古今字" 學術史研究》,博士學位論文,北京師範大學,2014。
② 任國俊:《顏師古〈漢書注〉研究》,碩士學位論文,寧夏大學,2005,第27~30頁。
③ 胡繼明:《顏師古〈漢書注〉訓詁術語 "讀曰" 與 "讀爲" 探析》,《東南大學學報》2011 年第 3 期。

顔師古《漢書注》中古今字涉字形訓詁材料的分析，這些古今字往往是'造字相承'的，所以我們討論的古今字是指'造字相承'的古今字。通過對顔師古《漢書注》材料整理發現，事實上顔師古所討論的古今字中，相當多的今字，是在古字形體的基礎上產生的，也有一部分今字，與古字形體是沒有聯繫的。"①

孫顯斌采用裘錫圭先生的古今字觀點，舉例介紹《漢書》顔注古今字。但在具體分析時又把學術史上的古今字與現代學理的古今字混爲一談。

王秀麗認爲"顔師古的'古今字'觀念兼具了'用字變异'和文字學'孳乳分化'兩個方面"，"顔師古在《漢書注》中用'讀曰''讀爲'訓釋的字際關係除了通假之外，還有造字相承的古今字關係"。②

王曉清認爲："在顔師古《漢書注》中'某，古某字'共有 145 條（不計重複條）。"③

張青松以顔師古《漢書注》注列古今字爲例，從辭書注音、釋義和字頭字際關係的溝通三個方面探討顔師古《漢書注》注列古今字研究對於辭書編纂的價值。文中介紹顔師古《漢書注》注列古今字統計結果爲：大約 461 條 209 組。④

張青松以顔師古《漢書注》中的五組古今字即"粤—越""替（朁）—借（僭）""或—堪""悳—德""茢—黎"爲例，具體説明出土文獻在古今字研究中的價值。充分利用出土文獻材料，不僅有助於正確分析字形，

---

①　李杏:《〈漢書注〉涉字形之訓詁研究》，碩士學位論文，吉首大學，2015，第 6 頁。
②　王秀麗:《顔師古"古今字"觀念論析》，《寧夏大學學報》（人文社會科學版）2019 年第 2 期。
③　王曉清:《顔師古〈漢書注〉通假字研究》，碩士學位論文，西南大學，2019，第 48 頁。
④　張青松:《顔師古〈漢書注〉古今字研究與辭書編纂》，《阜陽師範大學學報》（社會科學版）2020 年第 3 期。

準確判定古字與今字的字際關係，還可以爲古今字補充文獻例證。①

張青松又對顏師古《漢書注》指認古今字的術語和顏師古轉引前人指認的古今字進行了初步考察。②

董志翹認爲：

《漢書注》在辨識字形、注重口語、諳熟語法、注音別義、引證舊籍等方面，爲我國訓詁學研究做出較大貢獻。

據不完全統計，顏師古在《漢書注》中注列的古今字，大約有 4600 多條③，200 多組，……古今字有以下幾種。

1. 由書體不同形成的古今字（古文、籀文、篆文爲古文，隸書、楷書爲今文）

2. 由異寫形成的古今字（構件相同、寫法不同的異體字）

3. 由異構形成的古今字（構件不同的異體字）

4. 由通假字形成的古今字（即古今字的字義略有區別）④

按：董氏對《漢書注》古今字的研究主要存在兩個問題：首先，分類不全面，不細緻；其次，分類標準不科學，第一類與第二、三類有交叉。

上述相關論著，除了關玲、蔣志遠、張青松、董志翹等少數研究者之外，其他研究者都是運用王力《古代漢語》古今字理論來分析顏師古《漢書注》注列古今字材料，以今律古，根本不符合顏師古的本

---

① 張青松：《古今字研究應該重視出土文獻——以顏師古〈漢書注〉古今字研究爲例》，《漢字漢語研究》2021 年第 1 期。人大複印報刊資料《語言文字學》2021 年第 8 期全文轉載。

② 張青松：《顏師古〈漢書注〉古今字二題》，陳斯鵬主編《漢語字詞關係研究》（二），中西書局，2021。

③ 按：“4600 多條”當爲“460 多條”之誤。

④ 按：舉例從略。參見董志翹《顏氏宗傑　班氏功臣——顏師古〈漢書注〉對訓詁學的貢獻》，《山東師範大學學報》2021 年第 3 期。

意 ①。由此可見，王力《古代漢語》中的古今字觀念對當代古今字研究影響非常之大。

關玲的碩士學位論文存在的主要問題是搜集材料不全面，分析不深入。蔣志遠的博士學位論文，研究對象是唐以前古今字學術史，在搜集顏師古"古今字"材料方面較關玲全面，但遺漏依然不少。關、蔣不太熟悉出土文獻和古文字研究成果，因此在分析古今字的字際關係時還有較大提升空間。

---

① 趙克勤對顏師古注列古今字與今天所講的古今字進行了區分。何玉蘭對古今字的定義是學術史概念，具體分析采用王力古今字理論。李杏討論的古今字是指"造字相承"的古今字，與學術史上的古今字無關。

第一章　顔師古"古今字"概述

第一節　材料選取的原則

古人在表述古今字時與今人有所不同。他們對古今字現象的表述不限於"古今字"這一典型術語，絕大多數情況下是用古、今用字對舉（包括暗含對舉）的類似表述來指稱的。顔師古在其論著中（尤以《漢書注》爲代表）幾乎不直言某某爲古今字①。作爲唐代的一位語言大家，顔師古不可能没有古今字的概念，衹是他用了一套與今天不同的術語來表述古今字關係（詳見後）。這與更早時期的鄭衆、鄭玄是一致的。

對於顔師古注列"古今字"材料的搜集和辨認是研究的前提，爲了客觀公正地反映顔師古的古今字觀念，我們分别以"古"字或"今"字作爲關鍵詞進行檢索，在滿足此條件的基礎上再根據以下原則進行具體分析。

"古""今"不是用來溝通兩個字關係的情況是最先要排除的。在涉及兩字的前提下，"古""今"有可能指古今版本異文和古今語詞等情況。

---

① 顔師古在《漢書注》中引述孟康觀點時用到"古今字"這個術語，且僅有 1 次。參見本書下編"身—娠"。

爲了區分這些情况，我們總體的分析原則是：一看注釋的目的，即是否要溝通古今用字不同；二看具體的文獻材料，通過辨析歸納出顏氏溝通古今字的基本用語類型，再以其用語類型統率古今字材料。考慮到實際操作中可能出現的情况，我們對材料的具體篩選原則如下。

（1）屬於文獻異文問題的材料不是注列"古今字"。

《漢書注》多用"今"字來表述文獻異文。

例 1

　　《漢書卷一上·高帝紀第一上》："人乃以嫗爲不誠，欲苦之，嫗因忽不見。"蘇林曰："欲困苦辱之。"師古曰："今書苦字或作笞。笞，擊也，音丑之反。"（7）①

　　按：此爲版本异文。《史記·高祖本紀》："人乃以嫗爲不誠，欲告之，嫗因忽不見。"《集解》："徐廣曰：一作'苦'。"《索隱》："《漢書》作'苦'，謂欲困苦辱之，一本或作'笞'。《説文》云：'笞，擊也。'"②

例 2

　　《漢書卷二十二·禮樂志第二》："太一况，天馬下，霑赤汗，沫流赭。"應劭曰："大宛馬汗血霑濡也，流沫如赭也。"李奇曰："沫音靧面之靧。"晋灼曰："沫，古靧字也。"師古曰："沫、沫兩通。沫者，言被面如頮也，字從水傍午未之未，音呼内反。沫者，言汗流沫出也，字從水傍本末之末，音亦如之。然今書字多作沫面之沫也。"（1060）

---

① （漢）班固撰，（唐）顏師古注《漢書》，中華書局，1962。全書引文後括號内數字均爲注列原文所在頁碼。下同。

② （漢）司馬遷撰，（南朝宋）裴駰集解，（唐）司馬貞索隱，（唐）張守節正義《史記》，中華書局，1959，第347~348頁。

按：此爲版本异文。《史記卷二十四·樂書第二》："太一貢兮天馬下，霑赤汗兮沫流赭。"《集解》："應劭曰：'大宛馬汗血霑濡也，流沫如赭。'"①

例 3

《漢書卷二十七中之上·五行志第七中之上》："《京房易傳》曰：'復，崩來無咎。'"師古曰："復卦之辭也。今《易》崩字作朋也。"（1400）

按：此爲引用异文。今本《周易·復》："復：亨。出入無疾，朋來無咎。"

例 4

《漢書卷三十一·陳勝項籍傳第一》："籍入，梁眴籍曰：'可行矣!'"師古曰："眴，動目也，音舜，動目而使之也。今書本有作眴字者，流俗所改耳。"（1797）

按：此爲版本异文。

例 5

《漢書卷三十三·魏豹田儋韓王信傳第三》："儋陽爲縛其奴，從少年之廷，欲謁殺奴。"服虔曰："古殺奴婢，皆當告官，儋欲殺令，故詐縛奴以謁也。"師古曰："陽縛其奴，爲殺奴之狀。廷，縣廷之中也，音定。今流俗書本爲字作偽，非也。陽即偽耳，不當重言之。"（1847）

---

① （漢）司馬遷撰，（南朝宋）裴駰集解，（唐）司馬貞索隱，（唐）張守節正義《史記》，中華書局，1959，第 1178~1179 頁。

按：此爲版本异文。

例 6

《漢書卷六十二·司馬遷傳第三十二》："至於大道之要，去健羨，黜聰明，釋此而任術。"服虔曰："門户健壯也。"如淳曰："'知雄守雌'，是去健也。'不見可欲，使心不亂'，是去羨也。"晋灼曰："《老子》曰：'善閉者無關楗。'嚴君平曰：'拆關破楗，使姦者自止'，服説是也。"師古曰："二義并通。楗，其偃反，然今書本字皆作健字也。"（2710）

按：此爲版本异文。《史記·太史公自序》："至於大道之要，去健羨，絀聰明，釋此而任術。"集解引如淳曰："'知雄守雌'，是去健也。'不見可欲，使心不亂'，是去羨也。"

例 7

《漢書卷八十七上·揚雄傳第五十七上》："風儵儵而扶轄兮，鸞鳳紛其御蕤。"師古曰："儵儵，前進之意也。御猶乘也。蕤，車之垂飾纓蕤也。儵音竦。今書御字或作衙者，俗妄改也。"（3531）

按：此爲版本异文。顏師古以"衙"爲俗訛字，非是。"御"《文淵閣四庫全書》本《漢書》作"衙"，《文選·揚雄〈甘泉賦〉》作"衙"，作"衙"與作"御"者并是也。《字彙·彳部》："衙，同御。"《正字通·彳部》："衙，俗衙字。舊注'同御'，誤。"《龍龕手鏡》入聲卷第四："衙、衙、衙、衙①，四俗；御，今。魚據反。侍御。又理也，

---

① 按："衙"爲"禦"字俗訛。參見張青松、王彦坤《〈漢語大字典〉徵引〈字彙補〉疑難字考辨四則》（待刊）。

進也,享也,使也。又姓。五。""衔"既是"衔"的俗字,又是"御"的俗字,故或將"衔"的俗字"衔"錯誤還原爲"御"①。

例8

《漢書卷一百下·叙傳第七十下》:"六世耽耽,其欲湺湺,文武方作,是庸四克。"師古曰:"《易·頤》卦六四爻辭曰:'虎視耽耽,其欲湺湺。'耽耽,威視之貌也。湺湺,欲利之貌也。耽音丁含反。湺音滌。今《易》湺字作逐。"(4257)

按:此爲引用异文。今本《周易·頤》:"虎視耽耽,其欲逐逐。"陸德明《釋文》:"逐逐,薛云:'速也。'《子夏傳》作攸攸,《志林》云:'攸當爲逐。'蘇林音迪。"

顯然,上述八處注文中的"今"字都是在表述文獻异文,而不是指認古今字。

(2)根據現代學理可以視爲今字,但顏師古明確視爲俗字的情況不算注列"古今字"。

例1

《漢書卷四·文帝紀第四》:"爲民父母將何如?其議所以振貸之。"師古曰:"振,起也,爲給貸之,令其存立也。諸振救、振贍,其義皆同。今流俗作字從貝者非也,自別有訓。貸音吐戴反。"(113)

---

① "御"和"衔"在古籍中往往相混,參見曾良《佛典中的俗定字與古文獻整理》,《漢語史研究集刊》第9輯,2006年12月;收入《敦煌文獻叢札》,浙江古籍出版社,2010。關於文字錯誤還原,參見張青松《文字錯誤還原與俗字的産生——兼談跟"夌"相關的幾個俗字》,《民俗典籍文字研究》第13輯,商務印書館,2014。

按：顏師古認爲"賑救"之"賑"是俗字，還没有取得正字的地位，不能取代"振"字，因此不能説"賑""振"是古今字。顏師古《匡謬正俗》卷七："振，許慎《説文解字》曰：'振，舉救也。'諸史籍所云振給、振貸，其義皆同，盡當爲振字。今人之作文書者，以其事涉貨財，輒改振爲賑。按《説文解字》云：'富也。'左思《魏都賦》云：'白藏之藏，富有無隄。同賑大内，控引世資。'此則訓不相干，何得輒相混雜，言振給、振貸者，并以其飢饉窮厄，將就困斃，故舉救之，使得存云耳。寧有富事乎？"

例2

《漢書卷二十三·刑法志第三》："故曰：'善師者不陳，善陳者不戰，善戰者不敗，善敗者不亡。'"師古曰："戰陳之義本因陳列爲名，而音變耳，字則作陳，更無别體。而末代學者輒改其字旁从車，非經史之本文也。今宜依古，不從流俗也。"（1087）

按：顏師古認爲在記録"戰陳"義項上，"陣"是俗字，還没有取得正字的地位，不能取代"陳"字，因此不能説"陳""陣"是古今字。《顏氏家訓·書證》："夫行陳之義，取於陳列耳，此六書爲假借也。《蒼》《雅》及近世字書，皆無别字；唯王羲之《小學章》，獨阜傍作車。"根據顧藹吉《隸辨》，東漢司農劉夫人碑已見"陣"字。

（3）解釋同一名物古今用語差别的不是注列"古今字"。

古今語是表達同一事物時古今所使用的不同名稱，這是語言變化的結果，跟文字的使用無關。古今語的不同通常是不可逆轉的。顏氏在指認古今字的時候一般不用"某，今某字"這樣的格式，而在解釋名物詞的時候多用"即今之某"予以説明。①

---

① 參見胡繼明《顏師古注釋用語"今"所言唐代通語研究》，《東南大學學報》2010 年第 6 期。

例 1

《漢書卷八十七上·揚雄傳第五十七上》:“鳧鷖振鷺,上下砰磕,聲若雷霆。”師古曰:“鳧,水鳥,即今之野鴨也。”(3550)

例 2

《漢書卷九十六下·西域傳第六十六下》:“張掖、酒泉遣騎假司馬爲斥候,屬校尉,事有便宜,因騎置以聞。”師古曰:“騎置即今之驛馬也。”(3912)

以上注文中的“某即今之某”反映的是同一個事物在不同時代的不同稱呼,是“古今語”的問題。使用這一術語的目的是溝通古今异言。“古今語”屬於語言學範疇,而“古今字”屬於訓詁學範疇,兩者的性質不同。

第二節 《漢書注》“古今字”概述

一 《漢書注》指認“古今字”的術語

(一)用“古(文)某字”或“古文作某”等指認的古今字材料

顔師古在《漢書注》中指認“古今字”最主要的表述用語是“某,古某字”,是爲常式,例多不贅舉。

此外,還有“某,古文某字”“某,古文作某”“某,古之某字”“某,古某之字”“某,古以爲某字”,等等,是爲變式,舉例說明如下:

《漢書卷二十七上·五行志第七上》："數其戤福，傳以《洪範》。"師古曰："戤，古文禍字。"（1317）

《漢書卷二十七中之上·五行志第七中之上》："貌曰恭，言曰從，視曰明，聽曰聰，思曰容。"應劭曰："容，通也，古文作睿。"（1351）

《漢書卷一下·高帝紀第一下》："秦，形勝之國也，帶河阻山，縣隔千里。"鄭氏曰："縣音懸。"師古曰："此本古之懸字耳，後人轉用爲州縣字，乃更加心以別之，非當借音。他皆類此。"（59）

《漢書卷六·武帝紀第六》："海外肅眘，北發渠搜，氐羌徠服。"師古曰："徠，古往來之字也。"（160）

《漢書卷二十二·禮樂志第二》："天馬徠，從西極，涉流沙，九夷服。"師古曰："言九夷皆服，故此馬遠來也。徠，古往來字也。"（1060）

《漢書卷一百下·叙傳第七十下》："賈廑從旅，爲鎮淮、楚。"張晏曰："劉賈晚乃從軍也。"晉灼曰："廑，無幾也。"師古曰："二說皆非也。廑，古以爲勤字。言賈從軍，有勤勞也。"（4246）

《漢書卷四·文帝紀第四》："正月，有司請蚤建太子，所以尊宗廟也。"師古曰："蚤，古以爲早晚字也。"（111）

《漢書卷二十二·禮樂志第二》："今叔孫通所撰禮儀，與律令同錄，臧於理官，法家又復不傳。"師古曰："古書懷藏之字本皆作藏，《漢書》例爲臧耳。理官，即法官也。"（2733）

（二）用"今某字"或"今作某"指認的古今字材料

用"某，今某字"指認的古今字材料，僅有"綫—線"（晋灼）、"据—據"（晋灼）2組。

51

例 1

　　《漢書卷十六·高惠高后文功臣表第四》："降及孝成，復加卹問，稍益衰微，不絕如綫。"晋灼曰："綫，今線縷字也，音先戰反。"（529）

　　按：《説文·糸部》："綫，縷也。从糸，戔聲。線，古文綫。"段玉裁注："《周禮·縫人》作線，《鮑人》同。注曰：'故書線作綜。'當爲糸旁泉，讀爲絻。按：線作綜，字之誤也。絻則鄭時行此字。《漢書·功臣表》：'不絕如綫。'晋灼曰：'綫，今線縷字。'蓋晋時通行線字，故云爾。許時古線今綫，晋時則爲古綫今線，蓋文字古今轉移無定如此。"

例 2

　　《漢書卷八十七下·揚雄傳第五十七下》："旁則三摹九据，極之七百二十九贊，亦自然之道也。"晋灼曰："据，今據字也，據猶位也，處也。"（3574）

　　按：《太玄·玄告》："玄生神象二，神象二生規，規生三摹，三摹生九據。"晋范望注："摹者，索而得之。謂三玄之義也。……九據，九位也。天地人各三變，三三而九，故有九位也。"

　　用"某，今作某"指認的古今字材料，僅有"惟—濰"1組。

　　《漢書卷二十八上·地理志第八上》："嵎夷既略，惟、甾其道。"師古曰："嵎夷，地名也，即陽谷所在。略，言用功少也。惟、甾，二水名。皆復故道也。惟水出琅邪箕屋山，甾水出泰山萊蕪縣。惟字今作濰，甾字或作淄，古今通用也。"（1526）

按：《説文·水部》：“濰，水。出琅邪箕屋山，東入海。徐州浸。《夏書》曰：‘濰、淄其道。’从水，維聲。”段玉裁注：“許水部無淄字，此淄蓋俗加水旁耳。《周禮》作菑，《漢志》作甾，古字也。‘濰、甾其道’，《禹貢·青州》文。”“按：《地理志》述《禹貢》作維。今版本作惟，誤。琅邪箕下云：‘《禹貢》維水’，蒙上文言也。其靈門下、橫下、折泉下皆作淮，則轉寫之誤。蓋班从今文《尚書》作維，許从古文《尚書》作濰。《左傳·襄十八年》作維，音義曰：‘本又作濰。’今山東土語與淮同音，故竟作淮字。”

（三）用“古”與“今”對舉方式指認的古今字材料

僅有“於—烏”“戲—呼”“戲—呼”三組。

《漢書卷六十二·司馬遷傳第三十二》：“太史公仍父子相繼纂其職，曰：‘於戲！余維先人嘗掌斯事，顯於唐虞。’”師古曰：“於戲，嘆聲也。於讀曰烏，戲讀曰呼。古字或作烏虖，今字或作烏呼，音義皆同耳。而俗之讀者，隨字而別，又曲爲解釋云有吉凶美惡之殊，是不通其大指也。義例具在《詩》及《尚書》，不可一二徧舉之。”（2723）

按：詳參《匡謬正俗》卷二“烏呼”條。《漢書·武帝紀》：“麟鳳在郊藪，河洛出圖書。鳴虖，何施而臻此與！”顏師古注：“虖讀曰呼。鳴呼，嘆辭也。”《漢書·外戚傳下》：“烏嚤！鑒兹行事，變亦備矣。”

（四）用其他用語指認的古今字材料

《漢書卷三十一·陳勝項籍傳第一》：“吕將軍走，徵兵復聚，與番盜英布相遇。”師古曰：“番即番陽縣也。於番爲盜，故曰番盜。番音蒲何反。其後番字改作鄱。”（1794）

二 《漢書注》"古今字"指認情況考察

（一）顏師古本人指認的"古今字"

共 460 例。

（二）顏師古《漢書注》轉引前人指認的"古今字"

共 33 例。列舉如下。

轉引韋昭 1 例：北—背

轉引如淳 2 例：頜—悴；旽—萌

轉引應劭 3 例：尳—耏；睿—睿①；舣—厄

轉引孟康 3 例：戜—堪；身—娠；妥—綏

晋灼引張揖 1 例：劙—劐

晋灼引許慎 1 例：訢—欣

轉引晋灼 22 例：沶—（低）〔坻〕；厝—錯；崖—堆；統—綆；戲—麾；沫—礦；鞿—羈；柬—簡；据—據；摺—拉；迣—列；迣—迾；箜—籠；廑—勤；嬗—禪；禋—禪；慺—竦；韏—轄；鱻—鮮；綫—線；黼—釜；龒—龍

當前人對《漢書》中的古今字已經有所注釋的時候，顏師古會對前人的注釋有所評論——或贊同，或反對，并提出自己的觀點。

（三）顏師古贊同前人指認的"古今字"

戲—麾

《漢書卷五十二·竇田灌韓傳第二十二》："嬰去，戲夫。"晋灼曰："戲，古麾字也。"師古曰："招麾之令出也。《漢書》多以戲爲麾字。"（2387）

---

① 蔣志遠失收本組。參見蔣志遠《唐以前"古今字"學術史研究》，博士學位論文，北京師範大學，2014，第 33 頁。

按:《漢書·陳勝項籍傳》:"於是羽遂上馬,戲下騎從者八百餘人,夜直潰圍南出馳。"師古曰:"戲,大將之旗也,音許宜反,又音許爲反。《漢書》通以戲爲旌麾及指麾字。"《漢書》"戲下"凡 13 見。

師古一般使用"讀曰"來溝通"戲""麾"字際關係。"戲,讀曰麾"凡 6 見。例如《漢書·韓彭英盧吳傳》:"居戲下,無所知名。"師古曰:"汎在旌戲之下也。戲讀曰麾,又音許宜反。"

《漢書》亦用"麾"字。例如《漢書·韓彭英盧吳傳》:"麾召諸將易置之。"《漢書》"麾下"凡 6 見。例如《漢書·張耳陳餘傳》:"耳乃佩其印,收其麾下。餘還,亦望耳不讓,趨出。耳遂收其兵。餘獨與麾下數百人之河上澤中漁獵。"

總之,師古謂"《漢書》多以戲爲麾字"可信。

（四）顏師古反對前人指認的"古今字"

例1　北—背

《漢書卷一上·高帝紀第一上》:"田榮歸,沛公、項羽追北,至城陽,攻屠其城。"服虔曰:"師敗曰北。"韋昭曰:"古背字也。背去而走也。"師古曰:"北,陰幽之處,故謂退敗奔走者爲北。《老子》曰'萬物向陽而負陰',許慎《説文解字》云'北,乖也',《史記·樂書》曰'紂爲朝歌北鄙之音','朝歌者不時,北者敗也,鄙者陋也',是知北即訓乖,訓敗,無勞借音。韋昭之徒并爲妄矣。"（14）

按:韋昭認爲"追北"之"北"是"背"的古字,軍隊敗走就是背離逃跑。顏師古認爲"北"本身就有敗走之義,無須破讀,故斥之以妄。

《國語·吳語》:"吳師大北。"韋昭注:"軍敗奔走曰北。北,古之背字。"王念孫《讀書雜志·漢書第一》:"念孫案,《説文》:'北,乖也。从二人相背。’《廣雅》曰：‘背，北也。’（北音背）則北爲古背字明矣。《管子·君臣篇》曰：‘爲人君者，倍道棄法，而好行私，謂之亂；爲人臣者，變故易常，而巧官以諂上，謂之騰。亂至則虐，騰至則北。’北謂背其君也。（尹知章注以北爲敗北，非是）《齊策》曰：‘食人炊骨，士無反北之心。’反北即反背也。北取乖背之義，故敗走亦謂之北。桓九年《左傳》：‘以戰而北。’《釋文》：‘北，嵇康音胸背。’《吳語》：‘吳師大北。’韋昭曰：‘軍敗奔走曰北。北，古之背字。’是敗北之北，古讀爲背，取背而去之之義（《甘誓》正義云：‘奔北謂背陳走也。’）《説文》訓北爲乖，正與此義相合。而師古乃云‘北，幽陰之處，故謂退敗奔走者爲北’，其失也鑿矣。”①

“北”字本像二人相背之形，爲乖背之背的初文，假借爲南北之北。大概由於這種假借義最常用，後來便又追增“肉”旁造“背”字以表乖背之背，以“北”字專門表示南北之北。韋昭以“北”爲“背”之古字，無疑是正確的。

例2 訢—欣

《漢書卷四十六·萬石衛直周張傳第十六》：“僮僕訢訢如也，唯謹。”晋灼曰：“許慎云：‘古欣字也。’”師古曰：“晋説非也。此訢讀與誾誾同，謹敬之貌也，音牛巾反。”（2194）

按：《説文·言部》：“訢，喜也。从言，斤聲。”段玉裁注：“按此與欠部欣音義皆同。《萬石君傳》：‘僮僕訢訢如也。’晋灼引許慎曰：‘訢，古欣字。’②蓋灼所據《説文》訢在欠部欣下，云古文欣从言。”《説文·言部》：“誾，和説而諍也。从言，門聲。”段玉裁注：“《論語·

---

① （清）王念孫《讀書雜志》，江蘇古籍出版社，1985，第174頁。

② 《史記·萬石君列傳》：“僮僕訢訢如也，唯謹。”集解：“駰按：晋灼曰：‘許慎曰：訢，古欣字。’韋昭曰：‘聲和貌。’”

鄉黨》孔注：'侃侃，和樂皃。誾誾，中正皃。'《先進》皇侃亦云爾。
按：侃侃爲和樂者，謂侃侃即衎衎之假借也。誾誾爲中正者，謂和悦
而諍，柔剛得中也。言居門中，亦有中正之意。"

今謂"从言，門聲"當作"从門从言，言亦聲"。言，上古音爲疑
母，元部。[1] 誾，上古音爲疑母，文部。[2] 訢，上古音爲曉母，文部。[3]
《説文·犬部》："狺，犬吠聲。从犬，斤聲。"段玉裁注："《九辯》：'猛
犬狺狺而迎吠。'王注：'讒佞謹呼而在側也。'狺即犴字。""犴"變換
聲符作"狺"，恰好可以作爲"訢""誾"相通的佐證。

左塚漆梮"訢行"，高佑仁讀"慎行"，[4] 傅修才讀"謹行"。[5] 今謂
"訢"即"謹"字异構。"訢"是曉母文部字，"謹"是見母文部字。楚
簡{謹}習用"堇"字，亦有用"斤"字者。上博五《季庚子問於孔
子》簡7："夫義（儀）者，目（以）斤（謹）君子之行也。""訢（謹）"
讀作"慎"，可以視爲同義换讀現象。

{謹}與{誾}同源，{誾}是從{謹}分化出來的一個詞。作爲
"欣"字异構的"訢"與"謹"字异構的"訢"是同形關係。

（五）前人已經指認，但顔師古未予説明的"古今字"

例1　畀—貶

《漢書卷五十七上·司馬相如傳第二十七上》："此不可以揚名
發譽，而適足以畀君自損也。"師古曰："畀，古貶字。"（2547）

《文選卷八·賦丁·畋獵中·司馬長卿〈上林賦〉》："此不可

---

① 唐作藩：《上古音手册》（增訂本），中華書局，2013，第181頁。
② 唐作藩：《上古音手册》（增訂本），中華書局，2013，第189頁。注云："狺誾，从'言'
　聲，有的古音學家歸元部。"
③ 唐作藩：《上古音手册》（增訂本），中華書局，2013，第174頁。
④ 高佑仁：《〈荊門左冢楚墓〉漆棋局文字補釋》，第十九屆中國文字學全國學術研討會宣
　讀論文，（臺灣）嘉南藥理科技大學，2008年5月24~25日。
⑤ 傅修才：《左塚漆梮文字補釋（三則）》，《古文字論壇》第1輯（曾憲通教授八十壽慶專
　號），中山大學出版社，2015，第193~196頁。

以揚名發譽，而適足以竵君自損也。”郭璞注引晉灼曰：“竵，古貶字也。”（361）①

按：《文淵閣四庫全書》本李善注《文選》作“竵”，《文淵閣四庫全書》本與《四部叢刊》本六臣注《文選》作“竵”。《文選考異》：“案，‘竵’當作‘竷’，各本皆訛。其字上‘臼’下‘寸’，在《說文·巢部》。今《漢書》作‘竷’，亦訛也。《史記》作‘貶’，與五臣同。”“竵”“竵”“竵”“竷”均一字之變。

《說文·巢部》：“竵，傾覆也。从寸，臼覆之。寸，人手也。从巢省。杜林說：以爲貶損之貶。”段玉裁改篆爲竵，并在“从巢省”前補“臼”字，注云：“臼者，巢之省。以手施於巢，傾覆之意也。……按解云从寸从臼，而各本篆體作竵，誤。今依《玉篇》《廣韻》《集韻》《類篇》更正。”《玉篇》《廣韻》《集韻》《類篇》均作“竷”。

《字彙·臼部》有“竷”無“竵”。《正字通·臼部》：“竷，貶本字。《相如傳》：‘竷君自損。’《韻會》訛作竷；《集韻》竷、貶亦作瞼，竝非。”又同部：“竷，竷字之訛。”《康熙字典》從之。《漢語大字典》遂以“竷”爲正體。

總之，根據李善注，晉灼已經指認“竷，古貶字”。

例 2　頯—俯；𦐧—攀

《漢書卷五十七上·司馬相如傳第二十七上》：“頯杳眇而無見，仰𦐧橑而捫天。”師古曰：“頯，古俯字也。杳眇，視遠貌。𦐧，古攀字也。橑，橑也。捫，摸也。言臺榭之高，有升上之者，俯視則不見地，仰攀其橑可以摸天也。橑音老。捫音門。”（2557）

《文選卷八·賦丁·畋獵中·司馬長卿〈上林賦〉》：“頯杳眇

---

① （梁）蕭統編，（唐）李善注《文選》，上海古籍出版社，1986。

而無見，仰犹橑而捫天。"善曰："《聲類》曰：'頛，古文俯字。'
《説文》曰：'頛，低頭也。'《楚辭》曰：'遂倏忽而捫天。'晋灼曰：
'犹，古攀字也。'捫，摸也。橑音老。捫音門。"（367）①

按：犹，清光緒五洲同文局石印本《漢書》作"扗"。《史記·司
馬相如列傳》作"攀"。

據李善《文選注》，《聲類》已經指認'頛，古文俯字'，晋灼已經
指認"犹，古攀字"。

《漢書·揚雄傳上》："纍既犹夫傅説兮，奚不信而遂行？"晋灼曰：
"犹，慕也。《離騷》曰：'説操築於傅巖兮，武丁用之而不疑。'"②師古
曰："犹，古攀字。既攀援傅説，何不信其所行，自見用而遂去？"犹，
清光緒五洲同文局石印本《漢書》作"乑"。

《説文·𡘜部》："𡘜，引也。从反廾。凡𡘜之屬皆从𡘜。攀，𡘜
或从手从樊。""攀"即"攀"偏旁易位字。《字彙·丿部》："乑，魚
音切，音吟，衆立也。〇又古作攀字。揚子雲《反騷》：'纍既乑夫傅
説兮，奚不信而遂行。'言既攀援傅説，何不信其所行，自見困而遂
去也。'〇从三人。"《正字通·丿部》："乑，似字重文。……與從作
从別。又揚雄《反騷》：'纍既乑夫傅説兮，奚不信而遂行。'注：'晋
灼曰：'乑，慕也。'顏師古曰：'乑，古攀字。言既攀援傅説，何不信
其所行，令見困遂去也。'"……《反騷》本作从，用古從字，訛作乑。

---

① 按：《四部叢刊》本《六臣注文選》："俯（善本作'頛'）杳眇而無見,仰攀橑（老）而捫（門）
天。"李善注引晋灼曰："仰，古舉字也。"參見（梁）蕭統編，（唐）李善、吕延濟、劉良、
張銑、李周翰、吕向注《六臣注文選》，中華書局，1987，第159頁下欄至160頁上欄。
足利藏明州本《文選》："俯（善本作古文'頛'）杳眇而無見,仰攀橑（老）而捫（門）天。"
注引晋灼曰："仰，古舉字也。"參見（梁）蕭統選編，（唐）吕延濟、劉良、張銑、李周翰、
吕向、李善注《日本足利學校藏宋刊明州本六臣注文選》，人民文學出版社，2008，第
528頁。按：蔣志遠據《四部叢刊》本收錄古今字"仰—舉"，又將"橑"的直音字"老"
屬入正文，并非。參見蔣志遠《唐以前"古今字"學術史研究》，博士學位論文，北京
師範大學，2014，第173頁。
② （宋）婁機《班馬字類》引晋灼曰："𡘜，慕也，古攀字。"

攀，古篆作⿰。从兩手上引，象形。乑非訓慕，⿰非同乑甚明。"

《正字通》認爲《反騷》"乑"是"从"字之訛，非是。《字彙》所見《反騷》"乑"乃"⿰"字誤隸，《漢語大字典》據《字彙》收録同"攀"的"乑"字。"⿰"晋灼訓慕也，師古以爲古攀字，并是也。仰慕與攀援（即追攀，謂趕上前人的成就）義近。

例3　髊—髓；䯙—髓

《漢書卷八十七下·揚雄傳第五十七下》："腦沙幕，髊余吾。"師古曰："腦塗沙幕地，髊入余吾水，言其大破死亡。髊，古髓字。"（3561）

《文選卷九·賦戊·畋獵下·楊子雲〈長楊賦〉》："腦沙幕，䯙余吾。"服虔曰："破其頭腦，塗沙幕也。余吾，水名。《北山經》曰：'北鮮之山，多馬，鮮水出焉，而北經余吾水。'"應劭曰："在朔方北。"鄭氏曰："折其骨，使髓膏水也。"《通俗文》曰："骨中脂曰䯙，古髓字。"（408）

按："髊"與"䯙"乃一字異寫。據李善《文選注》，《通俗文》已經指認古今字"髊（䯙）—髓"。

第三節　《匡謬正俗》"古今字"概述

顏師古《匡謬正俗》屬於讀書札記類著作，專爲匡正前人在文字、訓詁等方面的謬誤所作。

《匡謬正俗》有部分條目涉及古今字問題，有些條目可以跟《漢書注》相互參看。例如：

“籀”字條下云：

> 問曰：“《鄘詩·牆有茨》篇云‘中冓之言，不可讀也’，《毛詩
> 傳》云：‘讀，抽也。’抽是何義？”答曰：“‘讀’止謂道讀之‘讀’，
> 更訓爲抽，翻成難曉。按許《説文解字》曰：‘籀，讀也。從竹，
> 榴聲。’‘榴’即古‘抽’字，是以‘籀’或作‘菗’。蓋毛公以
> ‘籀’解‘讀’，傳寫字省，故止爲‘抽’。此當言‘讀，籀也’，不
> 得爲抽引之義。又《左氏傳》云‘其繇曰：專之渝’，‘其繇曰：士
> 刲羊’之類。字雖爲‘繇’，音訓皆作‘籀’，并謂讀卜筮卦繇之辭
> 也。”（11~12）

劉曉東認爲：“毛氏作傳，文極簡古，其所用字，或取同源字爲
解，或取假借字爲訓。當時明白可解，然至後世則或義漸難曉矣，如
以‘抽’訓‘讀’，遂致人疑。今按：‘抽’即‘讀’也，不必强爲
‘籀’‘菗’（字書無‘菗’字）之省文也。”[1]

《説文·竹部》：“籀，讀書也。從竹，榴聲。”《説文·言部》：
“讀，籀[2]書也。從言，賣聲。”“籀”或借作“抽”，《方言》：“抽，讀
也。”或借作“紬”，《史記·太史公自序》：“紬史記石室金匱之書。”
或借作“繇”，《逸周書·世俘》：“乃俾史佚繇書於天號。”

《説文·手部》：“榴，引也。從手，留聲。抽，榴或從由。挒，
籀[3]或從秀。”段玉裁注：“《鄭風》：‘左旋右抽。’傳曰：‘左旋，講兵；
右抽，抽矢以躲。’竹部曰：‘籀，讀書也。’《牆有茨》傳曰：‘讀，抽
也。’《方言》曰：‘抽，讀也。’《尚書》：‘克由繹之。’《太史公自序》：
‘紬史記石室金匱之書。’紬即籀也。籀之言抽也。”“由聲也。‘擂或’

---

① 劉曉東：《匡謬正傳平議》，山東大學出版社，1999，第17、18頁。
② 各本作“誦”，此據段注本改。
③ 此爲孫刻本。汲古閣本、和刻本及段注本均作“擂”。

一本作‘籒文’，非也。”《玉篇·手部》：“搯，丑由切，引也。抽、挏，并同上。”

《莊子·天地》：“鑿木爲機，後重前輕，挈水若抽。”陸德明《經典釋文》：“抽，李① 云：引也。”陸機《文賦》：“理翳翳而愈伏，思乙乙其若抽。”唐韓翃《寄贈虢州張參軍》：“開卷醒堪解，含毫思苦抽。”漢魏六朝碑刻文字有“抽”無“搯”。②

總之，“搯”“抽”是由於聲符變換形成的异體字。

又“漙”字條下云：

> 《鄭詩·野有蔓草》篇云：“野有蔓草，零露漙兮。有美一人，清揚婉兮。”《詩》古本有“水”旁作“專”字者，亦有單作“專”字者，後人輒改爲之“漙”字，讀爲團圓之“漙”。作辭賦篇什用之，遞相因襲，曾無疑者。按：呂氏《字林》“雨”下作“專”，訓云“露貌”，音“上兖反”。此字本作“霤”或作“漙”耳，單作“專”者，古字從省。又“上兖”之音，與“婉”相類，益知呂氏之説可依，本非團義矣。下云“零露瀼瀼”者，豈復亦論其從橫之貌乎？（16）

按：陸德明《經典釋文》：“漙兮，本亦作團。徒端反。團團然，盛多也。”可見六朝舊本有作“專”“漙”“團”三個版本。唐代作辭賦時，作者多用“團”，例如謝靈運《初發都詩》：“火旻團朝露。”

《説文新附·水部》：“漙，露兒。從水，專聲。”《詩·鄭風·野有蔓草》：“野有蔓草，零露漙兮。”毛傳：“漙漙然，盛多也。”朱熹注：“漙，露多兒。”唐許渾《酬康州韋侍御同年》：“桂楫美人歌木蘭，西風裊裊露漙漙。”又呂忱《字林》“霤”音“上兖反”，訓爲“露貌”，

---

① 引者按：李指李頤。
② 毛遠明：《漢魏六朝碑刻异體字典》，中華書局，2014，第104頁。

其形音義都與《詩》相合，故師古以爲“漙”“霛”皆本字。劉曉東認爲：“‘霛’者，實魏晋之後依《詩》義所造之後起本字也。‘漙’之作‘霛’（《玉篇》作‘霻’），猶‘瀼’之作‘𩅣’，‘濃’之作‘𩆖’耳（‘𩅣’‘𩆖’俱見《廣雅·釋訓》及《玉篇·雨部》，原本《玉篇》‘濃’字下云：《廣倉》或爲𩆖字’）。雖可視爲本字，然所起實晚，即王筠所説‘分别文’，黄承吉所謂‘某事某物之目’也。《詩》之古本，蓋作‘專’，師古云‘單作專者，古字從省’是也，而以‘此字本作霛，或作漙’，則泥於六朝音義之説而前後倒置矣。”①甚是。

《説文·寸部》：“專，六寸簿也。从寸，叀聲。一曰專，紡專。”甲骨文作 𤰇（前 5.12.1）、𤰇（甲 3103）、𤰇（鐵 268.4），从又（或廾），从叀②，叀亦聲，象用手轉動紡錘之形，本義爲轉。“專”“轉”“摶”“團”“漙”同源。“漙”是在源本字“專”的基礎上添加義符形成的分化本字。

又“剭_{古文戮字}”字條下云：

> 《商書·湯斮_{古誓字}》云：“予則孥戮汝。”孔安國《傳》云：“古之用刑，父子兄弟罪不相及。今云孥戮，權以脅之，使勿犯也。”案“孥戮”者，或以爲奴，或加刑戮，無有所赦耳。此非孥子之“孥”，猶《周書·泰誓》稱“囚孥正士”，亦謂或囚或孥也，豈得復言并子俱囚_{無囚字}也？又班固《漢書·季布傳·贊》云“及至困亙奴僇苟活”，蓋引《商書》之言以爲折衷矣。（35）

按：王引之《經義述聞》卷三云：“《匡謬正俗》所引《湯誓》古文，字當作‘斮’。‘斮’，籀文‘折’字，古文假借也。”《漢書·王莽傳中》：“《書》曰：‘予則奴戮女。’”顏師古注：“《夏書·甘誓》之辭

① 劉曉東：《匡謬正傳平議》，山東大學出版社，1999，第 17、18 頁。
② 按：叀爲甎字初文，本義爲紡錘。

也。奴戮，戮之以爲奴也。説《書》者以爲帑，子也，戮及妻子。此説非也。《泰誓》云：'囚奴正士'，豈及子之謂乎？女讀曰汝。"《漢書·季布欒布列傳》："及至困厄奴僇，苟活而不變，何也？"顏師古注："僇，古戮字也。奴僇，謂髡鉗爲奴而賣之也。"

又"鬬"字條下云：

> 《費誓·序》云："魯侯伯禽宅曲阜，徐、夷<small>一作戎</small>并興，東郊不鬬。"孔安國注云："徐戎、淮夷并起，爲寇於東，故東郊不開。"徐仙音"開"。按許氏《説文解字》及張揖《古今字詁》"鬬"古"鬧"字、"鬧"古"鬭"字。但"鬭"既訓"鬧"，故孔氏釋云"東郊不鬧"爾，不得徑讀"鬭"爲"鬧"，亦猶《蔡仲之命》云"乃致辟管叔于商"，孔安國注云："致法，謂誅殺也。"豈得即音"辟"爲"法"乎？此例多矣。（44）

又"烏呼"條下云：

> 嗚呼，嘆辭也。或嘉其美，或傷其悲，其語備在《詩》《書》，不可具載。但古文《尚書》悉爲"於戲"字，今文《尚書》悉爲"嗚呼"字，而《詩》皆云"於乎"字。中古以來，文籍皆爲"嗚呼"字。文有古今之變，義無美惡之別。末代文字，輒爲體例：若哀誄祭文，即爲"嗚呼"；其對拜冊命，即爲"於戲"。"於"讀如字，"戲"讀爲"羲"。謂"嗚呼"爲哀傷，"於戲"爲嘆美。非止新有屬綴，設此二端；乃亦諷讀舊文，分爲兩義。妄爲穿鑿，不究根本。按《大雅》云"於乎小子，未知臧否"，豈非傷王不知善否乎？《周頌》云"於乎前王不忘"，非美先王之見稱頌乎？《五子之歌》云"嗚呼曷歸，予懷之悲"，此即哀傷之語，《胤征》云"嗚呼，威克厥愛允濟"，此即褒美之辭，何以各別爲字也？且漢武冊

命三王文皆曰"嗚呼"，此豈哀傷之義？舉其大意，斷可知矣。且許氏《說文解字》及李登《聲類》并云"於"即古"烏"字耳。（48~49）

又"予"字條下云：

鄭玄注《曲禮》下篇："予，古余字。"因鄭此說，近代學者遂皆讀予爲余。案《爾雅》云："卬、吾、台、予、朕、身、甫、余、言，我也。"此則"予"之與"余"，義皆訓我，明非同字。許慎《說文》："予，相推予也。""余，詞之舒也。"既各有音義，本非古今字別。《詩》云："迨天之未陰雨，徹彼桑土，綢繆牖户。今女下民，或敢侮予。"又曰："終其永懷，又窘陰雨。其車既載，乃棄爾輔。載輸爾載，將伯助予。"又曰："習習谷風，維風及雨。將恐將懼，維予與女。將安將樂，女轉棄予。"又《雲漢》篇云："群公先正，則不我助。父母先祖，胡寧忍予？"《楚辭》云："帝子降兮北渚，目眇眇兮愁予。嫋嫋兮秋風，洞庭波兮木葉下。"又曰："君回翔兮來下，逾空桑兮從女。紛總總兮九州，何壽夭兮在予。"又曰："秋蘭兮麋蕪，羅生兮堂下。綠葉兮素枝，芳菲菲兮襲予。夫人自有兮美子，蓀何以兮愁苦。"歷觀詞賦，"予"無"余"音。若以《書》云"予一人"，《禮》云"余一人"，便欲通之以爲古今字，至如《夏書》云"非台小子，敢行稱亂"，豈得便言"台""余"古今字耶？《邶詩》云"人涉卬否，卬須我友"，豈得又言"卬""我"古今字乎？（60~62）

按：《說文解字》"余"字段玉裁注云："《詩》《書》用予不用余，《左傳》用余不用予。……余、予古今字。凡言古今字者，主謂同音，而古用彼今用此异字。若《禮經》古文用'余一人'，《禮記》用'予一人'。余、予本異字異義，非謂予、余本即一字也。顔師古《匡謬正俗》不達斯恉，且又以予上聲、余平聲爲分别，又不知古音平上不甚區分，重悮貤繆。"江永《古韻標準·上聲第三部》："按取予之'予'借爲予我之'予'，古皆同音，後始轉入平聲。顔師古《匡謬正俗》曰：'予當讀如與，不當讀如余。'《詩》予悉音與，又按鄭康成注《曲禮》云余予古今字，豈是時音已變與？而晋人陸機、陸雲詩猶入上聲韻也。"劉曉東認爲："考《玉篇》《廣韻》《集韻》諸書，予字讀平聲唯有訓我一義，是其本音當在上聲，江説是也。"[1]顔師古對"余、予古今字"的認識雖然存在問題[2]，但是反過來可以説明顔師古心目中的"古今字"是指詞項相同、讀音一致的兩個字。

又"略刃"條下云：

> 問曰："俗於礪山出刀子刃謂之'略刃'，有舊義否？"答曰："按《爾雅》云：'剡、略，利也。'張揖《古今字詁》云：'古作劫。'一本作'劫'，未知孰是。此則礪刃使利，故稱'略刃'耳。"（177）

按：《説文·刀部》："劉（剗），刀劍刃也。從刀畧聲。劫，籀文劉，從㣇從各。"段注："各聲與畧聲同部。《釋詁》：'剡、劫，利也。'陸德明本作劫，顔籀、孔沖遠引作略。《周頌》：'有略其耜。'毛云：'略，利也。'張揖《古今字詁》云：'略，古作劫。'以《説文》折衷之，劫者古字，劉者今字；劉者正字，略者假借字。"
又"趺"字條下云：

> 或問曰："今山東俗謂伏地爲'趺'，何也？"答曰："'趺'者，俯也。按張揖《古今字詁》云：'頻府，今俯俛也。'許氏《説文解

---

① 劉曉東：《匡謬正俗平議》，山東大學出版社，1999，第63頁。
② 參見李運富《"余予古今字"考辨》，《古漢語研究》2008年第4期。

字》曰：‘頫，低頭也。太史卜書頫仰字如此。’斯則呼‘俯’音訛，故爲‘趺’耳。”（189）

“頫”字亦見於顏師古《漢書》注：

　　《漢書·陳勝項籍傳》：“百粤之君頫首係頸，委命下吏。”鄧展曰：“頫音俯。”師古曰：“頫，古俯字。”（1823）

　　顏師古并没有否定鄧展的頫、俯同音的注釋，可見他也認爲兩字此處讀音相同。

　　《廣韻》麌韻方矩切：“頫，《説文》：‘低頭也。《太史公書》頫仰字如此。’俯，上同。《漢書》又作俛。今音免。”“趺”同“跗”，音“甫無切”。“俯”音訛“趺”，乃聲調之變。

　　《説文·頁部》：“頫，低頭也。从頁，逃省。《太史卜書》頫仰字如此。俛，頫或从人免。”段玉裁注云：《匡謬正俗》引張揖《古今字詁》云：‘頫，今之俯、俛也。’蓋俛字本从免。俯則由音誤而制。用府爲聲，字之俗而謬者。”又云：“古無讀俛如府者也，頫音同俛。”朱駿聲《説文通訓定聲》：“俯、俛二字古皆讀如勉，無府音也。”

　　由段、朱兩家的説法可見，“頫”“俛”爲异體字，其義爲俯，而音則讀勉，《左傳·成公二年》：“俛定其右。”《釋文》云：“音勉，俯也。”其讀爲俯者，始見李登《聲類》。《文選·上林賦》：“頫杳眇而無見。”李善注引《聲類》曰：“頫，古文俯字。”顏師古亦承此讀，認爲頫、俯同音。《漢書·陳勝項籍傳》：“百粤之君頫首係頸。”師古注：“頫，古俯字。”又《韓信傳》“俛出跨下”，《東方朔傳》“鶴俛啄也”，《蔡義傳》“行步俛僂”，《夏侯勝傳》“如俛拾地芥”，師古皆注：“俛即俯字也。”李善亦作此讀。《文選·西京賦》：“伏櫺檻而俯聽，聞雷霆之相激。”注：“頫，古俯字。音府。”故《廣韻》作“方矩切”，於

67

"俯"爲同字而入虞韻。元代熊忠《古今韻會舉要》卷十二"俯"字條："案古音流變，字亦隨异。如俯仰之俯，本作頫，或作俛，今文皆作俯。而頫音兆，俛音免，不復音俯矣。"

清代黃生《字詁》："頫、俯二字同義不同音，俯自音府，頫自音眺，後人以其義同，遂誤呼頫爲俯。諸家韻書不辨其誤，乃於嘯、虞二韻兩收之，不知頫字從兆聲，無斐古切之理。又俛字，《説文》訓俯，當亦同義不同音，今字書亦收銑、虞二韻，并誤。"①

章太炎《新方言》卷二："《説文》：'頫，低頭也。俛，頫或從人免。'今音'俛'皆'方矩切'。《表記》：'俛焉日有孳孳'，《釋文》：'俛音勉'，是俛本從免聲。其作'方矩切'者，自是'俯'字。《古今字詁》曰：'頫府，今俯俛也。'此則古'府'今'俯'，古'頫'今'俛'。'俯''俛'本非一字。依《説文》正作'府'，云'俛病也'，世人皆誤以'俯'音'俛'，尚賴《表記》《釋文》存其本音。今吳越語低頭曰'俛倒首'，'俛'音如'悶'，正是古音。"

裘錫圭認爲"俛、頫换讀爲俯"②，其説甚是。

通過以上顏師古在《匡謬正俗》中對古今字的零散論述，我們可以看出，顏師古心目中的古今字必須符合以下條件：

（1）古字和今字代表的詞項相同；

（2）古字和今字讀音一致；

（3）古字和今字通行時代有先後之分。

① （清）黃生撰，（清）黃承吉合按，包殿淑點校《字詁義府合按》，中華書局，1984，第29頁。
② 裘錫圭：《文字學概要》（修訂本），商務印書館，2013，第211頁。

第二章　顏師古“古今字”關係分析

　　顏師古注列“古今字”是從溝通文字使用功能的角度根據時代關係來定名的，它反映了不同時代記録同一詞項用字不同的現象。但不同的用字與同一詞項分別是什麽關係，它們爲什麽能在不同時代記録同一詞項呢？或者説，不同的字要具有什麽屬性關係纔能在不同時代用來記録同一詞項呢？對於這些問題的答案，雖然顏師古没有具體説明，但我們可以從顏師古注列的“古今字”材料中分析出來。

第一節　顏師古“古今字”時代關係分析

　　古字和今字的通行時代是有區别的。分析顏師古“古今字”關係首先要明確顏氏的古字和今字的時代差異。舉例説明如下。

例1　讇—諂
　　①《漢書卷二十七中之下·五行志第七中之下》：“不知誰主爲佞讇之計，誣亂聖德如此者！”師古曰：“讇，古諂（也）〔字〕。”（1417）
　　②《漢書卷三十六·楚元王傳第六》：“今二府奏佞讇不當在位，歷年而不去。”師古曰：“讇，古諂字。”（1944）

③《漢書卷四十五·蒯伍江息夫傳第十五》："夫議政者，苦其讇諛傾險辯慧深刻也。"師古曰："讇，古諂字。"（2184）

④《漢書卷六十四下·嚴朱吾丘主父徐嚴終王賈傳第三十四下》："秦不行是風，循其故俗，爲知巧權利者進，篤厚忠正者退，法嚴令苛，讇諛者衆。"師古曰："讇，古諂字。"（2811）

⑤《漢書卷六十六·公孫劉田王楊蔡陳鄭傳第三十六》："咸叩頭謝曰：'具曉所言，大要教咸讇也。'"師古曰："讇，古諂字也。"（2900）

⑥《漢書卷七十二·王貢兩龔鮑傳第四十二》："致誅姦臣，遠放讇佞。"師古曰："讇，古諂字。"（3079）

⑦《漢書卷七十五·眭兩夏侯京翼李傳第四十五》："諸闒茸佞讇，抱虛求進。"師古曰："讇，古諂字。"（3182）

⑧《漢書卷七十七·蓋諸葛劉鄭孫毋將何傳第四十七》："朝廷無讇諛之士，元首無失道之諐。"師古曰："讇，古諂字也。"（3253）

⑨《漢書卷八十·宣元六王傳第五十》："以讇惑王，所言尤惡，悖逆無道。"師古曰："讇，古諂字也。"（3316）

⑩《漢書卷八十四·翟方進傳第五十四》："邪讇無常，色屬內荏。"師古曰："讇，古諂字也。"（3414）

⑪《漢書卷九十四上·匈奴傳第六十四上》："匈奴復讇以甘言。"師古曰："讇，古諂字。"（3773）

⑫《漢書卷九十六上·西域傳第六十六上》："後歲餘，宛貴人以爲昧蔡讇，使我國遇屠。"師古曰："讇，古諂字。"（3895）

按：以上各句"讇"的義項均爲巴結，奉承。①②⑦"佞讇"與⑥"讇佞"均爲同義連用。①"佞讇"指諂媚奉承，②⑦"佞讇"與⑥"讇佞"均指諂媚奉承的人。③④⑧"讇諛"爲同義連用。⑩"邪讇"指邪惡而諂諛。

《説文·言部》："譜，諛也。从言，閻聲。詔，譜或从臽。"段玉裁注："譜者未有不諛。"邵瑛《群經正字》："今經典多作或體。"漢簡作譜（居延簡乙 151.4A）。《玉篇·言部》："譜，丑冉切，佞也。詔，同上。"《正字通·言部》："譜，同詔。《説文》作譜，重文省作詔。"

《説文·言部》："諛，詔也。从言，臾聲。""詔"段玉裁改作"譜"。注云："諛者所以爲譜。故渾言之。"

《説文·女部》："佞，巧譜高材也。从女，信省。"段玉裁注："巧者，技也。譜者，諛也。""小徐作'仁聲'。大徐作'从信省'。按：今音佞乃定切，故徐鉉、張次立疑仁非聲。致《晋語》：'佞之見佞，果喪其田；詐之見詐，果喪其賂。'古音佞與田韵，則仁聲是也。"本義爲善辯，口才好。例如《尚書·吕刑》："非佞折獄，惟良折獄，罔非在中。"孔傳："非口才可以斷獄，惟平良可以斷獄，無不在中正。"引申爲用花言巧語詔媚人。《莊子·秋水》："爲在從衆，不賤佞詔。"

在先秦傳世文獻中，"譜""詔"并見。例如《韓非子·六反》："挫賊遏姦，明上之民也，而世少之曰譜讒之民也。"《禮記·少儀》："頌而無譜，諫而無驕。"孔穎達疏："詔謂橫求見容。若君有盛德，臣當美而頌之也。君苟無德，則匡而救之。不得虚妄以惡爲美，橫求見容。"《周易·繫辭下》："君子上交不詔，下交不瀆。"①

"譜""詔"在《漢書》中同時出現，其中"譜"出現 17 次（除顔師古作注的 12 次之外，尚有 5 次：卷二十七中之下 1 次，卷四十五 1 次，卷七十 1 次，卷七十七 1 次，卷八十三 1 次）。"詔"出現 12 次（卷二十四下 1 次，卷五十一 2 次，卷五十三 1 次，卷六十 1 次，卷六十五 1 次，卷七十三 1 次，卷八十 1 次，卷八十九 1 次，卷九十 1 次，卷九十八 2 次）；在年代稍微靠前的《史記》中也同時出現，用"譜"次數（卷一百零三 1 次，卷一百一十 2 次，卷一百二十二 1 次）

---

①　按：唐鈔本《玉篇》"詔"作"譜"，"瀆"作"嬻"。參見《續修四庫全書》影印京都東方文化學院編"東方文化叢書"第 6 輯本。

略多於"諂"（卷八十三1次，卷九十六1次，卷一百一十二1次）。在漢之後的文獻中，表達諂媚義項時，"諂"的使用開始逐漸取得優勢，《漢魏六朝碑刻异體字典》與《漢魏六朝隋唐五代字形表》均有"諂"無"讇"。① 可見漢魏六朝隋唐時期"諂"爲通行字。

例2　睹—覩

《漢書卷六·武帝紀第六》："此子大夫之所睹聞也。"師古曰："睹，古覩字。"（161）

按："睹"的義項爲看見。

《説文·目部》："睹，見也。从目，者聲。覩，古文从見。"楚簡作𥄛（包2·19），用爲人名。《玉篇·目部》："睹，東魯切，見也。與覩同。"又《玉篇·見部》："覩，都扈切，古文睹。"《説文》《玉篇》均以"覩"爲古，以"睹"爲今。

《周易·乾》："聖人作而萬物覩。"《禮記·中庸》："是故君子戒慎乎其所不睹。"《詩經》"覩""睹"混用。《漢魏六朝碑刻异體字典》"睹"字條下所收15個字形中，有12個是"覩"，祇有3個是"睹"。② 《漢魏六朝隋唐五代字形表》收録隋唐字形13個，其中有10個是"覩"，3個是"睹"。可見漢魏六朝隋唐時期"覩"爲通行字。

例3　僇—戮

①《漢書卷二十七中之下·五行志第七中之下》："佞人禄，功臣僇，天雨血。"師古曰："僇，古戮字。"（1420）

②《漢書卷二十七下之上·五行志第七下之上》："是月王戊初嗣立，後坐淫削國，與吴王謀反，刑僇諫者。"師古曰："僇，古

① 毛遠明:《漢魏六朝碑刻异體字典》，中華書局，2014，第77頁。
② 毛遠明:《漢魏六朝碑刻异體字典》，中華書局，2014，第180頁。

戮字。”（1444）

③《漢書卷二十七下之上·五行志第七下之上》：“兹謂盜明，厥咎亦不嗣，至於身僇家絕。”師古曰：“僇，古戮字。”（1450）

④《漢書卷三十七·季布欒布田叔傳第七》：“及至困厄奴僇，苟活而不變，何也？”師古曰：“僇，古戮字也。奴僇，謂髡鉗爲奴而賣之也。”（1984）

按：①②③“僇”的義項爲殺戮，④“僇”的義項爲侮辱。

《説文·戈部》：“戮，殺也。从戈，翏聲。”春秋金文作𢧢（秦政伯喪戈），戰國文字作𢧢（中山王鼎，《集成》2840）①、𢧢（信1.01）、𢧢（帛丙11.4）、𢧢（郭.尊.3）。“戮”字或从歺（《説文》“歺”訓“列骨之殘也”）翏聲，或从死翏聲。秦文字“戮”字从戈，翏聲，爲《説文》篆文及隸楷所本。

本義爲殺戮。出土文獻多用爲本義。例如詛楚文：“刑戮孕婦。”信1.01：“戔（賤）人畚（格）上則刑剶至。”長沙子彈庫帛書：“型（刑）首事，戮不義。”郭店楚墓竹簡《尊德義》3：“殺戮，所以除害也。”傳世文獻例如《尚書·牧誓》：“爾所不勖，其於爾躬有戮。”孫星衍疏：“戮者，《釋詁》云：‘殺也。’”《韓非子·外儲説右下》：“於是戮細民而誅大臣。”北齊顏之推《顏氏家訓·慕賢》：“遵彥後爲孝昭所戮，刑政於是衰矣。”韓愈《賀白龜狀》：“白者，西方之色，刑戮之象也。”

引申爲侮辱。出土文獻僅見於中山王鼎：“爲天下僇。”傳世文獻例如《國語·晋語七》：“公謂羊舌赤曰：‘寡人屬諸侯，魏絳戮寡人之弟，爲我勿失。’”韋昭注：“戮，辱也。”《孟子·離婁下》：“從耳目之欲，以爲父母戮，四不孝也。”東方朔《非有先生論》：“果紛然傷於身，蒙不辜之名，戮及先人，爲天下笑。”《漢書·王莽傳中》：“《書》曰：‘予則奴戮女。’”

---

① 《集成》是中國社會科學院考古研究所編，中華書局1984年出版的《殷周金文集成》的簡稱，下同。

顏師古注:"《夏書·甘誓》之辭也。奴戮,戮之以爲奴也。"《太平御覽》卷六四五:"慎子曰:……斬人肢體,鑿其肌膚,謂之刑;畫衣冠,异章服,謂之戮。上世用戮,而民不犯也;當世用刑,而民不從。"①

假借爲"勠"。秦政伯喪戈:"秦政(正)白(伯)喪戮政西旁(方)。"② 傳世文獻例如《尚書·湯誓》:"聿求元聖,與之戮力,以與爾有衆請命。"孔穎達疏:"戮力,猶勉力也。"《國語·吳語》:"今伯父曰:'戮力同德。'"韋昭注:"勠,并也。"③ 勠,《文淵閣四庫全書》本作"戮"。

《説文·人部》:"僇,癡行僇僇也。从人,翏聲。"段玉裁注:"《大學》借爲戮字,荀卿書同。"徐灝注箋:"行動遲緩,蓋即癡行僇僇之義。"

"僇"可用爲殺戮。馬王堆漢墓帛書凡三見,皆用爲{戮}。《九主》394:"故用亓(其)主嚴殺僇。"《紀法》039上:"身危爲僇。"《十六經》102:"吾將遂是其逆而僇。"傳世文獻例如《墨子·明鬼下》:"是以賞于祖而僇於社。"孫詒讓《墨子閒詁》:"僇、戮字通。"《禮記·大學》:"有國者不可以不慎,辟則爲天下僇矣。"鄭玄注:"邪辟失道,則有大刑。"《史記·吳太伯世家》:"胥之父兄爲僇于楚,欲自報其仇耳。"

"僇"亦可用爲侮辱。例如《韓非子·外儲説左上》:"鄒君不知,故先自僇。"《呂氏春秋·仲春紀·當染》:"此四王者,所染不當,故國殘身死,爲天下僇。"高誘注:"僇,辱也。"《史記·楚世家》:"靈王會兵於申,僇越大夫常壽過,殺蔡大夫觀起。"司馬貞索隱:"僇,辱也。"漢袁康《越絶書·德序外傳記》:"吾先得榮,後僇者,非智衰也。"李白《擬恨賦》:"及夫李斯受戮,神氣黯然。"

秦漢時期曾經有過"僇"通假爲"戮"的用法。《漢魏六朝碑刻異體字典》有"戮"無"僇"。"戮"字下收録兩個義項。(1)殺戮;加罪。(2)通"勠"。勉力;并力。又有"勠"字,收録兩個義項。

① (宋)李昉等撰《太平御覽》,中華書局,1960,第2888頁。
② 董珊:《秦漢銘刻叢考》,上海古籍出版社,2020,第27頁。
③ 徐元誥撰,王樹民、沈長雲點校《國語集解》,中華書局,2002,第554頁。

（1）勉力；盡力。（2）通“戮”。殺。①《漢魏六朝隋唐五代字形表》“戮”字下收録 16 個字形，其中“戮”12 個，“勠”4 個。可見漢魏六朝隋唐五代時期“戮”爲通行字。

第二節　顏師古“古今字”字際關係分析

對“古字”和“今字”字際關係的分析，我們主要以李運富《論漢字職能的變化》、《論漢字的字際關係》、《論漢字的記録職能》（上、下）、《論漢字職用的考察與描寫》等理論闡述爲依據。② 首先根據字詞的聯繫確定每個字的使用屬性，然後辨析每組古今字的字際關係，最後分類討論各種字際關係。

李運富教授認爲，“漢字的使用職能不外乎三種：本用（用本字來記本詞）、兼用（用本字記派生詞）和借用（用借字記他詞）。派生詞往往是詞義引申的結果，在派生詞没有專用字的情況下，用源詞的本字兼記，實際上也可以算作本用。……在記録同一義項的條件下，所用的不同字形或可能使用的不同字形之間”，它們的職能對應關係和字用屬性關係有以下三種。③

本字—本字

本字—借字

借字—借字

具體説來，如果放在古今字的範圍中，那麽一組古今字的古字和

---

① 毛遠明：《漢魏六朝碑刻异體字典》，中華書局，2014，第 568 頁。

② 李運富：《論漢字職能的變化》，《古漢語研究》2001 年第 4 期；《論漢字的字際關係》，《語言》（第 3 卷），首都師範大學出版社，2002；《論漢字的記録職能》（上、下），《徐州師範大學學報》（哲學社會科學版）2003 年第 1、2 期；《論漢字職用的考察與描寫》，《上海師範大學學報》（哲學社會科學版）2017 年第 1 期。

③ 李運富：《論漢字的字際關係》，《語言》（第 3 卷），首都師範大學出版社，2002。

今字之間可能具有下列各種關係，或者説，具有下列各種關係的一組
字在滿足其他一定條件後，都可以構成古今字。

　　1. 本字—本字

　　a. 异體字—异體字

　　包括异構本字與异寫本字。

　　b. 同義字—同義字

　　包括同源通用字與同義換讀字。

　　c. 古本字—重造本字

　　d. 源本字—分化本字

　　包括源本字—分化本字與分化本字—源本字。

　　2. 本字—借字

　　a. 本字—通假字

　　包括本字—通假字與通假字—本字。

　　b. 假借字—後補本字

　　包括假借字—後補本字與後補本字—假借字。

　　3. 借字—借字

　　a. 通假字—通假字

　　b. 假借字—假借字

　　c. 异構假借字

　　d. 异寫假借字

　　根據以上理論，我們從顏師古《漢書注》493 條 "古今字" 材料中
整理出 211 組 "古今字" 并逐一分析 "古字" 與 "今字" 的字際關係
（詳見下編），進而歸納出如下幾種字際關係類型。

一　古今字爲 "本字—本字" 關係

　　古字和今字分别記録同一個詞項，而對這個詞項來説，古字和今

字都是它的本字；就古字和今字來説，它們所記録的這個詞項都屬於各字職能的本用。具體包括以下幾種情況。

（一）古今字爲"异體字—异體字"關係

記録同一詞位而形體不同的字爲异體字，它們雖然形體不同，但對於同一詞位而言都是本字。

1. 异構本字

《漢書注》"古今字"屬於异構本字的共有 96 組。例如：

例 1　㧑—撫

《漢書卷六十九·趙充國辛慶忌傳第三十九》："選擇良吏知其俗者㧑循和輯，此全師保勝安邊之册。"師古曰："㧑，古撫字。"（2978）

按："㧑"的句中義爲"安撫"。

《説文·手部》："撫，安也。从手，無聲。一曰循也。㧑，古文从㥯、亡。"段玉裁改"循"爲"揗"，注云："揗，各本作'循'，今正。揗者，摩也。"《釋名·釋姿容》："撫，敷也。敷手以拍之也。"銀雀山漢簡作㺪（孫臏 93）、㧑（孫臏 258），武威簡作㧑（泰射 55）。

"撫"本義爲"撫摩"。《莊子·達生》："桓公田於澤，管仲御，見鬼焉，公撫管仲之手，曰：'仲父何見?'"晋陶潜《歸去來兮辭》："景翳翳以將入，撫孤松而盤桓。"韓愈《祭十二郎文》："嫂常撫汝指吾而言曰：'韓氏兩世，惟此而已。'"

引申爲"拍，輕擊"。《儀禮·鄉射禮》："左右撫矢而乘之。"鄭玄注："撫，拊之也。"賈公彦疏："言撫者，撫拍之義。"

又引申爲"安撫"。《左傳·定公四年》："申包胥如秦乞師，曰：'……若以君靈，撫之，世以事君。'"杜預注："撫，存恤也。"《墨子·節用中》："古者堯治天下，南撫交阯，北降幽都。"《後漢書·陳俊列傳》："俊撫貧弱，表有義，檢制軍吏，不得與郡縣相干，百姓歌之。"

又引申爲"撫養"。《尚書·泰誓下》："撫我則后，虐我則讎。"《後漢書·梁竦列傳》："《詩》云：'父兮生我，母兮鞠我，撫我畜我，長我育我。'"北齊顔之推《顔氏家訓·兄弟》："若能恕己而行，換子而撫，則此患不生矣。"

"拊"常用爲本義"撫摩"。例如揚雄《解嘲》："蔡澤，山東之匹夫也，顑頤折頞，涕唾流沫。西揖强秦之相，撟其咽而亢其氣，拊其背而奪其位，時也。"趙曄《吳越春秋·越王無余外傳》："顔色不變，謂舟人曰：'此天所以爲我用。'龍曳尾舍舟而去。南到計於蒼梧而見縛人，禹拊其背而哭。"

"拊"亦用爲引申義"撫養"。例如《隸釋·漢童子逢盛碑》："拊育孩嬰，弱而能言。"①

總之，"拊""撫"是由於聲符變換形成的异體字。

例 2　絫₁—累₁

①《漢書卷四十九·爰盎鼂錯傳第十九》："公幸有親，吾不足絫公。"師古曰："絫，古累字也，音力瑞反。"（2274）

②《漢書卷七十一·雋疏于薛平彭傳第四十一》："我老，久絫丁壯，奈何？"師古曰："絫，古累字也，音力瑞反。"（3041）

③《漢書卷九十七下·外戚傳第六十七下》："將軍家重身尊，不宜以吏職自絫。"師古曰："絫，古累字也，音力瑞反。"（3974）

按："絫"的句中義爲"牽連，拖累"。

《説文·厽部》："絫，增也。从厽从糸。絫，十黍之重也。"段玉裁注改作"从厽糸，厽亦聲"，注云："增者，益也。凡增益謂之積絫。

---

① （宋）洪适：《隸釋·隸續》，中華書局，1985，第 114 頁。《漢語大字典》"拊"字下引《隸釋·隸續》"嬰"作"婴"，非是。

綼之隸變作累。累行而綼廢。”

“綼”乃“纍”字之變，隸省作“累”。敦煌馬圈灣木簡作累。《尚書·旅獒》：“不矜細行，終累大德。”孔穎達疏：“若不矜惜細行，作隨宜小過，終必損累大德矣。”《戰國策·東周策》：“且臣爲齊奴也，如累王之交於天下，不可。”鮑彪注：“累者，事相連及，猶誤也。”韓愈《送劉師服》詩：“士生爲名累，有似魚中鉤。”《新唐書·潘好禮傳》：“坐小累，下除芮城令。”清代俞樾《茶香室叢鈔·不解南音》：“按南人不習北音，往往爲仕途之累。”

《説文·系部》：“纍，綴得理也。一曰：大索也。从糸，畾聲。”段玉裁注：“按纍、綼二字大不同。纍在十五部，大索也，其隸變不得作累。綼在十六部，增也，引申之延及也，其俗體作累，古所不用。”馬王堆漢墓帛書作纍（老子乙前 100 下），居延簡作纍（甲 251）。本義爲繩索。《急就篇》第三章：“纍繘繩索絞紡纑。”顏師古注：“纍，大索也。”此義亦作“縲”。引申爲纏繞。《詩·周南·樛木》：“南有樛木，葛藟纍之。”又引申爲拘繫，連累，等等。

《説文·厽部》：“厽，絫坺土爲牆壁。象形。凡厽之屬皆从厽。”俞紹宏認爲：“獨立的力軌切的‘厽’在古文字中未見，傳世的秦漢文獻中似未見其用例，疑爲‘畾’形構件之省變，待考。”[1]“畾”殆即“靁（隸省作雷）”字下部所从。《説文》分“纍”“綼”爲二，不足信也。

總之，在記録“牽連，拖累”等義項時，“綼”“累”是由於聲符省變形成的异構本字。

例 3　呐—訥

《漢書卷八十八·儒林傳第五十八》：“武帝時，江公與董仲舒并。仲舒通五經，能持論，善屬文。江公呐於口，上使與仲舒議，

---

[1]　俞紹宏：《古今字考辨叢札》，《漢字漢語研究》2018 年第 3 期。

不如仲舒。”師古曰：“呐，古訥字。”（3617）

按：“呐”的句中義爲“言語遲鈍”。

《説文·言部》：“訥，言難也。从言从内。”段玉裁注：“《論語》：‘君子欲訥于言而敏於行。’苞曰：‘訥，遲鈍也。’”《玉篇·口部》：“訥，遲鈍也。或作呐。”

《韓非子·八經》：“呐者言之疑，辯者言之信。”《荀子·非相》：“言而非仁之中也，則其言不若其默也，其辯不若其呐也。”楊倞注：“呐，與訥同。”《北齊書·幼主紀》：“言語澀呐，無志度，不喜見朝士。”

《老子》四十五章：“大直若屈，大巧若拙，大辯若訥。”柳宗元《與友人論爲文書》：“談之辯訥，升降繫焉。”

總之，“呐”“訥”是由於形符變換形成的异體字。

例 4　蠭—蜂

《漢書卷三十一·陳勝項籍傳第一》：“今君起江東，楚蠭起之將皆爭附君者，以君世世楚將，爲能復立楚之後也。”師古曰：“蠭，古蜂字也。”（1799）

按：“蠭”的句中義爲“衆多，成群地”。

《説文·蚰部》：“蠭，飛蟲螫人者。从蚰，逢聲。蠭，古文省。”邵瑛《群經正字》：“按：此字俗作蜂。”《玉篇·蚰部》：“蠭，螫人飛蟲也。亦作蜂。”馬王堆帛書文字作🐝（五十二病方212）、🐝（五十二病方362），流沙墜簡作🐝（屯戌5.7），銀雀山漢簡作🐝（孫臏115）。

“蠭”是一種昆蟲名，種類很多，有毒刺，能螫人，常群居在一起。《左傳·僖公二十二年》：“蠭蠆有毒。”陸德明《釋文》：“蠭，俗作蜂。”《詩·周頌·小毖》：“莫予荓蜂，自求辛螫。”朱熹注：“蜂，小物而有毒。"

引申爲"衆多，成群地"，如"蜂起""蜂聚""蜂出"。南朝梁沈約《漢東流》："逆徒蜂聚，旌旗紛蔽。"《史記·六國年表》："謀詐用而從衡短長之説起。矯稱蠭出，誓盟不信，雖置質剖符猶不能約束也。"

總之，"蠭""蜂"是由於形符與聲符同時變換形成的异體字。

例5 𢇍—絶

《漢書卷五十一·賈鄒枚路傳第二十一》："夫獄者，天下之大命也，死者不可復生，𢇍者不可復屬。"師古曰："𢇍，古絶字。屬，連也，音之欲反。"（2369）

按："𢇍"的句中義爲"斷絶，不連屬"。

《説文·系部》："絶，斷絲也。从糸从刀从卩。𢇍，古文絶。象不連體，絶二絲。"戰國金文作🖼（中山王壺），戰國楚簡作🖼（曾5）、🖼（郭.老乙.4）、🖼（郭.老甲.1）、🖼（望2.17）、🖼（上1.孔.27）。秦簡作🖼（睡·日甲17背），漢代碑刻作🖼（校官碑），亦作🖼（袁良碑）。①

《釋名·釋言語》："絶，截也，如割截也。"《廣雅·釋詁一》："絶，斷也。"中山王壺："㠯内𢇍卲公之業。"《荀子·修身》："其折骨絶筋，終身不可以相及也。"《史記·孔子世家》："讀《易》，韋編三絶。"韓愈《張中丞傳後叙》："引繩而絶之，其絶必有處。"

總之，"𢇍"是會意字，"絶"是形聲字，兩者是由於造字方法不同形成的异構字。

---

① 甲骨文🖼（前1.24.3）、🖼（前5.36.7）、🖼（佚344）、🖼（前2.8.7），西周金文🖼（佣生簋，《集成》4262）諸字形，或釋爲"絶"，參見季旭昇《説文新證》，福建人民出版社，2010，第926頁。郭永秉、鄔可晶《説"索"、"剗"》認爲上述諸字形當隸作"剗"，可能就是"割"的表意初文。參見郭永秉《古文字與古文獻論集續編》，上海古籍出版社，2015，第76頁。

例6　愁—惕

《漢書卷八十二・王商史丹傅喜傅第五十二》：“往者丞相周勃再建大功，及孝文時纖介愁恨，而日爲之蝕，於是退勃使就國，卒無怵愁憂。”師古曰：“愁，古惕字。”（3372）

按：“愁”的句中義爲“恐懼，憂懼”。

《説文・心部》：“惕[1]，敬也。从心，易聲。愁，或从狄。”段玉裁注：“狄，聲也。”狄，定母，錫部；易，喻母，錫部。“狄”“易”上古音相近。秦簡作🈁（睡.爲37）。

“惕”本義爲“恭敬”，引申爲“恐懼、憂懼”。《玉篇・心部》：“惕，他的切。憂也，疾也，懼也。愁，同上。”例如《尚書・盤庚上》：“惟汝含德，不惕予一人。”孔傳：“汝不從我命，所含惡德，但不畏懼我耳。”《左傳・襄公二十二年》：“無日不惕，豈敢忘職？”杜預注：“惕，懼也。”《國語・周語下》：“夫見亂而不惕，所殘必多。”韋昭注：“惕，惕然恐懼也。”

進一步引申爲“憂傷、悲傷”。《玉篇・心部》：“愁，他歷切。勞也。《説文》：‘與惕同。’”[2] 例如漢應劭《風俗通義・正失・封泰山禪梁父》：“暴病而死，悼愁無已。”晋盧諶《答魏子悌》：“乖離令我感，悲

---

① 惕，春秋金文作🈁（蔡侯盤）、🈁（趙孟𤔲壺），戰國楚簡作🈁（包2.157）。蔡侯盤：“𪓸叏（攝）敬不🈁。”讀作“容易”之“易”。趙孟𤔲壺：“邗王之🈁金。”讀作“賞賜”之“賜”。包山簡凡4見，均用爲人名。郭店簡與上博簡二各2見，均讀作“容易”之“易”。後者參見滕壬生《楚系簡帛文字編》（增訂本），湖北教育出版社，2008，第923頁。此字與《説文》訓“敬也”的“惕”字同形。

② 按：《玉篇》“愁”訓“勞也”與《玉篇》“惕”訓“憂也”義同。《詩・齊風・甫田》：“無思遠人，勞心忉忉。”毛傳：“忉忉，憂勞也。”按經文“勞心”，即憂心也。注文“憂勞”乃同義連用。忉忉，心憂貌。《禮記・坊記》：“微諫不倦，勞而不怨。”王引之《經義述聞・禮記下》：“勞而不怨，即承上‘微諫不倦’而言，言諫而不入，恐其得罪於鄉黨州閭，孝子但心憂之而不怨其親也。”唐鮑溶《送羅侍御歸西臺》：“此舉關風化，誰云別恨勞。”

欣使情惕。”《陳書·世祖紀》：“自頃喪亂，編户播遷，言念餘黎，良可哀惕。”柳宗元《乞巧文》：“抱拙終身，以死誰惕。”

“惕”或借作“逖（逷）”。《説文·辵部》：“逖，遠也。从辵，狄聲。逷，古文逖。”《周易·涣》：“涣其血去，逖出，無咎。”李鼎祚《周易集解》：“虞翻曰：逖，憂也。”江藩述補：“虞氏訓逖爲憂。《説文》：‘惕，或從狄。’蓋虞氏本作惕，故訓爲憂，後人傳寫誤爲逖……姑從虞義。”《敦煌變文集·大目乾連冥間救母變文》：“夜叉聞語心逷逷，直言更亦無刑（形）迹。”

《説文·心部》：“怵，恐也。从心，术聲。”本義爲“恐懼、憂懼”。《文選·張衡〈西京賦〉》：“將乍往而未半，怵悼慄而慫兢。”薛綜注：“怵，恐也。”晋陸機《文賦》：“雖杼軸於予懷，怵他人之我先。”引申爲“憂傷、悲傷”。例如《禮記·祭統》：“心怵而奉之以禮。”鄭玄注：“怵，感念親之貌也。”

“怵”或借作“術”。《睡虎地秦墓竹簡·爲吏之道》：“術（怵）惕（惕）之心，不可【不】長。”① “惕（惕）怵”同義連用，傳世文獻習見。例如《尚書·冏命》：“怵惕惟厲，中夜以興，思免厥愆。”孔傳：“言常悚懼惟危，夜半以起，思所以免其過悔。”《漢書·淮南衡山濟北王傳》：“大王不思先帝之艱苦，日夜怵惕，修身正行。”杜甫《北征》：“拜辭詣闕下，怵惕久未出。”

今謂“怵惕憂”亦爲同義連用。“憂”本義爲“憂愁”，引申爲“憂懼、恐懼”。例如《晏子春秋·内篇問上》：“吳越受令，荆楚惛憂，莫不賓服。”于省吾《雙劍誃諸子新證·晏子春秋》：“‘荆楚惛憂’，言荆楚聞而恐懼也。”②《吕氏春秋·恃君覽·知分》：“吾受命於天，竭

---

① 整理小組注：“怵（音處）惕，戒懼。《漢書·淮南厲王傳》：‘日夜怵惕，修身正行。’”又“‘可’字下面的‘不’字原脱，據文義試補。”參看睡虎地秦墓竹簡整理小組編《睡虎地秦墓竹簡》，文物出版社，1990，第170頁。
② 于省吾：《雙劍誃諸子新證》，中華書局，2009，第210頁。

力以養人。生,性也;死,命也。余何憂於龍焉!""無怵惄憂"猶言
"無憂"。①《左傳·昭公三十二年》:"范獻子謂魏獻子曰:'……從王命
以紓諸侯,晉國無憂。'"《史記·張儀列傳》:"爲大王計,莫如事秦。
事秦則楚、韓必不敢動;無楚、韓之患,則大王高枕而臥,國必無憂
矣。"唐羅鄴《上東川顧尚書》:"龍節坐持兵十萬,可憐三蜀盡無憂。"

"怵"字可以叠用,表示恐懼貌、警惕貌。例如《老子》四十九章:
"聖人在天下,怵怵;爲天下,渾其心。"河上公注:"聖人在天下怵怵,
常恐怖富貴,不敢驕奢。"枚乘《七發》:"惕惕怵怵,卧不得瞑。"

也可以在"怵"字後面加上"然"字,表示恐懼、警惕貌。《莊子·
養生主》:"吾見其難爲,怵然爲戒。"劉向《説苑·奉使》:"文侯怵然
爲之變容,問曰:'子之君無恙乎?'"

"惄(惄)"字叠用更加常見,可以表示恐懼貌或憂傷貌。"惄惄
(惄惄)"表示恐懼貌者,例如《國語·晉語四》:"君若恣志以用重耳,
四方諸侯其誰不惄惄以從君命。"《資治通鑑·後漢高祖乾祐元年》:
"及崧歸朝,自以形迹孤違。事漢權臣,常惄惄謙謹,多稱疾杜門。"

"惄惄(惄惄)"表示憂傷貌者,例如《詩·陳風·防有鵲巢》:
"誰侜予美,心焉惄惄。"毛傳:"惄惄,猶忉忉也。"陳奐傳疏:"惄惄,
亦憂勞之意,故云猶忉忉也……《爾雅》:'惄惄,愛也。'郭注:'《詩》
云:心焉惄惄,《韓詩》以爲説人,故言愛也。'案,愛者謂愛君,君
受讒賊所誑,故君子憂勞之心惄惄然。《爾雅》釋經義,毛傳釋字義
也。"②王禹偁《籍田賦》:"修農事以惄惄,襲春服之重重。"《楚辭·九
章·悲回風》:"吾怨往昔之所冀兮,悼來者之惄惄。"洪興祖補注:"惄
惄,欲利貌也。言傷今世人見利,惄惄然欲競之也。惄,一作逖。補
曰:惄,它的切,勞也。"朱熹集注:"惄惄,憂懼貌。"今謂王逸章句

---

① 《二十四史全譯·漢書》將"卒無怵惄憂"翻譯爲"終於沒有了戒懼之憂",非是。安平
   秋、張傳璽分史主編《漢書》,許嘉璐主編、安平秋副主編《二十四史全譯》,漢語大詞
   典出版社,2004,第1663頁。
② 按:"愛"字疑爲"憂"字之訛。郭注恐不可信。

不足信，當從洪興祖、朱熹注。

也可以在"惕"字後面加上"然"字，表示恐懼貌或憂傷貌。"惕然"表示恐懼貌者，例如《晏子春秋·内篇雜上第五》："景公探雀鷇，鷇弱，反之。晏子聞之，不待時而入見景公，公汗出惕然。"劉向《説苑·尊賢》："諸侯舉兵以伐齊，齊王聞之，惕然而恐。"蘇舜欽《杜公求退第五表》："皆由臣謀議弗臧，職業不舉，惕然内訟，深愧初心。"《初刻拍案驚奇》卷二八："馮相見了洞門，知非人世，惕然不敢進步入洞。"

"惕然"表示憂傷貌者，例如元稹《兩省供奉官諫駕幸温湯狀》："六軍守衛於空宫，百吏宴安於私室，忝爲臣子，誰不惕然。"陸游《歲暮感懷》詩："長老日零落，念之心惕然。"明代無名氏《四賢記·義勸》："你雖然宜室宜家，尚未弄璋弄瓦，妾將邁矣，君可惕然。"

總之，"愁"和"惕"是由於聲符變換形成的异體字。

例7　晦—畝

①《漢書卷二十四上·食貨志第四上》："理民之道，地著爲本。故必建步立晦，正其經界。"師古曰："晦，古畝字也。"（1119）

②《漢書卷二十五下·郊祀志第五下》："《禮記》曰：'天子籍田千晦以事天墜。'繇是言之，宜有黍稷。"師古曰："晦，古畝字。"（1266）

③《漢書卷二十七中之上·五行志第七中之上》："晋穆侯以條之役生太子，名之曰仇；其弟以千晦之戰生，名之曰成師。"師古曰："晦，古畝字也。千晦亦地名，意取能成其師衆也。"（1378）

④《漢書卷二十七下之上·五行志第七下之上》："兄弟三人，一者之魯，一者之齊，一者之晋。皆殺之，身横九晦；斷其首而載之，眉見於軾。"師古曰："晦，古畝字。"（1471）

⑤《漢書卷六十九·趙充國辛慶忌傳第三十九》："田事出，

賦人二十畮。"師古曰:"畮,古畝字。"(2986)

⑥《漢書卷四十九·爰盎鼂錯傳第十九》:"以是觀之,往來轉徙,時至時去,此胡人之生業,而中國之所以離南畮也。"師古曰:"畮,古畝字也。南畮,耕種之處也。"(2285)

按:①②⑤"畮"爲地積單位,③④"畮"爲地名用字,⑥"畮"泛指農田、田地。

《説文·田部》:"畮,六尺爲步,步百爲畮。秦田二百四十步爲畮。从田,每聲。畂,畮或从田、十、久。"西周金文作𤰖(賢簋,《集成》4104)、𤰏(兮甲盤,《集成》10174),即小篆所本。戰國楚簡作𤰝(上 2. 子 .8)、𤰹(上 2. 容 .52),从田,母聲。秦簡作𤰗(睡 .38),青川木牘同。當即《説文》或體"畂"字所本。何琳儀認爲牘文从"田"、从"久"、从"又","久""又"爲叠加聲符。"又"符到《説文》小篆或體中訛變爲"十",遂成"畂"字。① 此説得到李家浩的支持。② 魏宜輝認爲秦簡牘字形是一個从田、牧省聲的形聲字。③

本義爲"中國地積單位"。④《詩·魏風·十畝之間》:"十畝之間兮,桑者閒閒兮,行與子還兮。"《楚辭·離騷》:"余既滋蘭之九畹兮,又樹蕙之百畮。"朱熹注:"畮,古畝字。"《周禮·地官司徒第二》:"不易之地,家百畮。"《禮記·儒行》:"儒有一畝之宮,環堵之室。"孔穎達疏:"徑一步,長百步爲畝。"《孟子·梁惠王上》:"五畝之宅,樹之以桑,五十者可以衣帛矣。"韓愈《鳳翔隴州節度使李公墓志銘》:"丁

---

① 何琳儀:《戰國文字通論》,江蘇教育出版社,1989,第 269 頁。
② 李家浩:《戰國官印考釋兩篇》,《于省吾教授百年誕辰紀念文集》,吉林大學出版社,1996。
③ 魏宜輝:《説"畂"》,《語文研究》2012 年第 4 期。
④ (清)王筠《説文句讀》:"畝,《司馬法》:'六尺爲步,步百爲畝。'是古之制也。秦孝公時,開通阡陌,以五尺爲步,二百四十步爲畝。"周制,六尺爲步(或曰六尺四寸、八尺),百步爲畝。秦時以五尺爲步,二百四十步爲畝。漢因秦制。唐以廣一步,長二百四十步爲畝。清以五方尺爲步,二百四十步爲畝。今一畝等於六十平方丈,合 6.6667 公畝。

壯興勵，歲增田數十萬畝。"清阮葵生《茶餘客話》卷三："凡民地勘丈，概以二百四十步爲一畝。"

引申爲"田壠，田中高處"。《詩·小雅·信南山》："我疆我理，南東其畝。"朱熹集傳："畝，壠也。"《國語·周語下》："天所崇之子孫，或在畎畝。"韋昭注："下曰畎，高曰畝。畝，壠也。"明徐光啓《農政全書》卷一："畎欲深以端，畝欲沃以平。"

再引申爲"泛指農田，田地"。《詩·豳風·七月》："同我婦子，饁彼南畝。"①《文選·鍾會〈檄蜀文〉》："百姓士民，安堵樂業，農不易畝，市不迴肆。"李善注引《呂氏春秋》："農不去疇，商不變肆。"唐廣宣《寺中柿樹一蒂四顆咏應制》："珍木生奇畝，低枝拂梵宮。"蒲松齡《聊齋志異·李八缸》："春貸秋償，田所出，登場輒盡。乃割畝爲活，業益消减。"

總之，"晦""畝"是由於聲符變換形成的异體字。

例8 絝—袴

①《漢書卷五十七上·司馬相如傳第二十七上》："絝白虎。"張揖曰："着白虎文絝也。"師古曰："絝，古袴字。"（2563）

②《漢書卷七十二·王貢兩龔鮑傳第四十二》："後世爭爲奢侈，轉轉益（盛）〔甚〕，臣下亦相放效，衣服履絝刀劍亂於主上。"師古曰："絝，古袴字。"（3070）

③《漢書卷九十七下·外戚傳第六十七下》："昏夜平善，鄉晨，傅絝韤。"應劭曰："傅，着也。"師古曰："絝，古袴字也。"（3990）

---

① 南畝，農田。南坡向陽，利於農作物生長，古人田土多向南開闢，故稱。《詩·小雅·大田》："俶載南畝，播厥百穀。"桓寬《鹽鐵論·園池》："夫如是，匹夫之力盡於南畝，匹婦之力盡於麻枲。"杜牧《阿房宮賦》："使負棟之柱，多於南畝之農夫。"王安石《感事》詩："鄉鄰銖兩徵，坐逮空南畝。"方文《響山訪梅杓司及令弟崑白各賦》之一："孤村南畝外，九載始重過。"

④《漢書卷九十七上·外戚傳第六十七上》："光欲皇后擅寵有子，帝時體不安，左右及醫皆阿意，言宜禁内，雖宫人使令皆爲窮絝，多其帶，後宮莫有進者。"服虔曰："窮絝，有前後當，不得交通也。"師古曰："絝，古袴字也。窮絝即今之緄襠袴也。"（3960）

按："絝" 在①句中義爲 "以……爲褲子"，②③④句中義爲 "套褲"。

《説文·系部》："絝，脛衣也。从糸，夸聲。"段玉裁注："今所謂套袴也。左右各一，分衣兩脛。古之所謂絝，亦謂之襄，亦謂之褌。"居延簡作**絝**（甲 162），流沙墜簡作**絝**（補遺 2.7）。

《方言》卷四："袴，齊、魯之間謂之襱，或謂之襱，關西謂之袴。"《釋名·釋衣服》："絝，跨也，兩股各跨別也。"《集韻》莫韻苦故切："絝、袴、鞈，《説文》：'脛衣也。'或从衣，或从革。"郝懿行《證俗文》："案袴與褌別，古人皆先着褌而後施袴於外。"

《禮記·内則》："衣不帛襦袴。"《淮南子·原道訓》："短綣不絝，以便涉游。"

總之，"絝" "袴" 是由於形符變換形成的異體字。

例 9　跥—蹞

《漢書卷四十八·賈誼傳第十八》："病非徒瘇也[①]，又苦跥盭。"師古曰："跥，古蹞字也，音之石反。足下曰蹞，今所呼脚掌是也。盭，古戾字，言足蹞反戾，不可行也。"（2239）

按："跥" 的句中義爲 "脚掌"。

《龍龕手鏡·足部》："跥，俗；蹞、跖，二正。音隻，足履踐也。

---

① 按："病非徒瘇也" 應校正作 "非徒病瘇也"。説詳王念孫《讀書雜志·漢書第九》。

三。"（高麗本 466）《説文·足部》："蹠，楚人謂跳躍曰蹠。从足，庶聲。"《方言》卷一："踏、蹠、踌，跳也。楚曰踌。陳鄭之間曰蹠，楚曰蹠。自關而西秦晉之間曰跳，或曰踏。"

《説文·足部》："跖，足下也。从足，石聲。"徐鍇《説文繫傳》："足底也。"段玉裁注："今所謂脚掌也。《史記》曰：'跖勁弩。'①按：弩以足蹋張之，故曰跖。跖或借蹠爲之。又作跡。《賈誼傳》曰：'病非徒瘇也，又苦跡盭。'跡，跖字之異者也。足跖，反戾不可行。"王念孫《讀書雜志·漢書第九》："《説文》：'跖，足下也。'作'蹠'者借字（《説文》：'楚人謂跳躍曰蹠'），作'跡'者別體耳。或從石聲，或從庶聲，或從炙聲，一也（'石'與'炙'聲相近，'石'與'庶'聲亦相近……）。"

"庶"（从火石，石亦聲）是"炙"的异體字，其本義爲燒烤，後來假借爲"衆庶"之"庶"。"跡""蹠""跖"三字都是异體字關係。②"蹠"本義爲脚掌，詞義擴大則指脚，引申爲跳躍，踩踏，等等。《説文》分"蹠""跖"爲二，非是。

總之，在記録"脚掌"這個義項時，"跡""蹠"屬於异構本字。

例 10　餄—饐

《漢書卷五十一·賈鄒枚路傳第二十一》："然而養三老于大學，親執醬而饋，執爵而酳，祝餄在前，祝鯁在後。"師古曰："餄，古饐字，謂食不下也。以老人好饐鯁，故爲備祝以祝之。"（2330）

按："餄"的句中義爲"食物堵塞喉嚨"。

《玉篇·食部》："餄，於結切，或噎字，食不下也。"《説文·口

---

① 《史記卷六十九·蘇秦列傳第九》作"蹠勁弩"。

② 參見李運富《論出土文本字詞關係的考證與表述》，《古漢語研究》2005 年第 2 期；李運富《漢字漢語論稿》，學苑出版社，2008。

部》：“噎，飯窒也。从口，壹聲。”《集韻·屑韻》：“噎，《説文》：‘飯窒也。’或作饐。”《楚辭·九思》：“仰長嘆兮氣饐結。”

《説文·食部》：“饐，飯傷濕也。从食，壹聲。”《説文繫傳》：“臣鍇曰：‘饐，陳臭也。’”段玉裁注：“引申之凡淹漬皆曰饐也。《字林》云：‘饐，飯傷熱濕也。’混饐於饖①。葛洪云：‘饐，飯餿臭也。’”

《説文·壹部》：“壹（壺），專壹也。从壺，吉聲。”“餉”“壹”皆从“吉”聲，“餉”乃“饐”字異構。作爲“噎”字異構的“饐”與《説文》訓“飯傷濕也”的“饐”是同形字。

總之，在記録“食物堵塞喉嚨”這個義項時，“餉”“饐”屬於異構本字。

2. 异寫本字

《漢書注》“古今字”屬於异寫本字的僅見 2 組。例如：

屮—卉

《漢書卷五十七上·司馬相如傳第二十七上》：“蘜莅屮歙。”師古曰：“屮，古卉字也，音諱。”（2559）

按：《説文·艸部》：“屮，艸之總名也。从艸、中。”段玉裁注：“《方言》曰：‘卉，艸也。東越揚州之閒曰卉。’”《玉篇·艸部》：“屮，許胃、許偉二切。草摠名。卉（卉），同上。”“屮”“卉（卉）”爲《説文》同一篆文的不同楷化字。

上博簡“屮”字凡 8 見，均讀爲{草}，當即“艸”字異構。例如《凡物流形》甲本 12 簡上：“卉（艸→草）木系（奚）昱（得）而生？”②

---

① 《説文·食部》：“饖，飯傷熱也。从食，歲聲。”
② 俞紹宏、張青松：《上海博物館藏戰國楚簡集釋》（第 7 册），社會科學文獻出版社，2019，第 147 頁。

（二）古今字爲“同義字—同義字”關係

同義字可以從不同的角度分析。“從構形角度看，同義字是指本義相同的字；而從用字的角度看，同義字的範圍則要大得多，無論是本義還是引申義，衹要有一個義項相同就可以看作是同義字。”① 同義字反映語言中的同義詞關係，同義詞不是同一個詞，所以應該不屬於同一個詞的不同用字問題，也就是不能構成古今字關係。但如果同義而且同音的話，就某個義項而言，也可以看作同一個詞項。如果不同時代用不同的字記錄了同義詞中的同一詞項，顔師古也會把前代用字看作古字，後代用字看作今字。由此也證明顔師古的“古今字”是以詞項爲觀察單位的。構成古今字的同義字之間除了有共同義項外，還具有聲音相同或相近的特點，所以它們也就是音近義通的同源字。這一類古今字的字際關係可以稱之爲“同源通用字”②,也可以稱之爲“同源同義字”。

1. 同源通用字

《漢書注》“古今字”屬於同源通用字的共有 5 組。例如：

例 1　骫（骪）—委

①《漢書卷四十四·淮南衡山濟北王傳第十四》：“皇帝骫天下正法而許大王，甚厚。”師古曰：“骫，古委字。骫，謂曲也。”（2137）

②《漢書卷五十一·貫鄒枚路傳第二十一》：“其文骫骳，曲隨其事，皆得其意。”師古曰：“骫，古委字也。骳音被。骫骳，猶言屈曲也。”（2367）

③《漢書卷五十七上·司馬相如傳第二十七上》：“崔錯癹

---

① 李運富：《論漢字的字際關係》,《語言》(第 3 卷), 首都師範大學出版社，2002。
② 陸宗達、王寧先生在《訓詁方法論》中把傳統訓詁學中的所謂“通假字”區別爲“同源通用字”和“同音借用字”兩個概念。參見陸宗達、王寧《訓詁方法論》, 中國社會科學出版社，1983，第 184 頁。

骫。"師古曰:"崔錯,交雜也。㩻委,蟠戾也。崔音千賄反。㩻音步葛反。骫,古委字。"（2559）

④《漢書卷五十七下·司馬相如傳第二十七下》:"跮踱輵轄容以骫麗兮。"張揖曰:"跮踱,互前却也。輵轄,搖目吐舌也。容,龍體貌也。骫麗,左右相隨也。"師古曰:"骫,古委字也。"（2593）

⑤《漢書卷八十七下·揚雄傳第五十七下》:"從者仿佛,骫屬而還。"張晏曰:"從者見仿佛,委釋迴旋。"師古曰:"骫,古委字也。"（3563）

按:"骫"即"骪"字之訛。①②③④⑤"骫"的句中義均爲彎曲。具體而言:①指枉曲,即違法曲斷,不公正。劉向《説苑·至公》:"奉國法而不黨,施刑戮而不骫,可謂公平。"②"骫骳"指文筆紆曲或委靡無風骨。《文選·傅毅〈舞賦〉》:"弛緊急之絃張兮,慢末事之骫曲。"李善注:"言鄭、衛之末事,而委曲順君之好,無益,故廢而慢之。"一本作"委曲"。③"㩻骫"謂盤旋曲折。《文選·司馬相如〈上林賦〉》:"崔錯㩻骫,坑衡閜砢。"郭璞注:"崔錯,交雜。㩻骫,蟠戾也。"《廣雅·釋詁一》:"蟠,曲也。"《説文·犬部》:"戾,曲也。從犬出户下。戾者,身曲戾也。""蟠戾"乃同義連用。④"骫麗"訓"左右相隨"乃文意訓釋。《説文·鹿部》:"麗,旅行也。鹿之性見食急則必旅行。"王筠句讀:"旅,俗作侣。""旅行"即結伴而行。例如張衡《西京賦》:"若其五縣游麗辯論之士,街談巷議,彈射臧否,剖析毫釐,擘肌分理。"引申爲依附,附着。例如《周易·離》:"彖曰:離,麗也。日月麗乎天,百穀草木麗乎土,重明以麗乎正,乃化成天下,柔麗乎中正,故亨。"王弼注:"麗,猶着也,各得所着之宜。"孔穎達疏:"麗,謂附着也。以陰柔之質附着中正之位,得所着之宜,故云麗也。"《後漢書·張衡列傳》:"夫戰國交争,戎車競驅,君若綴旒,人無所麗。"李賢注:"麗,附也。"又引申爲連接。《周易·兑》:"麗澤兑,君子以朋友講習。"王弼注:"麗猶連也。"朱熹本義:"兩澤相麗,互相滋益,朋友講習,其象如此。"《文選·謝朓〈暫使下都夜發新林至京邑贈西府同僚〉詩》:"金波麗鳷鵲,玉繩低建章。"李善注引王弼《周易》注:"麗,連也。"今謂"骫麗"即"委麗",曲折蜿蜒貌。《漢書·司馬相如傳下》:"駕應龍象輿之蠖略委麗兮,驂赤螭青虬之蚴蟉宛蜒。"顏師古注:"蠖略委麗、蚴蟉宛蜒,皆其行步進止之貌也。"《史記·司馬相如列傳》作"逶麗"。後來寫作"逶邐"。例如宋薛士隆《雁蕩山賦》:"躡曾巖之鹿苑,窮逶邐之淵泉。"清戴名世《河墅記》:"群山逶邐,溪水瀠洄。"⑤"骫屬"與"骫麗"同義。《説文·尾部》:"屬,連也。從尾蜀聲。"段玉裁注:"取尾之連於體也。"本義爲連接,連續。《廣雅·釋詁二》:"屬,續也。"《尚書·禹貢》:"涇屬渭汭。"孔穎達疏:"屬謂相連屬。"引申爲跟隨。《史記·項羽本紀》:"項王渡淮,騎能屬者,百餘人耳。"

《説文·骨部》:"骫,骨耑骫奊也。從骨,丸聲。"段玉裁注:"矢部'奊'下曰:'頭衺骫奊態也。'《招隱士》曰:'林木茂骫。'王注:'枝條盤紆也。'《枚皋傳》:'其文骫骳,曲隨其事,皆得其意。'師古曰:'骫骳,猶言屈曲也。'然則骫奊者,謂屈曲之狀。骫字厠於此者,統人及禽獸之骨言。"

《説文·女部》:"委,委隨也。從女從禾。"徐鉉曰:"委,曲也,取其禾穀垂穗委曲之皃,故從禾。"

"骫""委"同爲影母。"骫"爲歌部,"委"爲微部,歌微旁轉。"骫"指骨的彎曲形狀,"委"指禾苗的彎曲形態,兩者所指不同,但都具有"彎曲"這一核義素,并且這個核義素都能獨立使用成爲相同的義位。

總之,"骫""委"爲同源通用字。①

---

① 參見《王力古漢語字典》,中華書局,2000,第 1695 頁。

例 2 耤—藉

《漢書卷九十二·游俠傳第六十二》：“以軀耤友報仇，臧命作 姦剽攻，休乃鑄錢掘冢，不可勝數。”師古曰：“耤，古藉字。藉謂 借助也。”（3701）

按：“耤”的句中義爲“幫助”。

顏師古注中的“借助”爲同義連用。王先謙補注：“古書 ‘耤’‘藉’‘借’通用。”[1] “藉”可用爲“幫助”。例如劉勰《文心雕龍· 時序》：“灑筆以成酣歌，和墨以藉談笑。”“借”亦可用爲“幫助”。例 如《漢書·楊胡朱梅云傳》：“少時通輕俠，借客報仇。”顏師古注： “借，助也，音子夜反。”唐薛用弱《集异記·王維》：“維方將應舉， 具其事言於岐王，仍求庇借。”

“藉助”通常指取得別的人或事物的幫助。《左傳·襄公四年》： “鄫無賦於司馬，爲執事朝夕之命敝邑，敝邑褊小，闕而爲罪，寡君是 以願藉助焉。”杜預注：“借鄫以自助。”《漢書·高帝紀上》：“陳餘亦怨 羽獨不王己，從田榮藉助兵，以擊常山王張耳。”顏師古注：“藉，借 也。”《漢書·五行志第七下之下》：“朔藉助五國，舉兵伐之而自立， 王命遂壞。”韓愈《試大理評事王君墓志銘》：“困於無資地，不能自 出，乃以干諸公貴人，藉助聲勢。”

《説文·耒部》：“耤，帝耤千畝也。古者使民如借，故謂之耤。从 耒，昔聲。”甲骨文作![字形]（《合集》9512）[2]、![字形]（《合集》626）、![字形]（《合 集》8725），商代金文作![字形]（耒毁，《集成》2969），像人舉足持耒耕作 之形（或省去人形，作手持耒狀），从“巛”或“昔”聲。西周金文

---

① （清）王先謙：《漢書補注》，中華書局，1983，第 1551 頁。
② 《合集》爲中國社會科學院歷史研究所編，中華書局 1978~1982 年出版的《甲骨文合集》 的簡稱，下同。

作♪（未乍父己毀,《集成》3328）、🐾（令鼎,《集成》2803）,周以後習從"昔"聲。"耤"本義爲耕作。例如《合集》9504正:"丙辰卜,争貞:乎（呼）耤於陲,受有年?"又9500正:"庚子卜,貞:王其萑（觀）耤,更坒（往）?"後引申指古代天子舉行象徵性的耕田儀式,以示勸農。唐太宗《耕耤詔》:"親祭先農,耤於千畝之甸。"這個意義後來寫作"藉"。例如《禮記·祭義》:"是故昔者天子爲藉千畝。"鄭玄注:"藉,藉田也。"《禮記·月令》:"天子親載耒耜,……躬耕帝藉。"陸德明《經典釋文》:"藉,《説文》作耤。""耤""借"古音相同,故可通假。《玉篇·耒部》:"耤,才亦切。耤借也。"

《説文·艸部》:"藉,祭藉也。从艸,耤聲。"段玉裁注:"'稭'字下:'禾稾去其皮,祭天以爲藉也。'引申爲凡承藉、蘊藉之義。又爲假藉之義。""藉"的本義爲古代祭祀、朝聘時陳列禮品的草墊。例如《楚辭·九歌》:"蕙肴蒸兮蘭藉。"《漢書·郊祀志上》:"江、淮間一茅三脊爲神藉。"泛指墊子。《禮記·曲禮下》:"執玉,其有藉者則裼,無藉者則襲。"鄭玄注:"藉,藻也。"孔穎達疏:"凡執玉之時,必有其藻以承於玉。""藉"特指墊玉器的彩色板子。鄭玄訓爲"藻"乃文意訓釋。《禮記·雜記下》:"藻,三采六等。"鄭玄注:"藻,薦玉者也。"孔穎達疏:"藻謂以韋衣板以藉玉者。"引申爲憑藉、依靠。例如《左傳·宣公十二年》:"敢藉君靈,以濟楚師。"杜預注:"藉猶假借也。"《管子·内業》:"彼道自來,可藉與謀。"尹知章注:"藉,因也。因其自來而與之謀。"

《説文·人部》:"借,假也。从人,昔聲。"段玉裁注:"古多用'藉'爲'借'。如言'藉令'即'假令'也。"

漢魏六朝碑刻文字有"藉""借"而無"耤",因此顏師古以"耤"爲古字。《漢魏六朝碑刻异體字典》"藉"字條主要義項如下。（1）鋪;墊。（2）憑藉、依靠。（3）蘊涵;涵養。"借"字條主要義項如下。（1）貸出。（2）貸入。（3）乞求。（4）借助;憑藉。

總之,"耤""藉"爲同源通用字。

例3　廫—曠

《漢書卷九·元帝紀第九》：“朕之不逮，序位不明，眾僚久廫，未得其人。”師古曰：“廫，古曠字。曠，空也。不得其人，則職事空廢。”（285）

按：“廫”的句中義爲“空”。句中義爲空居官位，即不稱職。

《説文·心部》：“廫，一曰廣也，大也。一曰寬也。从心廣，廣亦聲。”段玉裁改作“闊也。廣大也。从心廣，廣亦聲。一曰寬也。《詩》曰：‘廫彼淮夷。’”注云：“各本作‘廣也，大也’。今依《詩·泮水》釋文訂。《魯頌·泮水》曰：‘憬彼淮夷。’《釋文》云：‘憬，《説文》作廫。’按：許‘闊也，一曰廣大也’。此廫之本義。毛云：‘遠行也。’即其引伸之義也。由其廣大，故必遠行。然則毛詩自作廫。今作憬者，或以三家詩改之也。《元帝紀》：‘眾僚久廫，未得其人。’假廫爲曠字。”“依鍇本四字（引者按：指‘一曰寬也’四字）在此。”“各本無此六字（引者按：指“詩曰廫彼淮夷”六字）。今依《詩》釋文補。蓋許所據毛詩如此。‘憬’下所偁蓋三家詩。”《玉篇·心部》：“廫，口朗、苦謗二切，大也，寬也。憿，同上。”

《説文·日部》：“曠，明也。从日，廣聲。”段玉裁注：“廣大之明也。會意兼形聲字也。引申爲虛空之偁。”《玉篇·日部》：“曠，苦浪切，廣遠也，空也。”本義爲明亮。《後漢書·竇融列傳》：“忠臣則酸鼻流涕，義士則曠若發矇。”李賢注引《説文》：“曠，明也。”引申爲空曠，開闊。《老子》：“曠兮其若谷，混兮其若濁。”陶潛《桃花源記》：“土地平曠，屋舍儼然。”引申爲廣大，寬廣。陸機《五臣論》：“帝業至重，天下至曠。”引申爲空缺，荒廢。《孟子·離婁上》：“曠安宅而弗居，舍正路而不由，哀哉！”《吕氏春秋·慎行論·無義》：“以義動，則無曠事矣。”高誘注：“曠，廢也。”特指空居官位，即不稱職。

《尚書・皋陶謨》："無曠庶官，天工人其代之。"孔傳："曠，空也。位非其人爲空官。"[1]劉向《説苑・正諫》："趙簡子曰：'今吾伐國失國，是吾曠也。'於是罷師而歸。"《論衡・藝增》："《尚書》曰'毋曠庶官'，曠，空；庶，衆也。毋空衆官，置非其人，與空無异，故言空也。"《漢書・萬石衛直周張傳》："委任有司，然則官曠民愁，盜賊公行。"師古曰："曠，空也。人不舉職，是空其官。"引申爲窮乏。《國語・楚語下》："民多曠也，而我取富也，是勤民以自封，死無日矣。"韋昭注："曠，猶空也。"《國語・越語下》："無曠其衆，以爲亂梯。"

《漢魏六朝碑刻异體字典》有"曠"無"廲"。"曠"字條義項有：（1）廣闊。（2）廣泛。（3）空曠；空虛。（4）空缺。（5）久遠；遥遠。（6）曠達；開朗。（7）疏薄。（8）廢棄。（9）無妻的成年男子。（10）通"壙"。墓穴。[2]

總之，"廲""曠"爲同源通用字。

例4　翍—披

《漢書卷八十七上・揚雄傳第五十七上》："回猋肆其碭駭兮，翍桂椒，鬱栘楊。"師古曰："回猋，回風也。肆，放也。碭，過也。駭，動也。翍，古披字。鬱，聚也。栘，唐棣也。楊，楊樹也。言回風放起，過動衆樹，則桂椒披散而栘楊鬱聚也。碭音徒浪反。栘音移。"（3529）

按："翍"的句中義爲"分開，散開"。

《篆隸萬象名義・羽部》："翍，普皮反，張也，散也，析也。"《玉篇・羽部》："翍，普皮切，張也。亦作披。"《集韻》支韻攀糜切："翍，張羽兒。或書作翄。"本義爲張開羽毛的樣子，引申爲分開，散開。

---

① 蔡沈集傳："曠，廢也。言不可用非才，而使庶官曠廢厥職也。"
② 毛遠明：《漢魏六朝碑刻異體字典》，中華書局，2014，第487頁。

《説文·手部》:"披,从旁持曰披。从手,皮聲。"《釋名·釋喪制》:"兩旁引之曰披。披,擺也。各於一旁引擺之,備傾倚也。"本義爲古時的一種喪具,指在柩車兩旁用於牽輓的帛。《周禮·夏官司馬》:"大喪,作士掌事,作六軍之事執披。"鄭玄注:"披,柩車行所以披持棺者。有紐以結之,謂之戴。鄭司農云:'披者,扶持棺險者也。'"賈公彥疏:"先鄭意屬車行,恐逢道險者有傾覆,故云扶持棺險也。"《儀禮·士喪禮》:"執披者旁四人。"鄭玄注:"前後左右各二人。"

引申爲分開,散開。《廣韻》支韻敷羈切:"披,又作帔。開也,分也,散也。"《文選·嵇康〈琴賦〉》:"披重壤以誕戴兮,參辰極而高驤。"李善注:"披,開也。"

總之,在記錄 "分開,散開" 這個義項時,"帔""披" 爲同源通用字。

2. 同義换讀字

《漢書注》"古今字" 屬於同義换讀字的僅見 1 組。

頫—俯

①《漢書卷三十一·陳勝項籍傳第一》:"百粵之君頫首係頸,委命下吏。"鄧展曰:"頫音俯。"師古曰:"古俯字。"(1823)

②《漢書卷五十七上·司馬相如傳第二十七上》:"頫杳眇而無見,仰爲橑而捫天。"師古曰:"頫,古俯字也。……言臺榭之高,有升上之者,俯視則不見地,仰攀其橑可以摸天也。"(2557)

③《漢書卷九十一·貨殖傳第六十一》:"然家自父兄子弟約,頫有拾,印有取,貰貸行賈遍郡國。"師古曰:"頫,古俯字也。俯仰必有所取拾,無鉅細好惡也。"(3691)

按:裘錫圭認爲 "俛、頫换讀爲俯"[①],其説可從。

---

① 裘錫圭:《文字學概要》(修訂本),商務印書館,2013,第 211 頁。

（三）古今字爲"古本字—重造本字"關係

某個字被頻繁用來記録他詞，或者本詞派生而需要分化，因此爲該字的本用義重造一個新字。新字産生後，"原字可以不再本用，祇負責借用或兼用的職能，但實際上原字仍然有本用的現象"。[①]

《漢書注》"古今字"屬於"古本字—重造本字"的共有 10 組。例如：

例 1　厷—肱

《漢書卷九十九中·王莽傳第六十九中》："日德元厷右，司徒典致文瑞，考圜合規，主司人道，五教是輔，帥民承上，宣美風俗，五品乃訓。"師古曰："厷，古肱字。"（4102）

按："厷"的句中義爲胳膊由肘到肩的部分。

《説文·又部》："厷，臂上也。从又，从古文厷。乚，古文厷，象形。肱，厷或从肉。"《敦煌變文集·前漢劉家太子傳》："漢哀帝愛賢，與之日卧於殿上，以手厷枕賢頭。"或體"肱"是在"厷"的基礎上添加義符"肉"而形成的。

總之，古字"厷"是古本字，今字"肱"是重造本字。

例 2　旉—敷

《漢書卷二十二·禮樂志第二》："朱明盛長，旉與萬物，桐生茂豫，靡有所詘。"師古曰："旉，古敷字也。旉與，言開舒也。"（128）

按："旉"的句中義爲普遍。王先謙補注："旉與，猶敷施。《尚書·

---

① 李運富：《論漢字的字際關係》，《語言》（第 3 卷），首都師範大學出版社，2002。

皋陶謨》'翕受敷施',《夏紀》作'翕受普施'。此謂陽氣盛長,普施萬物耳。"

尃是専字之訛,敷是敷字之訛。《説文·寸部》:"専,布也。从寸,甫聲。"《正字通·寸部》:"専,敷本字。《易·説卦》'震爲専',石經作尃。"毛公鼎:"尃命尃政。"本義爲敷布,引申爲普遍。"専"贅加義符"攴"成爲"敷"。

《説文·攴部》:"敷,㪁也。从攴,専聲。《周書》曰:'用敷遺後人。'"《玉篇·攴部》:"敷,布也。亦作尃。"三國魏卞蘭《許昌宮賦》:"珍果敷華,蘭芷垂榮。"

總之,古字"尃"是古本字,今字"敷"是重造本字。

(四)古今字爲"源本字—分化本字"關係

《漢書注》"古今字"屬於"源本字—分化本字"的共有 7 組。例如:

例 1　妥—綏

《漢書卷六十三·武五子傳第三十三》:"薰鬻徙域,北州以妥。"孟康曰:"古綏字也。"臣瓚曰:"妥,安也。"師古曰:"瓚説是也。妥音他果反。"(2750)

按:"妥"从爪、从女,以手撫女,會安撫之意。《説文》失收。甲骨文"妥"字从爪(或从又)、从女,金文、戰國文字承襲甲骨文。金文"妥"多用爲{綏}。晉姜鼎:"用康柔妥(綏)懷遠邇君子。"蔡姞簋:"用妥多福。"《儀禮·士相見禮》:"妥而後傳言。"鄭玄注:"妥,安坐也。"

《説文·糸部》:"綏,車中把也。从糸从妥。"段玉裁注改爲"車中靶也。从糸,妥聲",注云:"'聲'字各本無,今補。'妥'字見《禮經》《小雅》,許偶遺之,今已補於女部。毛公曰:'妥,安坐也。'綏以妥會意，即以妥形聲。"

總之，"妥"爲源本字，"綏"爲分化本字。

例2 仄—側

①《漢書卷二十七上·五行志第七上》："視近臣在國中處旁
仄及貴而不正者，忍而誅之。"師古曰："仄，古側字。"（1332）

②《漢書卷七十二·王貢兩龔鮑傳第四十二》："罷退外親及
旁仄素餐之人。"師古曰："仄，古側字也。"（3091）

③《漢書卷四十八·賈誼傳第十八》："仄聞屈原兮，自湛汨
羅。"師古曰："仄，古側字。"（2223）

④《漢書卷七十·傅常鄭甘陳段傳第四十》："湯曰：'臣聞
楚有子玉得臣，文公爲之仄席而坐。'"師古曰："仄，古側字也。"
（3020）

⑤《漢書卷八十九·循吏傳第五十九》："及至孝、宣，繇仄
陋而登至尊。"師古曰："仄，古側字。仄陋，言非正統而身經微賤
也。"（3624）

⑥《漢書卷二十七中之上·五行志第七中之上》："昭帝時，
昌邑王賀遣中大夫之長安，多治仄注冠，以賜大臣，又以冠奴。"
應劭曰："今法冠是也。"師古曰："仄，古側字也。謂之側注者，言
形側立而下注也。"（1366）

⑦《漢書卷四十五·蒯伍江息夫傳第十五》："衆畏其口，見
之仄目。"師古曰："仄，古側字也。"（2181）

⑧《漢書卷五十·張馮汲鄭傳第二十》："令天下重足而立，
仄目而視矣。"師古曰："重累其足，言懼甚也。仄，古側字也。"
（2318）

⑨《漢書卷八十三·薛宣朱博傳第五十三》："陛下至德仁厚，
哀閔元元，躬有日仄之勞，而亡佚豫之樂。"師古曰："仄，古側字

也。”（3386）

⑩《漢書卷四十九·爰盎鼂錯傳第十九》：“險道傾仄，且馳且射，中國之騎弗與也。”師古曰：“仄，古側字。”（2281）

⑪《漢書卷二十七中之下·五行志第七中之下》：“《詩》云：‘爾德不明，以亡陪亡卿；不明爾德，以亡背亡仄。’”師古曰：“《大雅·蕩》之詩也。言不別善惡，有逆背傾仄者，有堪爲卿大夫者，皆不知之也。仄，古側字。”（1405）

⑫《漢書卷七十八·蕭望之傳第四十八》：“恭、顯又時傾仄見詘。”師古曰：“言其不能持正，故議論大事見詘於天子也。仄，古側字。”（3284）

按：①②③④“仄”的句中義爲“旁邊”。①②兩句中的“旁仄”爲同義連用，特指皇帝的近臣，侍從。③句中“仄聞”指從旁聽到，謂傳聞，聽説。④“仄席”指不正坐。謂側坐以待賢良。古時形容帝王禮賢下士。⑤“仄”的句中義爲“卑微，低賤”。“仄陋”指處於卑微的地位。⑥⑦⑧⑨⑩“仄”的句中義爲“傾斜”。⑥“仄注”爲古冠名。⑦⑧兩句中的“仄目”指不敢正視，形容畏懼。⑨“日仄”相當於現代時間下午二時左右。⑩“傾仄”指道路崎嶇不平。①⑪⑫“仄”的句中義爲“邪僻”，句中“傾仄”指行爲不正派。

“旁仄”亦作“旁側”。可以泛指旁邊。例如王充《論衡·變虛》：“魚長一尺，動於水中，振旁側之水，不過數尺。”也可以特指皇帝的近臣，侍從。例如《漢書·元后傳》：“莽既外壹群臣，令稱己功德，又内媚事旁側長御以下，賂遺以千萬數。”

“仄聞”亦作“側聞”。例如賈誼《吊屈原賦》：“側聞屈原兮，自沈汨羅。”岑參《熱海行送崔侍御還京》詩：“側聞陰山胡兒語，西頭

---

① 《漢語大詞典·人部》：“傾側，亦作‘傾仄’。❹崎嶇不平。”《漢語大字典·人部》：“仄，❸狹窄。”均以《漢書》爲例。後者例證與釋義不相匹配。

熱海水如煮。"清黄景仁《曉過滁州》詩:"側聞釀泉水,云可醒人心。"亦用作謙辭。司馬遷《報任少卿書》:"僕雖罷駑,亦嘗側聞長者之遺風矣。"韓愈《與于襄陽書》:"側聞閣下抱不世之才。"

"仄陋"本義爲"狹窄簡陋"。例如《後漢書·袁閎列傳》:"居處仄陋,以耕學爲業。"《晋書·良吏傳·吴隱之》:"數畝小宅,籬垣仄陋。"引申爲"卑微,低賤"。例如《晏子·重而异者》:"如嬰者,仄陋之人也。"可以指有才德而地位卑微的人。例如《後漢書·應奉列傳》:"於是興學校,舉仄陋。"曹操《求賢令》:"二三子其佐我明揚仄陋,唯才是舉。"葛洪《抱樸子·詰鮑》:"昔有鯀在下,而四嶽不蔽;明揚仄陋,而元凱畢舉。"也可以指處於卑微的地位。曹植《七啓》:"采英奇於仄陋,宣皇明於巖穴。"劉義慶《世説新語·言語》:"幕府初開,群公辟命,求英奇於仄陋,采賢俊於巖穴。"

"仄陋"亦作"側陋"。"側陋"可用爲"狹窄簡陋"。例如張衡《西京賦》:"狹百堵之側陋,增几筵之迫脅。"《晋書·左貴嬪傳》:"生蓬户之側陋兮,不閑習於文符。"可以指有才德而地位卑微的人。例如《尚書·堯典》:"明明揚側陋。"① 蔡沈注:"側陋,微賤之人也。"《淮南子·泰族訓》:"令四嶽揚側陋。"《東觀漢記·應奉傳》:"應奉爲武陵太守,興學校,舉側陋,政稱遠邇。"

"仄注"亦作"側注"。例如《史記·酈生陸賈列傳》:"使者對曰:'狀貌類大儒,衣儒衣,冠側注。'"裴駰集解:"徐廣曰:側注冠,一名高山冠,齊王所服,以賜謁者。"陸龜蒙《潤州江口送人謁池陽衛郎中》:"山翁曾約舊交歡,須拂侯門側注冠。"

"仄目"也可指斜目而視,形容憤恨。例如《明史·魏大中傳》:"持議峻切,大爲邪黨所仄目。"

"仄目"亦作"側目"。"側目"可指不敢正視,形容畏懼。例如

---

① 《四部叢刊》本《六臣注文選卷十五·志中·思玄賦》李善注引《尚書》作"仄陋",胡刻宋本李善《文選注》引《尚書》作"側陋"。

《戰國策·秦策一》：“妻側目而視，側耳而聽。”李白《武昌宰韓君去思頌碑并序》：“惠如春風，三月大化，姦吏束手，豪宗側目。”

“側目”也可指斜目而視，形容憤恨。例如《漢書卷五十一·賈鄒枚路傳第二十一》：“今爰盎事即窮竟，梁王恐誅。如此，則太后怫鬱泣血，無所發怒，切齒側目於貴臣矣。”歐陽修《書簡·與孫威敏公》：“至於辨讒謗，判忠邪，上不損朝廷事體，下不避怨仇側目，如此下筆，抑又艱哉！”

“仄席”亦作“側席”。本指正席旁邊的席位。例如《漢書·元后傳》：“王多材藝，上甚愛之，坐則側席，行則同輦。”亦指單獨一席。例如《國語·吳語》：“去笄，側席而坐，不掃。”韋昭注：“側猶特也。”《禮記·曲禮上》：“有憂者側席而坐。”《漢書·游俠傳》：“賓客爭問所當得，涉乃側席而坐，削牘爲疏，具記衣被棺木，下至飯含之物，分付諸客。”形容謙恭以待賢者。例如《後漢書·章帝紀》：“朕思遲直士，側席異聞。”李賢注：“側席，謂不正坐，所以待賢良也。”後來形容憂懼或畏懼。例如晋袁宏《後漢紀·桓帝紀》：“公卿以下皆畏，莫不側席。”

“日仄”亦作“日側”，例如《儀禮·既夕禮》：“賓出，主人送於門外，有司請祖期，曰日側。”鄭玄注：“側，昳也，謂將過中之時。”《後漢書·光武帝紀下》：“每旦視朝，日側乃罷。”[①]或作“日昃”。《周易·離》：“日昃之離，何可久也？”曹植《雜詩》之三：“西北有織婦，綺縞何繽紛！明晨秉機杼，日昃不成文。”

《説文·厂部》：“仄，側傾也。从人在厂下。庂，籀文从矢，矢亦聲。”徐鍇《説文繫傳》：“人在厓石之下，不得安處也。”段玉裁注：“‘傾’下曰：‘仄也。’此‘仄’下云：‘傾也。’是之謂轉注。古與側、昃字相假借。矢，傾頭也。昃，亦作吳，當是籀文昃字。”《説文·矢

部》：“矢，傾頭也。从大，象形。凡矢之屬皆从矢。”《玉篇·矢部》：“矢，壯力切，傾頭也。今并作側。”《玉篇·厂部》：“仄，壯力切，陋也，傾側也。厓①，同上。厌，古文。”《説文·日部》：“厌，日在西方時，側也。从日，仄聲。《易》曰：‘日厌之離。’”段玉裁注：“蒙上日景言之。日在西方則景側也。《易》曰：‘日中則昃。’孟氏《易》作‘稷’。《榖梁春秋經》：‘戊午，日下稷。’古文叚借字。”“此舉形聲包會意。隸作昃，亦作旲。小徐本矢部又出‘旲’字，則複矣。夫製字各有意義。‘晏’‘景’‘暑’‘旱’之‘日’在上，皆不可易也。‘日’在上而‘干’聲則爲不雨（引者按：即‘旱’字），‘日’在旁而‘干’聲則爲晚（引者按：即‘旰’字）。然則‘厌’訓爲日在西方，豈容移‘日’在上？形聲之内非無象形也。”本義爲太陽偏西。甲骨文作 （乙180）、（明703）、（乙32），春秋金文作 （火侯旲戈），戰國楚簡作 （包2.181）、（包2.266）、（上2.昔.1），甲骨文从日，从傾斜之人形，用人和太陽之間的位置關係表示日已西斜的意思。或將傾斜之人形改爲矢，矢亦標聲。楚簡或从厌。②“仄”“側”“昃”“矢”同源。籀文“厌”爲會意兼形聲字，从人側頭於厂下；篆文从人，則演變爲會意字。③

按照《説文》，“仄”本義爲“傾斜”。例如《逸周書·周祝》：“故日之中也仄，月之望也食。”《管子·白心》：“日極則仄，月滿則虧。”《後漢書·光武帝紀下》：“每旦視朝，日仄乃罷。”

引申爲“旁邊”。《爾雅·釋水》：“穴出，仄出也。”郭璞注：“從旁出也。”陸德明《經典釋文》：“仄，本亦作側。”《周禮·考工記·梓

---

① “厓”即“厌”字异構。
② 甲骨文用爲本義，參見徐中舒主編《甲骨文字典》，四川辭書出版社，1990，第723頁。春秋金文與包山簡2.181用爲人名。楚簡用爲｛側｝。例如郭.語4.12：“叹（賢）人不才（在）旲（側）。”上博簡2.昔.1：“大（太）子旲（側）聖（聽）。”參見滕壬生《楚系簡帛文字編》（增訂本），湖北教育出版社，2008，第645頁。
③ 李學勤主編《字源》，天津古籍出版社、遼寧人民出版社，2012，第882頁。

人》：“外骨、内骨，却行、仄行、連行、紆行，以脰鳴者、以注鳴者、以旁鳴者、以翼鳴者、以股鳴者、以胸鳴者，謂之小蟲之屬。”鄭玄注：“仄行，蟹屬。”賈公彥疏：“‘仄行，蟹屬’者，今人謂之旁蟹，以其側行故也。”①《漢書·段會宗傳》：“若子之材，可優游都城而取卿相，何必勒功昆山之仄。”

引申爲“卑微，低賤”。例如《宋書·孝武紀》：“無漏於幽仄。”《新唐書·李景讓傳》：“性獎士類，拔孤仄。”徐復祚《投梭記·應聘》：“揚仄陋，禮意稠，天心厚。”

《説文·人部》：“側，旁也。从人，則聲。”段玉裁注：“不正曰仄，不中曰側。二義有別而經傳多通用。如‘反側’當爲‘反仄’。仄者，未全反也。”西周金文作𠄎（無叀鼎，《集成》2814）。無叀鼎：“官嗣穆王遹（正）側虎臣。”“遹（正）側虎臣”相當於“左右虎臣”。“側”是爲“仄”的引申義造的分化字。

“側”本義爲“旁邊”。例如《詩·召南·殷其雷》：“殷其雷，在南山之側。”毛傳：“亦在其陰與左右也。”《孟子·公孫丑上》：“爾爲爾，我爲我，雖袒裼裸裎於我側，爾焉能浼我哉！”《晋書·王戎傳》：“嘗與群兒戲於道側。”前蜀毛文錫《臨江仙》詞：“暮蟬聲盡落斜陽，銀蟾影桂瀟湘，黄陵廟側水茫茫。”引申爲“卑微，低賤”。例見前“側陋”。

“側”與“仄”通，經常記録“傾斜”義。例如《戰國策·秦策一》：“側耳而聽。”枚乘《七發》：“横暴之極，魚鱉失勢，顛倒偃側。”韓愈《東都遇春》詩：“坐疲都忘起，冠側懶復正。”明薛瑄《游龍門記》：“龕下石縱横羅列：偃者，側者，立者；若床，若幾，若屏；可席，可憑，可倚。”《醒世恒言·錢秀才錯占鳳凰儔》：“（顔俊）一頭想，一頭取鏡子自照。側頭側腦的看了一回，良心不昧，自己也看不

---

① 賈疏以“側”釋“仄”，可見唐代通行“側”字。

過了。"

《漢魏六朝碑刻异體字典》"仄"字條有三個義項：（1）傾斜。（2）偏僻；狹窄。（3）卑賤。第三義項針對例句中的"仄陋"進行釋義。①

《漢魏六朝碑刻异體字典》"側"字條有八個義項。（1）旁邊。（2）身邊的人。（3）傾斜；傾側。（4）邪僻；不正。（5）側處；旁列。（6）知曉。（7）通"測"。（8）通"惻"。未收録"卑賤"義項，但最後收録"側陋""側席"兩詞。②

《廣韻》"仄""側"同爲職韻阻力切，《集韻》"仄""側"同爲職韻札色切，上古音均爲莊母，職部。③《中華大字典》④"仄"壯力切，音則，職韻；"側"札色切，音汄，職韻。又《中華大字典》"則"即德切，音側，職韻。《校改國音字典》"仄""側"注音字母均爲"ㄗㄜ"。⑤可見兩字直到近代仍然同音。⑥《漢語大字典》"仄"的現代注音是 zè（義項與書證從略）。《漢語大字典》"側"有三個音項：一是 cè（義項從略）。二是 zè❶狹窄。❷通"則"。法則。❸通"昃"。日過午偏斜。❹用同"仄"。古漢語中上、去、入三聲的總稱。三是 zhāi 方言。斜着。（書證從略）

---

① 毛遠明：《漢魏六朝碑刻异體字典》，中華書局，2014，第 1172 頁。
② 毛遠明：《漢魏六朝碑刻异體字典》，中華書局，2014，第 69~70 頁。
③ 王秀麗、別敏鴿："仄，精母，職部；側，清母，支部。"非是。參見王秀麗、別敏鴿《顏師古〈漢書注〉"×，古某字"作用類析》，《河北科技大學學報》（社會科學版）2007年第 3 期；王秀麗《顏師古"古今字"觀念論析》，《寧夏大學學報》（人文社會科學版）2019 年第 2 期。
④ 陸費逵、歐陽溥存等編《中華大字典》，中華書局，1915。
⑤ 國語統一籌備會訂正《校改國音字典》，商務印書館，1921。
⑥ 《同音字典》"仄"讀 zè，"側"讀 cè，應該是 1956 年普通話審音的結果。參見中國大辭典編纂處《同音字典》（第 2 版），商務印書館，1957。《現代漢語詞典》："側 cè❶旁邊（跟'正'相對）：左~｜~面｜公路兩~種着楊樹。❷向旁邊歪斜：~耳｜~着身子進去。"《現代漢語詞典》："側 zè〈書〉同'仄²'"《現代漢語詞典》："側 zhāi〈方〉傾斜；不正：~歪。"《現代漢語詞典》："仄¹zè❶狹窄：逼~。❷心裏不安：歉~。仄²zè指仄聲。"參見《現代漢語詞典》（第 7 版），商務印書館，2016。旁邊與向旁邊歪斜等義項用"側"字記録，讀 cè；狹窄與心裏不安及仄聲等義項用"仄"字記録，讀 zè。這兩個字在現代漢語普通話中的讀音分化是語言文字規範化的結果，應該反映了北京話的語言事實。

總之，“仄”爲源本字，“側”爲分化本字。

例3 穎—悴

①《漢書卷二十七下之下·五行志第七下之下》：“《詩》曰：‘或宴宴居息，或盡穎事國。’”① 如淳曰：“穎，古悴字也。”師古曰：“《小雅·北山》之詩也。宴宴，安息之貌也。盡悴，言盡力而悴病也。”（1494）

②《漢書卷八十七上·揚雄傳第五十七上》：“愍吾纍之衆芬兮，颺爗爗之芳苓，遭季夏之凝霜兮，慶夭穎而喪榮。”師古曰：“穎，古悴字。”（3519）

按：①“穎”的句中義爲勞苦、困頓，②“穎”的句中義爲枯萎、凋謝。②

《説文·頁部》：“穎，顦穎也，从頁，卒聲。”徐鍇《説文繫傳》：“按《楚詞》曰‘形容顦穎’，勞苦見於面。”（新安汪氏藏版）③ 段玉裁

---

① 今本《詩·小雅·北山》：“或燕燕居息，或盡瘁事國。”毛傳：“盡力勞病，以從國事。”《左傳·昭公七年》：“《詩》曰：‘或燕燕居息，或憔悴事國。’”盡，毛傳訓盡力，顏注從之，不足信也。今謂“盡瘁”“憔悴”均爲同義連用。“盡”有“勞苦、困頓”之義。例如《左傳·昭公八年》：“今宮室崇侈，民力彫盡，怨讟并作，莫保其性。”《北史·楊玄感傳》：“所在修營，人力爲之彫盡。”“凋（彫）盡”亦爲同義連用。“凋”本義爲“凋謝”，引申爲“勞苦、困頓”。“凋（彫）盡”與“凋（彫、雕）敝（弊）”同義。“凋（彫、雕）敝（弊）”例多，詳見《漢語大詞典》。參見王引之《經義述聞》卷六“盡瘁以仕；或盡瘁事國”條。

② 《漢語大字典·大部》：“夭❺晦暗；憔悴。”例句除揚雄《反離騷》之外，尚有《淮南子·本經訓》：“則陰陽繆戾，四時失叙，雷霆毀折，雹霰降虐，氛霧霜雪不霽，而萬物燋夭。”高誘注：“霜雪之害不止，則萬物燋夭不繁茂也。”（引者按：高誘注標點當爲“則萬物燋夭，不繁茂也。”）《漢語大詞典·火部》：“燋夭，凋零摧折。燋，通‘憔’。”《淮南子》爲唯一例句。《漢語大字典·大部》：“夭穎，過早枯萎。”揚雄《反離騷》爲唯一例句。又《二十四史全譯·漢書》“慶夭穎而喪榮”譯作“夭折而失去了美麗”。今謂“燋”與“焦”同，“燋夭”“夭穎”均爲同義連用，釋義均當爲“枯萎、凋零”。“夭穎”與“榮”（繁茂、茂盛）相對。高誘注反義爲訓，“燋夭”即“不繁茂”，是也。

③ 原刻作“顀”。《四部叢刊》本與《文淵閣四庫全書》本均作“兒”。

注："許書無顇篆。大徐增之，非也。錢氏大昕曰：'《面部》之醮①當是正字。'《小雅》：'或盡瘁事國。'傳云：'盡力勞病以從國事。'《左傳》引《詩》曰：'雖有姬姜，無棄蕉萃。'②杜曰：'蕉萃，陋賤之人。'《楚辭·漁父》：'顔色憔悴。'王曰：'肝黴黑也。'③班固《答賓戲》：'朝而榮華，夕而焦瘁。'其字各不同，今人多用憔悴字。許書無憔篆。悴則訓憂也。"

王力謂"瘁""顇"實同一詞④，是也。又《説文·心部》："悴，憂也。从心，卒聲。讀與《易》'萃卦'同。"《説文》分"顇""悴"爲兩詞，王力謂"悴"是"顇"的分別字⑤，亦是也。唐代玄應《一切經音義》卷十一（海山仙館叢書本，下同）："惛悴，呼昆反。下古文顇、悴二形，今作瘁，同。茨遂反。惛，亂也，亦癡也。悴，傷也，亦憂也，病也。"⑥唐代慧琳《一切經音義》卷五（獅谷蓮社刻本，下同）："窮顇，牆醉反。第一百八十已釋訖。又云：顲，净遥反。顇，瘦惡貌

———————

① 《説文·面部》："醮，面焦枯小也。从面焦。"段玉裁注："《玉篇》引《楚辭》云：'顔色醮顇。'希馮所據，古本也。《漢書·外戚傳》：'嫽妍大息，嘆稚子兮。'晋灼曰：'三輔謂幽愁面省瘦曰嫽冥。嫽妍猶嫽冥也。'按嫽即醮字。省，同瘠。""此舉會意包形聲。""醮"乃"焦"之引申分化字。"焦"本義爲"物體受劇熱後失去水分，變成黄黑色，并發脆、發硬"。例如《莊子·逍遥游》："之人也，物莫之傷。大浸稽天而不溺，大旱金石流土山焦而不熱。"引申爲"黄黑色"。例如南朝梁陶弘景《真誥·運象二》："面者，神之庭；髪者，腦之華。心悲則面焦，腦減則髪素。"引申爲"乾燥，乾枯"。例如漢馬第伯《封禪儀記》："初上此道，行十餘步一休，稍疲，咽脣焦。"引申爲"着急、擔憂"。例如阮籍《咏懷》之三三："終身履薄冰，誰知我心焦?""憔"亦"焦"之引申分化字。
② 《史記·吕太后本紀》："及高祖爲漢王，得定陶戚姬。"索隱："姬，周之姓，所以《左傳》稱伯姬、叔姬，以言天子之宗女，貴於他姓，故遂以姬爲婦人美號。故《詩》曰'雖有姬姜，不棄顦顇'是也。""蕉萃"之"蕉"與"芭蕉"之"蕉"同形。"蕉萃"可用爲"植物枯萎，凋零"，例如清代史夔《陶靖節故里》："門柳故蕭疏，籬菊亦蕉萃。"
③ 黄靈庚認爲：唐、宋作"肝黳黑"，後因黳、黴同義易作"肝黴黑"。參見《楚辭章句疏證》，中華書局，2007，第1898頁。今按：王力注"肝黳（或黴）黑"乃同義連用（《漢語大詞典》"肝黴"條引王逸注在"肝黴"後斷句，非是）。"憔悴"本作"醮顇"，而"醮"的詞源意義是"黄黑"，且本句主語爲"顔色"，故王逸注可從。又《楚辭·漁父》："形容枯槁。"王逸注："癯瘦瘠也。""癯瘦瘠"亦同義連用。"憔悴""枯槁"本爲同義詞，渾言則同，析言則异。
④ 王力：《同源字典》，商務印書館，1982，第463頁。
⑤ 王力：《同源字典》，商務印書館，1982，第463頁。
⑥ 唐慧琳《一切經音義》卷五十二與此略有不同，作："惛悴，呼昆反。下古文顇、悴二形，今作瘁，同，茨遂反。惛，亂也，亦癡也。悴，傷也，憂也，病也。"

也。《蒼頡篇》云:'頷,憂也。'或作悴、瘁、醉三體。後二古字也。"
明代方以智《通雅卷六·釋詁·謰語》(《文淵閣四庫全書》本):"憔
悴,一作蕉萃、瘏瘁、噍殺、焦瘁、顦頷、顦悴。《孟子》:'民之憔
悴於虐政。'《吳語》:'人民離落,日以憔悴。'又《逸詩》:'無棄蕉
萃。'索隱引此詩作'顦悴',《後漢·應劭傳》引作'憔悴'。《漢·禮
樂志》:'纖微瘏瘁之音作而民憂思。'《樂記》作'噍殺'。班固《答賓
戲》:'朝爲榮華,夕而焦瘁。'唐人詩:'爲報故人顦頷盡。'并通。《説
文》專主'顦頷'。履按:《廣雅》作'顦悴'。"

"頷"本義爲"容貌枯槁①、消瘦"。例如《荀子·王霸》:"必自爲之
然後可,則勞苦耗頷莫甚焉。"楊倞注:"耗,謂精神竭耗。頷,顦頷也。"
《周書·皇甫遐傳》:"遐食粥枕塊,櫛風沐雨,形容枯頷,家人不識。"洪
邁《夷堅乙志·劉子昂》:"使君不挈家,而神色枯頷②鼽黑,殆有妖氣。"

---

① "枯槁"與"顦頷"是同義詞。"枯槁"本義爲"草木枯萎,凋零"。例如《老子》第
七十六章:"草木之生也柔脆,其死也枯槁。"詞義擴大則爲"容貌消瘦"。例如《戰國策·秦
策一》:"(蘇秦)形容枯槁,面目鼽黑。"司馬相如《長門賦》:"夫何一佳人兮,步逍
遙以自虞。魂逾佚而不返兮,形枯槁而獨居。"進一步引申爲"勞苦、困頓"。例如《莊
子·天下》:"雖然,墨子真天下之好也,將求之不得也,雖枯槁不舍也。"陶潛《飲酒》
詩之十一:"雖留身後名,一生亦枯槁。"

② "枯頷"亦作"枯悴""枯萃"。"枯悴"既可用爲"容貌枯槁、瘦弱",也可用爲"植物枯萎、
凋零"。前者例如三國魏曹植《釋愁文》:"予以愁慘,行吟路邊。形容枯悴,憂心如焚。"
《增壹阿含經》卷25:"形體枯悴,沸血從面孔出。"(T02,p689b)《南史·臧燾傳》:"(臧
盾)父卒,居喪五年,不出廬户,形骸枯悴,家人不識。"呂岩《絶句》之二三:"養得
兒形似我形,我身枯悴子光精。"後者例如陶潛《雜詩》之三:"嚴霜結野草,枯悴未遽央。"
北魏酈道元《水經注·江水二》:"昔有思婦,夫官於蜀,屢愆秋期,登此山絶望,憂感
而死,山木枯悴。"唐玄奘《大唐西域記·劫比羅伐窣堵國》:"其北二十四五步,有無
憂花樹,今已枯悴。"朱駿聲《説文通訓定聲·履部》:"萃,叚借爲頷。"今謂"頷""悴""萃"
同源。本義爲"植物枯萎、凋零"的"萃"字與《説文》訓"艸皃"的"萃"字同形。"萃"
用爲本義者,例如《論衡·异虚》:"睹秋之零實,知冬之枯萃。""萃"既可用爲引申義"勞苦、
困頓",也可用爲引申義"憂愁、煩惱"。前者例如《荀子·富國》:"勞苦頓萃而愈無功。"
又《荀子·子道》:"故勞苦雕萃而能無失其敬,災禍患難而能無失其義。"楊倞并注:"萃,
與頷同。"曹操《表論田疇功》:"幽州始擾,胡漢交萃。"後者例如《荀子·禮論》:"故
説豫娩澤,憂戚萃惡,是吉凶憂愉之情發於顏色者也。"今謂"勞苦頓萃""勞苦雕萃""憂
戚萃惡"均爲同義連用。《大戴禮記·五帝德》:"舜之少也,惡頷勞苦。"王聘珍解詁:"惡
頷,猶顦頷也。""萃惡"即"惡頷"。唐慧琳《一切經音義》卷五"窮頷"條"頷"訓"瘦
惡貌也","窮頷""瘦惡"均爲同義連用。

　　引申爲"勞苦、困頓"。《爾雅·釋詁下》："頗，病也。"《漢書·王莽傳上》："《詩》云：'人之云亡，邦國殄頗。'"師古曰："《大雅·瞻卬》之詩也。殄，盡也①。頗，病也。言爲政不善，賢人奔亡矣，天下邦國盡困病也。頗與萃②同，音才醉反。"因"頗"訓病也，故將"頁"旁改作"疒"旁，寫作"瘁"。今本《詩·大雅·瞻卬》："邦國殄瘁。"鄭箋："瘁，病也。"又《左傳·文公六年》："邦國殄瘁。"《釋文》："瘁，病也。"③

　　進一步引申爲"憂愁、煩惱"。因"頗"訓憂也，故將"頁"旁改作"心"旁，寫作"悴"。《文子·上德》："有榮華者，必有愁悴。"《淮南子·原道訓》："聖人處之，不爲愁悴怨懟，而不失其所以自樂也。"晋趙至《與嵇茂齊書》："肆目平隰，則遼廓而無睹；極聽修原，則淹寂而無聞。吁其悲矣，心傷悴矣。"宋趙彦衛《雲麓漫鈔》卷九："借使小有恚懟之情，悴於胸次，憂思鬱結，易以傷氣。"清厲鶚《〈樊榭山房集〉自序》："雖無當於鐘呂之響，而向來所閲閑居羈旅，怡愉憂悴，歷歷在目。"

　　顦頗，亦作"顦悴"④"蕉萃""焦瘁""憔瘁"，通作"憔悴"。

　　"顦頗"用爲本義"容貌枯槁、消瘦"。例如禰衡《鸚鵡賦》："音聲悽以激揚，容貌慘以顦頗。"元代白樸《東牆記》第一折："顦頗了玉肌金粉，瘦損了窈窕精神。"

---

① 王引之《經義述聞·詩·邦國殄瘁》引王念孫曰："殄、瘁皆病也。"又《國語·魯語上》："鑄名器，藏寶財，固民之殄病是待。"王引之《經義述聞·魯語上》："殄亦病也。"馬瑞辰傳箋通釋："殄、瘁二字平列，與盡瘁、憔悴之同爲勞病。"均爲卓識。今謂"盡瘁""殄瘁""憔悴"均爲同義連用。《漢語大字典》"殄"字下據舊注設立義項"病"，非是。《漢語大詞典》"殄"字下設立義項"疲敝"，是也，惟概括力不強；"殄瘁（悴、頗）"訓"❶困窮、困苦。❷凋謝，枯萎"，是也。

② "萃"殿本作"悴"。王先謙説作"悴"是。點校本據之校正作"悴"。今謂"萃""悴"同源通用，無須校正。

③ "瘁"舊注訓病也，例多不具引。參見宗福邦、陳世鐃、蕭海波主編《故訓匯纂》，商務印書館，2003，第1508頁。

④ （北齊）顏之推《顏氏家訓·勉學》："齊孝昭帝侍婁太后疾，容色顦悴，服膳減損。"

“顦顇”用爲引申義“勞苦、困頓”。例如《淮南子·主術訓》：“百姓黎民顦顇於天下，是故使天下不安其性。”柳宗元《上桂州李中丞薦盧遵啓》：“若宗元者，可謂窮厄困辱者矣。世皆背去，顦顇曠野。”黄宗羲《餘姚縣重修儒學記》：“元興憂道將陵，忍使陽明、闕里而顦顇於盛世乎？”梁啓超《暴動與外國干涉》：“而各省新經兵燹之後，人民生計顦顇。”

“憔悴”可用爲“容貌枯槁、消瘦”。例如《國語·吴語》：“使吾甲兵鈍弊，民人離落，而日以憔悴，然後安受吾燼。”韋昭注：“憔悴，瘦病也。”《三國志·魏書·于禁傳》：“帝引見禁，鬚髮皓白，形容憔悴。”唐代王建《調笑令》詞之一：“玉顔憔悴三年，誰復商量管絃？”

“憔悴”可用爲“草木枯萎、凋謝”。例如焦贛《易林·需之否》：“毛羽憔悴，志如死灰。”梅堯臣《風异賦》：“乾坤黯慘，物色憔悴。”

“憔悴”可用爲“勞苦、困頓”。例如《孟子·公孫丑上》：“民之憔悴於虐政，未有甚於此時者也。”《戰國策·燕策一》：“西困秦三年，民憔瘁，士罷弊。”

“憔悴”可用爲“憂愁、煩惱”。例如《楚辭·劉向〈九嘆·憂苦〉》：“倚石巖以流涕兮，憂憔悴而無樂。”王逸注：“中心憔悴，無歡樂之時也。”《後漢書·清和王慶傳》：“楊失志憔悴，卒於家。”唐皇甫枚《三水小牘·飛煙傳》：“企望寬懷，毋至憔悴。”

總之，“顇”爲源本字，“悴”爲分化本字。

《漢書注》“古今字”屬於“分化本字—源本字”的共有 3 組。

例 1　娠—身

《漢書卷一上·高帝紀第一上》：“已而有娠，遂産高祖。”應劭曰：“娠，動，懷任之意。《左傳》曰：‘邑姜方娠。’”孟康曰：“娠，音身。《漢》《史》‘身’多作‘娠’，古今字也。”師古曰：“孟説是也。《漢書》皆以娠爲任身字。‘邑姜方震’，自爲震動之字，不作

娠。”（1）

　　按：《漢書》“娠”《史記·高祖本紀》作“身”。《説文·女部》：
“娠，女妊身動也。从女，辰聲。《春秋傳》曰：‘后緡方娠。’一曰：宮
婢女隸謂之娠。”段玉裁注：“凡从辰之字皆有動意，震、振是也。妊而
身動曰娠，別署也。渾言之則妊、娠不別。《詩》：‘大任有身，生此文
王。’傳曰：‘身，重也。’蓋妊而後重，重而後動，動而後生。”“《哀元
年·左傳》曰：‘后緡方娠，逃出自竇，歸于有仍，生少康焉。’方娠
者，方身動去産不遠也。其字亦叚震爲之。《昭元年·左傳》‘邑姜方
震大叔’是也。若《生民》：‘載震載肅。’傳曰：‘震，動也。’箋云：
‘遂有身。’則以妊解之。”

　　顔師古謂“《漢書》皆以娠爲任身字”，其實不然。《漢書》“妊
娠”之｛娠｝既用“娠”字，也用“身”字。《漢書》“娠”字凡 3
見。例如《漢書·外戚傳上》：“明年，許皇后當娠，病。”《漢書·叙
傳下》：“元后娠母，月精見表。”師古曰：“娠音身。”《漢書》“身”字
凡 508 見，用來記録｛娠｝的“身”字凡 15 見。“有身”凡 13 見。
例如《漢書·王商史丹傅喜傳》：“臣聞秦丞相吕不韋見王無子，意欲
有秦國，即求好女以爲妻，陰知其有身而獻之王，産始皇帝。及楚相
春申君亦見王無子，心利楚國，即獻有身妻而産懷王。”“任身”凡 2
見。《漢書·外戚傳上》：“任身十四月乃生。”《漢書·元后傳》：“聞
張美人未嘗任身就館也。”

　　王力：“‘娠’有二音：一讀章刃切，音震，與‘震’‘振’同源；
一讀失人切，音身，與‘身’同源。”① 黎千駒認爲：“‘娠’雖然有二音，
但其義一也。‘娠’的懷胎義要麽來源於‘震’，要麽來源於‘身’。一

---

① 　王力：《同源字典》，商務印書館，1982。

個詞的同一義項而分屬兩組同源字中，恐欠妥。”①

我們認爲：“身”的本義爲人之腹②，引申爲女人懷孕，“娠（娠、倂）”是“身”的引申分化字。“身”又引申爲物體的主幹或主體部分，生命，等等。爲了方便稱説，我們把記録本義人之腹及其他引申義的“身”標記爲“身1”，記録引申義懷孕的“身”標記爲“身2”。{身1}{身2（娠）}屬於縱向引申的同源詞，類似人類社會的父子關係；“身2”“娠”同詞，{身2（娠）}指胎兒在母腹中微動，其詞源意義爲動，{身2（娠）}{震}{振}屬於橫向孳乳的同源詞，類似人類社會的兄弟關係。

《吕氏春秋·孝行覽·本味》：“其母居伊水之上，孕。”高誘注：“任身爲孕。”《國語·鄭語》：“既笄而孕。”吴韋昭注：“孕，任身也。”

東漢《何饋畫像石題字》：“程嬰、杵臼，趙朔家臣。下宫之難，趙武始娠。”《漢魏六朝碑刻异體字典》“娠”“身”并收，但“身”字下未收懷孕義項。

唐玄應《一切經音義》卷十九《佛本行集經》第十六卷：“有娠，書隣、之刃二反。《詩》云：‘大妊有娠。’傳曰：‘娠，動也。’娠謂懷胎孕者也。《廣雅》：‘娠，倂也。’今皆作身。兩通。”

從高誘、韋昭注用“任身”記録{妊娠}的用字習慣來看，漢代通行“身”字而不是“娠”字。從玄應音義來看，唐代同樣通行“身”字，故顏師古以《漢書》“娠”爲古字，以“身”爲今字。

總之，在記録“懷孕”這個義項時，古字“娠”爲分化本字，今

---

① 黎千駒：《淺談繫聯同源字的標準》，《訓詁方法與實踐》，廣西師範大學出版社，1997，“附録”。

② “身”甲骨文作⻊（《合集》822正）、⻊（《合集》13666正），在“人”的腹部位置加一弧綫，提示所指部位（“身”與“人”古音相通）。卜辭“王疒（疾）身”（乙7797）即用本義。卜辭習見“疒（疾）齒”“疒（疾）目”“疒（疾）自”，“疒（疾）”爲及物動詞，賓語均爲人體部位，可資比勘。參見趙誠《甲骨文簡明詞典·卜辭分類讀本》，中華書局，1988，第162頁、第368頁。《甲骨文字典》“身”字下謂甲骨文身、孕一字，以妊娠爲本義，以人之腹爲引申義，非是。“身”與“孕”同義，并非一詞。

字“身”爲源本字。

例 2　懱—竦

《漢書卷二十三·刑法志第三》：“懼其未也，故誨之以忠，懱之以行，教之以務，使之以和，臨之以敬，莅之以彊，斷之以剛。”晋灼曰：“懱，古竦字也。”師古曰：“懱謂獎也，又音所項反。”（1093）

按：“懱”的句中義爲“勸勉，獎勵”。

《説文·心部》：“懱，懼也。从心，雙省聲。《春秋傳》曰：‘駟氏懱。’”段玉裁注：“與竦音義略相近。”“《昭公十九年·左傳》文。今本作聳，後人所易也。又《昭六年·左傳》‘聳之以行’，《漢書·刑法志》引作‘懱’，晋灼曰：‘古悚字。’按：《漢書》雙不省。又《魏都賦》：‘吳蜀二客懱焉相顧。’張載注：‘懱，懼也。’引《左氏傳》：‘駟氏懱。’張用《説文》也。俗本訛爲矐。”

王念孫《廣雅疏證卷一下·釋詁》：“食閻、惥癒，勵勸也。……單言之則謂之聳。《方言》云：‘自關而西、秦晋之閒相勸曰聳，或曰將。中心不欲而由旁人之勸語亦曰聳。’《昭六年·左傳》：‘誨之以忠，聳之以行。’杜預注云：‘聳，懼也。’《漢書·刑法志》‘聳’作‘懱’，顏師古注云：‘懱謂獎也。’案，顏説是也。‘聳之以行’謂舉善行以獎勸之，故《楚語》‘教之《春秋》而爲之聳善而抑惡焉，以戒勸其心’韋昭注云：‘聳，獎也。’”

《説文·立部》：“竦，敬也。从立从束。束，自申束也。”段玉裁注：“敬者，肅也。《商頌》傳曰：‘竦，懼也。’[1] 此謂叚竦爲懱也。懱者，懼也。‘⺾’下曰：‘竦手。’謂手容之恭，上其手也。《周南》毛傳

---

[1] 《詩·商頌·長發》：“不震不動，不戁不竦。”毛傳：“竦，懼也。”

曰:'喬上竦也。'①"愯""竦"音義柜通。《玉篇·心部》:"悚,息拱切,懼也。""悚"殆即"竦"之引申分化字,亦即"愯"字异構。《漢書注》引晋灼"愯,古竦字","竦"段玉裁注引作"悚",是其證。

總之,在記錄"勸勉,奬勵"這個義項時,古字"愯"爲分化本字,今字"竦"爲源本字。

二 古今字爲"本字—借字"關係

在記錄同一個詞項的古今字中,古字和今字一個爲本字,另一個爲通假字或假借字,因而構成本用與借用的關係。

(一)古今字爲"本字—通假字"關係

《漢書注》"古今字"屬於"本字—通假字"的共有 23 組。例如:

例1 耑—端

《漢書卷三十·藝文志第十》:"傳曰:'不歌而誦謂之賦,登高能賦可以爲大夫。'言感物造耑,材知深美,可與圖事,故可以爲列大夫也。"師古曰:"耑,古端字也。因物動志,則造辭義之端緒。"(1755)

按:"耑"的句中義爲"開頭,開端"。

《説文·耑部》:"耑,物初生之題也。上象生形,下象其根也。凡耑之屬皆从耑。"段玉裁注:"題者,額也。人體額爲最上。物之初見即其額也。古發端字作此,今則端行而耑廢,乃多用耑爲專矣。《周禮》'磬氏已下則摩其耑',耑之本義也。《左傳》'履端於始',假端爲耑也。"

---

① 《詩·周南·漢廣》:"南有喬木,不可休息。漢有游女,不可求思。"毛傳:"興也。南方之木美,喬上竦也。"

《説文·立部》：“耑，直也。从立，屵聲。”段玉裁注：“用爲發端、端緒字者，叚借也。”《禮記·玉藻》：“端行，頤溜如矢。”鄭玄注：“端，直也。”

總之，在記錄“開頭，開端”這個義項時，古字“耑”爲本字，今字“端”爲通假字。

例2　霸—魄

《漢書卷二十一下·律曆志第一下》：“惟一月壬辰，旁死霸，若望日癸巳，武王乃朝步自周，于征伐紂。”師古曰：“霸，古魄字同。”（1015）

按：“霸”的句中義爲“陰曆每月初始見的月亮”。

《説文·月部》：“霸，月始生霸然也。承大月二日，承小月三日。从月，霏聲。《周書》曰：‘哉生霸。’”段玉裁注：“《鄉飲酒義》‘月者三日則成魄’，正義云：‘前月大則月二日生魄，前月小則三日始生魄。’馬注《康誥》云‘魄，朏也’，謂月三日始生兆朏名曰魄。《白虎通》曰：‘月三日成魄，八日成光。’按：已上皆謂月初生明爲霸。而《律曆志》曰：‘死霸，朔也。生霸，望也。’孟康曰：‘月二日以往明生魄死，故言死魄。魄，月質也。’三統説是，則前説非矣。”《漢志》所引《武成》《顧命》皆作霸。後代魄行而霸廢矣。俗用爲王霸字，實伯之假借字也。”

《説文·鬼部》：“魄，陰神也。从鬼，白聲。”段玉裁注：“魂魄之離形質，而非形質也。形質亡而魂魄存，是人所歸也，故从鬼。”《逸周書·世俘》：“維一月丙午，旁生魄……二月，既死魄。”

總之，在記錄“陰曆每月初始見的月亮”這個義項時，古字“霸”爲本字，今字“魄”爲通假字。

例 3　讙—呼

《漢書卷四十五·蒯伍江息夫傳第十五》："欲掠問，躬仰天大
讙，因僵仆。"師古曰："讙，古呼字，音火故反。"（2187）

《漢書卷四十八·賈誼傳第十八》："故貴大臣定有其辠矣，猶
未斥然正以讙之也，尚遷就而爲之諱也。"師古曰："讙，古呼字。"
（2257）

《漢書卷五十二·竇田灌韓傳第二十二》："春，蚡疾，一身
盡痛，若有擊者，讙服謝罪。"晉灼曰："服音煦。關西俗謂得杖
呼及小兒啼呼爲呼煦。或言蚡號呼謝服罪也。"師古曰："兩説皆
通。讙，古呼字也。若謂啼爲讙服，則讙音火交反，服音平卓反。"
（2393）

按："讙"的句中義爲"呼喊、呼叫"。

《説文·言部》："讙，評讙也。从言，雚聲。""評讙也"段玉裁改
作"評也"，注云："依《韵會》訂。此與口部嚾異義而通用。《大雅》
崔本：'式號式讙。'"今本《詩·大雅·蕩》："式號式呼，俾畫作夜。"
陸德明《經典釋文》："呼，崔本作讙。"

《説文·口部》："呼，外息也。从口，乎聲。"段玉裁注："外息，
出其息也。""今人用此爲號嚾、評召字，非也。"本義爲向外吐氣，與
"吸"相對。《素問·平人氣象論》："岐伯對曰：'人一呼，脈再動；一
吸，脈亦再動；呼吸定息，脈五動。'"

《説文·口部》："嚾，唬也。从口，雚聲。"段玉裁注："号部曰：
'號，嚾也。'是爲轉注。《雞人》：'夜嚾旦以嘂百官。'此嚾字之僅存
者也。若《銜枚氏》'嘂呼嘆鳴'，《大雅》'式號式呼'，以及諸書云
'叫呼'者，其字皆當作嚾，不當用外息之字。嚾，或作讙。崔靈恩：
毛詩'式號式讙'。"

《説文·言部》："評，召也。从言，乎聲。"段玉裁注："口部曰：

'召，諄也。'後人以呼代之。呼行而諄廢矣。"本義爲召喚、呼喚。《墨子·耕柱》："楚四竟之田，曠蕪而不可勝辟，諄虚數千，不可勝入。"

總之，在記録"呼喊、呼叫"這個義項時，古字"諄"爲本字，今字"呼"爲通假字。

例 4　焯—灼

《漢書卷八十七上·揚雄傳第五十七上》："隨珠和氏，焯爍其陂。"師古曰："焯，古灼字也。焯爍，光貌。"（3550）

按："焯"的句中義爲"閃耀、閃爍"。

《説文·火部》："焯，明也。从火，卓聲。《周書》曰：'焯見三友俊心。'"段玉裁注"焯"字下："今《尚書》作灼。古義焯、灼不同。"

焯的本義是照耀，如晋庾闡《吊賈生文》："焕乎若望舒耀景而焯群星，矯乎若翔鸞拊翼而逸宇宙也。"引申爲明顯，透徹。韓愈《唐故相權公墓碑》："平涼公文誕，爲唐上庸太守，荆州大都督長史，焯有聲烈。"

《説文·火部》："灼，炙也。从火，勺聲。"段玉裁改爲"灼，炙也"，注云："此與上'炙'篆爲轉注。炙謂炮肉，灼謂凡物以火附箸之……凡訓灼爲明者，皆由經傳叚灼爲焯。《桃夭》傳曰'灼灼，華之盛也'，謂灼爲焯之叚借字也。《周書》'焯見三友俊心'，今本作'灼見'。"灼的本義與炙相同，指用火燒，如《楚辭·七諫·怨世》："高陽無故而委塵兮，唐虞點灼而毁議。"王逸注："灼，炙也。"又如《漢書·霍光金日磾傳》："於是殺牛置酒，謝其鄰人，灼爛者在於上行，餘各以功次坐，而不録言曲突者。"師古曰："灼謂被燒炙者也。"

正如段玉裁所説，焯、灼兩字本義并不相同，由於音近而用灼爲焯。《玉篇·火部》："灼，明也。"三國魏曹植《洛神賦》："遠而望之，皎若太陽升朝霞；迫而察之，灼若芙蕖出渌波。"

總之，在表示"閃耀、閃爍"這個義項時，古字"焯"爲本字，今字"灼"爲通假字。

（二）古今字爲"通假字—本字"關係

《漢書注》"古今字"屬於"通假字—本字"的共有 20 組。例如：

例1　匽—偃

《漢書卷二十二·禮樂志第二》："海内安寧，興文匽武。"師古曰："匽，古偃字。"（1054）

按："匽"的句中義爲停止。

《説文·匚部》："匽，匿也。从匚，妟聲。"段玉裁注："匽之言隱也。《周禮·宮人》：'爲之井匽。'鄭司農云：'匽，路厠也。'後鄭云：'匽豬謂霤下之池畜水而流之者。'按：二説皆謂隱蔽之地也。"西周金文"匽"字或从乚、妟聲，或从匚、妟聲，或在匚上加小横飾筆。春秋金文、戰國文字并从匚、妟聲，即《説文》篆文所本。張世超等認爲："'匽'與'安'爲同源詞，二者書寫形式取意相關而有異。'安'字从女，从宀，象女子安居於屋内之意；'匽'字本从女，从日，从乚，象女子匽安於廷中日下之意。……又，从宀之'宴'字實'匽'字之形變，其初本爲"匽"之異體，後分化爲寫詞有別之二字。"① 其説可從。

"匽"字在金文中的主要用法有以下兩種。（1）古國名，周武王封召公於北燕。通作"燕"。燕侯旨鼎："匽侯旨初見事於宗周。"（2）宴飲。通作"宴"。子璋鍾："用匽以喜。"杕氏壺："吾以匽飲。"

"匽"字在傳世文獻中多假借爲"偃"。既可用爲倒伏，也可用爲停止。前者例如《漢書·王吉傳》："夏則爲大暑之所暴炙，冬則爲風寒之所匽薄。"顔師古注："匽，與偃同，言遇疾風則偃靡也。"後者例

---

① 張世超、孫凌安、金國泰、馬如森：《金文形義通解》，（日本）中文出版社，1996，第 3012 頁。

如《漢書·天文志》:"天下偃兵, 埜有兵者, 所當之國大凶。"

《説文·人部》:"偃, 僵也。从人, 匽聲。"段玉裁注:"《論語》: '寢不尸。'苞注曰:'不偃卧, 布展手足似死人。'"朱駿聲《説文通訓定聲》:"仰而倒曰偃。"本義爲倒伏。《尚書·金縢》:"秋, 大熟, 未穫。天大雷電以風, 禾盡偃。"《論語·顏淵》:"君子之德風, 小人之德草。草上之風, 必偃。"引申爲停止。例如《尚書·武成》:"王來自商至於豐, 乃偃武修文。"《呂氏春秋·審應覽·應言》:"公孫龍説燕昭王以偃兵。"高誘注:"偃, 止也。"

漢魏六朝碑刻文字"匽"字僅用爲地名"河南匽師", 今作"偃"。"偃"字或作偃。主要義項有以下五種。(1)仰卧。(2)倒伏。(3)降服;慴服。(4)停息;止息。(5)人名。最後收録"偃蹇""棲偃"兩詞。

總之, 記録"倒伏""停止"等義項時, 古字"匽"爲通假字, 今字"偃"爲本字。

例2 嗛—謙

《漢書卷五十七下·司馬相如傳第二十七下》:"上帝垂恩儲祉, 將以慶成, 陛下嗛讓而弗發也。"師古曰:"嗛, 古謙字。"(2604)

《漢書卷七十六·趙尹韓張兩王傳第四十六》:"翁歸爲政雖任刑, 其在公卿之間清絜自守, 語不及私, 然溫良嗛退, 不以行能驕人, 甚得名譽於朝廷。"師古曰:"嗛, 古以爲謙字。"(3209)

按:"嗛"的句中義均爲謙虚, 謙讓。

《説文·口部》:"嗛, 口有所銜也。从口, 兼聲。"段玉裁注: "……亦假借爲謙字, 如《子夏周易》《漢書·藝文志》謙卦作嗛是也。志云:'合於《易》之嗛嗛, 一嗛而四益。'轉寫下句从言, 遂滋異説。"《漢書·藝文志》:"道家者流, 蓋出於史官, 歷記成敗存亡禍福古今之道, 然後知秉要執本, 清虚以自守, 卑弱以自持, 此君人南面之術也。

合於堯之克攘,《易》之嗛嗛。一謙而四益,此其所長也。"顏師古注:"四益,謂天道虧盈而益謙,地道變盈而流謙,鬼神害盈而福謙,人道惡盈而好謙也。此《謙》卦象辭。嗛字與謙同。"《説文·言部》:"謙,敬也。从言,兼聲。"段玉裁注:"謙或假嗛爲之。"《玉篇·言部》:"謙,苦嫌切。輕也,讓也,敬也。"

總之,在表示"謙虛,謙讓"這個義項時,古字"嗛"爲通假字,今字"謙"爲本字。

例3 旤—禍

《漢書卷二十七上·五行志第七上》:"劉向治《穀梁春秋》,數其旤福,傳以《洪範》,與仲舒錯。"師古曰:"旤,古文禍字。"(1317)

按:"旤"的句中義爲災禍、災難。

《説文·旡部》:"𥛕,屰惡驚詞也。从旡,咼聲。讀若楚人名多夥。"段玉裁注:"遇惡驚駭之聲曰𥛕,猶見鬼驚駭之詞曰鬾也。假借爲禍字。《史記》《漢書》多假旤爲禍。旤即𥛕也。"《説文·萑部》:"萑,鴟屬。从隹从丫,有毛角。所鳴,其民有旤。凡萑之屬皆从萑。讀若和。"《篆隸萬象名義·旡部》:"𥛕,胡果反,禍也。旤(旤),上字。"《玉篇·旡部》:"𥛕,户果切。《説文》云:'逆驚辭也。'神不福也。今作禍。旤,同上。"《説文·示部》:"禍,害也。神不福也。从示,咼聲。"

總之,在記錄"災禍、災難"這個義項時,古字"旤"爲通假字,今字"禍"爲本字。

例4 蜚—飛

①《漢書卷八·宣帝紀第八》:"鸑鳳萬舉,蜚覽翱翔,集止

122

于旁。”師古曰：“萬舉，猶言舉以萬數也。蜚，古飛字也。言鸞鳳飛翔，覽觀都邑也。”（263）

②《漢書卷十·成帝紀第十》：“三月，博士行飲酒禮，有雊蜚集于庭，歷階升堂而雊，後集諸府，又集承明殿。”師古曰：“蜚，古飛字也。”（316）

③《漢書卷二十七中之下·五行志第七中之下》：“《書》序又曰：‘高宗祭成湯，有蜚雊登鼎耳而雊。’”師古曰：“《商書·高宗肜日》之序也。蜚，古飛字。”（1411）

④《漢書卷九十九下·王莽傳第六十九下》：“夏，蝗從東方來，蜚蔽天，至長安，入未央宮，緣殿閣。”師古曰：“蜚，古飛字也。”（4176）

⑤《漢書卷五十七上·司馬相如傳第二十七上》：“蜚襳垂髾。”張揖曰：“襳，離袿也。髾，髻後垂也。”師古曰：“張說非也。襳，袿衣之長帶也。髾謂燕尾之屬。皆衣上假飾，非髻垂也。蜚，古飛字也。”（2541）

⑥《漢書卷九十九下·王莽傳第六十九下》：“大風蜚瓦，雨如注水，大眾崩壞號譁，虎豹股栗，士卒奔走，各還歸其郡。”師古曰：“蜚，古飛字。”（4183）

⑦《漢書卷五十七下·司馬相如傳第二十七下》：“俾萬世得激清流，揚微波，蜚英聲，騰茂實。”師古曰：“蜚，古飛字。”（2605）

⑧《漢書卷六十五·東方朔傳第三十五》：“是以輔弼之臣瓦解，而邪諂之人并進，遂及蜚廉、惡來革等。”蘇林曰：“二人皆紂時邪佞人也。”孟康曰：“蜚廉善走。”師古曰：“蜚，古飛字。”（2870）

按：“蜚”的句中義分別爲：①②③④（鳥、蟲等）鼓動翅膀在空

123

中活動；⑤形容上翹；⑥飛散，指物體飛離原處後散落；⑦傳揚，傳播；⑧人名用字。

《說文·虫部》：“蜚，臭蟲，負蠜也。从蟲，非聲。”段玉裁注：“古書多叚爲飛字。”《墨子·非樂上》：“今人固與禽獸麋鹿、蜚鳥、貞蟲異者也。”孫詒讓《墨子閒詁》：“蜚與飛通。”

《說文·飛部》：“飛，鳥翥也。象形。”本義爲（鳥、蟲等）鼓動翅膀在空中活動。《詩·大雅·旱麓》：“鳶飛戾天，魚躍於淵。”引申爲形容上翹。蜚襳，古代婦人衣下垂爲飾的長帶。引申爲飛散。指物體飛離原處後散落。蜚瓦，形容風力迅猛。引申爲傳揚，傳播。《史記·司馬相如列傳》：“蜚英聲，騰茂實。”司馬貞索隱引胡廣曰：“飛揚英華之聲，騰馳茂盛之實也。”後以“蜚英騰茂”稱人的盛名與實際相符。

總之，在記錄“（鳥、蟲等）鼓動翅膀在空中活動”“形容上翹”“飛散。指物體飛離原處後散落”“傳揚，傳播”等義項時，古字“蜚”爲通假字，今字“飛”爲本字。

例 5　鬯—暢

《漢書卷二十二·禮樂志第二》：“清明鬯矣，皇帝孝德。”師古曰：“鬯，古暢字。暢，通也。”（1047）

按：“鬯”的句中義爲“通暢，通達”。

《說文·鬯部》：“鬯，以秬釀郁艸，芬芳攸服，以降神也。从凵，凵，器也；中象米；匕所以扱之。易曰：‘不喪匕鬯’。”本義爲祭祀、宴飲用的香酒，用郁金草和黑黍釀成。

《說文·田部》：“暢，不生也。从田，昜聲。”段玉裁注：“今之暢蓋即此字之隸變。《詩》‘文茵暢轂’傳曰‘暢轂，長轂也’，《月令》‘命之曰暢月’注曰‘暢，充也’，蓋皆義之相反而相生者也。”本義爲田荒蕪不生穀物。引申爲通暢，通達。例如《周易·坤》："美在其中，而暢于四支。"

總之，在記錄"通暢，通達"這個義項時，古字"旸"爲通假字，今字"暢"爲本字。

例6　嘂—叫

《漢書卷四十五·蒯伍江息夫傳第十五》："如使狂夫嘂謼於東崖，匈奴飲馬于渭水，邊竟雷動，四野風起，京師雖有武蜂精兵，未有能窺左足而先應者也。"師古曰："東崖謂東海之邊也。嘂，古叫字。謼音火故反。"（2181）

按："嘂"的句中義爲"呼叫，呼喊"。

《説文·口部》："嘂，聲嘂嘂也。从口，臩聲。"本義爲象聲詞。《太玄·樂》："不宴不雅，嘂呱啞咋，號咷倚户。"范望注："王曰：'嘂呱啞咋，皆歡笑之聲也。'"《説文·口部》："叫，嘑也。从口，丩聲。"

總之，在記錄"呼叫，呼喊"這個義項時，古字"嘂"爲通假字，今字"叫"爲本字。

（三）古今字爲"假借字—後補本字"關係

《漢書注》"古今字"屬於"假借字—後補本字"的共有7組。例如：

例1　番—鄱

《漢書卷三十一·陳勝項籍傳第一》："吕將軍走，徵兵復聚，與番盜英布相遇。"師古曰："番即番陽縣也。於番爲盜，故曰番盜。番音蒲何反。其後番字改作鄱。"（1794）

按：《説文·釆部》："番，獸足謂之番。从釆，田象其掌。"本義是獸足，引申爲脚掌，後作蹯。《玉篇·釆部》："番，獸足也。或作蹯。"《説文·邑部》："鄱，鄱陽，豫章縣。从邑，番聲。"段玉裁注："二志同。前志云：'有鄱水西入湖漢。'則縣在鄱水之北也。今江西饒州府治鄱陽縣府東六十里有故鄱陽城，府南有鄱江是也。《楚世家》：'昭王十二年，吳伐楚，取番。'按字本作番，故《史》《漢》皆曰'番君吳芮'。《地理志》作鄱陽者，漢字也。""番""番"一字异寫。鄱陽，本爲春秋楚之番邑，秦置番縣，西漢改爲番陽，東漢始作鄱陽。

總之，在記録"鄱陽縣"時，古字"番"爲假借字，今字"鄱"爲後補本字。

例 2　澹—贍

①《漢書卷六十九·趙充國辛慶忌傳第三十九》："今久轉運煩費，傾我不虞之用以澹一隅。"師古曰："澹，古贍字。贍，給也。"（2990）

②《漢書卷二十四上·食貨志第四上》："竭天下之資財以奉其政，猶未足以澹其欲也。"師古曰："澹，古贍字也。贍，給也。"（1126）

③《漢書卷六十二·司馬遷傳第三十二》："道家使人精神專一，動合無形，澹足萬物。"師古曰："澹，古贍字。"（2710）

④《漢書六十五·東方朔傳第三十五》："朔之進對澹辭，皆此類也。"師古曰："澹，古贍字也。贍，給也。"（2863）

按："澹"的句中義爲：①供給；②滿足；③④充足。③《漢書》"澹足"《史記》作"贍足"，句中爲使動用法。④"澹辭"後來寫作"贍辭"，形容善於言辭。

《説文·水部》："澹，水摇也。从水，詹聲。"段玉裁改爲"澹澹，水䍃皃也"，注云："《東京賦》注、《高唐賦》注引皆有'澹澹'字。

'兒'字亦依《東京賦》注補。《高唐賦》曰:'水澹澹而盤紆。'《東京賦》曰:'淥水澹澹。'俗借爲淡泊字。'繇'當作'摇'。""澹"本義爲水波起伏貌。上揭《漢書》四例均用爲假借義。

《説文新附・貝部》:"贍,給也。从貝,詹聲。"本義爲供給。例如漢桓寬《鹽鐵論・本議》:"内空府庫之藏,外乏執備之用,使備塞乘城之士,飢寒於邊,將何以贍之。"《漢書・王莽傳上》:"收贍名士,交結將相卿大夫甚衆。"引申爲滿足,足夠。《荀子・榮辱》:"夫貴爲天子,富有天下,是人情之所同欲也。然則從人之欲,則埶不能容,物不能贍也。"《孟子・公孫丑上》:"以力服人者,非心服也,力不贍也。"趙岐注:"贍,足也。"漢桓寬《鹽鐵論・本議》:"故川源不能實漏卮,山海不能贍溪壑。"漢荀悦《漢紀・惠帝紀》:"所求不贍,則私利之制萌矣。"引申爲充足。《管子・禁藏》:"能適衣服,去玩好以奉本,而用必贍,身必安矣。"《晉書・吕光載記》:"若得楡眉,據城斷路,資儲復贍,非國之利也,宜速進師。"

"澹辭"後來寫作"贍辭"。《韓詩外傳》卷七:"人之利口贍辭者,人畏之。"唐代皇甫枚《三水小牘・王知古爲狐招婿》:"至是有紹介於直方者,直方延之,睹其利喙贍辭,不覺前席,自是日相狎。"

清代鄭珍《説文新附考》:"至晉右將軍鄭烈碑始見从貝之贍,殆制于魏晉間。"三國魏王基殘碑作"贍"。後補本字"贍"産生之後,仍有人使用古字即假借字"澹"。

總之,古字"澹"爲假借字,今字"贍"爲後補本字。

(四)古今字爲"後補本字—假借字"關係

《漢書注》"古今字"屬於"後補本字—假借字"的僅見1組。

靖—静

《漢書卷一百上・叙傳第七十上》:"靖潛處以永思兮,經日月而彌遠,匪黨人之敢拾兮,庶斯言之不玷。"師古曰:"靖,古静字

也。”（4214）

按：“靖”的句中義爲“安静”。

《説文·立部》：“靖，立竫也。从立，青聲。”段玉裁注：“謂立容安竫也。”《説文·立部》：“竫，亭安也。从立，争聲。”段玉裁注：“亭者，民所安定也。故安定曰亭安。其字俗作停，作渟。亭與竫叠韵。凡安静字宜作竫，静其叚借字也。静者，審也。”今謂“靖”“竫”并爲“静”之後補本字。

《説文·青部》：“静，審也。从青，争聲。”段玉裁注：“安静本字當从立部之竫。”西周金文作🔲（静卣）、🔲（静簋）、🔲（班簋）。劉洪濤認爲，這個字“應該分析爲从‘争’，‘青’聲，是耕作之‘耕’的異體……而‘争’應該是耕作之‘耕’的表意初文。”[1]劉氏以“争”爲“耕”之象形初文可從，以“静”爲“耕”之異體字則未必。張世超等謂“静”以“青”爲聲。[2]金文{静}或借“青”字記録，如牆盤：“青幽高且（祖）。”諸家多讀“青”爲“静”。今謂“静”乃雙聲符字，故其後補本字或从“青”聲作“靖”，或从“争”聲作“竫”。

《説文·青部》：“青，東方色也。木生火，从生、丹。丹青之信言象然。凡青之屬皆从青。🔲，古文青。”《釋名·釋采帛》：“青，生也。象物生時色也。”孔廣居《説文疑疑》：“丹，青類也。故青从丹生聲。木生火之説，未免太鑿。”西周金文作🔲（吴方彝）、🔲（牆盤），从生，井聲。“🔲（井）”與“🔲（丹）”形近，因此，“青”的聲符訛混作“🔲”，原作“井”者類化作“🔲”。

---

① 劉洪濤：《説“争”、“静”是“耕”的本字——兼説甲骨文“争”反映的是犁耕》，《中國文字學報》（第8輯），商務印書館，2017。
② 張世超、孫凌安、金國泰、馬如森：《金文形義通解》，（日本）中文出版社，1996，第1258頁。

　　西周時代“静”主要用法有二。（1）安静、安定。例如西周毛公鼎：“𢿢𢿢①三（四）方，大𠂤（譁 ）②不静。”（2）平定、安撫。或作“靖”。例如西周班簋：“三年静東或（國）。”

　　漢魏六朝碑刻文字中“静”“靖”“竫”并見。《漢魏六朝碑刻异體字典》“静”字條主要義項有以下幾種。（1）安静；寧静。（2）静止；不動。（3）貞静。（4）使安定。（5）精神貫注；專一。③同書“靖”字條主要義項有以下幾種。（1）安定；使安定。（2）平定；平息。（3）恭敬；謹慎。（4）通“静”。安静；清静。④同書“竫”字條主要義項爲：同“静”。安。⑤

　　總之，在記録“安静”這個義項時，古字“靖”爲後補本字，今字“静”爲假借字。

三　古今字爲“借字—借字”關係

　　記録某個詞項的古字和今字都不是該詞項的本字，而是用的通假字或假借字，古字和今字相對於這個詞項來説就是借字與借字的關係。

　　（一）古今字爲“通假字—通假字”關係
　　某詞在有本字的情況下，在不同時代分別借用其他字來記録該詞，這樣的古今字之間構成通假字和通假字關係。

　　《漢書注》“古今字”屬於“通假字—通假字”的共有 4 組。例如：

---

①　引者按：𢿢音 cè，紛亂之意。
②　“𠂤”字舊釋“從”，讀作“縱”。陳劍改釋“𠂤”（古虞字），讀作“譁”。參見陳劍《據〈清華簡（伍）〉的“古文虞”字説毛公鼎和殷墟甲骨文的有關諸字》，《古文字與古代史》第五輯，“中研院”史語所，2017。李守奎認爲這個字（引者按：見於清華簡《湯處於湯丘》簡16）應該是兩個“化”重叠，所从倒人置於“人”旁之下，……疑其讀音與“化”相同。參見李守奎《漢字倒寫構形與古文字的釋讀》，《古文字與古史考——清華簡整理研究》，中西書局，2015，第 263~264 頁。
③　毛遠明：《漢魏六朝碑刻异體字典》，中華書局，2014，第 441 頁。
④　毛遠明：《漢魏六朝碑刻异體字典》，中華書局，2014，第 440 頁。
⑤　毛遠明：《漢魏六朝碑刻异體字典》，中華書局，2014，第 439 頁。

棐—匪

《漢書卷六十三·武五子傳第三十三》："悉爾心，毋作怨，毋作棐德，毋乃廢備。"服虔曰："棐，薄也。"師古曰："棐，古匪字也。匪，非也。"（2750）

按："棐"的句中義爲：副詞，表示否定，相當於"不"。

《説文·木部》："棐，輔也。从木，非聲。"本義爲輔正弓弩的器具。引申爲輔導、輔助。《尚書·洛誥》："公功棐迪篤，罔不若時。"孔傳："公之功輔道我已厚矣，天下無不順而是公之功。"假借爲否定副詞。《尚書·呂刑》："明明棐常，鰥寡無蓋。"《墨子·尚賢中》作"明明不常，鰥寡無蓋"。

《説文·匸部》："匪，器，似竹筐。从匸，非聲。《逸周書》曰：'實玄黃於匪。'"本義爲古代筐類竹器名，後來寫作"筐"。假借爲否定副詞。《詩·齊風·雞鳴》："匪雞則鳴，蒼蠅之聲。"孔穎達疏："言雞既鳴矣之時，非是雞實則鳴，乃是蒼蠅之聲耳。"

《説文·非部》："非，違也。从飛下翄，取其相背。凡非之屬皆从非。"違，段玉裁改作"韋"，注云："韋，各本作違，今正。違者，離也。韋者，相背也。自違行韋廢，盡改韋爲違。此其一也。'非'以相背爲義，不以離爲義。"本義爲相違背，虛化爲否定副詞。

總之，在記錄"副詞，表示否定，相當於'不'"這個義項時，"非"是本字，"棐""匪"都是通假字。

（二）古今字爲"假借字—假借字"關係

在表達某個義項的時候沒有專門新造字形，而是借用已有的音同或音近的字去記錄。如果不同時代借用了不同的字，這些古今字之間就是假借字和假借字的關係。

《漢書注》"古今字"屬於"假借字—假借字"的共有16組。例如：

例 1　莉—黎

《漢書卷九十四下·匈奴傳第六十四下》："三世無犬吠之警，莉庶亡干戈之役。"師古曰："莉，古黎字。"（3833）

按："莉"的句中義爲"衆，衆多"。

《説文》失收"莉"字。莉，戰國楚簡作莎（上 2. 子 .3）。《集韻》脂韻良脂切："莉，地名。《穆天子傳》：'讀書於莉丘。'"（述古堂本 44）《集韻》齊韻憐題切："黎、莉，《説文》：'履黏也。作履所用。'一曰衆也，老也。或作莉。"（述古堂本 96）"莉""莉"均爲"莉"字之變。

上博簡《子羔》簡 3："……☐之童土之莉（黎）民也。"整理者隸作"莉"，謂"莉民"即"黎民"，古字通用。①

"黎民"之"黎"，楚簡或借"利"字。郭店簡《緇衣》簡 17："《寺（詩）》員（云）：'丌（其）頌（容）不改，出言又（有）丨（杖→章），利（黎）民所訐（仗）。'"②

《説文·黍部》："勠（黎），履黏也。从黍，称省聲。称，古文利。作履黏以黍米。"称，段玉裁改作"称"，注云：《釋詁》：'黎，衆也。'衆之義行而履黏之義廢矣。古亦以爲黧黑字。"《尚書·堯典》："黎民於變時雍。"孔氏傳："黎，衆。"《史記·孟子荀卿列傳》："騶衍睹有國者益淫侈，不能尚德，若《大雅》整之於身，施及黎庶矣。"

總之，在記録"衆，衆多"這個義項時，古字"莉"與今字"黎"均爲假借字。

例 2　粤—越

《漢書卷十三·异姓諸侯王表第一》："内鋤雄俊，外攘胡粤，

---

① 馬承源主編《上海博物館藏戰國楚竹書》，上海古籍出版社，2002，第 186 頁。

② 關於簡文釋讀，參見俞紹宏《滬簡一册補釋（六則）》，《古文字研究》第 31 輯，中華書局，2016；俞紹宏、白雯雯《楚簡中的"丨"字補説》，《文獻》2018 年第 3 期。

用壹威權，爲萬世安。"師古曰："粵，古越字。"（364）

按："粵"的句中義爲古代南方少數民族名。

《説文·走部》："越，度也。从走，戉聲。"本義爲度過，跨過。《楚辭·天問》："阻窮西征，巖何越焉？"王逸注："越，度也。"假借爲古代南方少數民族名。居於江、浙、閩、粵一帶，總稱百越（或寫作百粵）。《三國志·蜀志·諸葛亮傳》："若跨有荆益，保其巖阻，西和諸戎，南撫夷越……百姓孰敢不簞食壺漿以迎將軍者乎？"泛指南方各少數民族。漢鄒陽《上書吳王》："臣聞秦倚曲臺之宫，懸衡天下，畫地而人不犯，兵加胡越。"代稱廣東、廣西地區；或泛指南方。王充《論衡·物勢》："長仞之象，爲越僮所鉤，無便故也。"也可以特指古國名。建都會稽（今浙江紹興）。春秋時興起，戰國時滅於楚。《左傳·宣公八年》："盟吳越而還。"杜預注："越國，今會稽山陰縣也。""越國"之"越"，戰國早期文字作𢦓（《集成》122）、𢦛（《集成》11570）：或假借"戉"，或在"戉"字基礎上加邑旁作"郕"（後補本字）。

《説文·亏部》："粵，亏也。審慎之詞者。从亏从宷。《周書》曰：'粵三日丁亥。'"徐鍇《説文繫傳》："凡言粵，皆在事端句首，未便言之，駐其言以審思之也。'粵三日'是也。心中暗數其日數，然後言之。宷，審字也。其聲氣舒久，故从亏。會意。予厥反。"古代常用爲句首語氣詞。《史記·周本紀》："我南望三塗，北望嶽鄙，顧詹有河，粵詹雒伊，毋遠天室。"張守節正義："粵者，審慎之辭也。"《漢書·翟義傳》："粵其聞日，宗室之俊有四百人，民獻儀九萬夫，予敬以終於此謀繼嗣圖功。"顏師古注："粵，發語辭也。"假借爲古民族名或古國名。《漢書·高帝紀下》："粵人之俗，好相攻擊，前時秦徙中縣之民南方三郡，使與百粵雜處。"《漢書·地理志下》："吳、粵之君皆好勇，故其民至今好用劍，輕死易發。"亦用爲地名。古稱百粵人所居地區。

賈誼《過秦論上》："南取百粵之地，以爲桂林、象郡；百粵之君，俯首係頸，委命下吏。"

古文字學界普遍認爲"粵"字乃"雩"字之變。① 林義光《文源》卷十一："按粵音本如于，……因音轉如越，故小篆別爲一字，其形由雩而變，非从寀也。"②

《説文·雨部》："雩（雩），夏祭，樂于赤帝，以祈甘雨也。从雨于聲。翠（翠）③，或从羽。雩，羽舞也。"甲骨文作𩂳（前 5.39.6），西周金文作𩄀（大盂鼎），戰國文字作𩂡（中山王𧚨鼎）、𩃭（包 2.69）、𩃟（上 1. 紂 .20）。本義是求雨祭祀名稱。《左傳·桓公五年》："秋，大雩。書不時也。凡祀，啓蟄而郊，龍見而雩。"《荀子·天論》："雩而雨，何也？曰：無何也，猶不雩而雨也。"楊倞注："雩，求雨之禱也。"假借爲句首語氣詞。作册鬼虎卣："雩四月既生霸庚午。"史牆盤："雩武王既𢦚殷。"假借爲古國名。中山王𧚨鼎："吳人并雩。雩人䈖（修）教備怠（信），五年遑吳，克并之。"（《集成》2840）又《清華簡》（柒）《越公其事》"越"作"雩"，均其明證。

總之，在記録"古代南方少數民族名"這個義項時，古字"粵"與今字"越"均爲假借字。

例3 虖—乎

《漢書卷八十七上·揚雄傳第五十七上》："淑周楚之豐烈兮，超既離虖皇波。"師古曰："虖，古乎字。"（3516）

---

① 吳大澂説參見《説文古籀補》卷五"粵"字條、卷十一"雩"字條；劉心源説參見《奇觚室吉金文述》卷二；王國維説參見《觀堂古今文考釋·毛公鼎銘考釋》，《王國維遺書》，上海古籍出版社，1983。
② 林義光：《文源》，中西書局，2012，第 395 頁。
③ 曾侯乙甬鐘"翠"讀作"羽"，五音之一。郭店簡《五行》簡 17 讀作"羽"；劉釗認爲"翠"即"羽"字繁文，纍加"于"爲聲符。參見劉釗《郭店楚簡校釋》，福建人民出版社，2005，第 78 頁。

按:"虖"的句中義爲"介詞,表示處所"。

《説文·虍部》:"虖,哮虖也。从虍乎聲。"段玉裁注:"哮,豕驚聲也。唬,虎聲。《通俗文》曰:'虎聲謂之哮唬。'疑此'哮虖'當作'哮唬'。《漢書》多假'虖'爲'乎'字。"西周金文作𠀀(《集成》2824)、戰國楚簡作𠀀(郭.唐.17)、𠃄(郭.語3.72上)、𥄾(上2.容.52)。

《説文·兮部》:"乎,語之餘也。"楊樹達《釋乎》:"考之《尚書》及古金文,乎字絶少作語末詞用者,而甲文、金文乎字皆用作評召之評,……以此知乎本評之初文,因後人久借用爲語末之詞,乃有後起加言旁之字。古但有乎而無評,説金文者往往謂乎爲評字之假,非也。呼召必高聲用力,故字形象聲上越揚,猶曰字表人發言,字形象氣上出也。"① 其説可從。

總之,在記録"介詞,表示處所"這個義項時,古字"虖"與今字"乎"均爲假借字。

(三)异構假借字

《漢書注》"古今字"屬於异構假借字的共有12組。例如:

趒—躁

《漢書卷十五下·王子侯表第三下》:"東昌趒侯成。"晋灼曰:"音躁疾。"師古曰:"即古躁字也。"(487)

《漢書卷十六·高惠高后文功臣表第四》:"高后六年,趒侯宥嗣。"師古曰:"趒,古躁字也。"(554)

按:《説文·走部》:"趒,疾也。从走,喿聲。"徐鉉注:"今俗別作躁,非是。"段玉裁注:《考工記》:'羽豐則遲,羽殺則趒。'鄭云:

---

① 楊樹達:《積微居小學述林全編》,上海古籍出版社,2007,第93~94頁。

'趮，旁掉也。'按：今字作躁。"《集韻》号韻則到切："趮、躁，《說文》：'疾也。'或作躁。"《集韻》号韻色到切："趮，矢傍掉也。《周禮》：'羽殺則趮。'"

總之，"躁"是"趮"的形符變換字。《漢書》假借爲爵號。

（四）异寫假借字

《漢書注》"古今字"屬於异寫假借字的共有 4 組。例如：

桌—栗

《漢書卷一百上·叙傳第七十上》："郡中震桌，咸稱神明。"師古曰："桌，古栗字。"（4199）

按：《說文·卤部》："桌，木也。从木，其實下垂，故从卤。𣡴，古文桌从西，从二卤。徐巡説：木至西方戰桌。"隸變作栗。本義爲栗子，假借爲戰慄（後補本字作"慄"）。《漢書·杜周傳》："天下莫不望風而靡，自尚書近臣皆結舌杜口，骨肉親屬莫不股栗。"師古曰："言懼之甚，故股戰慄也。"《漢書·趙尹韓張兩王傳》："廣漢既至數月，誅原、褚首惡，郡中震栗。"《後漢書·肅宗孝章帝紀》："朕之不德，上累三光，震慄忉忉，痛心疾首。"南朝梁江淹《報袁叔明書》："至乃一説之奇，驚畏左右；一劍之功，震慄鄰國。"

四　分析顏師古"古今字"字際關係應該注意的問題

古字與今字的字際關係非常複雜，要想準確判定古字與今字之間的職能對應關係和字用屬性關係，必須以漢字構形學與漢字形體學爲基礎。

首先，應該重視《説文解字》和近代漢字研究成果。

舉例説明如下。

掔—腕；搴—腕

①《漢書卷二十五上·郊祀志第五上》："大見數月，佩六印，貴震天下，而海上燕齊之間，莫不搤掔①而自言有禁方能神僊矣。"師古曰："掔，古手腕之字也。"（1224）

②《漢書卷九十二·游俠傳第六十二》："搤掔而游談者，以四豪爲稱首。"師古曰："掔，古手腕字也。"（3697）

按："掔""搴"均爲"掔"字訛省。句中義均爲"手腕"。

《説文·手部》："掔，固也。讀若《詩》'赤舄掔掔'。"段玉裁注："掔之言堅也，緊也，謂手持之固也。""掔"的本義爲堅固，其本義和引申義都與"腕"無關。

《改并四聲篇海·手部》引《對韻音訓》："搴，手後掌也。"《字彙·手部》："搴，同腕。"《正字通·手部》："搴，掔、掔二字訛省。"又同部："掔，一作搴。"《集韻·換韻》："掔、腕、捥、鋺、肒，《説文》：'手掔也。揚雄曰：掔，握也。'或作腕、捥、鋺、肒。"《釋名·釋形體》："腕，宛也，言可宛屈也。"《玉篇·肉部》："腕，烏段切。手腕。亦作捥。"

《説文·手部》："掔，手掔②也。揚雄曰：'掔，握也。'從手，取聲。"段玉裁注："各本作'手掔'。今正。掔者，手上臂下也。"邵瑛《説文解字群經正字》："（掔）今經典或作捥。……或爲腕。"《墨子·大取》："斷指以存掔，利之中取大，害之中取小也。"《張家山漢墓竹簡》102簡："前厥以利股膝，反掔以利足蹢。"③

---

① "掔"，《史記·封禪書》作"捥"。參見（漢）司馬遷著，（南朝宋）裴駰集解，（唐）司馬貞索隱，（唐）張守節正義《史記》，中華書局，1959，第1391頁。

② 新字形作"掔"。汲古閣本與日藏本作"掔（掔）"，"目"旁訛作"目（俗臣字）"旁，"叉"旁省作"又"旁。

③ 張家山二四七號漢墓竹簡整理小組編著《張家山漢墓竹簡·二四七號墓·釋文修訂本》，文物出版社，2006，第184頁。

俗書目旁、月旁、臣旁形近相亂，故"戫"字或變作"戫"（省變作"戫"），或變作"戫"（與《説文》訓"固也"的"戫"字同形）。

總之，"戫""腕"是同時變換形符與聲符而形成的异構字。

其次，應該重視出土文獻與古文字研究成果。

衆所周知，《説文解字》中有不少字的形義分析是錯誤的，要正確區分本用與借用，不能完全依賴《説文解字》。因此，在分析"古今字"之間的字際關係時，必須充分利用出土文獻與古文字研究成果。

例1 戫—堪

《漢書卷二十七下之上·五行志第七下之上》："今鍾撅矣，王心弗（裁）〔戫〕，其能久乎？"孟康曰："古堪字。"（1448）

按："戫"的句中義爲"能承受，能忍受"。《左傳·昭公二十一年》："今鍾橛矣，王心弗堪，其能久乎？"《説文·戈部》："戫，殺也。《商書》曰：'西伯既戫黎。'"段玉裁注："殺者，戮也。按漢魏六朝人戫、堪、戡、龕四字不甚區別。《左傳》'王心弗堪'，《漢書·五行志》作'王心弗戫'，勝也。"《西伯戡黎》文。今作戡黎。許所據作戫黎。邑部鄀下又引《西伯戡鄀》。其乖异或因古文、今文不同與？《爾雅》曰：'堪，勝也。'郭注引《書·西伯堪黎》，蓋訓勝，則堪爲正字。或叚戫，或叚戡，又或叚龕，皆以同音爲之也。"《説文·戈部》："戡，刺也。"段玉裁注："刺者，直傷也。平直皆得云刺。經史多叚此爲堪勝字。"

《説文·土部》："堪，地突也。"段玉裁注："突者，犬從穴中暫出也。因以爲坳突之偁。俗乃製凹凸字。地之突出者曰堪。《淮南書》曰：'堪輿行雄以起雌。'許注曰：'堪，天道。輿，地道也。'見《文選注》。《甘泉賦》：'屬堪輿以壁壘。'張晏曰：'堪輿，天地總名也。'按：張説未安。堪言地高處無不勝任也，所謂雄也；輿言地下處無不居納也，所謂雌也。引申之，凡勝任皆曰堪。古叚戡、戜爲之。"

段玉裁以"堪"爲本字，非是。"戡"乃"戜"字異構。本義爲刺殺，引申爲平定、征服、戰勝，再引申爲勝任（足以承受或擔任）。《清華簡》（壹）《耆夜》簡1："武王八年，延伐鄙①，大戜之。還，乃飲至于文大室。""大戜之"與《墨子·非攻下》："予必使汝大堪之"中的"大堪之"用法相同，即戰勝。

"戜"或借"岑"。《清華簡》（壹）《尹至》簡5："自西戜（捷）西邑，岑（戜）其有夏。"或借"念"。《清華簡》（柒）《子犯子餘》簡11~12："（成湯）用果念政九州而甿君之。""念政"相當於傳世文獻中的"戡定"。《隋書·虞世基傳》："戡定艱難，平壹區宇。"韓愈《賀册尊號表》："經緯天地之謂文，戡定禍亂之謂武。"

總之，在記錄"平定、征服、戰勝""能承受，能忍受"等義項時，古字"戜"爲本字，今字"堪"爲通假字。

例2 悳—德

①《漢書卷四十八·賈誼傳第十八》："高皇帝以明聖威武即天子位，割膏腴之地以王諸公，多者百餘城，少者乃三四十縣，悳至渥也，然其後十年之間，反者九起。"師古曰："悳，古德字。渥，厚也，音握。"（2234）

②《漢書卷二十八上·地理志第八上》："安悳，合陽，侯國。莽曰宜鄉。"師古曰："悳，古德字。"（1579）

按："悳"的句中義分別爲：①恩惠；②地名用字。

《説文·心部》："悳，外得於人，内得於己也。从直从心。"段玉

---

① 商末諸侯國，今本《尚書》作"黎"。卜辭作"旨"，西周甲骨H:42作"𩿾"，《史記·殷本紀》作"飢"，《史記·周本紀》作"耆"，《史記·宋世家》作"阢"。參見沈建華《"武王八年伐鄙"芻議》，《考古與文物》2010年第2期。

栽注：“俗字叚德爲之。德者，升也。”《周易·乾》：“君子進德修業。”
孔穎達疏：“德，謂德行；業，謂功業。”

《說文·彳部》：“德，升也。从彳，悳聲。”段玉裁注：“升，當作
登。辵部曰：‘遷，登也。’此當同之。德訓登者，《公羊傳》‘公曷爲遠
而觀魚，登來之也’何曰‘登讀言得。得來之者，齊人語。齊人名求
得爲得來，作登來者，其言大而急，由口授也’；唐人詩‘千水千山
得得來’，得即德也。登、德雙聲，一部與六部合韵又最近。今俗謂用
力徙前曰德，古語也。”桂馥《說文解字義證》卷六：“古升、登、陟、
得、德五字義皆同。陟讀爲德者，古聲同，今爲類隔音是矣。”

張世超等認爲：“以甲金文考之，則許慎顛倒‘德’‘悳’之先後，
昭然明矣。……此義（引者按：即道德，德行義）乃‘德’之本義，
亦常用義，銘文用例十九皆此義。”[1]

“値”字在西周金文中可以用來記錄｛德｝。田煒認爲：“‘德’字
實際上是從‘値’字分化出來的一個專門表示其引申義的字，當分析
爲‘從心，從値，値亦聲’。”[2]

俞紹宏在此基礎上，對“値”“德”及相關諸字進行全面梳理與
考辨。他認爲：道德之“德”從“心”“値”聲，其正字本作“德”；
“悳”爲其省“彳”後而成的“德”字省簡體；“德”訓“升”爲假借用
法，這一用法的本字應爲“陟”；文獻中“陟”之巡行義也應是假借用
法，其本字應爲甲骨文中的“値”。[3]

從造字的角度看，“德”字在“悳”字之前產生；從用字的角度
看，後世通行“德”字，故顔師古以“悳”爲古字。

總之，在記錄“恩惠”這個義項時，古字“悳”與今字“德”屬
於异構本字。

---

①　張世超、孫凌安、金國泰、馬如森：《金文形義通解》，（日本）中文出版社，1996，第 373 頁。
②　田煒：《西周金文字詞關係研究》，上海古籍出版社，2016，第 241~242 頁。
③　俞紹宏：《値、德及相關字字際關係考辨》，《大連大學學報》2020 年第 4 期。

例3 量—朝；晁—朝

①《漢書卷五十七上·司馬相如傳第二十七上》："量采琬琰，和氏出焉。"師古曰："量，古朝字也。朝采者，美玉每旦有白虹之氣，光采上出，故名朝采，猶言夜光之璧矣。"（2559）

②《漢書卷六十四上·嚴朱吾丘主父徐嚴終王賈傳第三十四上》："而使陛下甲卒死亡，暴露中原，霑漬山谷，邊境之民爲之早閉晏開，量不及夕。"師古曰："量，古朝字也。言憂危亡不自保也。"（2781）

③《漢書卷二十七上·五行志第七上》："尹氏、召伯、毛伯事王子量。"師古曰："子量，景王庶子也。量，古朝字。"（1329）

④《漢書卷四十九·爰盎量錯傳第十九》師古曰："量，古朝字。其下作朝，蓋通用耳。"（2267）

⑤《漢書卷五·景帝紀第五》："斬御史大夫晁錯以謝七國。"師古曰："晁，古朝字。"（142）

按：①②用爲"早晨"義，③爲人名用字，④⑤爲姓氏用字。

《説文·量部》："量，匽量也。讀若朝。楊雄説：匽量，蟲名。杜林以爲朝旦，非是。从量从旦。𪓑，篆文从皀。""𪓑，篆文从皀"段玉裁改爲"𪓑，古文从皀"。注云："蓋見楊雄《倉頡訓纂》。《廣韻》亦引《倉頡篇》云：'蟲名。'按：爲何蟲，許亦不憭也。《夏小正》言匽之興，不得援以證匽量。""此皀爲乃説段借之例。杜林用量爲朝旦字，蓋見杜林《倉頡故》。考《屈原賦》：'甲之量吾以行。'王逸曰：'量，旦也。'《左傳》衛大夫史朝，《風俗通》作'史量之後爲量姓'。《漢書》量姓又作晁。是古段量爲朝，本無不合。許云非是，未審。他處亦未見此例也。若木部槮下，杜林以爲椽桷字；斗部斡下，杜林以爲輻車輪斡，亦未辯其非是矣。蓋段借之學，明其爲借字，非真字而真字存。不明其爲借字，直指爲真字，而真字、借字之義皆廢矣。伯山蓋謂黽夕爲真字，故辯以防之也。""蓋亦蟲之大腹者，故从黽。其从旦之意不能詳也。""'古文'各本作'篆文'。今依《玉篇》正。凡先古籀後篆者，皆由文勢不得不尔。此非其比也。《廣韻》古本亦必先䵶後鼂，注曰古文。今本二大字轉寫訛舛。《集韵》《類篇》依大徐而誤。皀見日部，讀若窈。古文从黽皀聲。"《玉篇·黽部》："䵶，中橋切。蝘䵶，蟲名。鼂，古文。"《廣韻》宵韻："鼂，《蒼頡篇》云：'蟲名。'亦姓，《風俗通》云：'衛大夫史鼂之後，漢有鼂錯。'直遥切。又陟遥切。五。晁，同上。䵶，古文。"

　　許慎取揚雄之説，故將"䵶"字放在黽部。據目前所見古文字資料，"䵶"字最早見於戰國秦系文字，例如《睡虎地秦墓竹簡·爲吏之道》20 簡："二曰不安其䵶（朝）。"①字作䵶，从日，从黽。這種寫法一直延續至漢代，例如阜陽簡作䵶（C40）②，北大簡作䵶（B62）。

　　北大簡《蒼頡篇》62 簡："偓䵶運糧。"整理者注釋云：

　　　偓䵶，"䵶"即《説文》"鼂"字。……"匽"通"偃""蝘"。《玉篇》："䵶，蝘䵶蟲也。""䵶"可讀作"朝"，即早晨，如《楚辭》屈原《九章·哀（鄭）〔郢〕》："出國門而軫懷兮，甲之䵶吾以行。""偓"可讀作"晏"，《説文》："晏，天清也。"《史記·孝武本紀》："迎鼎至甘泉，從行，上薦之。至中山，晏溫。"集解引如淳曰："《三輔》謂日出清濟爲晏。晏而溫也。"則"偓䵶"讀作"晏朝"，爲兩個義近字之組合。"晏朝"亦即清晨。③

---

① 睡虎地秦墓竹簡整理小組編《睡虎地秦墓竹簡》，文物出版社，1990，第 170 頁。
② 文物局古文獻研究室、安徽省阜陽地區博物館阜陽漢簡整理組：《阜陽漢簡〈蒼頡篇〉》，《文物》1983 年第 2 期。
③ 北京大學出土文獻研究所編《北京大學藏西漢竹書·壹》，上海古籍出版社，2015，第 130 頁。

“匽鼀”不是蟲，而應讀爲“晏朝”，是晚早的意思。整理者訓
“晏朝”爲清晨，非是。這種用表示早晨和晚上兩段時間的詞組成的複
詞作狀語，一般都表示勤勉的意思。揚雄誤認爲是作主語，是“運糧”
動作的發出者，纔有“匽鼀”是條蟲的誤説。[1] 因此，“鼀”應該就是
“朝”之異體字，本義是早晨，其所從之“日”應該是意符。另一偏
旁“黽”應該是聲符，這個聲符“黽”應該是“蠅”字象形初文，與
“朝、兆、皀”等字音近。[2]

“晁”乃“鼀”字異構。因“黽”字喪失標音作用，或將“黽”改
爲“兆”，是爲“晁”字。朝（朝見）、晁（鼀，《廣韻》直遥切）、兆，
上古音均爲定母，宵部。

從造字的角度來説，“朝”字見於甲骨文，“鼀（晁）”字後出。從
用字的角度來説，在記録“早晨”這一義項時，漢代以後習用“朝”
字，罕用“鼀（晁）”字，故唐代人以“鼀（晁）”爲古字。

總之，在表示“早晨”這個義項時，古字“鼀”與今字“朝”均
爲本字。

例4　𤰞—貶

《漢書卷五十七上·司馬相如傳第二十七上》：“此不可以揚名
發譽，而適足以𤰞君自損也。”師古曰：“𤰞，古貶字。”（2547）

按：“𤰞”的句中義爲“貶低”。

《説文·貝部》：“貶，損也。从貝从乏。”《玉篇·貝部》：“貶，碑
檢切，減也，損也。”本義爲“減少”。《周禮·秋官·朝士》：“凡報仇
讎者，書於士，殺之無罪，若邦凶荒札喪寇戎之故，則令邦國都家縣
鄙慮刑貶。”鄭玄注：“貶，猶減也。”引申爲“降職”。《詩·大雅·召

---

① 劉洪濤：《古代中國研究需重視語法知識》，澎湃新聞·私家歷史，2016年5月14日。
② 李桂森、劉洪濤：《釋“鼀”“竈”》，《古文字研究（第33輯）》，中華書局，2020。

旻》：“兢兢業業，孔填不寧，我位孔貶。”毛傳：“貶，隊也。”孔穎達疏：“民既不安，其我王之位又甚貶退，言其卑微與諸侯無異也。”引申爲“貶低，謙退”。《穀梁傳・莊公》：“不言氏姓，貶之也。”《孔子家語・在厄》：“子貢曰：‘夫子之道至大，故天下莫能容夫子。夫子盍少貶焉？’”

《説文・巢部》：“叀，傾覆也。从寸，臼覆之。寸，人手也。从巢省。杜林説以爲貶損之貶。”段玉裁改篆作“圉”，在“从巢省”前增“臼”字，注云：“《周禮・硩蔟氏》：‘掌覆夭鳥之巢。’”“寸巢猶硩蔟也。”“古寸與又通用。”“臼者，巢之省。以手施於巢，傾覆之意也。方斂切。七部。按解云从寸从臼。而各本篆體作叟，誤。今依《玉篇》《廣韻》《集韻》《類篇》更正。”“此亦如以構爲桷、以索爲市、以鼂爲朝、以畀爲麒也。巢在上覆之而下，則與貶損義相通。”

徐灝箋云：“蓋此篆隸變爲叟，與俗書老叟無別，故後人改从寸作叀，因并改許説耳。……段氏遽改篆作圉，亦輕率也。”[1]趙平安認爲徐灝對段玉裁的批評是中肯的，并進一步指出：“叀與兌本來就是一字的分化”，[2]而“兌是箪的本字”[3]，其説可從。

總之，在記録“貶低”這個義項時，古字“叀”是通假字，今字“貶”是本字。

再次，顔師古指認的“古今字”有的并非真正的古今字。

亞一弗

《漢書卷七十三・韋賢傳第四十三》：“其諫詩曰：‘肅肅我祖，國自豕韋，黼衣朱綬，四牡龍旂。’”師古曰：“黼衣畫爲斧形，而

---

① 　（清）徐灝：《説文解字注箋》卷六，《續修四庫全書》本。
② 　趙平安：《從叀字的釋讀談到叀族的來源》，《中國文字學報》第 1 輯，商務印書館，2006。
③ 　趙平安：《從語源學的角度看東周時期鼎的一類别名》，《考古》2008 年第 12 期。

白與黑爲彩也。朱綏爲朱裳畫爲亞文也。亞，古弗字也，故因謂
之。綏^①字又作黻，其音同聲。”（3101）

按：《説文・丿部》：“弗，撟也。从丿从乀，从韋省。”“撟”段玉
裁改爲“矯”，注云：“矯，各本作‘撟’，今正。撟者，舉手也，引申
爲高舉之用；矯者，揉箭箝也，引申爲矯拂之用。今人不能辯者久矣。
弗之訓矯也。今人矯弗皆作拂，而用弗爲不，其誤蓋亦久矣。”甲骨文
作𢎫（鐵130.4）、𢎫（鐵219.3），从己（像繩索之形），構意爲纏束一物
使之矯正不彎。本義爲矯正。《玉篇・丿部》：“弗，甫勿切。撟也，不
正也。《説文》云：‘撟也。’亞，古文。”《集韻》勿韻分物切：“弗、亞，
《説文》：‘撟也。’古作亞。”“弗”的古文“亞”與《説文》訓“醜也”
的“亞”字同形。《類篇・丿部》：“弗、亞，分勿切。撟也。从丿从乀，
从韋省。古作亞。弗，又符勿切。”《改并四聲篇海・亞部》并了部頭：
“亞，古文弗字。元在丿部，今改於此。”《漢語大字典・一部》據《改
并四聲篇海》收録“亞”并與“弗”字認同。古逸叢書本《龍龕手鑑・
弓部》：“弬、弮、强，音弗。三同。”朝鮮本《龍龕手鑑・弓部》：“弗，
甫勿切，不正也。强、弮、弜，三舊作。”《漢語大字典・弓部》據
朝鮮本《龍龕手鑑》收録“弜”并與“弗”字認同。“亞”“亞”“亞”
“亞（亞）”“强”“弬（弬）”“弜”“亞”均一字之變。

顔師古《漢書注》“亞，古弗字”當即唐代以後諸字書所本。《説
文・黹部》：“黼，黑與白相次文。从黹，甫聲。”《説文・黹部》：“黻，
黑與青相次文。从黹，犮聲。”《晋書・輿服志》：“榮戟韜以黻繡，上
爲亞字，緊大蛙蟆幡。”《爾雅・釋言》：“黼、黻，彰也。”郭璞注：“黼
文如斧，黻文如兩己相背。”《爾雅・釋器》：“斧謂之黼。”郭璞注：
“黼文畫斧形，因名云。”《尚書・益稷》：“藻、火、粉、米、黼、黻、

---

① 按：《漢語大字典》“綏”字下失收同“黻”的“綏”。

絺、繡。”孔安國傳：“黼若斧形，黻爲兩己相背。”孔穎達疏：“‘黼若斧形’，《考工記》云：‘白與黑謂之黼。’……蓋半白半黑，似斧刃白而身黑。‘黻謂兩己相背’，謂刺繡爲己字，兩己字相背也。《考工記》云：‘黑與青謂之黻。’刺繡爲兩己字，以青黑綫繡也。”《詩·秦風·終南》：“君子至止，黻衣繡裳，佩玉將將，壽考不忘。”毛傳：“黑與青謂之黻。”朱熹注：“黻之狀亞，兩己相戾也。”清阮元《揅經室集·釋黻》：“説黻者曰兩己相背戾，而自古畫象則作亞形，明兩弓相背戾，非兩己相背戾也。”

屈萬里認爲：“《韋賢傳》的‘朱紱’二字，當是本於《周易·困卦》九二爻辭‘朱紱方來’；這裏的紱字，應該就是韍字，也就是蔽膝。顏氏把它解作黻，以爲是朱裳上所畫的花紋，雖然與《漢書》本意不合；但，以紱爲黻，卻也是有旁證的。……顏氏以亞形花紋來解釋紱字；顯然地，他是把亞當作了兩己背戾之形。”“黹當是某種花紋的象形字；這從甲骨文和金文中黹的字形看來，當可斷定。後來，加上甫、友、慮這些注音的偏旁之後，本來是表示同一花紋的不同顏色；但是，後世解説的人，卻把黼黻兩字説成兩種不同形狀也不同顏色的花紋。……説黼字爲‘斧形’，當是由‘甫’的聲音附會而來。而古代實在沒有用斧形作爲衣物之花紋的（後世附會之説，自不必論。），於是孔穎達不得不説爲‘似斧刃白而身黑’。”[1]其説可從。王力先生認爲“黼”“斧”同源[2]，非是。

總之，“亞”作爲花紋形，本無音義可言。“弗”字見於甲骨文等古文字材料，但無一作“亞”形者，顏師古謂“亞，古弗字”純屬臆測。熊加全認爲：“‘亞’當即‘弗’字俗寫，而非其古文。”[3]亦屬臆測。[4]

① 屈萬里：《釋黹屯》，“中研院”史語所集刊第 37 本上册，1976。
② 王力：《同源字典》，商務印書館，1982，第 174 頁。
③ 熊加全：《〈新修玉篇〉研究》，中國社會科學出版社，2019，第 275 頁。
④ 張青松、俞紹宏《大型字書疑難字考釋八則》，《第四屆跨文化漢字國際學術研討會論文集》，2022。

第三節　顏師古 "古今字" 與顏氏有關論述的關係

一　《漢書注》"古今字" 的特點

班固是漢代著名的經學家，其著文用字常常使用生僻字，造成他人解讀困難。顏師古從方便時人閱讀的目的出發去注釋《漢書》，因此，他在遇到 "古字" 的時候，就用 "今字" 進行溝通，也就是用漢代至唐代間通行的字去解釋《漢書》中出現的生僻難解之古字，讓時人能夠讀懂《漢書》。顏師古《漢書注》"古今字" 有以下特點。

首先，《漢書注》"古今字" 的字際關係種類繁多。

據我們統計，《漢書注》"古今字" 共有 211 組。通過分析這些古今字組的字際關係（詳見下編），我們發現，其中異構本字共有 96 組，占全部材料的 45.5%；異寫本字僅見 2 組，占 0.9%；同源通用字共有 5 組，占 2.4%；同義換讀字僅見 1 組，占 0.47%；古本字—重造本字共有 10 組，占 4.74%；源本字—分化本字共有 7 組，占 3.32%；分化本字—源本字共有 3 組，占 1.4%；通假字—本字共有 20 組，占 9.48%；本字—通假字共有 23 組，占 10.9%；假借字—後補本字共有 7 組，占 3.32%；後補本字—假借字共有 1 組，占 0.47%；通假字—通假字僅見 4 組，占 1.90%；假借字—假借字共有 16 組，占 7.58%；異構假借字共有 12 組，占 5.69%；異寫假借字共有 4 組，占 1.90%，假古今字 1 組，占 0.47%。

顏師古《漢書注》"古今字" 所涉及的字際關係相當複雜，其中占比最多是異構本字，其次是本字和通假字、假借字和假借字、異構假借字、古本字—重造本字，等等。

其次，《漢書注》在解釋同一個字時，全書用語并不統一。

顏師古在注釋《漢書》中的古字時，前後的用語并不統一，某些字在此處被注爲"古某字",在彼處又被注爲"同某字""即某字"。

例1 笶—管

①《漢書卷六十五·東方朔傳第三十五》:"以笶闚天,以蠡測海,以莛撞鐘。"師古曰:"笶,古管字。"(2867)

②《漢書卷五十六·董仲舒傳第二十六》:"聖王已没,鐘鼓笶絃之聲未衰。"師古曰:"笶與管字同。"(2496)

例2 嘑—呼

①《漢書卷四十五·蒯伍江息夫傳第十五》:"欲掠問,躬仰天大嘑,因僵仆。"師古曰:"嘑,古呼字。"(2187)

②《漢書卷五十一·賈鄒枚路傳第二十一》:"一夫大嘑,天下嚮應者,陳勝是也。"師古曰:"嘑,字與呼同。嘑,叫也。"(2328)

例3 偪—逼

①《漢書卷四十八·賈誼傳第十八》:"親者或亡分地以安天下,疏者或制大權以偪天子。"師古曰:"偪,古逼字。"(2239)

②《漢書卷五十七上·司馬相如傳第二十七上》:"偪側泌瀄,横流逆折。"郭璞曰:"泌瀄,音筆櫛。"師古曰:"偪側,相逼也。泌瀄,相楔也。偪,字與逼同。"(2548)

例4 沫—頮

①《漢書卷六十二·司馬遷傳第三十二》:"士無不起,躬流涕,沫血飲泣,張空弮,冒白刃,北首争死敵。"師古曰:"沫,古頮字。頮,洒面也。言流血在面如盥頮。……沫音呼内反,字從午未之未。"(2729)

②《漢書卷二十一下·律曆志第一下》:"故《顧命》曰:'惟

四月哉生霸，王有疾不豫，甲子，王乃洮沬水'，作《顧命》。"師古曰："沬，洗面也。……沬即頮字也，音呼内反。"（1017）

由此可見，顔師古并未把古今字和異體字、同源通用字看作相并列的關係，它們可以同時既是古今字，又是異體字關係、同源通用字關係，等等。對於同一組字，顔師古可能會從不同角度考慮，所以注釋用語并不完全統一。當然，也可能是《漢書注》部頭太大，顔氏對這些術語又并没有清晰的認識和界定，因此造成體例上的前後不一。

最後，《漢書注》"古今字"并不是一一對應的關係。

《漢書注》中的古今字大多是一一對應的，此外，既存在兩個古字對應一個今字的情況，也存在兩個今字對應一個古字的情況。

例1 褎—袖；褒—袖

①《漢書卷四十四·淮南衡山濟北王傳第十四》："辟陽侯出見之，即自褎金椎椎之。"師古曰："褎，古袖字也。謂以金椎藏置褎中，出而椎之。"（2136）

②《漢書卷五十三·景十三王傳第二十三》："去與地餘戲，得褎中刀。"師古曰："褎，古衣袖字。"（2428）

③《漢書卷六十八·霍光金日磾傳第三十八》："須臾，何羅褎白刃從東箱上。"師古曰："置刃於衣褎中也。褎，古袖字。"（2961）

④《漢書卷九十三·佞幸傳第六十三》："嘗晝寢，偏藉上褎，上欲起，賢未覺，不欲動賢，乃斷褎而起。"師古曰："褎，古袖字。"（3733）

⑤《漢書卷六十六·公孫劉田王楊蔡陳鄭傳第三十六》："拂衣而喜，奮褒低卬。"顔師古注："褒，古衣袖字。"（2936）

按：《説文·衣部》："褎，袂也。从衣，采聲。袖，俗褎从由。"

《廣韻》宥韻似佑切："褏，衣袂也。亦作襃、褒。"

例2　婧—惰；憜—惰

①《漢書卷七十二·王貢兩龔鮑傳第四十二》："疾言辯訟，婧謾亡狀，皆不敬。"師古曰："婧，古惰字。"（3082）

②《漢書卷七十三·韋賢傳第四十三》："婧彼車服，黜此附庸。"師古曰："婧，古惰字也。"（3111）

③《漢書卷七十三·韋賢傳第四十三》："無婧爾儀，以保爾域。"師古曰："婧，亦古惰字也。"（3114）

④《漢書卷七十六·趙尹韓張兩王列傳第四十六》："張敞衎衎，履忠進言，緣飾儒雅，刑罰必行，縱赦有度，條教可觀，然被輕婧之名。"師古曰："婧，古惰字也。謂走馬、拊馬及畫眉。"（3240）

⑤《漢書卷七十三·韋賢傳第四十三》："畏忌是申，供事靡憜。"師古曰："憜，古惰字。"（3113）

按：《說文·心部》："憜，不敬也。从心，墮省。《春秋傳》曰：'執玉憜。'惰，憜或省自。婧，古文。"

例3　壄—野；埜—野

①《漢書卷四十九·爰盎鼂錯傳第十九》："胡人食肉飲酪，衣皮毛，非有城郭田宅之歸居，如飛鳥走獸於廣壄。"師古曰："壄，古野字。"（2285）

②《漢書卷八十四·翟方進傳第五十四》："河圖雒書遠自昆侖，出於重壄。"師古曰："壄，古野字。"（3432）

③《漢書卷二十七上·五行志第七上》："故堯舜舉群賢而命之朝，遠四佞而放諸壄。"師古曰："壄，古野字。"（1320）

④《漢書卷五十七下·司馬相如傳第二十七下》：“是以賢人君子，肝腦塗中原，膏液潤埜中而不辭也。”師古曰：“埜與壄同，古野字也。”（2579）

⑤《漢書卷二十八上·地理志第八上》：“方制萬里，畫壄分州。”師古曰：“壄，古野字。”（1523）

按：①②“壄”的義項爲田野、荒野；③“壄”的義項爲民間，與“朝”相對；④“埜”的義項爲野生的，非人工養殖或培植的；⑤“壄”的義項爲區域、範圍。

《説文·里部》：“野，郊外也。从里予聲。壄，古文野，从里省，从林。”甲骨文作𣑟（《合集》18006），西周金文作𡐅（大克鼎），戰國楚簡作埜（包2.171），睡虎地秦簡作壄（睡.日乙178），偶或省作𡐅（睡.日甲32）。[1] 甲骨文、金文从林、从土。从林，指草木；从土，指郊野的土地。表示長滿草木的荒郊野外。戰國楚系文字承甲骨文、金文字形作从林、从土；戰國秦系文字新增聲符，改爲从埜、予聲，即《説文》古文所本。《説文》將篆文字形分析爲“从里、予聲”，非是。“野”字嶧山碑作𤳊，馬王堆漢墓帛書《五十二病方》235作𤳊，《相馬

---

[1] 陳侃理指出：里耶秦方中采用“某如故，更某”句式的這組文句，主旨是對書寫用字進行規範，更確切地説，是分散多義字的職務。……除了分散多義字職能，里耶木方中還抄錄有歸并通用字、規範字形的規定。XV行“以此爲野”句，就是意在歸并通用字。“野”字的這一寫法見於戰國後期的放馬灘秦簡。在睡虎地秦簡中，“野”字則多寫作壄，偶有一處作𡐅（《日書》甲種簡32正），而不見作“野”者。里耶秦簡中“埜”“壄”“野”三字并存，秦始皇三十六年習字簡8—1437號有一“埜”字、二“野”字，習字簡8—176號有二“壄”字。《説文》：“壄，古文野。”顏師古亦曰“埜與壄同，古野字也”，認爲“埜”“壄”是“野”的古文。從目前所見戰國的用字情況來看，“埜”、“壄”兩形多見於楚文字，“野”則是秦文字的固有寫法。木方此句的意思，是將過去習用的幾種“野”字歸并起來，統一作此从“田”的字形，秦始皇嶧山刻石“野”字作𤳊，可見此形確是秦代官方的標準寫法。參見陳侃理《里耶秦方與“書同文字”》，《文物》2014年第9期；《簡帛文獻與古代史：第二屆出土文獻青年學者國際論壇論文集》，復旦大學歷史學系、復旦大學出土文獻與古文字研究中心編，中西書局，2015。按：二者文字略有不同。

經》31 下作𤲞，武威簡《服傳》20 作𤲞，均其證。白石神君碑作野，"田""土"上下相叠作"里"，與《説文》小篆同。

《玉篇・林部》："埜，移者切。古文野。"《玉篇・土部》："壄，亦者切。古文野。"《正字通・土部》："壄，壄字之訛。"

本義爲郊外。例如《詩・邶風・燕燕》："之子于歸，遠送于野。"毛傳："郊外曰野。"《詩・鄭風・野有蔓草》："野有蔓草，零露漙兮!"毛傳："野，四郊之外。"

可指周代王畿内的特定地區。《周禮・天官・司會》："掌國之官府郊、野、縣、都之百物財用。"鄭玄注："郊，四郊。去國百里。野、甸、稍也。甸去國二百里，稍三百里。"

亦可泛指田野、荒野。例如《左傳・僖公二十六年》："室如縣磬，野無青草。"《吕氏春秋・季秋紀・知士》："稼生於野而藏於倉。"《晏子春秋・外篇第七》："及莊公陳武夫，尚勇力，欲辟勝於邪，而嬰不能禁，故退而埜處。"

引申爲民間，與"朝"相對。《尚書・大禹謨》："君子在野，小人在位。"《孟子・萬章下》："在國曰市井之臣，在野曰草莽之臣。"

引申爲野生的，非人工養殖或培植的。例如《禮記・内則》："野豕爲軒，兔爲宛脾。"孔穎達疏："野豕爲軒，是菹也。"賈誼《鵬鳥賦》："野鳥入室兮，主人將去。"《文選・馬融〈長笛賦〉》："山雞晨群，壄雉朝雊。"李善注："壄，古野字。"

又引申爲區域，範圍。《淮南子・原道訓》："上游于霄霓之野，下出于無垠之門。"唐玄宗《過晋陽宮》詩："俯察伊晋野，仰觀乃参虚。"

總之，"埜""壄"是由於造字方法不同形成的異體字，"埜""野"亦然；"壄""野"是由於形符變換形成的異體字。

例 4　(飱)〔殄〕一飡

①《漢書卷三十四・韓彭英盧吴傳第四》："令其裨將傳餐。"

服虔曰："立駐傳餐食也。"如淳曰："小飯曰餐。破趙後乃當共飽食也。"師古曰："餐，古湌字。"（1868）①

②《漢書卷四十七·文三王傳第十七》："太后乃說，爲帝壹餐。"師古曰："說，讀曰悅。餐，古湌字。"（2211）②

③《漢書卷九十九下·王莽傳第六十九下》："諸生、小民會旦夕哭，爲設飧粥。"師古曰："飧，古湌字，音千安反。"（4188）

按：《說文·食部》："餐，吞也。从食，奴聲。湌，餐或从水。"《廣韻》寒韻七安切："湌，餐同。俗作飧。"《爾雅·釋言》："粲，餐也。"《釋文》："粲，七旦反。飧，謝：素昆反。《說文》云：'餔也。'《字林》云：'水澆飯也。'本又作餐，施：七丹反。《字林》作飧，云：'吞食。'"訓吞食之"飧"乃"餐（餐）"字之省。"飧"《漢書·王莽傳下》訛作"飧"。《漢書·高后紀》："列侯幸得賜餐錢奉邑。"應劭曰："餐與湌同。諸侯四時皆得賜餐錢。"文穎曰："湌，邑中更名算錢，如今長吏食奉，自復縢錢，即租奉也。"韋昭曰："熟食曰湌，酒肴曰錢，粟米曰奉。稅租奉祿，正所食也。四時得閒賜，是爲湌錢。湌，小食也。"師古曰："餐、湌同一字耳，音（于）〔千〕安反。③ 湌，所謂吞食物也。餐錢，賜廚膳錢也。奉邑，本所食邑也。奉音扶用反。"

陳劍認爲："古人一日兩餐，晚飯常係將午餐所餘再澆水浸泡而成，故'飧'又有异體作'水食'兩字會意之'湌'（再變而爲'湌'）；後因'餐'字簡體'飧'與'飧'形近、意義又有關，故諸字很早就已

---

① 《史記·淮陰侯列傳》："令其裨將傳飧，曰：'今日破趙會食！'"集解："駰案，徐廣曰：'飧，音湌也。'服虔曰：'立駐傳湌食也。'如淳曰：'小飯曰湌。'言破趙後乃當共飽食也。"索隱："如淳曰：'小飯曰湌。'謂立駐傳湌，待破趙乃大食也。"

② 《史記·梁孝王世家》："於是奏之太后，太后乃說，爲帝加壹湌。"

③ 中華書局1962年版《漢書》校勘記："景祐、殿本都作'千'。王先謙說作'千'是"。

相亂。"① 其説可從。

總之，唐代通行"飱（湌）"字，故顔師古以"餐""（飧）〔殘〕"爲古字。

例5　逯—遁；逯—遯

①《漢書卷九十四下·匈奴傳第六十四下》："如其後嗣逯逃竄伏，使於中國不爲叛臣。"師古曰："逯，古遁字。"（3833）

②《漢書卷一百下·叙傳第七十下》："張、陳之交，势如父子，攜手逯秦，拊翼俱起。"應劭曰："逯，逃也。"師古曰："逯，古遯字也。"（4245）

按：《説文·辵部》："遁，遷也。一曰逃也。从辵，盾聲。"《説文·辵部》："遯，逃也。从辵，从豚。"小徐本作"豚聲"，可從。《五經文字·辵部》："遯遁，二同。上：《易卦》：'遯，逃也。'下：遷也。經典通用之。"

古字與今字是通過意義和讀音聯繫在一起的，因此它們的形體不具有一一對應的關係。顔師古已經認識到記録某一義項的字形并不是唯一的，在同一時期可能出現幾個字形表達同一義項的情況。

二　顔師古"古今字"和顔師古古今字論述的關係

通過考察《匡謬正俗》和《漢書注》，我們發現，顔師古雖然没有系統闡述過古今字的概念，但已經具有自己的古今字觀念。

在《匡謬正俗》中，顔師古對古今字問題已經有零散論述（詳見緒論）。

---

① 陳劍：《〈周馴〉"爲下飱挃而餔之"解》，復旦大學出土文獻與古文字研究中心網站論文，http://www.gwz.fudan.edu.cn/SrcShow.asp?Src_ID=2835。

通過分析《漢書注》古今字材料，我們知道，《漢書注》注列"古今字"必須符合下列條件。

（1）《漢書注》注列"古今字"在通行時代上有區別。

顔師古在《漢書注》中所提及的古今字一般在先秦時期就有使用，尤其是一些"古字"，在先秦時期使用過，後來逐漸就退出社會用字，祇在一些字書中還得以保存。

《漢書注》中的古今字多數先在秦漢時期混用過，而漢代以後，今字的應用更加頻繁，逐漸取代了古字。顔師古注《漢書》，從唐代用字的實際情況出發，以唐代使用的通行字作爲"今字"，而之前表達過同一詞項而唐代已經不再繼續使用的字被稱爲"古字"。

可見，就一般情況而言，《漢書注》中的古字和今字有過混同使用的歷史，但到唐代，或古字已退出社會通行用字，或兩個字的使用已有明確分工。

總之，顔師古從當時社會用字實際情況出發，將唐代通行字定爲"今字"；將曾經使用過而唐代已不再使用，或仍在使用，但已不代表該義項的字定爲"古字"。

（2）《漢書注》注列"古今字"的讀音相同或相近。

除文字學、訓詁學外，顔師古在古音學上也有不少貢獻。

顔師古對音韻頗有研究，他對語音的古今演變有了比較明確的認識；知道古韻分部，并瞭解韻部之間的遠近疏密關係；考求古音時運用了比較科學的方法。[①]

在《漢書注》中，顔師古常用到"某某音同""某某聲相近"等注釋用語。

（3）《漢書注》注列"古今字"的詞項相同。

通過前面的舉例分析，我們發現，顔師古注列的古今字無論"古

---

① 參見張金霞《顔師古語言學研究》，齊魯書社，2006，第44~52頁。

字"和"今字"的字際關係如何，都一定具有相同的詞項。

　　由此可見，《漢書注》中的古今字和《匡謬正俗》中關於古今字的零散説解是有機統一在一起的，《漢書注》中的古今字材料是《匡謬正俗》中古今字論述的實例和補充。

第三章 《漢書》《史記》《文選》相同作品"古今字"比較

第一節 三書相同作品"古今字"比較

三書正文均用古字且結構相同，注釋文字（今字）相同者。

骩（骪）—委

《史記卷一百一十七·司馬相如列傳第五十七》："崔錯骩骳。"裴駰集解："古'委'字。"（3028）①

《漢書卷五十七上·司馬相如傳第二十七上》："崔錯骩骳。"師古曰："崔錯，交雜也。骩骳，蟠戾也。崔音千賄反。骩音步薑反。骩，古委字。"（2559）

《文選卷八·賦丁·畋獵中·司馬長卿〈上林賦〉》："崔錯骪骳。"郭璞曰："崔錯，交雜。骪骳，蟠戾也。崔，千賄切。骪，步薑切。骪，古委字。"（410）

按："骩""骪"爲一字异寫。

下面重點考察三書"古字"或"今字"不同的字組。

---

① （漢）司馬遷撰，（南朝宋）裴駰集解，（唐）司馬貞索隱，（唐）張守節正義《史記》，中華書局，1959。

一 三書正文用古字，注釋文字（今字）或有不同

《史記卷六・秦始皇本紀第六》："陳涉，甕牖繩樞之子，甿隸之人。"集解："如淳曰：'甿，古氓字。氓，民也。'"（282）

《漢書卷三十一・陳勝項籍傳第一》："然而陳涉，甕牖繩樞之子，甿隸之人。"如淳曰："甿，古文萌字。甿，民也。"（1824）

《文選卷五一・詩庚・論一・賈誼〈過秦論〉》："然爾陳涉，甕牖繩樞之子，甿隸之人。"李善注引如淳曰："甿，古氓字。氓，人也。"（2236）

按：《文選考異卷第九・卷五十一・過秦論》："注'甿，古氓字。氓，人也'，袁本、茶陵本'氓'字作'文氓'。案，顏注引作'甿，古文萌字。萌，民也。'蓋善引無'字'字，又諱'民'作'人'。集解引作'甿，古氓字。氓，民也'，尤依之校改耳。"①

《説文・民部》："氓，民也。从民，亡聲。讀若盲。"段玉裁注："《詩》'氓之蚩蚩'傳曰：'氓，民也。'《方言》亦曰：'氓，民也。'《孟子》：'則天下之民皆悦而願爲之氓矣。'趙注：'氓者，謂其民也。'按此則氓與民小别。蓋自他歸往之民則謂之氓，故字从民亡。"

《説文・田部》："甿，田民也。从田，亡聲。"段玉裁注："甿爲田民，農爲耕人，其義一也。民部曰：'氓，民也。'此从田，故曰田民也。唐人諱民，故'氓之蚩蚩'、《周禮》'以下劑致氓'，石經皆改爲'甿'。古衹作'萌'，故許引《周禮》'以興鋤利萌'。蓋古本如是。鄭云：'變民言萌，異外内也。萌，猶懵懵無知貌。'"

林沄認爲："氓字的本義是自他歸往之民，在先秦古籍中，萌是氓的同音假借字，甿是氓的異體字。段玉裁的氓、萌異義説和朱駿聲的

---

① （清）胡克家：《文選考異》，清嘉慶鄱陽胡氏刊本。

氓、甿异義説，根據的都袛是漢代後起的説法，所以是不可信從的。"①
其説甚是。

《漢書·揚雄傳下》："遐萌爲之不安，中國蒙被其難。"李善注
《文選》作"眠"。《文選考异·長楊賦》"遐眠②之不安"條："袁本、
茶陵本'眠'作'氓'。案，此皆非也。正文當作'萌'，注當作'韋
昭曰：萌，音氓。萌，人也'。今作'眠，音萌'，誤倒。《漢書》作
'萌'，善自與之同。蓋五臣作'氓'而各本亂之，因又改韋注也。《上
林賦》'以贍萌隸'注'韋昭曰：萌，民也'。張景陽《七命》'群萌反
素'袁、茶陵皆有校語云：'五臣作氓'，最可證。又如顏延年侍游蒜山
作詩'留滯感遺萌'，亦善'萌'、五臣'氓'相亂，彼二本仍云'五
臣作氓'，唯此爲各本所見皆誤，故無校語耳。"其説可從。

《文選旁證卷十二·揚子雲〈長楊賦〉》"遐眠爲之不安"條："注：
韋昭曰：'眠，音萌。萌，人也。'六臣本'眠'作'氓'，《漢書》作
'萌'。按：此亦當作'萌，音眠'。各本皆誤倒，因又改正文作'眠'
耳。眠即氓字。或五臣作'氓'，李作'萌'。《上林賦》'以贍萌隸'，
《七命》'群萌反素'，六臣本皆有校語云'五臣作氓'可證也。"③

《文選箋證卷十一·揚子雲〈長楊賦〉》"遐眠爲之不安"條："注：
韋昭曰：'眠，音萌，人也。'五臣作'氓'，《漢書》作'萌'。《旁證》
云：此亦當作'萌，音眠'。各本皆誤倒，因又改正文作'眠'。眠，
古氓字。或五臣本作'氓'，善仍作'萌'耳。《上林賦》'以贍萌隸'，
《七命》'群萌反素'，五臣皆作'氓'可證也。紹煐按：此校是也。正
文作'萌'，故韋音氓。若本作'氓'，不得復音萌矣。注'人也'亦

① 林沄：《説"氓"》，《史學集刊》（復刊號），1981 年 10 月。
② "眠"是在"甿"與"氓"的基礎上形成的異體字。《字學三正第一册·古文异體》："眠，
氓。"參見（明）郭一經撰《字學三正》四卷，明萬曆二十九年山東曹縣公署刻本，《四
庫未收書輯刊》經部第 2 輯第 14 册，北京出版社，1997，第 224 頁。
③ （清）梁章鉅：《文選旁證》四十六卷，影印復旦圖書館藏清道光刻本，《續修四庫全書》
第 1581 册，第 328 頁，下欄。

當爲‘民’，因避諱改耳。《管子·山國軌》‘謂高之萌’① 注：‘萌，田民也。’氓、萌古今字。《衆經音義一》：‘萌，古文氓，同。’《詩》多古文，故《衛風》‘氓之蚩蚩’作‘氓’。《周禮》作‘甿’。《説文》：‘氓，民也。從民，亡聲。’又‘甿，田民也。從田，亡聲。’此作眠，不氓不（甿）〔甿〕之間，非古也。《旁證》謂‘眠，古氓字’，未知所據。”②

今謂如淳原注當爲：“萌，古氓字。氓，民也。”“氓”，唐人因避諱改爲“甿”③。《漢書·楚元王傳》：“大哉天命！善不可不傳于子孫，是以富貴無常；不如是，則王公其何以戒慎，民萌何以勸勉？”師古曰：“萌，與甿同，無知之貌。”“民萌”即“民氓”。王符《潛夫論·考績》：“故能別賢愚而獲多士，成教化而安民氓。”又《漢書·衛青霍去病傳》：“票騎將軍去病率師征匈奴，西域王渾邪王及厥衆萌咸犇於率。”師古曰：“萌字與甿同。”《漢書》用古字“萌”，顏師古出於避諱，故以“氓”之異構字“甿”釋之，是其證。

《漢書·司馬相如傳上》：“地可墾辟，悉爲農郊，以贍氓隸，隤牆填塹，使山澤之民得至焉。”“氓隸”《史記·司馬相如列傳》作“萌隸”。《漢書》本當作“萌”，後來改爲今字“氓”。

總之，後人或誤以“甿”“眠”爲古字，或誤以“萌”爲今字，因此妄改韋昭注與如淳注。

二 《史記》用今字；《漢書》《文選》均用古字，顏師古、李善注以今字釋古字

例如“曳—貤”“羋—攀”。

---

① 引者按：“高”字後奪“田”字。
② （清）胡紹煐撰《文選箋證》三十二卷，影印清光緒劉世珩刻聚學軒叢書第五集本，《續修四庫全書》第 1582 册，第 141 頁，下欄。
③ 氓，唐代因避諱或作“**氓**”（黎幹墓志）、“**氓**”（李琪墓志）、“**氓**”（王玄墓志）。

三 《史記》用字不同;《漢書》《文選》均用古字,顏師古、李善注以今字釋古字

例如"頯—俌"。"頯",《史記·司馬相如列傳》作"俛"。

第二節 《史記》《漢書》相同作品"古今字"比較

碓—崔

《史記卷二十九·河渠書第七》:"於蜀,蜀守冰鑿離碓,辟沫水之害,穿二江成都之中。"集解:"晉灼曰:'古堆字也。'"(1407)

《漢書卷二十九·溝洫志第九》:"於蜀,則蜀守李冰鑿離崖,避沫水之害,穿二江成都中。"晉灼曰:"崖,古堆字也。崖,岸也。"師古曰:"音丁回反。"(1677)

按:《説文·𠂤部》:"𠂤,小𨸏也。象形。凡𠂤之屬皆从𠂤。"段玉裁注:"小𨸏,𨸏之小者也。《廣雅》本之,曰:'𠂤,細𨸏也。'今訛舛不可讀矣。小𨸏曰𠂤。《國語》叚借魁字爲之。《周語》:'夫高山而蕩,以爲魁陵糞土。'賈逵、韋昭皆曰:'小𨸏曰魁。'即許之𠂤也。賈逵注見《海賦》。其字俗作堆。堆行而𠂤廢矣。氏下云:'山岸脅之堆,旁箸欲落𡐦者曰氏。'小徐作堆,大徐則删之。《士冠禮》注:'追猶堆也。'是追即𠂤之叚借字。李善注《七發》曰:'追,古堆字。'《詩》:'追琢其章。'追,亦同𠂤。蓋古治金玉突起者爲𠂤,穿穴者爲琢。𠂤語之轉爲敦,如《爾雅》之'敦丘',俗作墩;《詩》'敦彼獨宿',傳以'敦敦然'釋之,皆是也。"

堆,戰國文字作𡐦(望2·13)。《漢書·司馬相如傳上》:"觸穹

石，激堆埼。”顏師古注：“堆，高阜也。”唐劉禹錫《竹枝詞》：“城西門前灩澦堆，年年波浪不能摧。”宋范成大《懷古亭》詩題注：“懷古亭在永康離堆之上。離堆分岷江水，一派溉彭蜀，而支流道郫縣以入於府江。”

都江堰由魚嘴、飛沙、寶瓶口三部分組成。魚嘴是修建在江心的分水堤壩，把洶涌的岷江分隔成外江和內江，外江排洪，內江引水灌溉。飛沙堰起泄洪、排沙和調節水量的作用。寶瓶口控制進水流量，因口的形狀如瓶頸故稱寶瓶口。內江水經過寶瓶口流入川西平原灌溉農田。被玉壘山截斷的山丘部分稱爲“離堆”。離堆這個區域在沒有修建都江堰水利工程以前，和現在對面的玉壘山是連在一起的。因此，“離堆”應該是取離山之堆的意思。

“碓”“崔”皆“堆”字异構。由於晋代習用“堆”字，故晋灼以“碓”“崔”爲古字。

第三節 《漢書》《文選》相同作品“古今字”比較

《漢書》《文選》相同作品

作者及篇目	《漢書》卷次及紀傳	《文選》卷次及類目
班彪《王命論》	《漢書卷一百上·叙傳第七十上》	《文選卷五二·論二》
班固《答賓戲》	《漢書卷一百上·叙傳第七十上》	《文選卷四五·設論》
班固《幽通賦》	《漢書卷一百上·叙傳第七十上》	《文選卷一四·志上》
班固《述成紀第十》	《漢書卷一百下·叙傳第七十下》	《文選卷五〇·史述贊》
班固《述高紀第一》	《漢書卷一百下·叙傳第七十下》	《文選卷五〇·史述贊》
班固《述韓英彭盧吳傳第四》	《漢書卷一百下·叙傳第七十下》	《文選卷五〇·史述贊》

作者及篇目	《漢書》卷次及紀傳	《文選》卷次及類目
班固《公孫弘傳贊》	《漢書卷五十八·公孫弘卜式兒寬傳第二十八》	《文選卷四九·史論上》
東方朔《非有先生論》	《漢書卷六十五·東方朔傳第三十五》	《文選卷五一·論一》
東方朔《答客難》	《漢書卷六十五·東方朔傳第三十五》	《文選卷四五·設論上》
漢高祖《歌一首》	《漢書卷一下·高帝紀第一下》	《文選卷二八·雜歌》
漢武帝《賢良詔》	《漢書卷六·武帝紀第六》	《文選卷三五·詔》
漢武帝《詔一首》	《漢書卷六·武帝紀第六》	《文選卷三五·詔》
賈誼《吊屈原文》	《漢書卷四十八·賈誼傳第十八》	《文選卷六〇·吊文》
賈誼《鵩鳥賦》	《漢書卷四十八·賈誼傳第十八》	《文選卷一三·鳥獸上》
賈誼《過秦論》	《漢書卷三十一·陳勝項籍傳第一》	《文選卷五一·論一》
劉歆《移書讓太常博士》	《漢書卷三十六·楚元王傳第六》	《文選卷四三·書下》
枚乘《上書諫吳王》	《漢書卷五十一·賈鄒枚路傳第二十一》	《文選卷三九·上書》
枚乘《上書重諫吳王》	《漢書卷五十一·賈鄒枚路傳第二十一》	《文選卷三九·上書》
司馬遷《報任少卿書》	《漢書卷六十二·司馬遷傳第三十二》	《文選卷四一·書上》
司馬相如《封禪文》	《漢書卷五十七下·司馬相如傳第二十七下》	《文選卷四八·符命》
司馬相如《難蜀父老》	《漢書卷五十七下·司馬相如傳第二十七下》	《文選卷四四·檄》
司馬相如《喻巴蜀檄》	《漢書卷五十七上·司馬相如傳第二十七上》	《文選卷四四·檄》
司馬相如《上林賦》	《漢書卷五十七上·司馬相如傳第二十七上》	《文選卷八·畋獵中》
司馬相如《上書諫獵》	《漢書卷五十七上·司馬相如傳第二十七上》	《文選卷三九·上書》
司馬相如《子虛賦》	《漢書卷五十七上·司馬相如傳第二十七上》	《文選卷七·畋獵上》
王褒《聖主得賢臣頌》	《漢書卷六十四下·嚴珠吾丘主父徐嚴終王賈傳第三十四下》	《文選卷四七·頌》
韋孟《諷諫》	《漢書卷七十三·韋賢傳第四十三》	《文選卷一九·補亡》
揚雄《長楊賦》	《漢書卷八十七下·揚雄傳第五十七下》	《文選卷九·畋獵下》
揚雄《解嘲一首》	《漢書卷八十七下·揚雄傳第五十七下》	《文選卷四五·設論》

作者及篇目	《漢書》卷次及紀傳	《文選》卷次及類目
揚雄《甘泉賦》	《漢書卷八十七上・揚雄傳第五十七上》	《文選卷七・郊祀》
揚雄《羽獵賦》	《漢書卷八十七上・揚雄傳第五十七上》	《文選卷八・畋獵中》
揚雄《趙充國頌》	《漢書卷六十九・趙充國辛慶忌傳第三十九》	《文選卷四七・頌》
楊子幼《報孫會宗書》	《漢書卷六十六・公孫劉田王楊蔡陳鄭傳第三十六》	《文選卷四一・書上》
楊子幼《報孫會宗書》	《漢書卷六十六・公孫劉田王楊蔡陳鄭傳第三十六》	《文選卷四一・書上》
鄒陽《上書吳王》	《漢書卷五十一・賈鄒枚路傳第二十一》	《文選卷三九・上書》
鄒陽《獄中上書自明》	《漢書卷五十一・賈鄒枚路傳第二十一》	《文選卷三九・上書》

一 古字與今字均同，術語亦同

例1 蜚—飛

《漢書卷五十七上・司馬相如傳第二十七上》："蜚襳垂髾。"張揖曰："襳，離褷也。髾，髻後垂也。"師古曰："張説非也。襳，袿衣之長帶也；髾謂燕尾之屬，皆衣上假飾，非髻垂也。蜚，古飛字也。"（2541）

《文選卷七・賦丁・畋獵上・司馬長卿〈子虛賦〉》："蜚襳垂髾。"善曰："蜚，古飛字也。"（353）

《漢書卷五十七下・司馬相如傳第二十七下》："俾萬世得激清流，揚微波，蜚英聲，騰茂實。"師古曰："蜚，古飛字。"（2605）

《文選卷四八・詩庚・符命・司馬長卿〈封禪文〉》："俾萬世得激清流，揚微波，蜚英聲，騰茂實。"善曰："蜚，古飛字也。"（2143）

例 2　芔—卉

《漢書卷五十七上·司馬相如傳第二十七上》：“薊荏芔歙。”
師古曰：“芔，古卉字也，音諱。”（2559）

《文選卷八·賦丁·畋獵中·司馬長卿〈上林賦〉》：“薊荏芔
歙。”善曰：“芔，古卉字。”（369）

例 3　靁—雷

《漢書卷五十七上·司馬相如傳第二十七上》：“車騎靁起，殷
天動地。”師古曰：“靁，古雷字也。”（3162）

《文選卷八·賦丁·畋獵中·司馬長卿〈上林賦〉》：“車騎靁
起，殷天動地。”善曰：“靁，古雷字。”（371）

按：《説文·雨部》：“靁，陰陽薄動靁雨，生物者也。从雨，畾象回
轉形。𗂾，古文靁。𗂽，古文靁。𗂿，籀文靁。閒有回。回，靁聲也。”
甲骨文作􀀀（《合集》13419）、􀀀（《合集》3945 正）、􀀀（《合集》24367），
􀀀像閃電之形，中間的四個點（先變爲兩個口，又變爲兩個田）表示閃
電後發出的聲響。西周金文作􀀀（《集成》876）、􀀀（《集成》9826）、􀀀
（《集成》6011），晚期加上形符“雨”。戰國文字作􀀀（包 2·174）、􀀀
（包 2·85）、􀀀（睡·日甲 42 背），省略閃電形，或將四個田字簡化爲三
個。小篆承襲秦系文字。隸書又把三個田字形簡省爲一個。

例 4　摰—挐

《漢書卷八十七上·揚雄傳第五十七上》：“鉤赤豹，摰象犀。”
師古曰：“摰，古挐字。”（3547）

《文選卷八·賦丁·畋獵中·楊子雲〈羽獵賦〉》：“鉤赤豹，
摰象犀。”韋昭曰：“摰，扼也。”善曰：“摰，古挐字。”（394）

按:《説文·手部》:"摼,擣頭也。从手,堅聲。讀若'鏗尔舍瑟而作'。"段玉裁注:"'讀若'二字衍文也。尔,大徐作'爾'。琴,大徐作'瑟'。今皆正。舊抄《繫傳》本作'琴'。《論語·先進篇》釋文曰:'鏗,苦耕反。投琴聲。'是則陸氏《論語》本作'舍琴而作'。下文云'本今作瑟'者,後人所增語。《廣韻》曰:'揁,琴聲。口莖切。'《玉篇》曰:'揁,口耕切。琴聲。'引《論語》'揁爾舍琴而作'。揁蓋摼之异體。"

《説文·牛部》:"牽,引前也。从牛,象引牛之縻也。玄聲。"

二 正文用字相同,注釋用字亦同,但顏師古《漢書注》用術語"古",李善《文選注》用術語"今"

廑—勤

《漢書卷八十七下·揚雄傳第五十七下》:"三旬有餘,其廑至矣,而功不圖。"師古曰:"廑,古勤字。"張晏曰:"不可圖畫以示後人。"師古曰:"此説非也。圖,謀也,言百姓甚勤勞矣,而不見謀贍恤之事。"(3558)

《文選卷九·賦戊·畋獵下·楊子雲〈長楊賦〉》:"三旬有餘,其廑至矣,而功不圖。"善曰:"《古今字詁》曰:'廑,今勤字也。'《爾雅》曰:'圖,謀也。'凡人之所爲,皆有所圖,今則百姓甚勞而無所圖。言勞而無益也。《慎子》曰:'無法之勞,不圖於功。'"(405)

按:《説文·广部》:"廑,少劣之居。从广,堇聲。"《説文·力部》:"勤,勞也。从力,堇聲。"《文選箋證卷十一·揚子雲〈長楊賦〉》"其廑至矣"條:"疑'今'爲'古'字之誤。"其説可從。

《漢書·文帝紀》:"今廑身從事,而有租税之賦,是謂本末者無以异也,其于勸農之道未備。"顏師古引晋灼曰:"廑,古勤字。"《漢書·

叙傳下》：“賈廑從旅，爲鎮淮、楚。”張晏曰：“劉賈晚乃從軍也。”晋
灼曰：“廑，無幾也。”師古曰：“二説皆非也。廑，古以爲勤字。言賈
從軍，有勤勞也。”皆其明證。

三 古字不同，今字相同

例 1 畾—朝；晁—朝

《漢書卷五十七上·司馬相如傳第二十七上》：“畾采琬琰，和
氏出焉。”師古曰：“畾，古朝字也。朝采者，美玉每旦有白虹之
氣，光采上出，故名朝采，猶言夜光之璧矣。”（2557）

《文選卷八·賦丁·田獵中·司馬長卿〈上林賦〉》：“晁采琬
琰，和氏出焉。”司馬彪曰：“晁采，玉名。”善曰：“晁，古朝字。
《尚書》曰：‘弘璧琬琰在西序。’”（368）

按：“晁”爲“畾”字异構。

例 2 骫—委；骩—委

《漢書卷八十七下·揚雄傳第五十七下》：“是以車不安軔，日未
靡旃，從者仿佛，骫屬而還。”張晏曰：“從者見仿佛，委釋迴旋。”
師古曰：“車不安軔，未及止也。日未靡旃，不移景也。仿佛，讀曰
髣髴。骫，古委字也。屬，音之欲反。還，讀曰旋也。”（3563）

《文選卷九·賦戊·畋獵下·楊子雲〈長楊賦〉》：“是以車不
安軔，日未靡旃。從者彷彿，骩屬而還。”韋昭曰：“不暇税駕支車
也。”張晏曰：“從者彷彿，委釋而迴旋。”善曰：“王逸《楚辭》注
曰：‘軔，支輪木。’日未靡旃，言日未移旌旗之影也。委屬而還，
謂委釋其事，連屬而迴還也。張以釋爲委。軔，如振切。彷彿，或
作髣髴。骩，古委字也。屬，之欲切。”（410）

按:"骩"乃"骫"字之訛。

四 《漢書》用古字,顏師古注以今字釋古字;《文選》用今字,李善注顛倒古今

《漢書卷八十七上·揚雄傳第五十七上》:"斮巨狿,搏玄蝯,騰空虛,距連卷,踔夭蟜,娭澗門。莫莫紛紛,山谷爲之風猋,林叢爲之生塵。"張晏曰:"連卷之木也。"師古曰:"距即距字也。卷,音拳。"(3546)

《文選卷八·賦丁·畋獵中·楊子雲〈羽獵賦〉》:"斮巨狿,搏玄猨,騰空虛,距連卷,踔夭蟜,娭澗閒。莫莫紛紛,山谷爲之風猋,林叢爲之生塵。"張晏曰:"連卷,木也。"善曰:"距,古岠①字也。孔安國《尚書傳》曰:'距,至也。'卷,音拳。"(393)

按:《説文·止部》:"歫,止也。从止,巨聲。一曰搶也。一曰超歫。"段玉裁注:"許無拒字,歫即拒也。此與彼相抵爲拒,相抵則止矣。《書傳》云:'距,至也。'至則止矣。其義一也。漢石經《論語》:'其不可者距之。'字作距。許歫與距義別。""木部曰:'槍,歫也。'网字互訓。槍者,謂牴觸也。""《史記》:'投石超距。'超,一作拔。《漢書·甘延壽》:'投石拔拒,絕於等倫。'張晏曰:'拔拒,超距也。'劉逵曰:'拔拒,謂兩人以手相按:能拔引之也。'"②

《説文·足部》:"距,雞距也。从足,巨聲。"段玉裁注:"《左傳》:'季氏介其雞,郈氏爲之金距。'服曰:'以金沓距也。'按:鳥距

---

① (清)胡紹煐撰,劉世珩輯《文選箋證》卷十一揚子雲《羽獵賦》(聚學軒叢書本)作"岠"。

② (晋)左思《吳都賦》:"袒裼徒搏,拔距投石之部。"劉逵注云:"拔距,謂兩人以手相案,能拔引之也。"

如人與獸之叉。此距與止部之歫异義。他家多以距爲歫。"

《説文》"超歫"後來寫作"超距"。《管子·輕重丁》:"男女當壯,扶輦推輿,相睹樹下,戲笑超距,終日不歸。"《史記·白起王翦列傳》:"王翦使人問軍中戲乎?對曰:'方投石超距。'"司馬貞索隱:"超距,猶跳躍也。""超歫(距)"同義連用。《睡虎地秦墓竹簡·封診式》80 簡:"類足歫之之迹。"整理者注云:"歫,即距,跨越。"譯文:"好像人脚越牆的痕迹。"①《左傳·僖公二十八年》:"距躍三百,曲踊三百。"杜預注:"距躍,超越也。""距躍"亦同義連用。

《漢書·傅常鄭甘陳段傳》:"少以良家子善騎射爲羽林,投石拔距絶於等倫。嘗超逾羽林亭樓,由是遷爲郎。"應劭曰:"投石,以石投人也。拔距,即下'超逾羽林亭樓'是也。"張晏曰:"《范蠡兵法》飛石重十二斤,爲機發,行二百步。延壽有力,能以手投之。拔距,超距也。"師古曰:"投石,應(劭)〔説〕是也。拔距者,有人連坐相把據地,距以爲堅而能拔取之,皆言其有手掣之力。超逾亭樓,又言其趫捷耳,非拔距也。今人猶(言)〔有〕拔爪之戲,蓋拔距之遺法。"王念孫《讀書雜志·漢書第十二》:"應劭以'拔距'爲'超逾'是也。距亦超也,超亦拔也。"又《廣雅疏證·補正》:"石者,擿也。投石猶言投擿。'距'如'距躍三百'之'距'。應劭以'拔距'爲'超逾',司馬貞以'超距'爲'跳躍',皆是也。'投石超距''投石拔距',皆四字平列,石亦投也。應劭云:'投石,以石投人也。'劉逵注《吳都賦》云:'拔拒,謂兩人以手相按:能拔引之也。'皆非是。"②王説甚是。

今謂"歫(距)連卷"中的"歫(距)"當訓爲超逾,跳躍③,與

① 睡虎地秦墓竹簡整理小組編《睡虎地秦墓竹簡》,文物出版社,1990,第 60 頁。
② (清)王念孫:《廣雅疏證》,江蘇古籍出版社,1984,第 425 頁。
③ "距連卷"安平秋等翻譯爲"力拔曲樹",把"距"解釋爲拔出,雖然能講通,但是缺乏訓詁依據。參見安平秋、張傳璽分史主編《漢書》,許嘉璐主編,安平秋副主編《二十四史全譯》,漢語大詞典出版社,2004,第 1754 頁。

下文"踔夭蟜"之"踔"同義①。"連卷"乃叠韻連綿詞，長而彎曲貌。《漢書卷五十七上·司馬相如傳第二十七上》："攢立叢倚，連卷欐佹。"師古曰："連卷，屈曲也。……卷音丘專反，又音巨專反。"或作"連蜷"。《文選·揚雄〈甘泉賦〉》："蛟龍連蜷於東厓兮，白虎敦圉乎崐崙。"善曰："連蜷，長曲貌也。"

又李善注"距，古岠字也"，當校正作"岠（岠），古距字也"；引孔安國《尚書傳》曰："距，至也"，亦當校正作"岠（岠），至也"。俗書"山"旁與"止"旁相亂，故"距"俗書恒作"岠"。《爾雅·釋地》："岠齊州以南，戴日爲丹穴。"郭璞注："岠，去也。"郝懿行義疏："岠者當作岠。通作距。"《漢書卷二十四下·食貨志第四下》："元龜岠冄長尺二寸。"孟康曰："冄，龜甲緣也。岠，至也。度背兩邊緣尺二寸也。"臣瓚曰："元，大也。"《漢書卷二十七下之下·五行志第七下之下》："後鄭岠王師，射桓王，又二君相篡。"唐玄應《一切經音義》卷九："柴距，古文詎、岠二形，同居呂、渠呂二反。《説文》：'鷄足距也。'"（海山仙館叢書本）② 均其例。

《漢語大字典·山部》"岠"字條：

❶ 大山。《玉篇·山部》："岠，大山也。"❷ 通"距"。離；到。《爾雅·釋地》："岠齊州以南，戴日爲丹穴。"郭璞注："岠，去也。"郝懿行義疏："岠者，當作岠，通作距。"《漢書·食貨志》："元龜岠冄長尺二寸。"顏師古注引孟康曰："冄，龜甲緣也。岠，至也。度背兩邊緣尺二寸也。"❸ 通"據"。據守。《逸周書·武稱》："岠險伐夷，并小奪亂。"❹ 通"拒"。抵禦；抵抗。《漢書·

---

① 《漢書·揚雄傳上》顏師古注："踔，走也。夭蟜亦木枝曲也。"《文選》李善注："張晏曰：'踔夭蟜之枝也。'善曰：'《三蒼詁訓》曰：踔，逾也。'丑孝切。"

② 蔣志遠分析《玄應音義》例時，不明"岠"乃"岠"字俗書；又蔣志遠引李善注"距，古岠字也"，釋義爲"極至"，非是。參見蔣志遠《唐以前"古今字"學術史研究》，博士學位論文，北京師範大學，2014。

五行志下》:"後鄭岠王師,射桓王,又二君相簒。"

按:"岠"即"距"字异寫,同"距"的"岠"字與《玉篇》訓
"大山也"的"岠"字是同形字。《漢語大字典》"岠"字條溝通字際
關係欠妥。❷當改爲"岠,同'距(距)'";❸當與❹合并,改爲
"岠,同'距(拒)'"。

《逸周書·武稱》:"岠嶮伐夷,并小奪亂。"晉孔晁注:"岠嶮,與
距險同。"盧文弨校:"岠嶮,與拒險同。""岠",張聞玉直接校正爲
"距",是;注釋云:"距嶮,同'拒險。'拒通據。據險,依據天險。"①
謂"拒通據"則非是。《國語·鄭語》:"武王之子,應韓不在,其在晉
乎!距險而鄰於小,若加之以德,可以大啓。"韋昭注:"距,距守之
地險也。""距守"即"拒守"。《漢書·高帝紀上》:"沛公雖欲急入關,
秦兵尚衆,距險。"顏師古注:"依險阻而自固以距敵。""距敵"即"拒
敵"。《三國志·魏書·武帝紀》:"衛將軍董承與袁術將萇奴拒險,洪
不得進。"②

---

① 張聞玉:《逸周書全譯》,貴州人民出版社,2000,第32頁。
② 《漢語大字典·手部》:"拒,(一)jù ❷據守。"以《三國志·魏書·武帝紀》爲例句之一。

第四章　顏師古和鄭玄、段玉裁古今字觀念的比較

第一節　顏師古和鄭玄古今字觀念的比較

一　以鄭衆、鄭玄爲代表的早期古今字觀念

訓詁學中的"古今字"是指歷時文獻中記錄同一詞項而先後使用了不同形體的一組字，先使用的叫古字，後使用的叫今字，合稱古今字。

李運富教授認爲，"古今字"觀念形成於東漢時期。較早論述這一現象的學者是鄭衆，他已使用"古字""今字"對舉的方式來表述古今字關係，并且對古今字的内涵做了基本界定。鄭玄在古今字的理論闡述上并未超過鄭衆，但他首次使用了"古今字"這個組合術語，并擴充了具體古今字例的分析。鄭衆和鄭玄所謂的古今字，是指不同時代記錄同一詞項通行用不同字的現象。古字和今字之間同義、同音但不同字。鄭玄等人注釋中的"古""今"，"古文""今文"有多種含義和所指，或溝通古今字，或注釋古今語，或校勘版本異文，其實各自所使用的表述方式和措辭并不完全相同，應該注意分辨，以免誤解誤用、

誤評。①

　　李玉平討論過“古今字”觀念的產生時代。他認爲：“漢民族在有了‘古今’觀念且在秦代有了以‘字’指代單個文字的概念之後纔會產生‘古今字’觀念。先秦至漢的‘古今語’觀念，西漢時的‘古今文’觀念與‘古今字’觀念相關却并不相當。按此思路考察，楊潤陸（1981）《論古今字》所持觀點是適當的，古人的‘古今字’觀念大約產生在西漢武帝末孔子壁中書出之時，代表人物即孔安國。清段玉裁認爲先秦時《爾雅》中已有‘古今字’觀念，有些過早；其他學者以爲西漢末或東漢時纔有‘古今字’觀念，則有些過晚。②

二　顏師古和鄭玄古今字觀念的比較

　　下面我們將鄭玄的古今字觀念和顏師古的古今字觀念進行比較，看兩者之間是否具有歷史繼承性。

　　（一）表述方式

　　顏師古注列“古今字”除了一處引述他人觀點時直接使用“古今字”術語，其他絕大多數使用“某，古某字”，顯然是繼承鄭玄的表述方式。至於鄭玄曾經使用過的“某，古文某”等其他表述方式則没有在顏師古的著述中出現過。可見，顏師古對古今字的表述方法更加單一化、專門化。

　　（二）古今字觀念

　　鄭玄對古今字範圍并未加以界定，其表述屬於舉例性質。顏師古在《匡謬正俗》中對鄭玄的“余、予古今字”的觀點進行批駁，并提出理由，認爲古今字應該符合詞項相同、讀音一致的要求（“各有音

---

①　李運富：《早期有關“古今字”的表述用語及材料辨析》，《勵耘學刊（語言卷）》總第6輯，學苑出版社，2008。
②　李玉平：《論“古今字”觀念的產生時代》，《天津大學學報》（社會科學版）2015年第5期。

義，本非古今字别"）。從表面上看，顏氏和鄭玄的觀點并不一致。但是，正如段玉裁批駁顏師古時所説，顏氏在這裏認爲"予"無"余"音，是審音不詳，造成謬誤。實際上"予""余"可以看作音同，那麽顏師古的古今字觀念與鄭玄并不相悖。

顏師古對於古今字研究的貢獻主要表現在兩個方面。

（1）開始嘗試對古今字作理論闡述。文字假借與詞義引申都會導致一字多義，爲了明確字詞關係，人們往往通過增旁、换旁、增減筆畫、變形等方式，在假借字的基礎上創造後補本字以明確其假借義，在古本字的基礎上創造重造本字以明確其本義，或在源本字的基礎上創造分化本字以明確其引申義。今字出現後，它所記録的義項仍有可能繼續用古字來記録。因此，在漢字系統中，古字與今字都可以記録同一義項，從而形成一詞多字的局面。

例 1　縣—懸

《漢書卷一下·高帝紀第一下》："秦，形勝之國也，帶河阻山，縣隔千里。"鄭氏曰："縣音懸。"師古曰："此本古之懸字耳，後人轉用爲州縣字，乃更加心以别之，非當借音。他皆類此。"（59）

按：顏師古不僅用今字"懸"解釋古字"縣"，而且從文字分化的角度解釋了今字産生的原因，即古字被後人借用爲州縣之縣。

《匡謬正俗》卷八"縣寰"條："宇縣、州縣字本作寰，後借縣字爲之，所以謂其字者義訓繫著，故許氏《説文》解縣字從県音（廟諱①）。亦或作炫。《西京賦》云：'後宫不移，樂不徙縣。恣意所幸，下輦成晏。'既與寰同，故有假借。末代以縣代寰，遂更造懸字，下輒加心以爲分别。按《禮記》云'縣賁父''縣子瑣'，二人姓氏音皆爲（廟

---

① 此書刻本云"廟諱"者，避"玄"字。參見劉曉東《匡謬正俗平議》，山東大學出版社，1999，第 281 頁。

諱）。又'天子宮縣''諸侯軒縣'，諸如此類，樂縣之字，豈有心乎？斯可明矣。左太冲《魏都賦》云：'殷殷寰内。'此即言宇寰耳。讀者不曉，因爲別説，讀之爲環，則妄引環繞之義，斯不當矣。"①

這一組古今字還在《漢書注》中別的地方出現了 4 次。

①《漢書卷九·元帝紀第九》："冬，斬其首，傳詣京師，縣蠻夷邸門。"師古曰："縣，古懸字也。"（295）

②《漢書卷二十二·禮樂志第二》："高張四縣，樂充宮庭。"晉灼曰："四縣，樂四縣也，天子宮縣。"師古曰："謂設宮縣而高張之。縣，古懸字。"（1046）

③《漢書卷九十六上·西域傳第六十六上》："其西則有縣度，去陽關五千八百八十八里，去都護治所五千二（百）〔十〕里。縣度者，石山也，谿谷不通，以繩索相引而度云。"師古曰："縣繩而度也。縣，古懸字耳。"（3882）

④《漢書卷一百下·叙傳第七十下》："炫炫上天，縣象著明，日月周輝，星辰垂精。"師古曰："炫炫，光耀之貌，音胡畎反。縣，古懸字。"（4243）

按：《説文·県部》："縣，繫也。从系持県。"臣鉉等曰："此本是縣掛之縣，借爲州縣之縣。今俗加心，別作懸，義無所取。"段玉裁注："繫，當作系。繫者，繫繘也；一名惡絮。許書本非此字明矣。許自序云'據形系聯'，不作'繫'也。'系'篆下云'繫也'，當即'縣也'之訛。二篆爲轉注。古懸挂字皆如此作。引伸之，則爲所系之俌。

---

① 李家浩認爲："縣"指環繞國都或大城邑的地區，本是由"遝"（環）派生出來的一個詞，所以古人就寫作"遝"，或寫作"睘""寰"；因爲是區域名，所以又从"邑"作"瞏"；用來表示這一意義的"縣"則是一個假借字。其説可從。參見李家浩《先秦文字中的"縣"》，《著名中年語言學家自選集·李家浩卷》，安徽教育出版社，2003，第 28~29 頁。

《周禮》:'縣系於遂。'邑部曰:'周制:天子地方千里,分爲百縣則系於國。秦漢縣系於郡。'①《釋名》曰:'縣,縣也。縣係於郡也。'自專以縣爲州縣字,乃別製从心之懸挂,別其音縣去、懸平。古無二形二音也。顏師古云'古縣邑字作寰',亦爲臆説。"《廣韻》先韻胡涓切:"縣,《説文》云'繫也',相承借爲州縣字。懸,俗,今通用。"《廣韻》霰韻黃練切:"縣,郡縣也。《釋名》曰:'縣,懸也,懸於郡也。'古作寰。楚莊王滅陳爲縣,縣名自此始也。又姓,孔子門人縣單父。"

縣,西周金文作𢎨(縣改簋),从木从系从目。春秋金文作𢎨(邵鐘),戰國文字作𢎨(曾 2),从木从系持首,將"目"變爲从"首"。秦系文字作𢎨(睡·秦 19)。《説文》小篆省略"木"而將正寫的"首"形寫成倒寫的"𥄉"形。

本義爲懸掛。②例如《詩·魏風·伐檀》:"不狩不獵,胡瞻爾庭有縣貆兮?"引申爲差距大,距離遠。例如《荀子·天論》:"君子小人之所以相縣者,在此耳。"王念孫《讀書雜志·漢書第九》:"'今淮南地遠者或數千里,越兩諸侯而縣屬於漢。'師古曰:'爲縣而屬。'劉奉世曰:'縣,讀如懸。'念孫案,劉音是也。《淮南·主術篇》注曰:'縣,遠也。'言越兩國之地而遠屬於漢也。上文云'淮南地遠者或數千里',是其證矣。《荀子·修身》:'彼人之才性之相縣也,豈若跛鼈之與六驥足哉?'相縣謂相遠也。《史記·高祖紀》:'縣隔千里。'謂

---

① 《説文·邑部》:"郡,周制:天子地方千里,分爲百縣,縣有四郡。故《春秋傳》曰'上大夫受郡'是也。至秦初置三十六郡,以監其縣。从邑,君聲。"

② 甲骨文有■、■等字形。宋鎮豪將後一形釋爲"墨刑"之"墨",參見宋鎮豪《甲骨文中所見商代的墨刑及有關方面的考察》,《出土文獻研究》第 5 集,科學出版社,1999;《甲骨文中所見商代的墨刑》,《考古學集刊》第 15 集,文物出版社,2004;宋鎮豪《夏商社會生活史》(增訂本),中國社會科學出版社,2005,第 673 頁。單育辰認爲兩形爲一字,應該就是"𥄉"字的早期形體,參見單育辰《甲骨文字考釋兩則》,《中國國家博物館館刊》2012 年第 5 期。張惟捷認爲兩形爲一字,是"縣"字初文,本義爲𥄉首之刑,後來用假借字"𥄉"來記錄。參見張惟捷《説殷卜辭中的"縣"(𥄉)字》,復旦大學出土文獻與古文字研究中心網,http://www.gwz.fudan.edu.cn/Web/Show/2051,2013 年 5 月16 日。孟蓬生在 6 月 12 日的評論中認爲"縣"(匣母元部)和"県(𥄉𥄉)"(見母宵部)既爲一字之分化,亦爲一音之分化。換句話説,它們既是同字之分化,又是同源詞。

遠隔也。”

由於後來“縣”字常常借用來表示州縣，①字形負擔過重，因此，大約在漢魏時代另造“懸”字記錄其本義和引申義。例如三國魏《上尊號碑》：“民命之懸于魏邦，民心之繫于魏政，卅有餘年矣。”東魏《張滿墓志》：“懸牀廢杖，足相陵亂。”

例 2　尉—慰

①《漢書卷五十二·竇田灌韓傳第二十二》：“猶頗可得，以尉士大夫心。”師古曰：“古尉安之字正如此，其後流俗乃加心耳。”（2405）

②《漢書卷六十六·公孫劉田王楊蔡陳鄭傳第三十六》：“思欲寬廣上意，尉安衆庶。”師古曰：“尉安之字，本無心也，是以《漢書》往往存古體字焉。”（2884）

按：《説文·火部》：“㷉，从上案下也。从尸、又，持火以尉申繒也。”臣鉉等曰：“今俗別作熨，非是。於胃切。”“案”段玉裁改作“按”，注云：“按者，抑也。《百官公卿表》應劭注曰：‘自上安下曰尉。’武官悉以爲偁。《張釋之傳》曰：‘廷尉，天下之平也。’《車千秋傳》：‘尉安黎庶。’師古曰：‘慰安之字本無心，後俗所加。’”从尸（古夷字），从又，从火，表示用手持火熨燙織物使平展。本義爲熨燙，引申出撫慰、安慰。《漢書·楊胡朱梅云傳》：“貧亡車馬，常步與走卒起居，所以尉薦走卒，甚得其心。”師古曰：“尉者，自上安之也。薦者，舉籍也。”《漢書·趙尹韓張兩王傳》：“廣漢爲二千石，以和顏接士，其尉薦待遇吏，殷勤甚備。”如淳曰：“尉亦薦藉也。”師古曰：“尉薦謂安尉而薦達之。”《隸釋·荆州刺史度尚碑》：“册書尉薦。”北魏《崔猷

---

①　據統計，《漢魏六朝碑刻異體字典》“縣”凡 63 次，全部用爲地方政區名。參見毛遠明《漢魏六朝碑刻異體字典》，中華書局，2014，第 968~969 頁。

176

墓志》:"廿二年，兼員外散騎常侍，尉勞渦陽。"

　　《説文》"㷉"隸變爲"尉"。《玉篇·火部》:"尉，於貴切，申帛也，按也。又紆物切。熨，同上。"《玉篇·寸部》:"尉，於貴切，武官之稱也。""尉""㷉"實爲一字异寫。由於"尉"字常用於記録官名，如"太尉""都尉""縣尉"等，因此，人們就在"尉"字的基礎上增加形旁"火"造出"熨"字來專門記録本義，增加形旁"心"造出分化字"慰"來專門記録撫慰、安慰等引申義。①

　　《説文·心部》:"慰，安也。从心，尉聲。一曰恚怒也。"《漢書·匈奴傳下》:"既服之後，慰薦撫循，交接賂遺，威儀俯仰，如此之備也。"《後漢書·隗囂列傳》:"光武素聞其風聲，報以殊禮，言稱字，用敵國之儀，所以慰藉之良厚。"東漢《郎中鄭固碑》:"故建闕共壙，配食斯擅，目慰考妣之心。"《鮮于璜墓碑》:"慰綏朔狄，邊宇艾安。"

　　（2）表述用語更加規範。顏師古標明古今字的用語簡單劃一，他所使用的術語衹有"古今字"和"古某字"，而没有用到"今字""古文"等説法，而且顏師古總是用"今字"來注釋"古字"。這些表明他使用的術語比前代更加規範化。

第二節　顏師古和段玉裁古今字觀念的比較

一　從《説文解字注》看段玉裁的古今字觀念

段玉裁第一次從理論上闡釋了古今字概念。他認爲，古今字不是

---

① 從漢魏六朝碑刻用字來看，"尉"可以記録撫慰、慰問義（例見上文），"慰"也可以記録官名，例如北齊河清四年《張僧顯銘聞》:"高祖文，鎮遠將軍、步兵校慰、膠州長史。"北齊武平五年《張思伯造浮圖記》:"高太慰圍潁州城，千人營主。"

古今字體的不同，而是讀音相同、時代不同的用來記錄同一個詞項的不同用字，古今字的古和今是相對而言的，没有固定的時代。

段玉裁的古今字理論主要散見於《説文解字注》。在《説文解字注》中，段玉裁指出了古今字的古、今相對關係，古字與今字之間的意義關係，古今字不同於字體演變以及古今字之間的對應關係等，這些論述具有開創性及經典性的意義，多爲後學所引用。此外，他還在具體實踐中提供了豐富的例證，涵蓋了古今字的各種不同情況。可以説，段玉裁在理論和實踐兩個方面取得了古今字研究的顯著成果。

段玉裁的古今字理論可以概括爲以下幾個主要方面。

（1）古今字的含義。段玉裁在“今字”下注：“古今人用字不同，謂之古今字。”又“余”字下：“余、予古今字。凡言古今字者，主謂同音，而古用彼今用此異字，若《禮經》古文用‘余一人’，《禮記》用‘予一人’，余、予本異字異義，非謂予、余本即一字也。”

（2）古今字的古和今是相對的時間概念。段玉裁注“今”字下：“今者，對古之稱。古不一其時，今亦不一其時也。云是時者，如言目前，由目前爲今。目前以上皆古。如言趙宋，則趙宋爲今，趙宋已上爲古。如言魏晋，則魏晋爲今，魏晋以上爲古。……張揖作《古今字詁》是也。自張揖之後，其爲古今字又不知幾更也。”

（3）古字與今字之間的數量關係。《説文·卧部》：“監，臨下也。從卧，䘓省聲。”段玉裁注：“《小雅》毛傳：‘監，視也。’許書：‘䀠，視也。’‘監，臨下也。’古字少而義賅，今字多而義别。監與鑒互相假。”

（4）古今字不是文字的形體演變。段玉裁在他著述的《經韻樓集》中提到：“凡鄭言古今字者，非如《説文解字》謂古文、籀、篆之别，謂古今所用字不同。”

（5）古字與今字之間的對應關係。古今字之間絶大多數是一一對應的關係，但也有一些特殊的情況。

第一，某字既爲前者之古字，又爲後者之今字。例如“連”字下段玉裁注：“聯、連爲古今字，連、輦爲古今字。假連爲聯，乃專用輦爲連。”“翦”字下段玉裁注：“前，古之翦字，今之歬字。”

第二,一個古字對應幾個今字。例如“夌”字下段玉裁注：“凡夌越字當作此。今字或作淩，或作凌而夌廢矣。……《廣韻》‘陵’下云：‘犯也，侮也，侵也。’皆夌義之引伸。今字概作陵矣。”則“夌”爲古字，“淩”“凌”“陵”爲今字。

第三，幾個古字對應一個今字。例如“盉”字下段玉裁注：“調聲曰龢，調味曰盉，今則和行而龢、盉皆廢矣。”則“龢”“盉”爲古字，“和”爲今字。

二　顔師古和段玉裁古今字觀念的繼承關係

顔師古和段玉裁前後相差了 1100 多年，他們在古今字觀念上是否具有繼承性呢？我們運用比較的方法來回答這個問題。

（一）表述方式

顔師古注列“古今字”表述用語比較單一，絶大多數情況下用“某，古某字”。

段玉裁對古今字的表述方式多種多樣。如直接使用“古今字”“今古字”，“古字”“今字”對舉使用，單用“今”，如“今某字、今作某、今字、今之……”，單用“古”，如“古之、古者、古作……”。

（二）古今字觀念

顔師古心目中的古今字應符合以下條件：古字和今字代表的詞項相同；古字和今字讀音一致；古字和今字的産生時代不同。

段玉裁所謂的古今字就是記録同一個詞項的不同時代的聲音相同或者相近的不同用字。因此，一組古今字的古字和今字之間必須具備四個條件：第一，記録同一個詞項；第二，聲音相同或相近；第三，處於不同的時代；第四，古字和今字的字形不同。可見，顏、段所定義的古今字内涵基本一致，祇是段玉裁關於古今字的理論更加詳盡。

（三）古字與今字的字際關係

據我們統計，《漢書注》"古今字"共有 211 組。其中異構本字共有 96 組，占全部材料的 45.5%；異寫本字僅見 2 組，占 0.9%；同源通用字共有 5 組，占 2.4%；同義换讀字僅見 1 組，占 0.47%；古本字—重造本字共有 10 組，占 4.74%；源本字—分化本字共有 7 組，占 3.32%；分化本字—源本字共有 3 組，占 1.4%；通假字—本字共有 20 組，占 9.48%；本字—通假字共有 23 組，占 10.9%；假借字—後補本字共有 7 組，占 3.32%；後補本字—假借字共有 1 組，占 0.47%；通假字—通假字僅見 4 組，占 1.90%；假借字—假借字共有 16 組，占 7.58%；異構假借字共有 12 組，占 5.69%；異寫假借字共有 4 組，占 1.90%，假古今字 1 組，占 0.47%。

《說文解字注》共有 782 組古今字。其中屬於異體字和異體字關係的共 271 組，占全部材料的 34.65%；屬於同義字和同義字關係的共 146 組，占全部材料的 18.67%；屬於古本字和重造本字關係的共 49 組，占 6.27%；屬於源本字和分化本字關係的共 29 組，占 3.71%；屬於本字和通假字關係的共 218 組，占 27.88%；屬於假借字和後造本字關係的有 53 組，占 6.78%；屬於通假字和通假字關係的共 5 組，占 0.64%；屬於假借字和假借字關係的共 11 組，占 1.41%。[1]

可以看出，《漢書注》和《說文解字注》中所涉及的古今字的字際關係比較複雜。但字際關係分佈趨勢大致相同，都是異體字和異體字關係的古今字最多，其次是本字和通假字關係。

---

[1] 劉琳:《〈說文段注〉"古今字"研究》，博士學位論文，北京師範大學，2009。按：趙海燕、張銘、馬建民、張文輝的統計數據分别爲 628 組、199 組、540 組和 323 組。分别參見趙海燕《段玉裁對古今字的開創性研究》，《廣西社會科學》2005 年第 9 期；張銘《段注古今字研究》，碩士學位論文，新疆師範大學，2006；馬建民《〈說文解字注〉古今字研究》，碩士學位論文，寧夏大學，2008；張文輝《〈段注〉古今字研究》，碩士學位論文，陝西理工學院，2015。

（四）古字與今字的對應關係

《漢書注》和《説文解字注》注列古今字的“古字”和“今字”絕大部分情況都是一一對應的，但都有特殊情況。

《漢書注》在表達同一詞項時，有兩個古字對應一個今字的情況。《説文解字注》在表達同一詞項時，“古字”和“今字”的對應情況更加複雜：有的一個古字對應若干今字，有的一個今字對應若干古字，也有的三個以上的字形構成不同時代的古今字。

從上面的分析可以看出，顏師古和段玉裁的古今字觀點是一脈相承的，雖然段玉裁曾經批評過顏師古在論述古今字時“不知古音平上不甚區分”，但這衹是對於古音的看法不同，他們的古今字觀念在總體上還是趨於一致的。

綜合上面的分析，我們看到，鄭衆、鄭玄最早提出古今字，此後的訓詁學家直到段玉裁，他們説解古今字基本承襲了鄭玄的方法，具有歷史繼承性。

第五章 《漢書注》"古今字"研究的應用價值

第一節 應用於辭書編纂

據統計,《漢語大字典》(第 2 版)徵引《漢書注》"古今字"例條共有 109 個①。下面以《漢語大字典》(第 2 版)爲主要參照對象,分別從辭書注音、辭書字際關係的溝通、辭書釋義和辭書舉證等四個方面談談《漢書注》"古今字"研究在辭書編纂上的應用價值。

一 《漢書注》"古今字"研究與辭書注音

《漢語大字典·艸部》:茬(二)chá《集韻》鋤加切,平麻崇。

❶同"槎"。斜砍;劈削。《漢書·貨殖傳》:"然猶山不茬蘖,澤不伐夭。"顔師古注:"茬,古槎字也。槎,邪斫木也。"(3412)

《漢語大字典·木部》:槎(一)zhà《廣韻》士下切,上馬崇。歌部。

---

① 詳見本書下編。

182

斜砍；劈削。《説文·木部》："槎，衺斫也。"《國語·魯語上》："山不槎蘖，澤不伐夭。"《後漢書·馬融傳》："冒橛柘，槎棘枳。"《北史·李崇傳》："崇槎山分進，出其不意。"（1345）

按：《漢書·貨殖傳》："既順時而取物，然猶山不茬蘖，澤不伐夭。"師古曰："茬，古槎字也。槎，邪斫木也。蘖，髡斬之也。此夭謂草木之方長未成者也。槎音士牙反。蘖音五葛反。夭音烏老反。"《集韻》麻韻鋤加切："茬、槎、查，邪斫木也。《漢書》：'山不茬蘖。'或作槎、查。"《康熙字典·艸部》："茬，《韻會》：'仕之切，音馳。'《説文》：'草貌。'又地名。《前漢·地理志》：'東郡茬平。'應劭注：'在茬之平地者也。'又《廣韻》：'側持切，音淄'，義同。又姓。見《集韻》。又鋤加切，音槎。斫木。《魯語》：'山不茬蘖。'字從艸。○按：茬字《後漢書》《水經注》皆從仕，宋祁曰：'當作茬。'今茌、茬、茬茋存。"今本《國語·魯語上》："山不槎蘖，澤不伐夭。"

《説文·木部》："槎，衺斫也。從木，差聲。《春秋傳》曰：'山不槎。'"段玉裁注："《漢書·貨殖傳》作'山不茬蘖'，此爲古字，今《漢書》訛爲'茬'字。""宋本皆如此。惟趙鈔本作'山木不槎'。今按：當於'槎'下補'蘖'，不當於'山'下添'木'也。許書亦有謂《國語》爲《春秋傳》者，此其一也。"

《讀書雜志·漢書第十四》："引之曰：茬從在聲，古音屬之部；槎從差聲，古音屬歌部：二部絶不相通，無緣借茬爲槎。茬蓋差字之訛也。差、槎古同聲，故通用。隸書差字或作茎，漢《太尉劉寬碑》'咨嗟'是也。後人誤認茎上之𢆶爲艸頭，又因師古言'古槎字'，乃依篆文艸頭作茬，與茬相似，因訛而爲茬矣。《玉篇》《廣韻》茬字竝士之切，無槎音。《集韻》以茬、槎爲一字，引《漢書》'山不茬蘖'，則北宋時《漢書》已訛作茬，故作韻書者誤收而《類篇》以下諸書竝沿其誤。"

《廣韻》馬韻士下切："槎，逆斫木。又仕加切。"《廣韻》未收"槎"的古文"𣚊"。《漢語大字典》"茬"字下據《漢書注》收錄"𣚊"字，據《集韻》麻韻鋤加切注音爲 chá；"槎"字下據《廣韻》馬韻士下切注音爲 zhà，書證爲《國語》等，同詞而注音不同，欠妥。今謂"槎"字下宜據《廣韻》麻韻仕加切〔與《漢書注》"士牙反"同音〕注音爲 chá。

又《漢語大字典》"茬（𣚊）"字下用術語"同"來溝通"茬""槎"之間同用關係，而不溝通"茬（𣚊）""差"之間异體關係，亦欠妥當。宜修改爲"茬，'差'的訛字，後作'槎'"。按照體例，現代整理本應將"𣚊"校正作"差"并以校勘記的形式加以說明。

二 《漢書注》"古今字"研究與辭書字際關係的溝通

例 1

《漢語大字典·人部》：㿝 yì《集韻》伊昔切，入昔影。錫部。

❶同"嗌"。《説文·口部》："嗌，咽也。㿝，籀文嗌。"

❷同"益"。《漢書·百官公卿表》："㿝作朕虞，育草木鳥獸。"顏師古注："應劭曰：'益，伯益也。虞，掌山澤禽獸官名也。'師古曰：'㿝，古益字也。'"（254）①

《中華字海·人部》：㿝，同"嗌"。見《説文》。（108）②

按：《漢書·百官公卿表》："㿝作朕虞，育草木鳥獸。"應劭曰："益，伯益也。虞，掌山澤禽獸官名也。"師古曰："㿝，古益字也。"

《説文·口部》："嗌，咽也。从口，益聲。㿝，籀文嗌，上象口，下象頸脈理也。"段玉裁注引《漢書》注，注云："按此假借籀文嗌爲

---

① 《漢語大字典·艸部》："㿝，同'益'。"按："㿝"字重出，無書證。此字頭當刪。
② 冷玉龍、韋一心主編《中華字海》，中華書局、中國友誼出版公司，1994，第 108 頁。

益。如《九歌》假借古文番爲播也。趙宋時古文《尚書》益作蒜。此本諸漢表耳。"西周金文作⿰（《集成》5251）、⿰（《集成》2838）、⿰（《集成》4412），戰國楚簡作⿰（郭.老乙.3）、⿰（上2.容.34）。"蒜"乃"嗌"字之表意初文。上博簡《容成氏》簡34："垔（禹）於是唐（乎）毀（讓）蒜（嗌→益），啓於是唐（乎）攻蒜（嗌→益）自取。"①

《説文・皿部》："益，饒也。从水、皿。皿，益之意也。"② "蒜""益"用作人名都是假借用法。《漢語大字典・人部》"蒜"字下第二個義項引《漢書》注，謂"蒜，同'益'"，欠妥。建議修改爲："蒜，上古人名。也作'益'。"

例2

《漢語大字典・己部》：巻，同"遷"。《漢書・地理志下》："衛本國既爲狄所滅，文公徒封楚丘，三十餘年，子成公徒於帝丘。故《春秋》經曰'衛巻于帝丘'，今之濮陽是也。"（1078）

《漢語大字典・卩部》：⿰，同"遷"。《説文・舁部》："⿰，舉或从卩。"《廣雅・釋言》："⿰，遷也。"王念孫疏證："隸省作巻。"《漢書・律曆志下》："周人⿰其行序。"顏師古注："⿰，古遷字。"（350）

《漢語大字典・卩部》：⿰，同"⿰（遷）"。（350）③

《中華字海・卩部》：巻，同"迁"▷《漢書・地理志下》："衛～于帝丘。"（156）

---

① 俞紹宏、張青松：《上海博物館藏戰國楚簡集釋》（第2冊），社會科學文獻出版社，2019，第182頁。

② 謝明文認爲："從較早的字形來看，'易'字本應從豎置的盤形從幾個水點形，表示用盤傾倒水之意。'益'與'易'可能是一字分化，即'益'字是由橫置的'易'形演變而來的。"參見謝明文《甲骨文舊釋"益"之字新釋——兼"易"字新探》，《中國國家博物館館刊》2019年第12期。

③ 《中華字海・卩部》未收"⿰"字。

按:《漢書·地理志下》“曌”①《漢語大字典·己部》轉録作“曌”,字形失真。《中華字海·卩部》字形不誤。《漢書·律曆志下》:“周人曌其行序,故《易》不載。”鄧展曰:“曌,去也,以其非次,故去之。”師古曰:“此指謂共工也。曌,古遷字。”②即《漢語大字典·卩部》“曌”字所本。

《説文·舁部》:“𦥟,升高也。从舁,囟聲。曌,𦥟或从卩。𦥞,古文𦥟。”段玉裁注:“升之言登也。此與辵部遷、揀音義同。”《説文·辵部》:“遷,登也。从辵,曌聲。揀,古文遷从手、西。”《廣雅·釋言》:“曌,遷也。”王念孫疏證:“《説文》:‘𦥟,升高也。’或作曌。隸省作曌。《漢志》多以曌爲遷字。”

“曌”“曌”均“曌”字之訛。“曌”一訛作“曌”,再訛作“曌”。建議《漢語大字典·己部》删除“曌”字,改在卩部收録“曌”字,字際關係修改爲:“曌,同‘曌(遷)’。”“曌”字下補充書證并標明版本。

例3

《漢語大字典·辵部》:迣(二)chì《集韻》丑例切,去祭徹。

越,超越。《玉篇·辵部》:“迣,超逾也。”《睡虎地秦墓竹簡·爲吏之道》:“吏有五失:一曰夸以迣。”《漢書·禮樂志》:“體容與,迣萬里。”顏師古注:“迣讀與属同,言能属渡萬里也。”(4075)

《漢語大字典·足部》:跇《説文》:“跇,述也。从足,世聲。”

yì《廣韻》餘制切,去祭以。又丑例切。月部。

❶超越。《説文·足部》:“跇,述也。”段玉裁注:“述,當作

---

① 中華書局,1962,第1664頁。五洲同文局本同。
② 中華書局,1962,第1012頁。“曌”五洲同文局本作“曌”。

逮，字之誤也。"《玉篇·足部》："跇，超逾也。"《史記·樂書》："騁容與兮跇萬里，今安匹兮龍爲友。"裴駰集解引如淳曰："跇，謂超逾也。"《漢書·揚雄傳上》："跇巒坑，超唐陂。"顏師古注："跇，渡也。"晋左思《吳都賦》："跇逾竹柏，獵獠杞楠。"

❷ 跳。《廣韻·祭韻》："跇，跳也。"（3937）

按：《漢書·禮樂志》："體①容與，迣萬里，今安匹，龍爲友。"顏師古引孟康曰："迣音逝。"引如淳曰："迣，超逾也。"引晋灼曰："古迾字。"注云："孟音非也。迣讀與屬同，言能屬渡萬里也。"

"迣"乃"跇"字異構。《史記·樂書》："騁容與兮跇萬里，今安匹兮龍爲友。"集解："孟康曰：'跇音逝。'如淳曰：'跇謂超逾也。'"索隱："亦〔作〕'逝'。鄒誕生云：跇，一作'世'，亦音'跇'。跇，超也。"②

《説文·足部》："跇，述也。从足，世聲。"段玉裁注："述，當作逑，字之誤也。《樂書》：'騁容與兮跇萬里。'裴引如淳曰：'跇謂超逾也。'《吳都賦》説田獵曰：'跇逾竹柏，獵獠杞楠。'"段改"述"爲"逑"可謂卓識。《説文·辵部》："逑，逾也。从辵，戉聲。《易》曰：'雜而不逑。'"《説文·走部》："越，度也。"段玉裁注："與辵部逑字音義同。"《隸辨》"越"或作趆（韓敕碑）、赿（史晨碑）、赽（無極山碑），可資比勘。《字彙補·缶部》："缺，古越字，見漢《吉成侯碑》。""越"訛作"缺"可以作爲"逑"訛作"述"的佐證。《玉篇·足部》："跇，翼世、丑世二切。超逾也。"

《説文·辵部》："迣，迾也。晋趙曰迣。从辵，世聲。讀若寔。"

---

① 按：《漢書》"體"乃"騁"字之訛，當據《史記》校正。《二十四史全譯·漢書》譯作"身體稍微一動，就越過萬里；現在有什麼可以和它匹敵的呢，祇有龍可以與它爲友"，非是。《二十四史全譯·史記》譯作"縱情馳騁啊超越萬里，誰能與它匹配啊，祇有龍做它的朋友"，是也。

② （漢）司馬遷撰，（南朝宋）裴駰集解，（唐）司馬貞索隱《史記》，中華書局，1959，第1178~1179頁。

段玉裁注：“《鮑宣傳》：‘部落鼓鳴，男女遮迣。’此其義也。《禮樂志》：‘體容與，迣萬里。’孟康：‘迣音逝。’此叚借也。”《玉篇·辵部》：“迣，之世切。迾也，超逾也。古文以爲迾字。”今謂“迣”字本義爲超逾，訓“迾”乃其假借義。

《説文·辵部》：“迾，遮也。从辵，列聲。”段玉裁注：“《周禮》假厲爲之，《山虞》《澤虞》《卅人》《迹人》‘厲禁’，大鄭云‘遮列守之’是也；《禮記》假列爲之，《玉藻》‘山澤列而不賦’，鄭云‘列之言遮列也’是也；《漢書》假迣爲之，《禮樂志》《鮑宣傳》晋灼云‘迣，古迾字’是也。《西京賦》‘迾卒清候’，李引《禮記》注‘迾，遮也’。此可證《玉藻》注本作‘列之言迾，遮也’。今本誤。”

《漢書·鮑宣傳》：“部落鼓鳴，男女遮迣，六亡也。”顔師古注：“言聞桴鼓之聲以爲有盜賊，皆當遮列而追捕。”引晋灼曰：“迣，古列字也”，“古列字”之“列”乃“迾”字之誤。

《文選·顔延之〈赭白馬賦〉》：“進迫遮迾，却屬輦輅。”李善注引服虔《通俗文》：“天子出，虎賁伺非常，謂之遮迾。”又引《漢書音義》：“晋灼曰：‘迾，古列字。’”《文選箋證卷十六·顔延年〈赭白馬賦〉》：“按：正文本作遮迣，注引晋灼：‘迣，古迾字。’《漢書·鮑宣傳》：‘男女遮迣。’注引晋灼曰：‘迣，古列字。’列亦當爲迾，傳寫者脱去辵旁耳。《禮樂志》注引晋灼曰：‘迣，古迾字’，不誤。《説文》：‘迾，遮也。’‘列，分解也。’則迾非古列字甚明。《廣韻》亦云：‘迣，古迾字。’”[1] 其説可從。段玉裁“迾”字注引《禮樂志》《鮑宣傳》不誤。

《廣韻》祭韻征例切：“迣，迾也。度也。”《廣韻》祭韻餘制切：“躄，超逾。又丑例切。”《廣韻》祭韻丑例切：“躄，跳也。逾也。”《集韻》祭韻征例切：“迣，《説文》‘迾也’。晋趙曰迣。”《集韻》祭韻時制

---

① （清）胡紹煐撰，劉世珩輯《文選箋證》，聚學軒叢書本。

切："迣，迾也。"《集韻》祭韻丑例切："趰、迣、赿，《説文》'述也'。一曰逾也。或从辵，从走。"《集韻》祭韻力制切："迾、迣，遮也。一曰車駕清道。古作迣。"《集韻》薛韻力蘖切："迾、例、迣，《説文》'遮也'。或作例、迣。"

　　當然，《漢書・禮樂志》師古注引晋灼"迣，古迾字"，并不是説"迣"應該按照"迾"的常用義"遮"來理解。"迣，讀與厲同，言能厲渡萬里也。"其訓釋雖嫌迂曲，但是對於句義的理解應該是正確的。《詩・衛風・有狐》："有狐綏綏，在彼淇厲。"鄭玄箋："厲，深可厲之者。"《漢書・司馬相如傳下》："互折窈窕以右轉兮，横厲飛泉以正東。"師古曰："厲，渡也。"《漢書・傅常鄭甘陳段傳》："横厲烏孫，逾集都賴。"師古曰："厲，度也。"《文選・嵇康〈贈秀才入軍〉》："凌厲中原，顧盼生姿。"劉良注："凌，上。厲，越也。"《楚辭・劉向〈九嘆・離世〉》："棹舟杭以横濿兮，濟湘流而南極。"王逸注："濿，渡也。由帶以上爲濿。"洪興祖補注："濿，履石渡水。通作厲。""度"與"渡"通，"厲"與"濿"通。"厲渡"同義連用，與"超逾"義同。《漢書・揚雄傳》："趰巒坑，超唐陂。"顏師古注："趰，渡也。"是其明證。

　　《漢語大字典》"趰"字條：yì，（1）超越。（以《史記》爲例）（2）跳。《漢語大字典》"迣"字條：一是 zhì（1）迾，遮攔。（2）車駕清道。（3）度。二是 chì，越，超越。（以《漢書》爲例）

　　《廣韻》"迣"訓"度也"與訓"超逾"義同。在"超越"這個義項上，"趰"與"迣"爲异體字，《漢語大字典》未溝通二者關係，欠妥。建議統一注音爲：yì。

三　《漢書注》"古今字"研究與辭書釋義

　　《漢語大字典・風部》：颺，⑪舉，揚起。《漢書・揚雄傳上》："知衆嫭之嫉妒兮，何必颺嫛之蛾眉？"顏師古注："颺，古揚

字也。此亦譏屈原自舉蛾眉令衆嫉之。"（4781）

按：美人細長而彎曲的眉毛，如蠶蛾的觸鬚，故稱爲"蛾眉"。例如《詩·衛風·碩人》："螓首蛾眉。"《漢書·揚雄傳上》："玉女無所眺其清盧兮，慮妃曾不得施其蛾眉。"常用來形容女子容貌美麗。例如《楚辭·離騷》："衆女嫉余之蛾眉兮，謡諑謂余以善淫。"宋辛棄疾《摸魚兒》："蛾眉曾有人妒。"

《説文·風部》："颺，風所飛揚也。从風，易聲。"《説文·手部》："揚，飛舉也。从手，易聲。敭，古文。""颺"與"揚"同源，故可通用。顏師古注以"舉"訓"颺"，謂稱揚也。唐代通行"揚"字，故顏師古以"颺"爲古字。《二十四史全譯·漢書》譯爲："知道美女們的嫉妒，你何必皺起娥眉？"① 以"皺起"釋"颺"，非是。《漢語大字典》"颺"字義項⑪引《漢書》例，與釋義"揚起"不匹配，當移至"颺"字義項⑨：讚揚；稱頌。《漢語大詞典·風部》"颺"字義項⑩：頌揚；稱頌。收録詞條："颺纍，謂因稱揚之而使之受牽纍。"釋"颺"爲稱揚，是；釋"纍"爲牽纍，則非是。《廣雅·釋言》："纍，拘也。""纍"乃"纍臣"之省稱，揚雄《反離騷》用"湘纍""纍"特指屈原。例如《漢書·揚雄傳上》："因江潭而洀記兮，欽弔楚之湘纍。"顏師古注引李奇曰："諸不以罪死曰纍，荀息、仇牧皆是也。屈原赴湘死，故曰湘纍也。"又同卷："憫吾纍之衆芬兮，颺燁燁之芳苓，遭季夏之凝霜兮，慶夭頷而喪榮。"晋灼曰："雄憫屈原光香，奄先秋遇凋，生亦不辰也。"

又按："颺纍"不成詞，實爲僞目，當删。

大型辭書收録了不少因古今用字不同造成的异形詞，這些异形詞在詞義發展過程中，可能各自産生一些不同的義項，但它們肯定有共

---

① 安平秋、張傳璽分史主編《漢書》，許嘉璐主編，安平秋副主編《二十四史全譯》，漢語大詞典出版社，2004，第1746頁。

同義項。

有些异形詞的釋義與舉證不匹配。例如：

《漢語大字典‧艸部》：芫（二）huǎng《玉篇》許往切。

〔敞芫〕也作"惝怳"、"憴怳"。失意貌。《玉篇‧艸部》："芫，憴芫。"《漢書‧外戚傳上‧孝武李夫人》："寖淫敞芫，寂兮無音。"顏師古注："芫，古怳字。"（3402）

《漢語大詞典‧攴部》：【敞芫】同"敞怳"。《漢書‧外戚傳上‧孝武李夫人》："寖淫敞芫，寂兮無音。思若流波，怛兮在心。"顏師古注："芫，古怳字。"參見"敞怳❷"。（5—490）①

【敞怳】❶模糊，不真切。敞，通"惝"。《漢書‧司馬相如傳下》："視眩泯而亡見兮，聽敞怳而亡聞。"顏師古注："敞怳，耳不諦也。"❷失意貌。《梁書‧張緬傳》："望巴丘以邅回，遵洞庭而敞怳。"（5—490）

按：《漢語大字典》"敞芫"訓失意貌，以《漢書》爲例證，義項與例證不匹配。《漢語大詞典》誤同。今謂《漢書》"敞芫"當訓爲模糊不清貌 ②。"敞芫"是叠韻聯綿詞，也作"敞怳""惝怳""惝恍""憴怳""憴恍"，等等。《漢書‧司馬相如傳下》："視眩泯而亡見兮，聽敞怳而亡聞。"師古曰："眩泯，目不安也。敞怳，耳不諦也。""眩泯""敞怳"《史記‧司馬相如列傳》分別作"眩眠""惝怳"。《楚辭‧遠游》："視儵忽而無見兮，聽惝怳而無聞。""眩泯（或眠）"與"儵忽"爲同義詞，指眼睛看不清楚，"敞怳"與"惝怳"异形同詞，指耳朵聽不清楚。

引申爲心神不安貌，失意不悅貌。《玉篇‧心部》："惝，尺掌切。

---

① "5—490"指《漢語大詞典》第5卷第490頁，下同。
② "寖淫敞芫"《二十四史全譯‧漢書》譯作"一切漸漸朦朧起來"，可從。

惝怳，失意不悦皃。"又同部："憪，尺養切。憪怳，驚皃。"唐慧琳《一切經音義》卷一百《洞·金錍決膜論》："怳然，上況往反。《考聲》云：'怳忽、憪怳，魂失守也。狂也。'《老子》云：'道之爲物，惟怳惟忽。'《楚辭》云：'臨風怳兮。'王逸曰：'怳，失意也。'《説文》：'狂皃。'"宋曾鞏《泰山謝雨文》："言丁寧而上訴，心惝①怳而潛驚。""惝怳"與"悵怳""怳忽"同義，指神志不清楚。

《漢書·司馬相如傳上》："芒芒怳忽，視之無端，察之無涯。"顏師古注引郭璞曰："言眼亂也。"指眼睛看不清楚。《漢書·揚雄傳下》："神心怳怳，經緯萬方，事繫諸道德仁誼禮。"顏師古注："怳讀與忽同。"指神志不清楚。

異形詞的釋義工作往往由不同的編纂者負責，由於缺乏溝通，對於其共同義項可能做出不同的解釋，甚至做出錯誤的解釋。例如：

《漢語大詞典·水部》：【澹足】供給充裕。澹，通"贍"。《漢書·司馬遷傳》："道家使人精神專一，動合無形，澹足萬物。"顏師古注："澹，古贍字。"（6—176）

《漢語大詞典·貝部》：【贍足】❶安定而備足。贍，通"澹"。《史記·太史公自序》："道家使人精神專一，動合無形，贍足萬物。"司馬貞索隱："《漢書》作'澹'，古今字異也。"❷富足；充足。唐·裴鉶《傳奇·孫恪》："袁氏贍足，巨有金繒。"宋·曾鞏《户部尚書制》："使官用有節而餘蓄可致，公藏贍足而民賦可輕。"清·陳確《答張考夫書》："新兒神氣强旺如何？乳飲贍足否？"（10—303）

---

① "惝"《四部叢刊》本《南豐先生元豐類稿》、《文淵閣四庫全書》本《元豐類稿》及《續道藏·明查志隆〈岱史〉第七卷〈望典紀〉八二〈歷代群臣杷祝〉》均作"憪"，即"憪"字之訛。清何焯《義門讀書記卷四十三·元豐類稿》謂"憪，作惝"，是。

按:"澹足"與"贍足"爲异形詞。《漢語大詞典》"澹足"條引《漢書》例,釋義爲"供給充裕",非是;"贍足"條引《史記》例,釋義爲"安定而備足",謂"贍,通'澹'",亦非。今謂"贍足"同義連用,即富足、充足之義。此處用爲使動,即滿足之義。

又毛遠明《漢魏六朝碑刻异體字典》"澹"字條收録三個音項:【澹1】dàn(1)淡泊。(2)安静;平静。(3)滿足;足够。【澹2】tán複姓。【澹3】shàn通"贍"。(1)撫育;養育。(2)供給;救濟。① 又"贍"字條收録四個義項:(1)豐足。(2)文章内容富麗或作者知識廣博、感情豐富。(3)周濟;供給。(4)地名用字。② 今謂"澹1"字條義項"滿足;足够"與其讀音不匹配,當移至"澹3 shàn"音下。"贍"字條義項(2)乃義項(1)的義位變體,宜合并處理,改釋爲"充足"。

四 《漢書注》"古今字"研究與辭書舉證

衆所周知,《漢書》好用古字。有些古字《漢語大字典》雖有收録,但没有舉證。《漢書》古字用例可以爲《漢語大字典》收録的古字提供舉證。例如:

《漢語大字典·自部》:鮯,同"陒"。《説文·自部》:"鮯,塞也。"按:《廣韻·卦韻》作"陒"。(4435)

按:"鮯""陒"爲同一小篆的不同楷定形式。"陒"本義爲地形險要之處,引申爲阻塞,阻隔,進一步引申爲困苦,災難。《漢書·翟方進傳》:"熙!爲我孺子之故,予惟趙、傅、丁、董之亂,過絶

① 毛遠明:《漢魏六朝碑刻异體字典》,中華書局,2014,第146頁。
② 毛遠明:《漢魏六朝碑刻异體字典》,中華書局,2014,第772頁。

繼嗣，變剥適庶，危亂漢朝，以成三郎。"顔師古注引晋灼曰："古厄字。"引服虔曰："厄，會也，謂三七二百一十歲。"《漢書·谷永傳》："遭无妄之卦運，直百六之災陀。"《漢書·王莽傳中》："予遭陽九之陀，百六之會，……今陀會已度，府帑雖未能充，略頗稍給，其以六月朔庚寅始，賦吏禄皆如制度。"《集韻》麥韻乙革切："陀、阨，《説文》：'塞也。'或作阨。"《漢書·元帝紀》："百姓仍遭凶阨，無以相振。"

《説文·卪部》："厄，科厄，木節也。从卪，厂聲。賈侍中説，以爲厄，裹也。一曰厄，蓋也。"許釋 "厄" 字構形不可信，所訓自不可從。當即 "戹" 字之變。《説文·户部》："戹，隘也。从户，乙聲。"所訓爲引申義。西周金文作 𢎥（录伯簋）、𢎨（穌鎛），楚簡作 𢏃（曾 20）、𢏦（曾 115）、𢏐（天策）、𢏕（望 2.6），秦簡作 𢏨（睡·法 179），漢簡作 𢏩（孫臏 103）、𢏫（流沙墜簡·小學 2.4），東漢碑刻作 𢏬（孔褒碑）[1]，象套在牲口脖子上的曲木。本義爲車軛（重造本字爲 "軛"），引申爲地形險要之處，又引申爲阻塞，阻隔（分化本字爲 "阨"），進一步引申爲困苦、災難，等等。《後漢書·竇融列傳》："親遇戹會之際，國家不利之時，守節不回，承事本朝。"南北朝蕭統編、唐李善注《文選卷五十二·詩庚·論二·班叔皮〈王命論〉》："故雖遭罹厄會，竊其權柄，勇如信、布，彊如梁、籍，成如王莽，然卒潤鑊伏鑕，烹醢分裂。"東漢熹平三年《耿勳碑》："勤恤民隱，拯阨捄傾。"北魏延昌二年《劉璸等造像記》："一切苦厄，不知自度。"

在記録 "困苦、災難" 這個義項時，"戹" 與 "阨" 同源。由於唐

---

[1] 趙平安認爲："在西漢早期以前，均寫成車軛之形，西漢中期以後訛變成从户乙聲，因此《説文》小篆戹應是漢篆。"參見趙平安《〈説文〉小篆研究》，廣西教育出版社，1999，第 40 頁。

代通常用"阨"字記録"狹隘"之{隘}①，用"厄"字記録"厄運"之{厄}，因此顔師古引晋灼、服虔説來溝通字詞關係。

第二節　應用於古籍整理

古今字中的古字或今字在流傳過程中都有可能使用俗訛字，甚至成爲疑難字②，古籍整理工作者應該充分吸收相關疑難字考釋成果。

例1　替—偕

《漢書卷十五上·王子侯表第三上》："至于孝武，以諸侯王疊土過制，或替差失軌，而子弟爲匹夫。"師古曰："替，古偕字也。"（427）

按："替"（與"廢替"之"替"同形）"偕"分别是"暜""僭"之異寫俗字。《集韻》梠韻子念切："僭，《説文》：'假也。'古作暜。"③《經籍籑詁卷八十八·去聲·二十九艷》引《漢書注》作"暜"，是其明證。傳世字書及現代辭書未見收録"暜"之異寫俗字"替"④，《漢書》整理本"替"字宜校正作"暜"。

---

① 《干録字書》："隘、阨，上俗下正。"參見施安昌編《顔真卿書〈干禄字書〉》，紫禁城出版社，1990，第49~50頁。

② 參見張青松《疑難字考釋與古今字研究芻議》，《近代漢字研究》第3輯，河北大學出版社，2022。

③ 按：《漢語大字典·人部》："暜（三）jiàn《集韻》子念切，去梠精。同'僭'。虚假。《集韻·括韻》：'僭，《説文》："假也。"古作暜。'"《集韻》以"栝、栖、梠"爲異體；《漢語大字典》將"栝"轉録爲"括"，非是；又據《集韻》謂"暜，同'僭'"，亦非——字用相同，非同字也。

④ 《漢語大字典》"替"字條失收"暜"的異寫俗字"替"；《漢語大詞典》"替"字條："替₂'僭'的古字。參見'替差'。"可見編纂者并不知道"替₂"是"暜"的異寫俗字。

　　《説文·竝部》："竝，廢，一偏下也。从竝，白聲。替，或从曰。替，或从竹从曰。"甲骨文作▲（《合集》33892），[1] 春秋金文作▲（叔夷鐘，《集成》00278）、▲（叔夷鎛，《集成》00285.8）。[2] 戰國金文作▲（中山王嚳鼎，《集成》2840），象兩人一上一下之形，表示替换、交替之意。漢隸作"替"，當是《説文》或體"替"字之變。

　　《説文·曰部》："暜（替）[3]，曾也。从曰，冘（兟）聲。《詩》曰：'暜不畏明。'"段玉裁注："《大雅》文。今《民勞》《十月之交》《爾雅》字皆作'僭'。僭之本義痛也。"甲骨文作▲（《合集》583 正）、▲（《合集》6063）、▲（《合集》6778）、▲（《合集》13619），西周金文作▲（番生簋蓋，《集成》4326）[4]、▲（戎生編鐘）[5]。張世超等認爲："金文从甘，冘聲。或不从甘，與'冘'同字。"[6]

　　《説文·兟部》："兟，替替，銳意也。从二先。""替替"段玉裁改爲"兟兟"，注云："各本訛'替替'。今依《玉篇》《集韻》正。"甲

---

① 甲骨文"▲"字舊不識，張政烺據《中山王嚳鼎》將"▲"字釋爲"替"，并依文例通讀卜辭，即"廢除"的意思，其説可從。參見張政烺《中山王嚳壺及鼎銘考釋》，《古文字研究》第 1 輯，中華書局，1979。

② 叔夷鐘、叔夷鎛銘文均爲："母（毋）替母（毋）已。"《集成》釋"疾"，非是。當依吳國昇釋"替"。參見吳國昇編著《春秋文字字形表》，上海古籍出版社，2017。今謂叔夷鐘、叔夷鎛銘文乃宋人摹本，頗疑原器字形本从二立，誤摹从二大。

③ 引者按：《漢語大字典》第一版字頭用舊字形"替"。滕壬生《楚系簡帛文字編》（增訂本）曰部收録"替"字，曰部收録"暜"字，其字形出處均爲包二·一七七。新舊字形導致字頭重出。

④ 林澐認爲：大豐簋、召卣"不冘"字，召尊、番生簋"不暜"字，均應讀作"僭"。……"不僭"乃誠信不貳之意。甲文"其有暜"（乙 3365）、"亡暜"（乙 6721）、"有來暜"（京 2583）、"亡來暜"（乙 2133），均應讀作"僭"。參見林澐《新版〈金文編〉正文部分釋字商榷》，1990 年古文字研究會論文。又劉釗認爲《金文編》誤釋爲"替"。番生簋銘曰："虔夙夜專求不▲德。""不▲"即"不暜"，與大豐簋"不▲王"之"不▲"同，爲美譽之詞。參見劉釗《古文字構形學》，福建人民出版社，2006，第 200 頁。

⑤ 戎生編鐘"不▲"亦當讀爲"不僭"。"▲"字馬承源《戎生編鐘銘文的探討》釋"廢替"之"替"，非是；裘錫圭《戎生編鐘銘文考釋》與李學勤《戎生編鐘論釋》釋"暜"，讀"僭"，可從。分別參見《保利藏金——保利藝術博物館精品選》，嶺南美術出版社，1999，第 363、369、376 頁。李學勤文又刊於《文物》1999 年第 9 期。關於戎生編鐘的斷代問題，參見陳英傑、陳雙新《戎生編鐘銘文補議》，《古籍研究》2007 年第 1 期。

⑥ 張世超、孫凌安、金國泰、馬如森：《金文形義通解》，（日本）中文出版社，1996，第 1114 頁。

骨文作𢪒（《合集》18323）、𢪒（《合集》6653 正），金文作𢪒（散盤，《集成》10176）。①

《金文編》"𤦫"字下收録以下字形。

𢪒（天亡簋）、𢪒（子𤦫爵）、𢪒（兩簋）、𢪒（召卣。不𤦫伯懋父友）、𤦫（从甘。召尊）②

劉釗認爲，前四形似也應釋爲"死"字。又召尊"𤦫"與𤦫鼎"𤦫"③似應釋爲"替"字。④ 今謂"替"即"死"字繁體。

《説文·人部》："僭，假也。从人，朁聲。"段玉裁改訓"儗也"，注云："各本作'假也'，今依《玉篇》所引正。《廣韻》亦云'擬也'。以僭、似二篆相聯互訓，知作'假'之非矣。以下儗上，僭之本義也。引申之則訓差，《大雅》'不僭不賊'傳⑤是也。又訓不信，《小雅》'覆謂我僭'箋⑥是也。其《小雅·巧言》傳曰：'僭，數也。'⑦則謂僭即譖之假借也。《詩》亦假譖爲僭，如《大雅·桑柔》《瞻卬》箋⑧是也。""僭"本義爲在下者超越身份，冒用在上者的職權、名義行事。引申爲過分，虛假，欺騙，等等。《荀子·致士》："賞不欲僭，刑不欲濫。賞僭則利及小人，刑濫則害及君子。""僭""濫"對文同義，可釋爲過分，超過一定的程度或限度。

《尚書·大誥》："予惟小子，不敢替上帝命。"孔傳："不敢廢天命，言卜吉當必征之。"按：魏三體石經作"僭"，"替"乃"僭"之古字明

---

① 《金文編》釋"替"（死字重見），可從。參見容庚編著，張振林、馬國權摹補《金文編》，中華書局，1985，第 316 頁。
② 容庚編著，張振林、馬國權摹補《金文編》，中華書局，1985，第 669 頁。
③ 容庚編著，張振林、馬國權摹補《金文編》，中華書局，1985，第 76 頁。
④ 劉釗：《古文字構形學》，福建人民出版社，2006，第 201 頁。
⑤ 《詩·大雅·抑》："不僭不賊，鮮不爲則。"毛傳："僭，差也。"鄭箋："僭，不信也。"
⑥ 《詩·大雅·抑》："其維愚人，覆謂我僭。"鄭箋："譖，不信也。"
⑦ 《詩·小雅·巧言》："亂之初生，僭始既涵。"鄭箋："僭，不信也。""僭"，玄應《一切經音義》引作"譖"。
⑧ 《詩·大雅·桑柔》："朋友已譖，不胥以穀。"《詩·大雅·瞻卬》："鞫人忮忒，譖始竟背。"鄭箋："譖，不信也。"

矣。孔傳以“廢”釋“朁”，非是。《漢語大詞典》：“朁❶廢棄。”引《尚書·大誥》及孔傳，舉證與義項不匹配，當刪。《漢書·翟方進傳》載王莽《大誥》“予不敢僭上帝命”，顏師古注云：“僭，不信也。言順天命而征討。”又《尚書·湯誥》：“天命弗僭，賁若草木，兆民允殖。”孔傳：“僭，差。”可釋爲欺騙。

《尚書·洪範》：“人用側頗僻，民用僭忒。”孔傳：“在位不敦平，則下民僭差。”《史記·禮書》：“周衰，禮廢樂壞，大小相逾，管仲之家，兼備三歸。循法守正見侮於世，奢溢僭差者謂之顯榮。”“僭差”即“朁（朁）差”，可釋爲過分，超越本分。

從《尚書》孔傳以“廢”釋“朁（朁）”來看，漢代人已將“僭”之古字“朁（朁）”誤認作“廢朁”之“朁”，故《説文》將“朁（朁）”視爲“朁”之或體。季旭昇謂“或體第二形上作‘炑’，其實當爲‘扶’之訛”，恐非是。①

“朁”字俗或作“朁”（《龍龕手鑑·日部》），或作“朁”。從“朁”得聲之字俗或從“朁”，或從“朁”。續古逸叢書《龍龕手鑑·平聲卷第一·人部第二·去聲》：“僭，俗；僭，正；僭②，今，子念反。差也，擬也。三。”續古逸叢書《龍龕手鑑·上聲卷第二·水部第三·平聲》：“潛，俗；潛，正，音潛。潛没也，藏也，沉也，深也，止也。二。”可資比勘。

據我們目力所及，關玲③失收本字組。蔣志遠録作“朁—僭”，釋義爲“僭越”④。鄭玲、李曉龍均録作“朁—僭”：前者見於正文⑤，後者見於附表⑥。鄭玲分析字形時僅引《説文》“朁”字釋文而未及“朁”

---

① 季旭昇：《説文新證》，福建人民出版社，2010，第817頁。
② 《廣韻》屑韻他結切：“僭，僭俀，狡猾。”與“僭”字異寫“僭”爲同形字。
③ 關玲：《顏師古古今字研究》，碩士學位論文，北京師範大學，2009。
④ 蔣志遠：《唐以前“古今字”學術史研究》，博士學位論文，北京師範大學，2014。
⑤ 鄭玲：《〈漢書〉顏注古字考——兼與〈説文解字〉古文比較》，碩士學位論文，蘭州大學，2007，第49頁。
⑥ 李曉波：《顏師古〈漢書注〉字際關係研究》，碩士學位論文，寧夏大學，2010，第78頁。

字，可見鄭氏并不理解這一組古今字的具體義項，其根源在於并未讀懂《漢書》中的這句話。

例 2

《漢書卷十六·高惠高后文功臣表第四》："泜陵康侯魏駟。"晋灼曰："泜，古坻字。"師古曰："音直夷反。"（626）

按："泜陵"《史記卷十九·惠景間侯者年表第七》作"波陵"，《索隱》："《漢志》作泜，音泒。"謝紀鋒據此認爲《漢書注》引晋灼"泜，古坻字"中的"坻"是"泒"字之譌[①]，恐非是。俗書心旁與土旁形近相亂，"坻"當即"坻"字之譌。《字彙補·水部》："泜，又直移切，音池。《漢書·表》：'泜陵康侯魏駟。'晋灼曰："古坻字。""坻"乃"坻"字刻譌。唐玄應《一切經音義》卷十八："邸坻，府貧反。下古文圻，同，直飢反。"均其明證。

《説文·水部》："泜，水。在常山。从水，氐聲。"《漢書》"泜"凡 6 見，均用爲"泜水"義。例如《漢書·地理志上》："石邑，井陘山在西，洨水所出，東南至廮陶入泜。"師古曰："泜，音脂，又音丁計反。其後亦同。"

《玉篇·水部》："泜，丈脂切。水中丘。又小渚。俗作浵。"《爾雅·釋水》："小沚曰坻。"唐陸德明《釋文》："坻，本又作泜。"《説文·水部》："坻，小渚也。《詩》曰：'宛在水中坻。'从土，氐聲。汝，坻或从水从夂。渚，坻或从水从者。"《集韻》脂韻陳尼切："坻、汝、渚、圻、泜，《説文》'小渚'，引《詩》'宛在水中坻'。或作汝、渚、圻、泜。"《楚辭·王褒〈九懷·思忠〉》："浮溺水兮舒光，淹低佪兮京泜。"王逸注："水中可居爲洲，小洲爲渚，小渚爲泜。京泜，即高洲也。"

---

① 謝紀鋒：《〈漢書〉音切校議》，《内蒙古民族師院學報》1992 年第 2 期。

《漢書》“坻”凡 2 見。《漢書·司馬相如傳上》：“臨坻注壑。”師古曰：“坻謂水中隆高處也。《秦風·終南》之詩曰：‘宛在水中坻。’坻，音遲。”《漢書·司馬相如傳上》：“陵三峻之危，下磧歷之坻。”師古曰：“磧歷，沙石之貌也。坻，水中高處也。① 磧音千狄反。坻，音遲。”顏注“坻，音遲”與“汦，音直夷反”音同，而與“泜，音脂，又音丁計反”音別。由此可見，在記錄“小渚”義項時，“坻”是正字，也是通行字，故顏師古以“坻”爲今字。

總之，應校正作“汦，古（怟）〔坻〕字”。

---

① 《史記·司馬相如列傳》：“陵三嵕之危，下磧歷之坻。”集解：“駰案，郭璞曰：‘磧歷，阪名也。’”正義：“坻音遲。磧歷，淺水中沙石也。坻，水中高處。言獵人下此也。”王念孫《讀書雜志·漢書第十》：“念孫案，師古説坻與磧歷之義皆非也，坻謂山阪也。”

結　語

　　"古今字"這個概念從開始出現就是一個訓詁術語，訓詁學家提出這個概念的目的是溝通古今的不同用字。但是今天我們對古今字這個術語的使用和研究，在很大程度上已經脱離了訓詁學術語的原意，不僅從文字、語言、詞彙發展的角度對古字和今字各個方面的關係進行了全方位的剖析，而且將古今字引入了文字學，并把關注點更多地集中於古今字與異體字、通假字、假借字、同源字、分化字、區別字這些術語的聯繫和區別上，衆説紛紜，莫衷一是。我們認爲，這些混亂的造成主要是由於這些術語來自不同的層面，是從不同的角度進行的分類和命名，如果不理會這一大前提，必然會造成内涵的混淆和界限的模糊，而要進行清晰的劃界工作，必須以確定古今字的本質爲前提。

　　我們之所以研究顏師古的古今字觀念，正是想從實際材料出發，還原其對古今字的真正理解。我們想通過對這些材料的分析研究，找出顏師古古今字觀念的特點。通過對顏師古的著作中涉及的古今字問題進行窮盡式的搜集和分析，我們發現，顏師古對古今字的注釋術語最常用的是"某，古某字"，此外在引用他人觀點時，顏氏也會提到"某某，古今字"。

　　本書的研究主要依據李運富先生關於古今字的基本理論來進行：第一，我們站在訓詁學的角度來考察顏師古注列的古今字；第二，我們認爲古今字是針對某一詞項而言的，即古字與今字的對應範圍是記録同一個詞項的字，離開了這個詞項，則無所謂古字和今字；第三，我們認爲异體字、通假字、同源字、分化字等祇是可以充當古今字的材料或條件，跟古今字不是平列的概念，它們屬於不同的範疇，因而没有辨析的必要；第四，古今字的關係是變化的。

顏師古在《匡謬正俗》中滲透了他的古今字觀念，并在《漢書注》中得到了貫徹。顏氏所説的古今字應該符合三個條件：（1）通行時代有先後之别，（2）代表的詞項相同，（3）讀音相同或相近。

在古今字這個概念的發展過程中，唐代的顏師古上承鄭衆、鄭玄，下啓段玉裁、王筠，是承上啓下的重要代表。顏氏雖然没有系統闡釋過古今字理論，但其著述中滲透了他的古今字觀念。顏師古在《漢書注》中注明古今字時，主要使用“某，古某字”這個術語，這正是繼承了早期鄭玄注釋古今字的用語，不過用語更加單一化和專業化。後來的段玉裁雖然曾批評過顏師古關於古今字的評論，但實際上仍有很多思想是繼顏師古而來。“古今字”從被鄭玄首次提出，發展到唐代，已經在理論和實踐中有所豐富，再到段玉裁手中得到細緻闡述。這個概念從提出伊始到清代集大成的段玉裁，其發展一直都具有歷史的繼承性。

下　編

顔師古《漢書注》"古今字"綜合整理彙編

説　明

（1）本彙編收録顔師古《漢書注》中出現的所有古今字例條（包括顔師古本人指認及引用前人指認的古今字例條），共計493條[①]。

（2）每一組古今字先列古字，後列今字，古字與今字之間用"—"間隔。今字後括號内標注"字際關係"。

有多個義項的"古今字"按照"詞位"歸納處理，共計211組。一個"詞位"可能具有幾個相關的義項，這幾個相關的義項列一組"古今字"。如果"古字""今字"能够對應的幾個義項之間没有聯繫或讀音不同，那就分列爲多組同形"古今字"，用"古₁—今₁""古₂—今₂"等區別。具體分合原則舉例説明如下。

①屬於一個詞位的不同詞項的古今字合并爲一組處理，即一組"古今字"的音義欄可以列舉幾個義項，但意義無關和讀音不同的詞項要分組單列（我們稱之爲"同形字組"）。讀音相同而意義無關的同形字組，包括"盤—戻""嬗—禪""邀—速""逌—攸"。讀音不同的同形字組，意義或相關，或無關：意義相關的有"仄—側"，意義無關的有"鼂—朝""絫—累"。

②人名、地名、事物名屬於古今使用不同假借字的材料，若古字或今字有本用例證，采取合并處理的原則（古今字記録人名、地名、

[①] 《漢語大字典》(第2版)徵引《漢書注》古今字例條共有109個,在注列原文末尾標注#。

205

事物名且均用爲假借字者，不在統計之列，忽略其字際關係），例如 "悳—德" "龢—和"。若古字或今字皆無本用例證，自然單獨成組，例如 "㠯—夷"。

③同一組 "古今字" 的不同例條有版本異文且異文爲一字異寫者，說明異文，采取合并優先的原則。例如 "攀—攀"。

④古字或今字有異構字者（我們稱之爲 "多維組群"），采取分組單列的原則。今字相同，古字有異構字者，例如 "褎—袖" 與 "襃—袖"；古字相同，今字有異構字者，例如 "遯—遁" 與 "遯—遯"。

⑤雙音節、多音節單純詞中的單個漢字被指爲古今字的情況，按照 "單字" 分别列組，但標注音義時可以重出整個詞再加解釋，仿《説文》"聯綿字" 處理方式。

"字際關係" 指 "古字" 和 "今字" 分別記録該詞項時的用字屬性對應關係。大致有如下幾種：異構本字（結構不同而皆屬同詞本字）、異寫本字（同一字的形體變異）、源本字—分化本字、分化本字—源本字、古本字—重造本字、同源通用字、同義换讀字、假借字—後補本字、本字—通假字、通假字—本字、通假字—通假字（都是通假字時，在 "説明" 欄指出其本字）、假借字—假借字、異構假借字、異寫假借字。[1] 明顯錯誤或可以證明其錯誤的，標注爲 "假古今字"，例如 "亞，古弗字" 純屬臆測，在 "説明" 欄説明理由。

（3）標注現代漢語拼音和義項。爲使用方便，原則上統一按照 "今字" 相應義項的現代讀音標注（若現代大型辭書今字無古字相應音義，則按古字的現代讀音標注。例如 "北—背"）。

（4）列舉所有古今字例條。同一組 "古今字" 的例條用帶圈數字標注序號并按照義項分類排列。注列原文後面括號内數字爲中華書局1962版《漢書》頁碼。

---

[1] 詳參李運富《論漢字的字際關係》，《語言》（第 3 卷），首都師範大學出版社，2002。在原來八種字際關係的基礎上分別異構和異寫，又分別對應通假字和假借字。

（5）根據實際情況設立"説明"欄，主要用來考證不明瞭的字際關係、難理解的詞項音義，注列"古今"關係不符合文獻實際、不符合字形出現時代或不符合字形來源等情況。在字際關係不明瞭或本字本義不明顯的情況下，根據工具書交代生僻字的來源，對"古字"或"今字"的形義做出必要分析，或對通假字的本字加以考證。例如"糳—槎""替—僭"。

1. 北—背（古本字—重造本字）

běi　敗逃者。

《漢書卷一上·高帝紀第一上》："田榮歸，沛公、項羽追北，至城陽，攻屠其城。"服虔曰："師敗曰北。"韋昭曰："古背字也。背去而走也。"師古曰："北，陰幽之處，故謂退敗奔走者爲北。《老子》曰'萬物向陽而負陰'，許慎《説文解字》云'北，乖也'，《史記·樂書》曰'紂爲朝歌北鄙之音'，'朝歌者不時，北者敗也，鄙者陋也'，是知北即訓乖，訓敗，無勞借音。韋昭之徒并爲妄矣。"（14）

【説明】《説文·北部》："北，菲（乖）也。从二人相背。凡北之屬皆从北。"本義爲背部，引申爲背對，北方（北方是背陰的一方），軍隊敗走（或指敗逃者，泛指失敗），等等。

2. 犇—奔（异構本字）

bēn　①②③④⑤⑥⑦⑧⑨快跑，急行。⑩~㉑敗逃，逃跑。

①《漢書卷六十六·公孫劉田王楊蔡陳鄭傳第三十六》："高昌侯車犇入北掖門。"師古曰："犇，古奔字也。"（2891）

②《漢書卷六十七·楊胡朱梅云傳第三十七》："蓋主聞之，與外人、上官將軍多從奴客往，犇射追吏，吏散走。"師古曰："犇，古奔字也。奔走赴之而射也。"（2912）

③《漢書卷七十·傅常鄭甘陳段傳第四十》："湯待遷，父死不犇喪。"師古曰："犇，古奔字。"（3007）

④《漢書卷七十·傅常鄭甘陳段傳第四十》："夜，數犇營，不利，輒却。"師古曰："犇，古奔字也。"（3014）

⑤《漢書卷九十九下·王莽傳第六十九下》："馳犇賊，皆戰死。"師古曰："犇，古奔字也。"（4178）

⑥《漢書卷九十九中·王莽傳第六十九中》："故尚書令唐林爲胥附，博士李充爲犇走，諫大夫趙襄爲先後，中郎將廉丹爲禦侮，是爲

四友。"師古曰:"犇,古奔字。"(4126)

⑦《漢書卷七·昭帝紀第七》:"遣水衡都尉呂破胡募吏民及發犍為、蜀郡犇命擊益州,大破之。"應劭曰:"舊時郡國皆有材官、騎士,以赴急難,今夷反,常兵不足以討之,故權選取精勇。聞命奔走,故謂之奔命。"李斐曰:"平居發者二十以上至五十為甲卒,今者五十以上六十以下為奔命。奔命,言急也。"師古曰:"應說是也。犇,古奔字耳。"(219)

⑧《漢書卷七十四·魏相丙吉傳第四十四》:"此馭吏邊郡人,習知邊塞發犇命警備事,嘗出,適見驛騎持赤白囊,邊郡發犇命書馳來至。"師古曰:"犇,古奔字也。有命則奔赴之。言應速也。"(3146)

⑨《漢書卷九十五·西南夷兩粵朝鮮傳第六十五》:"遣水衡都尉發蜀郡、犍為犇命萬餘人,擊牂柯,大破之。"師古曰:"犇,古奔字。奔命,解在《昭紀》。"(3843)

⑩《漢書卷二十三·刑法志第三》:"或犇走赴秦,號哭請救,秦人(憐之謂)〔為〕之出兵。"師古曰:"謂申包胥如秦乞師也。犇,古奔字。"(1089)

⑪《漢書卷二十二·禮樂志第二》:"樂官師瞽抱其器而犇散,或適諸侯,或入河海。"師古曰:"犇,古奔字。"(1039)

⑫《漢書卷二十七中之上·五行志第七中之上》:"先是宋魚石犇楚,楚伐宋,取彭城以封魚石。"師古曰:"犇,古奔字也。"(1386)

⑬《漢書卷二十七中之上·五行志第七中之上》:"《左氏傳》晉獻公時童謠曰:丙〔子〕之晨,龍尾伏辰,袀服振振,取虢之旗。鶉之賁賁,天策焞焞,火中成軍,虢公其犇。"師古曰:"犇,古奔字。"(1393)

⑭《漢書卷三十三·魏豹田儋韓王信傳第三》:"項梁死定陶,成犇懷王。"師古曰:"犇,古奔字。"(1852)

⑮《漢書卷五十五·衛青霍去病傳第二十五》:"信故胡人,降為

翕侯，見急，匈奴誘之，遂將其餘騎可八百犇降單于。"師古曰："犇，古奔字也。"（2476）

⑯《漢書卷五十五·衛青霍去病傳第二十五》："票騎將軍去病率師征匈奴，西域王渾邪王及厥衆萌咸犇於率。"師古曰："犇，古奔字也。"（2482）

⑰《漢書卷五十九·張湯傳第二十九》："又以縣官事怨樂府游徼犇，而使大奴駿等四十餘人群黨盛兵弩，白晝入樂府攻射官寺，縛束長吏子弟，斫破器物，宮中皆犇走伏匿。"師古曰："犇，古奔字。"（2655）

⑱《漢書卷六十二·司馬遷傳第三十二》："晋中軍隨會犇魏，而司馬氏入少梁。"師古曰："犇，古奔字也。"（2707）

⑲《漢書卷六十四下·嚴朱吾丘主父徐嚴終王賈傳第三十四下》："大將軍秉鉞，單于犇幕；票騎抗旌，昆邪右衽。"師古曰："犇，古奔字。"（2815）

⑳《漢書卷九十四上·匈奴傳第六十四上》："匈奴聞漢兵大出，老弱犇走，敺畜産遠遁逃，是以五將少所得。"師古曰："犇，古奔字。"（3785）

㉑《漢書卷九十八·元后傳第六十八》："完字敬仲，犇齊，齊桓公以爲卿，姓田氏。"師古曰："犇，古奔字。"（4013）

【説明】⑥犇走，漢王莽時所設官名。⑦～⑨犇命，本指奔走應命，特指古時爲應付急難而選拔設置的精勇部隊。

3. 偪—逼（异構本字）

bī　逼迫。

①《漢書卷四十八·賈誼傳第十八》："親者或亡分地以安天下，疏者或制大權以偪天子，臣故曰：'病非徒瘇也①，又苦跛蹩。'"師古曰：

---

① 按："病非徒瘇也"應校正作"非徒病瘇也"。説詳王念孫《讀書雜志·漢書第九》。

"偪，古逼字。"（2239）#

②《漢書卷八十七上·揚雄傳第五十七上》："當是時，偪揚侯，揚侯逃於楚巫山，因家焉。"師古曰："偪，古逼（也）〔字〕。"（3513）①

4. 㝟—貶（通假字—本字）

biǎn　貶低。

《漢書卷五十七上·司馬相如傳第二十七上》："且二君之論，不務明君臣之義，正諸侯之禮，徒事争於游戲之樂，苑囿之大，欲以奢侈相勝，荒淫相越，此不可以揚名發譽，而適足以㝟君自損也。"師古曰："㝟，古貶字。"（2547）#

【説明】"㝟"《史記》作"貶"，李善注《文選》作"甹"，郭璞注引晋灼曰："甹，古貶字也。"趙平安認爲"㝟與甹本來就是一字的分化"②，而"甹是笲的本字"③，其説可從。

5. 徧—遍（异構本字）

biàn　普遍，全部。

《漢書卷八十·宣元六王傳第五十》："孝元之後，徧有天下。"師古曰："徧即古遍字。"（3328）

6.（飱）〔飧〕—湌（异構本字）

cān　飯食，食物。

《漢書卷九十九下·王莽傳第六十九下》："諸生、小民會旦夕哭，爲設飱粥。"師古曰："飱，古湌字，音千安反。"（4188）

---

①　中華書局 1962 年版《漢書》校勘記："偪，古逼（也）〔字〕。殿本作'字'。王先謙説殿本是"。

②　趙平安：《從甹字的釋讀談到甹族的來源》，《中國文字學報》第 1 輯，商務印書館，2006。

③　趙平安：《從語源學的角度看東周時期鼎的一類别名》，《考古》2008 年第 12 期。

【説明】"飧"爲"飱"之訛。即"餐（餐）"字之省。

7. 餐—飡（异構本字）

cān　飯食，食物。

①《漢書卷三十四·韓彭英盧吳傳第四》："令其裨將傳餐，曰：'今日破趙會食！'"服虔曰："立（騎）〔駐〕傳餐食也。"如淳曰："小飯曰餐。破趙後乃當共飽食也。"師古曰："餐，古飡字，音千安反。"（1868）①

②《漢書卷四十七·文三王傳第十七》："奏之太后，太后乃説，爲帝壹餐。"師古曰："餐，古飡字。"（2211）②

【説明】陳劍認爲："古人一日兩餐，晚飯常係將午餐所餘再澆水浸泡而成，故'飧'又有异體作'水食'兩字會意之'飡'（再變而爲'飡'）；後因'餐'字簡體'飱'與'飧'形近、意義又有關，故諸字很早就已相亂。"③

8. 臧—藏（通假字—通假字）

cáng　儲存，收存。

《漢書卷二十二·禮樂志第二》："今叔孫通所撰禮儀，與律令同録，臧於理官，法家又復不傳。"師古曰："古書懷藏之字本皆作臧，《漢書》例爲臧耳。理官，即法官也。"（1035）

【説明】《説文·臣部》："臧，善也。从臣，戕聲。臧，籀文。"甲骨文作𢦏（菁8.1），从戈刺臣，本義爲臧獲。④《漢書卷六十二·司馬

---

① 《史記·淮陰侯列傳》："令其裨將傳飱，曰：'今日破趙會食！'"集解："駰案，徐廣曰：'音飡也。'服虔曰：'立駐傳飡食也。'如淳曰：'小飯曰飡。'言破趙後乃當共飽食也。"索隱："如淳曰：'小飯曰飡。'謂立駐傳飡，待破趙乃大食也。"
② 《史記·梁孝王世家》："於是奏之太后，太后乃説，爲帝加壹飡。"
③ 陳劍：《〈周馴〉"爲下飧捼而餔之"解》，復旦大學出土文獻與古文字研究中心網站，http://www.gwz.fudan.edu.cn/SrcShow.asp?Src_ID=2835。
④ 楊樹達：《積微居小學述林·釋臧》，中華書局，1983，第59頁。

遷傳第三十二》："且夫臧獲婢妾猶能引決，況若僕之不得已乎！"應劭曰："揚雄《方言》云：'海岱之間，罵奴曰臧，罵婢曰獲。燕之北郊，民而骼婢謂之臧，女而婦奴謂之獲。'"晋灼曰："臧獲，敗敵所被虜獲爲奴隸者。"師古曰："應説是也。"《説文新附·艸部》："匿也。从艸，臧聲。"所訓爲假借義。本義當爲草名。《漢書·司馬相如傳上》："其埤溼則生藏莨蒹葭。"郭璞曰："藏莨，草中牛馬芻。"師古曰："莨音郎。"

戰國楚簡作👆（仰25.20：皆臧於一笥之中）、👆（郭.太.6：是古大一臧於水），以"臧"表{藏}，當爲本用。秦漢簡和馬王堆帛書等都以"臧"表{藏}，例如秦律"臧律"即"藏律"，指關於府藏、儲存的法律。東漢碑刻"臧""藏"并用。《衡方碑》："用行舍臧。"《孫叔敖碑》："聚藏於山。"

9. 屮—草（本字—通假字）

cǎo　草本植物的總稱。

①《漢書卷二十二·禮樂志第二》："屮木零落，抵冬降霜。"師古曰："屮，古草字。"（1056）

②《漢書卷二十七下之上·五行志第七下之上》："傷人曰凶，禽獸曰短，屮木曰折。"師古曰："屮，古草字。"（1441）

③《漢書卷二十八上·地理志第八上》："厥土黑墳，屮繇木條。"師古注："屮，古草字也。"（1525）

④《漢書卷二十八下·地理志第八下》："習俗頗殊，地廣民稀，水屮宜畜牧。"師古曰："屮，古草字。"（1645）

⑤《漢書卷五十四·李廣蘇建傳第二十四》："武既至海上，廩食不至，掘野鼠去屮實而食之。"師古曰："屮，古草字。"（2463）

⑥《漢書卷五十六·董仲舒傳第二十六》："德潤四海，澤臻屮木。"師古曰："屮，古草字也。"（2497）

⑦《漢書卷五十七上·司馬相如傳第二十七上》：“獲若雨獸，揫屮蔽地。”師古曰：“屮，古草字也。”（2539）

⑧《漢書卷五十七下·司馬相如傳第二十七下》：“是以賢人君子，肝腦塗中原，膏液潤埜屮而不辭也。”師古曰：“屮，古草字。”（2579）

⑨《漢書卷五十八·公孫弘卜式兒寬傳第二十八》：“嘉禾興，朱屮生。”師古曰：“屮，古草字。”（2613）

⑩《漢書卷六十九·趙充國辛慶忌傳第三十九》：“逐水屮，入山林。”師古曰：“屮，古草字。”（2978）

⑪《漢書卷七十二·王貢兩龔鮑傳第四十二》：“祿賜愈多，家日以益富，身日以益尊，誠非屮茅愚臣所當蒙也。”師古曰：“屮，古草字。”（3073）

⑫《漢書卷七十二·王貢兩龔鮑傳第四十二》：“農夫父子暴露中野，不避寒暑，捽屮杷土，手足胼胝。”師古曰：“屮，古草字也。”（3075）

⑬《漢書卷七十四·魏相丙吉傳第四十四》：“三者得叙，則災害不生，五穀熟，絲麻遂，屮木茂，鳥獸蕃，民不夭疾，衣食有餘。”師古曰：“屮，古草字。”（3139）

⑭《漢書卷八十五·谷永杜鄴傳第五十五》：“庶屮蕃滋。”師古曰：“屮，古草字也。”（3467）

⑮《漢書卷八十七上·揚雄傳第五十七上》：“昔者禹任益虞而上下和，屮木茂。”師古曰：“屮，古草字。”（3540）

⑯《漢書卷九十九中·王莽傳第六十九中》：“四月，隕霜，殺屮木，海瀕尤甚。”師古曰：“屮，古草字。”（4136）

【說明】“屮”同“艸”。《說文·屮部》：“屮，艸木初生也。象丨出形，有枝莖也。古文或以爲艸字。讀若徹。凡屮之屬皆从屮。尹彤說。”《說文·艸部》：“艸，百芔也。从二屮。凡艸之屬皆从艸。”《說文·艸部》：“草，草斗，櫟實也。一曰象斗子。从艸，早聲。”段玉裁

注："按：草斗之字俗作皁、作皂，於六書不可通。"

10. 仄₁一側₁（源本字一分化本字）

cè ①②旁邊。③卑微，低賤。④⑤⑥⑦⑧⑨傾斜。⑩⑪邪僻。

①《漢書卷二十七上·五行志第七上》："視近臣在國中處旁仄及貴而不正者，忍而誅之。"師古曰："仄，古側字。"（1332）

②《漢書卷七十二·王貢兩龔鮑傳第四十二》："罷退外親及旁仄素餐之人。"師古曰："仄，古側字也。"（3091）

③《漢書卷八十九·循吏傳第五十九》："及至孝、宣，繇仄陋而登至尊。"師古曰："仄，古側字。"（3624）

④《漢書卷二十七中之上·五行志第七中之上》："昭帝時，昌邑王賀遣中大夫之長安，多治仄注冠。"師古曰："仄，古側字也。謂之側注者，言形側立而下注也。"（1366）

⑤《漢書卷四十五·蒯伍江息夫傳第十五》："衆畏其口，見之仄目。"師古曰："仄，古側字也。"（2181）

⑥《漢書卷四十八·賈誼傳第十八》："仄聞屈原兮，自湛汨羅。"師古曰："仄，古側字。"（2223）

⑦《漢書卷五十·張馮汲鄭傳第二十》："仄目而視矣。"師古曰："仄，古側字也。"（2318）

⑧《漢書卷七十·傅常鄭甘陳段傳第四十》："臣聞楚有子玉得臣，文公爲之仄席而坐。"師古曰："仄，古側字也。"（3020）

⑨《漢書卷四十九·爰盎鼂錯傳第十九》："險道傾仄，且馳且射。"師古曰："仄，古側字。"（2281）

⑩《漢書卷二十七中之下·五行志第七中之下》："《詩》云：'爾德不明，以亡陪亡卿；不明爾德，以亡背亡仄。'"師古曰："《大雅·蕩》之詩也。言不別善惡，有逆背傾仄者，有堪爲卿大夫者，皆不知之也。仄，古側字。"（1405）

215

⑪《漢書卷七十八・蕭望之傳第四十八》：“恭、顯又時傾仄見詘。”師古曰：“言其不能持正，故議論大事見詘於天子也。仄，古側字。”（3284）

11. 䅳—槎（假借字—後補本字）

chá　斜砍。

《漢書卷九十一・貨殖傳第六十一》：“既順時而取物，然猶山不䅳蘖，澤不伐夭。”師古曰：“䅳，古槎字也。槎，邪斫木也。……槎音士牙反。”（3679）#①

【説明】《説文・木部》：“槎，衺斫也。从木，差聲。《春秋傳》曰：‘山不槎。’”《國語・魯語上》：“山不槎蘖，澤不伐夭。”王念孫謂“䅳”乃“差”字之訛，其説甚是。參見《讀書雜志・漢書第十四》。

12. 讇—諂（异構本字）

chǎn　巴結，奉承。

①《漢書卷二十七中之下・五行志第七中之下》：“不知誰主爲佞讇之計，誣亂聖德如此者！”師古曰：“讇，古諂（也）〔字〕。”（1417）

②《漢書卷三十六・楚元王傳第六》：“今二府奏佞讇不當在位，歷年而不去。”師古曰：“讇，古諂字。”（1944）

③《漢書卷四十五・蒯伍江息夫傳第十五》：“夫議政者，苦其讇諛傾險辯慧深刻也。”師古曰：“讇，古諂字。”（2184）

④《漢書卷六十四下・嚴朱吾丘主父徐嚴終王賈傳第三十四下》：“秦不行是風，循其故俗，爲知巧權利者進，篤厚忠正者退，法嚴令苛，讇諛者衆。”師古曰：“讇，古諂字。”（2811）

⑤《漢書卷六十六・公孫劉田王楊蔡陳鄭傳第三十六》：“咸叩頭謝曰：‘具曉所言，大要教咸讇也。’”師古曰：“讇，古諂字也。”

----

① 《漢書》“䅳”《漢語大字典・艸部》轉録作“茬”，與《説文・艸部》訓艸貌之“茬”同形。

（2900）

⑥《漢書卷七十二·王貢兩龔鮑傳第四十二》："致誅姦臣，遠放讇佞。"師古曰："讇，古諂字。"（3079）

⑦《漢書卷七十五·眭兩夏侯京翼李傳第四十五》："諸閹茸佞讇，抱虛求進。"師古曰："讇，古諂字。"（3182）

⑧《漢書卷七十七·蓋諸葛劉鄭孫毋將何傳第四十七》："朝廷無讇諛之士，元首無失道之譽。"師古曰："讇，古諂字也。"（3253）

⑨《漢書卷八十·宣元六王傳第五十》："以讇惑王，所言尤惡，悖逆無道。"師古曰："讇，古諂字也。"（3316）

⑩《漢書卷八十四·翟方進傳第五十四》："邪讇無常，色厲內荏。"師古曰："讇，古諂字也。"（3414）

⑪《漢書卷九十四上·匈奴傳第六十四上》："匈奴復讇以甘言。"師古曰："讇，古諂字。"（3773）#

⑫《漢書卷九十六上·西域傳第六十六上》："後歲餘，宛貴人以爲昧蔡讇，使我國遇屠。"師古曰："讇，古諂字。"（3895）

13. 鬯—暢（通假字—本字）

chàng　通暢，暢達。

《漢書卷二十二·禮樂志第二》："清明鬯矣，皇帝孝德。"師古曰："鬯，古暢字。暢，通也。"（1047）

14. 晁—朝（异構假借字）

cháo　姓氏用字。

《漢書卷五·景帝紀第五》："斬御史大夫晁錯以謝七國。"師古曰："晁，古朝字。"（142）

【説明】"晁"爲"鼂"字异構。

15. 鼂₁—朝₁（异構假借字）

cháo ①人名用字。②姓氏用字。

①《漢書卷二十七上·五行志第七上》：“尹氏、召伯、毛伯事王子鼂。”師古曰：“子鼂，景王庶子也。鼂，古朝字。”（1329）

②《漢書卷四十九·爰盎鼂錯傳第十九》師古曰：“鼂，古朝字。其下作朝，蓋通用耳。”（2267）

【説明】參見“鼂₂—朝₂”（zhāo）。

16. 晨—晨（异構本字）

chén 房星。

《漢書卷二十一下·律曆志第一下》：“明日壬辰，晨星始見。”師古曰：“晨，古晨字也。其字从臼，臼音居玉反。”（1015）

17. 泜—（汦）〔坻〕（异構假借字）

chí 地名用字。

《漢書卷十六·高惠高后文功臣表第四》：“泜陵康侯魏駟。”晋灼曰：“泜，古汦字。”師古曰：“音直夷反。”（626）

【説明】“汦”爲“坻”字之訛。《史記·惠景閒侯者年表》作“波陵”，《索隱》：“《漢志》作泜，音泜。”《爾雅·釋水》：“小沚曰坻。”唐陸德明《釋文》：“坻，本又作泜。”《篆隸萬象名義·水部》：“洈，丈之反，小渚。”《玉篇·水部》：“泜，丈脂切。水中丘。又小渚。俗作洈。”

18. 嵩₁—崇₁（异構本字）

chóng 尊崇。

《漢書卷二十五下·郊祀志第五下》：“莽遂嵩鬼神淫祀，至其末年，自天地六宗以下至諸小鬼神，凡千七百所，用三牲鳥獸三千餘種。”師古曰：“嵩，古崇字。”（1270）

【説明】參見"崧₂—崧₂（sōng）"。

19. 藂—藂（异構本字）

cóng　聚集。

《漢書卷六十五·東方朔傳第三十五》："宮人簪瑇瑁，垂珠璣，設戲車，教馳逐，飾文采，藂珍怪。"師古曰："藂，古藂字。"（2858）

【説明】《説文·丵部》："藂，聚也。从丵，取聲。"《宋本廣韻》東韻徂紅切："藂，聚也。藂，俗。"《字彙·木部》："藂，古文藂字。"

20. 頦—悴（源本字—分化本字）

cuì　①勞苦、困頓。②枯萎、凋謝。

①《漢書卷二十七下之下·五行志第七下之下》："《詩》曰：'或宴宴居息，或盡頦事國。'"如淳曰："頦，古悴字也。"師古曰："《小雅·北山》之詩也。……盡悴，言盡力而悴病也。"（1494）

②《漢書卷八十七上·揚雄傳第五十七上》："愍吾纍之衆芬兮，颺爝爝之芳苓，遭季夏之凝霜兮，慶夭頦而喪榮。"晋灼曰："雄愍屈原光香，奄先秋遇凋，生亦不辰也。"師古曰："頦，古悴字。"（3519）

21. 厝—錯（通假字—本字）

cuò　交錯，間雜。

《漢書卷二十八下·地理志第八下》："是故五方雜厝，風俗不純。"晋灼曰："厝，古錯（反）〔字〕。"（1642）#

【説明】《説文·厂部》："厝，厲石也。从厂，昔聲。《詩》曰：'他山之石，可以爲厝。'"

22. 愬—怛（异構本字）

dá　憂傷。

《漢書卷七十二·王貢兩龔鮑傳第四十二》：“《詩》云：‘匪風發兮，匪車揭兮，顧瞻周道，中心愬兮。’”師古曰：“愬，古怛字，傷也。”（3058）#

【説明】“愬”今本《詩·檜風·匪風》作“怛”。

23. 悳—德（异構本字）

dé　①恩惠。②地名用字。

①《漢書卷四十八·賈誼傳第十八》：“高皇帝以明聖威武即天子位，割膏腴之地以王諸公，多者百餘城，少者乃三四十縣，悳至渥也，然其後十年之間，反者九起。”師古曰：“悳，古德字。”（2234）#

②《漢書卷二十八上·地理志第八上》：“安悳，合陽，侯國。莽曰宜鄉。”師古曰：“悳，古德字。”（1579）

【説明】《説文·心部》：“悳，外得於人，内得於己也。从直，从心。”田煒認爲：“‘德’字實際上是‘徝’字分化出來的一個專門表示其引申義的字，當可以分析爲‘从心，从徝，徝亦聲’。”[1]俞紹宏認爲：“‘德’从‘心’，‘徝’聲，……‘悳’爲‘德’省‘彳’的省簡异體。”[2]

24. 墬—地（异構本字）

dì　土地，田地，地面。

①《漢書卷二十五下·郊祀志第五下》：“《周官》天墬之祀，樂有别有合。”師古曰：“墬，古地字也。”（1265）

②《漢書卷二十八下·地理志第八下》：“至襄王以河内賜晋文公，又爲諸侯所侵，故其分墬小。”師古曰：“墬，古地字。”（1650）

③《漢書卷六十九·趙充國辛慶忌傳第三十九》：“又因排折羌虜，

---

① 田煒：《西周金文字詞關係研究》，上海古籍出版社，2016，第242頁。
② 俞紹宏：《徝、德及相關字字際關係考辨》，《大連大學學報》2020年第4期。

令不得歸肥饒之墬，貧破其衆，以成羌虜相畔之漸，二也。"師古曰："墬，古地字。"（2987）

④《漢書卷八十八·儒林傳第五十八》："先敺旄頭劍挺墮墬，首垂泥中，刃鄉乘輿車，馬驚。"師古曰："墬，古地字。"（2987）

⑤《漢書卷八十八·儒林傳第五十八》："式恥之，陽醉遏墬。"師古曰："墬，古地字。"（3610）#

⑥《漢書卷九十四下·匈奴傳第六十四下》："孝武即位，設馬邑之權，欲誘匈奴，使韓安國將三十萬衆徼於便墬，匈奴覺之而去，徒費財勞師，一虜不可得見，況單于之面乎！"師古曰："墬，古地字。"（3813）

⑦《漢書卷一百上·叙傳第七十上》："始皇之末，班壹避墬於樓煩，致馬牛羊數千群。"師古曰："墬，古地字。"（4197）#

⑧《漢書卷一百上·叙傳第七十上》："知隗囂終不寤，乃避墬於河西。"師古曰："墬，古地字。"（4213）

⑨《漢書卷一百上·叙傳第七十上》："惟天墬之無窮兮，鱻生民之晦在①。"師古曰："墬，古地字也。"（4216）#

⑩《漢書卷一百上·叙傳第七十上》："參天墬而施化，豈云人事之厚薄哉。"師古曰："墬，古地字。"（4228）

⑪《漢書卷一百上·叙傳第七十上》："且吾聞之：壹陰壹陽，天墬之方。"師古曰："墬，古地字。"（4231）

⑫《漢書卷一百下·叙傳第七十下》："坤作墬埶，高下九則，自昔黃、唐，經略萬國，（變）〔燮〕定東西，疆理南北。"師古曰："墬，古地字。"（4243）

【説明】⑦⑧《漢語大詞典·辵部》："避墬，謂遷地以避災禍。"

---

① 按：《文選·班固〈幽通賦〉》作"惟天地之無窮兮，鮮生民之晦在"。

25. 覩—睹（异構本字）

dǔ　看見。

《漢書卷六·武帝紀第六》："朕之不敏，不能遠德，此子大夫之所睹聞也。"師古曰："睹，古覩字。"（161）

26. 耑—端（本字—通假字）

duān　開頭，開端。

《漢書卷三十·藝文志第十》："傳曰：'不歌而誦謂之賦，登高能賦可以爲大夫。'言感物造耑，材知深美，可與圖事，故可以爲列大夫也。"師古曰："耑，古端字也。因物動志，則造辭義之端緒。"（1755）#

27. 崔—堆（异構本字）

duī　地名用字。離崔，離山之堆。

《漢書卷二十九·溝洫志第九》："於蜀，則蜀守李冰鑿離崔，避沫水之害，穿二江成都中。"晋灼曰："崔，古堆字也。崔，岸也。"師古曰："音丁回反。"（1677）#

【説明】《史記卷二十九·河渠書第七》："於蜀，蜀守冰鑿離碓。"集解引晋灼曰："碓，古堆字也。"

28. 遯—遁（异構本字）

dùn　逃遁。

《漢書卷九十四下·匈奴傳第六十四下》："如其後嗣遯逃竄伏，使於中國不爲叛臣。"師古曰："遯，古遁字。"（3833）

29. 遂—遯（异構本字）

dùn　逃遁。

《漢書卷一百下·叙傳第七十下》："張、陳之交，斿如父子，攜手遂

秦，拊翼俱起。"應劭曰："逯，逃也。"師古曰："逯，古避字也。"（4245）

30. 憜—惰（异構本字）

duò　輕慢，不敬。

《漢書卷七十三·韋賢傳第四十三》："畏忌是申，供事靡憜。"師古曰："憜，古惰字。"（3113）#

【説明】《説文·心部》："憜，不敬也。从心墮省。《春秋傳》曰：'執玉憜。'憜或省自。媠，古文。"

31. 媠—惰（异構本字）

duò　輕慢，不敬。

①《漢書卷七十二·王貢兩龔鮑傳第四十二》："疾言辯訟，媠謾亡狀，皆不敬。"師古曰："媠，古惰字。"（3082）

②《漢書卷七十三·韋賢傳第四十三》："媠彼車服，黜此附庸。"師古曰："媠，古惰字也。"（3111）

③《漢書卷七十三·韋賢傳第四十三》："無媠爾儀，以保爾域。"師古曰："媠，亦古惰字也。"（3114）

④《漢書卷七十六·趙尹韓張兩王傳第四十六》："張敞衎衎，履忠進言，緣飾儒雅，刑罰必行，縱赦有度，條教可觀，然被輕媠之名。"師古曰："媠，古惰字也。謂走馬、拊馬及畫眉。"（3240）

32. 譌—訛（异構本字）

é　虛假。

《漢書卷四十五·蒯伍江息夫傳第十五》："充逋逃小臣，苟爲姦譌，激怒聖朝，欲取必於萬乘以復私怨。"師古曰："譌，古訛字也。"（2175）#

33. 餞—厄（本字—通假字）

è 災難，災禍。

《漢書卷八十四·翟方進傳第五十四》：“熙！爲我孺子之故，予惟趙、傅、丁、董之亂，遏絶繼嗣，變剥適庶，危亂漢朝，以成三餞。”晋灼曰：“古厄字也。”服虔曰：“厄，會也，謂三七二百一十歲。”（3431）

【説明】《説文·𨸏部》：“餞（陀），塞也。从𨸏，㐌聲。”“餞”“陀”爲同一小篆的不同楷定形式。《集韻》麥韻乙革切：“陁、陀，《説文》：‘塞也。’或作陁。”《説文·卩部》：“科厄，木節也。从卩，厂聲。賈侍中説，以爲厄，裹也。一曰厄，蓋也。”假借爲“㐌”。《説文·户部》：“㐌，隘也。从户，乙聲。”西周金文作𢀜（录伯簋）、𢀜（黐鎛），象套在牲口脖子上的曲木。本義爲車軛（重造本字爲“軶”），引申爲地形險要之處，又引申爲阻塞，阻隔（分化本字爲“陀”），進一步引申爲困苦、災難，等等。

34. 蜚—飛（通假字—本字）

fēi ①②③④（鳥、蟲等）鼓動翅膀在空中活動。⑤形容上翹。⑥飛散。指物體飛離原處後散落。⑦傳揚，傳播。⑧人名用字。

①《漢書卷八·宣帝紀第八》：“鸞鳳萬舉，蜚覽翔翔，集止于旁。”師古曰：“萬舉，猶言舉以萬數也。蜚，古飛字也。言鸞鳳飛翔，覽觀都邑也。”（263）

②《漢書卷十·成帝紀第十》：“三月，博士行飲酒禮，有雉蜚集于庭，歷階升堂而雊，後集諸府，又集承明殿。”師古曰：“蜚，古飛字也。”（316）

③《漢書卷二十七中之下·五行志第七中之下》：“《書序》又曰：‘高宗祭成湯，有蜚雉登鼎耳而雊。’”師古曰：“《商書·高宗肜日》之序也。蜚，古飛字。”（1411）

④《漢書卷九十九下·王莽傳第六十九下》：“夏，蝗從東方來，

蜚蔽天，至長安，入未央宮，緣殿閣。"師古曰："蜚，古飛字也。"
（4176）

⑤《漢書卷五十七上・司馬相如傳第二十七上》："蜚襳垂髾。"師古曰："蜚，古飛字也。"（2541）

⑥《漢書卷九十九下・王莽傳第六十九下》："〔天〕〔大〕風蜚瓦，雨如注水，大眾崩壞號謼，虎豹股栗，士卒犇走，各還歸其郡。"師古曰："蜚，古飛字。"（4183）

⑦《漢書卷五十七下・司馬相如傳第二十七下》："俾萬世得激清流，揚微波，蜚英聲，騰茂實。"師古曰："蜚，古飛字。"（2605）

⑧《漢書卷六十五・東方朔傳第三十五》："是以輔弼之臣瓦解，而邪諂之人并進，〔遂〕及蜚廉、惡來（輩）〔革〕等。"蘇林曰："二人皆紂時邪佞人也。"孟康曰："蜚廉善走。"師古曰："蜚，古飛字。"（2870）

【説明】⑤⑦李善《文選注》卷七、卷四十八古今字同。⑥蜚瓦，形容風力迅猛。⑦《史記・司馬相如列傳》："蜚英聲，騰茂實。"司馬貞索隱引胡廣曰："飛揚英華之聲，騰馳茂盛之實也。"後以"蜚英騰茂"稱人的盛名與實際相符。

35.霏—霏（异構本字）

fēi　濃密盛多的樣子。

《漢書卷八十七上・揚雄傳第五十七上》："雲霏霏而來迎兮，澤滲灕而下降，鬱蕭條其幽藹兮，滃汎沛以豐隆。"師古曰："霏，古霏字。霏霏，雲起貌。"（3538）#

36.棐—匪（通假字—通假字）

fěi　副詞，表示否定，相當於"不"。

《漢書卷六十三・武五子傳第三十三》："悉爾心，毋作怨，毋作棐

德，毋乃廢備。"服虔曰："棐，薄也。"師古曰："棐，古匪字也。匪，
非也。"（2750）

37. 潰—沸（异構假借字）

fèi　人名用字。

《漢書卷二十一下·律曆志第一下》："幽公，《世家》即位十四年，
及微公弗立，潰。"師古曰："潰，古沸字。"（1017）

【説明】《説文·水部》："沸，潷沸，濫泉。从水，弗聲。"段玉裁
注："'畢'一本从水作'潷'。《上林賦》'潷弗'①蘇林曰'潷音畢'，則古
非無'潷'字也。'泉'下小徐有'也'。按：'也'當作'皃'。《詩·小
雅》《大雅》皆有'觱沸檻泉'之語。傳云：'觱沸，泉出皃。檻，泉
正出。'《釋水》曰：'濫，泉正出。正出，涌出也。'司馬彪注《上
林賦》曰：'潷弗，盛皃也。'"《玉篇·水部》："沸，泉涌出皃。潰，
同沸。"

38. 蠭—蜂（异構本字）

fēng　昆蟲名稱，會飛，多有毒刺，能蜇人，多成群住在一起。
蜂起，形容像蜜蜂成群而起。

《漢書卷三十一·陳勝項籍傳第一》："今君起江東，楚蠭起之將皆
爭附君者，以君世世楚將，爲能復立楚之後也。"師古曰："蠭，古蜂
字也。蠭起，如蠭之起，言其衆也。一説蠭與鋒同，言鋒鋭而起者。"
（1799）

【説明】《説文·蚰部》："蠭，飛蟲螫人者。从蚰，逢聲。蜂，古
文省。"

---

① 《文選》（363）"潷弗"，《漢書·司馬相如傳》（2548）同，《史記·司馬相如列傳》作"潷
浡"（3018）。

39. 雽—敷（古本字—重造本字）

fū　普遍。

《漢書卷二十二·禮樂志第二》："朱明盛長，雽與萬物。"臣瓚曰："夏爲朱明。"師古曰："雽，古敷字也。雽與，言開舒也。與，音弋於反。"（128）#

【説明】王先謙《漢書補注》："雽與，猶敷施。《書·皋陶謨》'翕受敷施'，《夏紀》作'翕受普施'。此謂陽氣盛長，普施萬物耳。"

40. 亞—弗（假古今字）

fú　古代禮服上黑與青相間如亞形的花紋。

《漢書卷七十三·韋賢傳第四十三》："其諫詩曰：肅肅我祖，國自豕韋，黼衣朱紱，四牡龍旂。"師古曰："黼衣畫爲斧形，而白與黑爲彩也。朱紱爲朱裳畫爲亞文也。亞，古弗字也，故因謂之。紱字又作黻，其音同聲。"（3101）

【説明】"弗"字古文《玉篇》作"亞"，《集韻》作"亞"，《類篇》作"亞"。《説文·黹部》："黻，黑與青相次文。从黹，犮聲。""亞"作爲花紋形，本無音義可言。從出土文獻資料來看，"弗"字古文字字形未見兩弓相背的寫法，顔師古謂"亞（亞），古弗字"純屬臆測。熊加全認爲："'亞'當即'弗'字俗寫，而非其古文。"① 亦屬臆測。

41. 䰞—釜（异構本字）

fǔ　①②古炊器。③地名用字。

①《漢書卷二十七中之下·五行志第七中之下》："昭帝元鳳元年，燕王宮永巷中豕出圂，壞都灶，銜其䰞六七枚置殿前。"晋灼曰："䰞，古文釜字。"（1436）

---

① 熊加全：《〈新修玉篇〉研究》，中國社會科學出版社，2019，第 275 頁。

②《漢書卷九十四下·匈奴傳第六十四下》：“胡地秋冬甚寒，春夏甚風，多齎鬴鍑薪炭，重不可勝。”師古曰：“鬴，古釜字也。”（3825）

③《漢書卷九十六下·西域傳第六十六下》：“北伐行將，於鬴山必克。”師古曰：“行將謂遣將率行也。鬴山，山名也。鬴，古釜字。”（3913）

42. 頫—俯（同義換讀）

fǔ　低頭，俯身。

①《漢書卷五十七上·司馬相如傳第二十七上》：“頫杳眇而無見，仰攀橑而捫天。”師古曰：“頫，古俯字也。……言臺榭之高，有升上之者，俯視則不見地，仰攀其橑可以摸天也。”（2557）

②《漢書卷九十一·貨殖傳第六十一》：“然家自父兄子弟約，頫有拾，印有取，貰貸行賈徧郡國。”師古曰：“頫，古俯字也。俯仰必有所取拾，無鉅細好惡也。”（3691）

③《漢書卷三十一·陳勝項籍傳第一》：“百粵之君頫首係頸，委命下吏。”鄧展曰：“頫音俯。”師古曰：“古俯字。”（1823）#

【説明】①“頫”《史記·司馬相如列傳》作“俛”。《文選卷八·賦丁·畋獵中·司馬長卿〈上林賦〉》李善注引《聲類》曰：“頫，古文俯字。”

43. 捬—撫（异構本字）

fǔ　安撫。

《漢書卷六十九·趙充國辛慶忌傳第三十九》：“先行先零之誅以震動之，宜悔過反善，因赦其罪，選擇良吏知其俗者捬循和輯，此全師保勝安邊之册。”師古曰：“捬，古撫字。”（2978）#

44. 綆—綆（异構本字）

gěng　井上繩索。

《漢書卷五十一 · 賈鄒枚路傳第二十一》:"泰山之霤穿石,單極之
統斷幹。"晋灼曰:"統,古綆字也。"(2360)#

45. 厷一肱(古本字一重造本字)

gōng 胳膊由肘到肩的部分,也泛指胳膊。

《漢書卷九十九中 · 王莽傳第六十九中》:"日德元厷右,司徒典致
文瑞,考圜合規。"師古曰:"厷,古肱字。"(4102)#

46. 筦一管(通假字一本字)

guǎn 管樂器。

《漢書卷六十五 · 東方朔傳第三十五》:"以筦闚天,以蠡測海。"
師古曰:"筦,古管字。"(2867)

【説明】《説文 · 竹部》:"筦,筟也。从竹,完聲。"《説文 · 竹
部》:"管,如篪,六孔。十二月之音。物(開)〔關〕①地牙,故謂之
管。从竹,官聲。"

47. 龢一和(本字一通假字)

hé ①適合,恰到好處。②姓氏用字。

①《漢書卷一百上 · 叙傳第七十上》:"欥中龢爲庶幾兮,顏與冉又不
得。"師古曰:"欥,古聿字也。龢,古和字也。聿,曰也。曰中和之道可以
庶幾免於禍難,而顏回早死,冉耕惡疾,爲善之人又不得其報也。"(4216)

②《漢書卷一百上 · 叙傳第七十上》:"賓又不聞龢氏之璧韞於荆
石,隨侯之珠藏於蜯蛤虖?"師古曰:"龢,古和字也。"(4231)

48. 瑪一鴻(异構本字)

hóng 鴻鳥。

---

① 胡敕瑞:《"物開地牙" 訂辨》,《歷史語言學研究》第 6 輯,商務印書館,2013。

《漢書卷五十七上·司馬相如傳第二十七上》:"鴻鸃鵠鴇,駕鵝屬玉。"張揖曰:"鴻,大鳥也。"師古曰:"鴻,古鴻字。"(2548)#

【説明】《文選·司馬相如〈上林賦〉》作"鴻",李善注引張揖曰:"鴻,大鴈也。"

49. 紭—紘(异構本字)

hóng 網。

《漢書卷八十七上·揚雄傳第五十七上》:"沈沈容容,遙噱虖紭中。"師古①曰:"口内之上下名爲噱,言禽獸奔走倦極,皆遙張噱吐舌於紭罔之中也。"師古曰:"紭,古紘字。"(3549)

【説明】宋祁曰:"沈,蕭該本作沇,音餘水反,《文選》亦作沇沇。"②《文選·揚雄〈羽獵賦〉》:"沇沇溶溶,遙噱乎紘中。"李善注引晋灼曰:"口之上下名爲噱,言禽獸奔走倦極,皆遙張噱吐舌於紘網之中也。"王念孫《讀書雜志·漢書第十三》:"念孫案:蕭本是也。沇、容雙聲字,謂禽獸衆多之貌也。上文'萃傱允溶'《文選》亦作'沇溶'。李善曰:'沇溶,盛多之貌也。'《上林賦》曰:'沇溶淫鬻。'沇,以水切(今本水譌作永,據《上林賦》注改);溶,音容,是其證。沇、沈草書相似,故沇譌爲沈(《史記·六國表》索隱:'鱒音屬沇反。'今本沇譌爲沈)而師古無音,則所見本已作沈矣。"又"念孫案:晋以口之上下爲噱,則'噱虖紭中'四字義不相屬,故又言張噱吐舌以曲通其義,殆失之迂矣。余謂噱讀爲窮極倦欱之欱,字本作卶,又作𠲿。方言曰:'𠲿,倦也。'(傗與倦同)。《説文》作卶(《玉篇》《廣韻》竝其虛切)《廣雅》曰:'疲、嬴、券、卶,極也。'(券亦與倦同。卶,曹

---

① "師古"當作"晋灼"。(清)王念孫《讀書雜志·漢書第十三》:"各本'晋灼'作'師古'。案,下有'師古曰',則此非師古之注。今據《文選》注改。"
② 上海古籍出版社、上海書店編《二十五史·史記 漢書》(第2版),上海古籍出版社,2018,第329頁。

憲音巨略、去逆二反。)《司馬相如傳·子虛賦》：'徼欻受詘。'郭璞曰：'欻，疲極也。'《上林賦》：'與其窮極倦欻驚憚譻伏。'郭璞曰：'窮極倦欻，疲憊也。'然則遥豦虖綄中謂禽獸皆遥倦欻於羅網之中也。作豦者假僭字耳。欻、豦竝音其略反，故字亦相通。"

50. 虖—乎（假借字—假借字）

hū　介詞，相當於"於"。

《漢書卷八十七上·揚雄傳第五十七上》："淑周楚之豐烈兮，超既離虖皇波。"師古曰："虖，古乎字。"（3516）

【説明】《説文·虍部》："虖，哮虖也。从虍，夸聲。"段玉裁注："口部曰：'哮豕驚聲也。''唬，虎聲。'《通俗文》曰：'虎聲謂之哮唬。'疑此'哮虖'當作'哮唬'。《漢書》多假虖爲乎字。"本義爲虎叫。

51. 謼—呼（本字—通假字）

hū　呼喊。

①《漢書卷四十五·蒯伍江息夫傳第十五》："欲掠問，躬仰天大謼，因僵仆。"師古曰："謼，古呼字，音火故反。"（2187）

②《漢書卷四十八·賈誼傳第十八》："故貴大臣定有其辠矣，猶未斥然正以謼之也，尚遷就而爲之諱也。"師古曰："謼，古呼字。"（2257）

③《漢書卷五十二·竇田灌韓傳第二十二》："春，蚡疾，一身盡痛，若有擊者，謼服謝罪。"晋灼曰："服音鮑。關西俗謂得杖呼及小兒啼呼爲呼鮑。或言蚡號呼謝服罪也。"師古曰："兩説皆通。謼，古呼字也。若謂啼爲謼服，則謼音火交反，服音平卓反。"（2393）#

【説明】《漢書卷九十九下·王莽傳第六十九下》："莽軍師外破，大臣内畔，左右亡所信，不能復遠念郡國，欲謼邑與計議。"師古曰："謼，音呼。"《文淵閣四庫全書》本作"謼，古呼字"。

52. 戲—呼（假借字—假借字）

hū　嗚呼，嘆詞，表示贊美。

《漢書卷六十二·司馬遷傳第三十二》："太史公仍父子相繼纂其職，曰：'於戲！余維先人嘗掌斯事，顯於唐虞。'"師古曰："於戲，嘆聲也。於讀曰烏，戲讀曰呼。古字或作烏虖，今字或作烏呼，音義皆同耳。"（2723）

【說明】《漢書卷九十七下·外戚傳第六十七下》："烏嘑！鑒茲行事，變亦備矣。"

53. 虖—戲（假借字—假借字）

hū　嗚呼，嘆詞，表示贊美。

《漢書卷六十二·司馬遷傳第三十二》："太史公仍父子相繼纂其職，曰：'於戲！余維先人嘗掌斯事，顯於唐虞。'"師古曰："於戲，嘆聲也。於讀曰烏，戲讀曰呼。古字或作烏虖，今字或作烏呼，音義皆同耳。"（2723）

【說明】《漢書卷六·武帝紀第六》："麟鳳在郊藪，河洛出圖書。嗚虖，何施而臻此與！"顏師古注："虖讀曰呼。嗚呼，嘆辭也。"

54. 褢—懷（通假字—通假字）

huái　懷抱，心裏存有。

《漢書卷九十七下·外戚傳第六十七下》："將相大臣褢誠秉忠，唯義是從，又惡有上官、博陸、宣成之謀?"師古曰："褢，古懷字。"（3978）#

【說明】《說文·衣部》："褢，袖也。一曰藏也。从衣，鬼聲。"

55. 裹—懷（本字—通假字）

huái　包圍。

《漢書卷二十八上‧地理志第八上》："堯遭洪水，襄山襄陵，天下分絕，爲十二州，使禹治之。"師古曰："襄字與（古）懷（字）同。懷，包也。襄，駕也。言水大汎溢，包山而駕陵也。"（1523）①

【説明】《説文‧衣部》："襄，俠也。从衣，㮛聲。一曰橐。"段玉裁注："俠當作夾，轉寫之誤。亦部曰：'夾，盜竊褱物也。从亦，有所持。俗謂蔽人俾夾是也。'腋有所持，褱藏之義也。在衣曰褱，在手曰握。今人用懷挾字，古作褱夾。"《説文‧心部》："懷，念思也。从心，襄聲。"段玉裁注："古文又多叚懷爲襄者。"《漢書‧外戚傳下》："元延二年襄子，其十一月乳。"師古曰："襄，本 ② 懷字。"

56. 㤿—怳（通假字—本字）

huǎng　敞㤿，也作"憒怳""惝怳""惝恍""憒恍""憒怳"，模糊不清貌。

《漢書卷九十七上‧外戚傳第六十七上》："寖淫敞㤿，寂兮無音，思若流波，怛兮在心。"師古曰："㤿，古怳字。"（3953）#

【説明】《篆隸萬象名義‧艸部》："㤿，盱往反，狂也，怳失也，意也。"吕浩校正作"怳也，失意也"，可從。《玉篇‧艸部》："㤿，許往切，憒㤿也。又許永切，㤿草。"《説文‧心部》："怳，狂之皃。从心，況省聲。"

57. 爌—晃（异構本字）

huǎng　照耀，照亮。

《漢書卷八十七上‧揚雄傳第五十七上》："東燭倉海，西燿流沙，北爌幽都，南煬丹厓。"師古曰："爌，古晃字。"（3532）#

---

① 《尚書‧堯典》："湯湯洪水方割，蕩蕩懷山襄陵，浩浩滔天。"蔡沈集傳："懷，包其四面也。襄，駕出其上也。"

② "本"，武英殿本作"古"。

58. 戲一麾（通假字—本字）

huī 揮手以示退去。

《漢書卷五十二·竇田灌韓傳第二十二》：“嬰去，戲夫。”晋灼曰：“戲，古麾字也。”師古曰：“招麾之令出也。《漢書》多以戲爲麾字。”（2387）

【説明】《史記·魏其武安侯列傳》作“麾”。

59. 芔一卉（异寫本字）

huì 百草的總稱。

《漢書卷五十七上·司馬相如傳第二十七上》：“蘺荎芔歙。”師古曰：“芔，古卉字也，音諱。”（2559）

60. 沫一靧（异構本字）

huì 洗面。

《漢書卷二十二·禮樂志第二》：“太一況，天馬下，霑赤汗，沫流赭。”應劭曰：“大宛馬汗血霑濡也，流沫如赭也。”李奇曰：“沫音靧面之靧。”晋灼曰：“沫，古靧字也。”師古曰：“沫、沫兩通。沫者，言被面如頮也，字從水傍午未之未，音呼内反。沫者，言汗流沫出也，字從水傍本末之末，音亦如之。然今書字多作沫面之沫也。”（1060）

61. 沫一頮（异構本字）

huì 洗面。

《漢書卷六十二·司馬遷傳第三十二》：“士無不起，躬流涕，沫血飲泣，張空弮，冒白刃，北首争死敵。”師古曰：“沫，古頮字。頮，洒面也。言流血在面如盥頮。……沫音呼内反，字從午未之未。”（2729）

【説明】《漢書卷四十四·淮南衡山濟北王傳第十四》：“高帝蒙霜露，沫風雨。”師古曰：“沫亦頮字也。蒙，冒也。沫，洗面也，音胡内反，字从午未之未。"

62. 旤—禍（通假字—本字）

huò　禍患，災禍。

①《漢書卷二十七上·五行志第七上》："數其旤福，傳以《洪範》。"師古曰："旤，古文禍字。"（1317）

②《漢書卷四十八·賈誼傳第十八》："殃旤之變，未知所移。"師古曰："旤，古禍字。"（2234）

63. 羇—羈（异構本字）

jī　馬籠頭。

《漢書卷二十三·刑法志第三》："今漢承衰周暴秦極敝之流，俗已薄於三代，而行堯舜之刑，是猶以羇而御駻突，違救時之宜矣。"孟康曰："以繩縛馬口之謂羇。"晋灼曰："羇，古羈字也。"（1112）

64. 囏—艱（异構本字）

jiān　①②困難。③猶禍亂。④險阻。

①《漢書卷十三·异姓諸侯王表第一》："以德若彼，用力如此其（艱）〔囏〕難也。"師古曰："囏，古艱字也。"（363）

②《漢書卷七十三·韋賢傳第四十三》："玄成復作詩，自著復玷缺之囏難，因以戒示子孫。"師古曰："囏，古艱字。"（3113）#

③《漢書卷八十四·翟方進傳第五十四》："況今天降災于漢國，惟大囏人翟義、劉信大逆，欲相伐於厥室，豈亦知命之不易乎？"師古曰："言義、信不知天命不可改易，乃大爲囏難以干國紀，是自相謀誅伐其室也。囏，古艱字。"（3434）

④《漢書卷八十七上·揚雄傳第五十七上》："騁驊騮以曲囏兮，驘騾連蹇而齊足。"師古曰："言使駿馬馳騖於屈曲艱阻之中，則與驘騾

齊足也。……囏，古艱字。”（3517）

【説明】①錢大昭謂“囏”當作“艱”。按景祐、殿、局本均作“艱”。

65. 劗一翦（本字—通假字）

jiǎn　剪（髮），剃（髮）。

《漢書卷六十四上·嚴朱吾丘主父徐嚴終王賈傳第三十四上》：“越，方外之地，劗髮文身之民也。”晉灼曰：“《淮南》云：‘越人劗髮。’張揖以爲古翦字也。”師古曰：“劗與翦同，（晉）〔張〕説是也。”（2777）#

【説明】《墨子·公孟篇》：“越王句踐翦髮文身以治其國。”《史記·趙世家》：“夫翦髮文身，錯臂左衽，甌越之民也。”《淮南子·齊俗訓》：“越王勾踐，劗髮文身，無皮弁搢笏之服，拘罷拒折之容，然而勝夫差於五湖，南面而霸天下。”字又作“鬋”。《逸周書·王會》：“越、漚鬋髮文身。”

66. 柬一簡（本字—通假字）

jiǎn　簡略，少。

《漢書卷十六·高惠高后文功臣表第四》：“出入數年而不省察，恐議者不思大義，設言虚亡，則厚德掩息，遴柬布章，非所以視化勸後也。”晉灼曰：“許慎云：‘遴，難行也。’柬，古簡字也。簡，少也。言今難行封，則得繼絶者少，若然，此必布聞彰於天下也。”（529）#

67. 替一僭（假借字—後補本字）

jiàn　僭越。

《漢書卷十五上·王子侯表第三上》：“至于孝武，以諸侯王畺土過制，或替差失軌，而子弟爲匹夫。”師古曰：“替，古僭字也。”（427）

【説明】“替”（與“廢替”之“替”同形）“僭”分别是“朁”“僭”

之异寫俗字。

68. 噭—叫（通假字—本字）

jiào 呼喊。

《漢書卷四十五·蒯伍江息夫傳第十五》："如使狂夫噭謼於東崖，匈奴飲馬于渭水，邊竟雷動，四野風起，京師雖有武蠡精兵，未有能窺左足而先應者也。"師古曰："噭，古叫字。"（2181）#

【説明】《説文·口部》："噭，聲噭噭也。从口，敫聲。"《説文·口部》："叫，嘑也。从口，丩聲。"

69. 耤—藉（同源通用字）

jiè 幫助。

《漢書卷九十二·游俠傳第六十二》："以軀耤友報仇，臧命作姦剽攻，休乃鑄錢掘冢，不可勝數。"師古曰："耤，古藉字也。藉謂借助也。"（3701）#

70. 寖—浸（异構本字）

jìn ①灌溉。②③④逐漸。

①《漢書卷二十九·溝洫志第九》："農，天下之本也。泉流灌寖①，所以育五穀也。"師古曰："寖，古浸字。"（1685）#

②《漢書卷二十二·禮樂志第二》："是以詐偽萌生，刑罰無極，質樸日消，恩愛寖薄。"師古曰："寖，古浸字。浸，漸也。"（1033）

③《漢書卷六十三·武五子傳第三十三》："後王廢，胥寖信女須等，數賜予錢物。"師古曰："寖，古浸字也。寖，漸也，益也。"（2761）

---

① 清刻本《漢書》（光緒癸卯冬十月五洲同文局石印）作"濅"。

④《漢書卷五十六·董仲舒傳第二十六》："故朕垂問乎天人之應，上嘉唐虞，下悼桀紂，寖微寖滅寖明寖昌之道，虛心以改。"師古曰："寖，古浸字。寖，漸也。"（2513）

【説明】《説文·水部》："濅，水。出魏郡武安，東北入呼沱水。從水，寁聲。寁，籀文寖字。"段玉裁注："按：沈浸、浸淫之字多用此。隸作浸。""濅"或作寖，或省作寖、寖。

71. 寖—浸（异構本字）

jìn　①湖澤。②逐漸。

①《漢書卷二十八上·地理志第八上》："東南曰揚州：其山曰會稽，藪曰具區，川曰三江，寖曰五湖。"師古曰："寖，古浸字也。……浸謂引以灌溉者。五湖在吴。"（1539）

②《漢書卷二十七上·五行志第七上》："其後寖盛，五將世權，遂以亡道。"師古曰："寖，古浸字。浸，漸也。"（1336）#

72. 寖、濅—浸（异構本字）

jìn　逐漸。

①《漢書卷十·成帝紀第十》："冬，廣漢鄭躬等黨與寖廣，犯歷四縣，衆且萬人。"師古曰："寖，古浸字。浸，漸也。"（319）

②《漢書卷三十八·高五王傳第八》："事寖淫聞於上，主父偃由此與齊有隙。"師古曰："濅，古浸字也。濅淫，猶言漸染也。"（1999）#

73. 鱷—鯨（异構本字）

jīng　鯨魚。

《漢書卷八十四·翟方進傳第五十四》："蓋聞古者伐不敬，取其鱷鯢築武軍，封以爲大戮，於是乎有京觀以懲淫慝。"師古曰："鱷，古鯨字。"（3439）

74. 靖—静（後補本字—假借字）

jìng　安静。

《漢書卷一百上·叙傳第七十上》："靖潛處以永思兮，經日月而彌遠，匪黨人之敢拾兮，庶斯言之不玷。"師古曰："靖，古静字也。"（4214）

75. 捄—救（异構本字）

jiù　①糾正，補救。②③④⑤⑥幫助，救助。

①《漢書卷五十六·董仲舒傳第二十六》："三王之道所祖不同，非其相反，將以捄溢扶衰，所遭之變然也。"師古曰："捄，古救字。"（2518）#

②《漢書卷九十七下·外戚傳第六十七下》："且褒廣將順君父之美，匡捄銷滅既往之過，古今通義也。"師古曰："捄，古救字。"（3998）

③《漢書卷七十四·魏相丙吉傳第四十四》："二千石不豫慮其難，使至於此，賴明詔振捄，乃得蒙更生。"師古曰："捄，古救字。"（3137）

④《漢書卷七十五·眭兩夏侯京翼李傳第四十五》："已詔吏虛倉廩，開府臧，振捄貧民。"師古曰："捄，古救字。"（3172）

⑤《漢書卷八十五·谷永杜鄴傳第五十五》："《詩》云：'凡民有喪，扶服捄之。'"師古曰："捄，古救字。"（3471）

⑥《漢書卷八十五·谷永杜鄴傳第五十五》："存卹振捄困乏之人，以弭遠方。"師古曰："捄，古救字也。"（3464）

【說明】《説文·手部》："捄，盛土於梩中也。一曰擾也。《詩》曰：'捄之陾陾。'从手，求聲。"《説文·攴部》："救，止也。从攴，求聲。"古救字與《説文》"捄"同形。

76. 据—據（通假字—本字）

jù　九據，九位。

《漢書卷八十七下·揚雄傳第五十七下》：“旁則三摹九据，極之七百二十九贊，亦自然之道也。”晋灼曰：“据，今據字也，據猶位也，處也。”（3575）

77. 蠿—絶（异構本字）

jué　斷絶，不連屬。

《漢書卷五十一·賈鄒枚路傳第二十一》：“夫獄者，天下之大命也，死者不可復生，蠿者不可復屬。”師古曰：“蠿，古絶字。屬，連也，音之欲反。”（2369）#

【説明】《説文·糸部》：“絶，斷絲也。从糸、从刀、从卩。蠿，古文絶，象不連體，絶二絲。”“从糸、从刀、从卩”，段注本改作“从刀糸，卩聲”，可從。

78. 桒—刊（本字—通假字）

kān　砍斫。

《漢書卷二十八上·地理志第八上》：“禹敷土，隨山桒木，奠高山大川。”師古曰：“桒，古刊字也。”（1524）

79. 戡—堪（本字—通假字）

kān　能承受，能忍受。

《漢書卷二十七下之上·五行志第七下之上》：“今鍾撛矣，王心弗（戡）〔戭〕，其能久乎?”孟康曰：“古堪字。”（1448）#

80. 绔—袴（异構本字）

kù　①以……爲褲子；②③④古代指左右各一，分裹兩脛的套褲，以別於滿襠的"褌"。後爲成人滿襠褲及小兒開襠褲的通稱。

①《漢書卷五十七上·司馬相如傳第二十七上》："綺白虎。"張揖曰："着白虎文綺也"。師古曰："綺，古袴字。"（2563）

②《漢書卷七十二·王貢兩龔鮑傳第四十二》："後世爭爲奢侈，轉轉益（盛）〔甚〕，臣下亦相放效，衣服履綺刀劍亂於主上。"師古曰："綺，古袴字。"（3070）

③《漢書卷九十七下·外戚傳第六十七下》："昏夜平善，鄉晨，傅綺韤欲起。"應劭曰："傅，着也。"師古曰："綺，古袴字也。"（3990）

④《漢書卷九十七上·外戚傳第六十七上》："光欲皇后擅寵有子，帝時體不安，左右及醫皆阿意，言宜禁内，雖宮人使令皆爲窮綺，多其帶，後宮莫有進者。"服虔曰："窮綺，有前後當，不得交通也。"師古曰："綺，古袴字也。窮綺即今之緄襠袴也。"（3960）

【説明】《説文·糸部》："綺，脛衣也。从糸，夸聲。"段玉裁注："今皆作袴。"清末鐵珊輯《增廣字學舉隅卷二·正訛》："袴（褲，非），音庫。脛衣也。褌也（褌，音昆，褻衣也）。"隋唐時期通用"袴"字，故顏師古以"袴"爲今字，以"綺"爲古字。

81. 廣—曠（同源通用字）

kuàng　空居官位，不稱職。

《漢書卷九·元帝紀第九》："朕之不逮，序位不明，衆僚久廣，未得其人。"師古曰："廣，古曠字。曠，空也。不得其人，則職事空廢。"（285）#

82. 媿—愧（异構本字）

kuì　①慚愧。②使……慚愧，羞辱。

①《漢書卷四·文帝紀第四》："歷日彌長，以不敏不明而久撫臨天下，朕甚自媿。"師古曰："媿，古愧字。"（126）#

②《漢書卷八十九·循吏傳第五十九》：“面刺王過，王至掩耳起走，曰‘郎中令善媿人’，及國中皆畏憚焉。”師古曰：“媿，古愧字。愧，辱也。”（3637）

83. 摺—拉（异構本字）

lā　摧折，毀壞。

《漢書卷八十七下·揚雄傳第五十七下》：“范睢以折摺而危穰侯。”晋灼曰：“摺，古拉字也。”（3568）#

84. 倈—來（本字—通假字）

lái　歸順，臣服。

《漢書卷十七·景武昭宣元成功臣表第五》：“昔《書》稱‘蠻夷帥服’，《詩》云‘徐方既倈’，《春秋》列潞子之爵，許其慕諸夏也。”師古曰：“《大雅·常武》之詩曰：‘王猷允塞，徐方既倈。’言周之王道信能充實，則徐方、淮夷并來朝也。倈，古來字。”（635）#

85. 徠—來（本字—通假字）

lái　①歸順，臣服。②到來。

①《漢書卷六·武帝紀第六》：“海外肅眘，北發渠搜，氐羌徠服。”師古曰：“徠，古往來之字也。”（160）

②《漢書卷二十二·禮樂志第二》：“天馬徠，從西極，涉流沙，九夷服。”師古曰：“言九夷皆服，故此馬遠來也。徠，古往來字也。”（1060）#

86. 靁—雷（①～⑦异構本字）

léi　①②③④⑤⑥⑦雲層放電時發出的響聲。⑧地名用字。

①《漢書卷二十五下·郊祀志第五下》：“是歲，雍縣無雲如靁者三，或如虹氣蒼黃，若飛鳥集械陽宮南，聲聞四百里。”師古曰：“靁，

古雷字也。空有雷聲也。"（1247）

②《漢書卷二十五下·郊祀志第五下》："易有八卦，乾坤六子，水火不相逮，靁風不相誖，山澤通氣，然後能變化，既成萬物也。"師古曰："靁，古雷字也。"（1268）

③《漢書卷三十六·楚元王傳第六》："雨雪靁霆失序相乘。"師古曰："隱九年三月癸酉大雨震電，庚辰大雨雪，莊六年冬十月雨雪，僖十年冬大雨雪，皆是也。靁，古雷字也。"（1937）

④《漢書卷五十三·景十三王傳第二十三》："夫衆煦漂山，聚蟁成靁，朋黨執虎，十夫橈椎。"師古曰："蟁，古蚊字。靁，古雷字。言衆蚊飛聲有若雷也。"（2423）#

⑤《漢書卷五十七上·司馬相如傳第二十七上》："車騎靁起，殷天動地。"師古曰："靁，古雷字也。"（2563）

⑥《漢書卷七十五·眭兩夏侯京翼李傳第四十五》："今陛下即位已來，日月失明，星辰逆行，山崩泉涌，地震石隕，夏霜冬靁，春凋秋榮，隕霜不殺，水旱螟蟲，民人飢疫，盜賊不禁，刑人滿市，《春秋》所記災異盡備。"師古曰："靁，古雷字。"（3162）

⑦《漢書卷九十九中·王莽傳第六十九中》："冬，靁，桐華。"師古曰："古雷字。"（4116）

⑧《漢書卷二十八下·地理志第八下》："昔堯作游成陽，舜漁靁澤，湯止于亳，故其民猶有先王遺風，重厚多君子，好稼穡，惡衣食，以致畜藏。"師古曰："漁，捕魚也。靁，古雷字。"（1664）

【說明】《說文·雨部》："靁，陰陽薄動靁雨，生物者也。從雨，晶象回轉形。𩃓，古文靁。𩇓，古文靁。𩆜，籀文靁。閒有回。回，靁聲也。"隸省作雷。

87. 罍—雷（分化本字—源本字）

léi　古代的一種容器。外形或圓或方，小口，廣肩，深腹，圈足，有蓋和鼻，與壺相似。用來盛酒或水。多用青銅鑄造，亦有陶製的。

《漢書卷四十七·文三王傳第十七》：“初，孝王有罍尊，直千金，戒後世善寶之，毋得以與人。”應劭曰：《詩》云：‘酌彼金罍。’罍，畫雲雷之象，以金飾之也。”鄭氏曰：“上蓋刻爲山雲雷之象。”師古曰：“鄭説是也。罍，古雷字。”（2214）

【説明】《詩·周南·卷耳》：“我姑酌彼金罍，維以不永懷。”《説文·木部》：“櫑，龜目酒尊，刻木作雲雷象。象施不窮也。从木，畾聲。罍，櫑或从缶。𥃝，櫑或从皿。靁，籀文櫑。”“罍”是在“畾（古文𩇓）”字的基礎上產生的分化字，可以分析爲：从缶从畾省，畾亦聲。

88. 絫₁—累₁（异構假借字）

lěi ①人名。②③④⑤⑥⑦⑧（數量上）增加。⑨⑩⑪⑫（時間上）相接續。⑬⑭⑮⑯（空間上）相重叠。⑰ 累計，總計。

①《漢書卷二十·古今人表第八》：“劉絫。”師古曰：“古累字。”（883）

②《漢書卷二十五下·郊祀志第五下》：“大尤尊盛，至妻公主。爵位重絫，震動海内。”師古曰：“絫，古累字。”（1260）

③《漢書卷四十三·酈陸朱劉叔孫傳第十三》：“周之先自后稷，堯封之邰，積德絫善十餘世。”師古曰：“絫，古累字。”（2119）

④《漢書卷五十一·賈鄒枚路傳第二十一》：“臣聞鷙鳥絫百，不如一鶚。”師古曰：“絫，古累字。”（2340）

⑤《漢書卷五十六·董仲舒傳第二十六》：“周公曰‘復哉復哉’，孔子曰‘德不孤，必有鄰’，皆積善絫德之效也。”師古曰：“絫，古累字。”（2500）

⑥《漢書卷五十七上·司馬相如傳第二十七上》：“柴池茈虒，旋還乎後宮，雜襲絫輯。”師古曰：“雜襲，相因也。絫輯，重積也。絫，

古纍字。輯與集同。”（2559）

⑦《漢書卷九十·酷吏傳第六十》：“温舒死，家絫千金。”師古曰：“絫，古纍字。”（3658）

⑧《漢書卷九十三·佞幸傳第六十三》：“外交諸侯牧守，賂遺賞賜亦絫鉅萬。”師古曰：“絫，古纍字也。”（3731）

⑨《漢書卷一百上·叙傳第七十上》：“由是言之，帝王之祚，必有明聖顯懿之德，豐功厚利積絫之業。”師古曰：“絫，古纍字。”（4208）

⑩《漢書卷三十六·楚元王傳第六》：“吾幸得同姓末屬，絫世蒙漢厚恩，身爲宗室遺老，歷事三主。”師古曰：“絫，古纍字。”（1958）

⑪《漢書卷五十一·賈鄒枚路傳第二十一》：“古者聖王作謚，三四十世耳，雖堯舜禹湯文武絫世廣德，以爲子孫基業，無過二三十世者也。”師古曰：“絫，古纍字。”（2332）

⑫《漢書卷五十三·景十三王傳第二十三》：“勝對曰：‘臣聞悲者不可爲絫欷，思者不可爲嘆息。’”師古曰：“絫，古纍字。纍，重也。欷，歔欷也，音許既反。”（2422）

⑬《漢書卷七十一·雋疏于薛平彭傳第四十一》：“坐法，左遷朔方刺史，復徵入爲太中大夫給事中，絫遷長信少府、大鴻臚、光禄勳。”師古曰：“絫，古纍字。”（3050）

⑭《漢書卷五十七上·司馬相如傳第二十七上》：“夷嵕築堂，絫臺增成，巖突洞房。”師古曰：“夷，平也。山之高聚者曰嵕。絫，古纍字。言平山而築堂於其上爲纍臺也。增，重也，一重爲一成也。嵕音子公反。”（2557）

⑮《漢書卷三十五·荆燕吳傳第五》：“吳王身有内疾，不能朝請二十餘年，常患見疑，無以自白，脅肩絫足，猶懼不見釋。”師古曰：“脅，翕也，謂斂之也。絫，古纍字也。纍足，重足也。并謂懼耳。釋，解也，放也。”（1907）

⑯《漢書卷九十七下·外戚傳第六十七下》："每寤寐而累息兮，申佩離以自思。"師古曰："累息，言懼而喘息也。離，褘衣之帶也。女子適人，父親結其離而戒之，故云自思也。累，古累字。"（3985）

⑰《漢書卷八十五·谷永杜鄴傳第五十五》："今大將軍不幸蚤薨，累親疏，序材能，宜在君侯。"師古曰："累，古累字。累親疏，謂積累其次而計之。"（3456）

89. 累₂—累₂（异構本字）

lèi　牽連，拖累。

①《漢書卷四十九·爰盎鼌錯傳第十九》："盎乃驚，謝曰：'公幸有親，吾不足累公。'"師古曰："累，古累字也，音力瑞反。"（2274）

②《漢書卷七十一·雋疏于薛平彭傳第四十一》："姑謂鄰人曰：'孝婦事我勤苦，哀其亡子守寡。我老，久累丁壯，奈何？'"師古曰："累，古累字也，音力瑞反。"（3041）

③《漢書卷九十七下·外戚傳第六十七下》："將軍家重身尊，不宜以吏職自累。"師古曰："累，古累字也，音力瑞反。"（3974）

90. 莉—黎（假借字—假借字）

lí　衆，衆多。

《漢書卷九十四下·匈奴傳第六十四下》："三世無犬吠之警，莉庶亡干戈之役。"師古曰："莉，古黎字。"（3833）#

91. 盭₁—戾₁（①②③④⑤⑥⑦本字—通假字）

lì　①②③屈曲，曲折。④⑤違背，乖違。⑥⑦凶狠，殘忍。⑧地名用字。

①《漢書卷四十八·賈誼傳第十八》："其有中罪者，聞命而自弛，上不使人頸盭而加也。"蘇林曰："不戾其頸而親加刀鋸也。"師古曰：

"𢾽，古戾字，音廬結反。"（2257）

②《漢書卷五十七上·司馬相如傳第二十七上》："宛潬膠盭。"師古曰："盭，古戾字。"（2548）

③《漢書卷四十八·賈誼傳第十八》："病非徒瘇也①，又苦跂盭。"師古曰："盭，古戾字，言足蹠反戾，不可行也。"（2239）#

④《漢書卷三十二·張耳陳餘傳第二》："及據國爭權，卒相滅亡，何鄉者慕用之誠，後相背之盭也！"師古曰："盭，古戾字。戾，違也。"（1843）#

⑤《漢書卷五十六·董仲舒傳第二十六》："上下不和，則陰陽繆盭而妖孽生矣。"師古曰："盭，古戾字。"（2500）

⑥《漢書卷五十三·景十三王傳第二十三》："爲人賊盭，又陰痿。"師古曰："盭，古戾字也，言其性賊害而佷戾也。"（2418）

⑦《漢書卷五十七下·司馬相如傳第二十七下》："舉踵思慕，若枯旱之望雨，盭夫爲之垂涕。"張揖曰："很戾之夫也。"師古曰："盭，古戾字。"（2586）

⑧《漢書卷五十五·衛青霍去病傳第二十五》："票騎將軍率戎士踰烏盭，討遬濮，涉狐奴，歷五王國，輜重人衆攝讋者弗取，幾獲單于子。"師古曰："盭，古戾字也。烏盭，山名也。"（2479）

92. 盭₂—戾₂（假借字—假借字）

ⅱ 通"綟"。用莀草染成的一種黑黃而近綠的顏色。

《漢書卷九十四下·匈奴傳第六十四下》："賜以冠帶衣裳，黃金璽盭綬。"師古曰："盭，古戾字。戾，草名也。以戾染綬，亦諸侯王之制也。"（3798）#

---

① 王念孫《讀書雜志·漢書第九》："'病非徒瘇'當作'非徒病瘇'。'病瘇'與'苦跂盭'對文，則病字當在'瘇'字上，不當在'非徒'上……《說文》：'跂，足下也。'作蹠者借字，作跂別體耳。或从石聲，或从庶聲，或从炙聲，一也。"

93. 桌—栗（异寫假借字）

lì　恐懼，驚懼。

《漢書卷一百上·敘傳第七十上》："郡中震桌，咸稱神明。"師古曰："桌，古栗字。"（4199）

94. 尞—燎（古本字—重造本字）

liào　尞禋，即燎祭，古代祭祀儀式之一。把玉帛、犧牲放在柴堆上，焚燒祭天。

①《漢書卷二十二·禮樂志第二》："朝隴首，覽西垠，靁電尞，獲白麟。"師古曰："尞，古燎字。"（1068）#

②《漢書卷二十五下·郊祀志第五下》："天子從昆侖道入，始拜明堂如郊禮。畢，尞堂下。"師古曰："尞，古燎字。"（1243）

③《漢書卷二十五下·郊祀志第五下》："古者壇場有常處，尞禋有常用。"師古曰："尞，古燎字。"（1262）

95. 迣—迾（通假字—本字）

liè　遮遏，攔阻。多指車駕出行列隊以警戒。

①《漢書卷七十二·王貢兩龔鮑傳第四十二》："部落鼓鳴，男女遮迣，六亡也。"晋灼曰："迣，古列 ① 字也。"師古曰："言聞桴鼓之聲以爲有盜賊，皆當遮列而追捕。"（3088）

②《漢書卷二十二·禮樂志第二》："體 ② 容與，迣萬里；今安匹，龍爲友。"孟康曰："迣音逝。"如淳曰："迣，超逾也。"晋灼曰："古迾字。"師古曰："孟音非也。迣，讀與厲同，言能厲渡萬里也。"（1060）

【説明】《説文·辵部》："迣，迾也。晋趙曰迣。从辵，世聲。讀

---

①　當依《説文》"迣"字段注所引校正作"迾"。
②　《漢書》"體"乃"騁"字之訛。《史記·樂書》："騁容與兮迣萬里，今安匹兮龍爲友。"集解引孟康曰："迣音逝。"引如淳曰："迣謂超逾也。"

若實。"《説文·辵部》:"迣,遮也。从辵,劉聲。"段玉裁注:"《漢書》假迣爲之。《禮樂志》《鮑宣傳》晉灼云:'迣,古迣字'是也。"今謂"迣"乃"跱"字異構,本義爲超逾,訓"迣"乃其假借義。《文選·顔延之〈赭白馬賦〉》:"進迫遮迣,却屬輦輅。"李善注引服虔《通俗文》:"天子出,虎賁伺非常,謂之遮迣。"又引《漢書音義》:"晉灼曰:'迣,古列字。'"顔注所引古今字之音義與《漢書》句義不匹配。顔師古不明《禮樂志》"迣"乃"跱"字異構,故引晉灼曰:"古迣字。"然"迣"訓遮也(見《説文》),或用同"列"①,均於文義未安,故破讀爲"厲"。顔注義雖近是而未得其字。

96. 厸—鄰(古本字—重造本字)

lín ①鄰國,鄰居。東厸,本指東邊的鄰居,特指殷紂王。②鄰近,接近。

①《漢書卷一百上·敘傳第七十上》:"東厸虐而殲仁兮,王合位虖三五。"應劭曰:"東厸,紂也。殲,盡也。王,武王也。欲合五位三所,即《國語》'歲日月星辰'之所在也。"師古曰:"厸,古鄰字也。"(4218)#

②《漢書卷一百上·敘傳第七十上》:"謨先聖之大繇兮,亦厸慝而助信。"劉德曰:"厸,近也。"師古曰:"厸,古鄰字。"(4223)

97. 龑—龍(假借字—假借字)

lóng 爵位名。

《漢書卷九十五·西南夷兩粵朝鮮傳第六十五》:"摎樂,其姊爲王太后,首願屬漢,封其子廣德爲龑侯。"晉灼曰:"龑,古龍字。"(3857)

---

① 《漢書·揚雄傳上》:"徽車輕武,鴻絧緁獵,殷殷軫軫,被陵緣阪,窮冥極遠者,相與迣虖高原之上。""迣虖"《文選·楊子雲〈羽獵賦〉》作"列乎"。

98. 谾—谾（异構本字）

lóng　山谷長大深通貌。

《漢書卷五十七下·司馬相如傳第二十七下》：“巖巖深山之谾谾兮，通谷嶆乎谽谺。”晋灼曰：“谾音籠，古谾字也。”師古曰：“谾谾，深通貌。嶆音呼活反。谽，大開貌。谽，音呼含反。谺，音呼加反。”（2591）

99. 僇—戮（通假字—本字）

lù　①②③殺戮。④侮辱。

①《漢書卷二十七中之下·五行志第七中之下》：“佞人禄，功臣僇，天雨血。”師古曰：“僇，古戮字。”（1420）

②《漢書卷二十七下之上·五行志第七下之上》：“是月王戊初嗣立，後坐淫削國，與吴王謀反，刑僇諫者。”師古曰：“僇，古戮字。”（1444）

③《漢書卷二十七下之上·五行志第七下之上》：“兹謂盗明，厥咎亦不嗣，至於身僇家絶。”師古曰：“僇，古戮字。”（1450）

④《漢書卷三十七·季布欒布田叔傳第七》：“及至困戹奴僇，苟活而不變，何也?”師古曰：“僇，古戮字也。奴僇，謂髠鉗爲奴而賣之也。”（1984）

100. 洛—雒（本字—通假字）

luò　洛陽，河南地名。位於洛水之北，故名。

《漢書卷二十八上·地理志第八上》：“縣二十二：雒陽……”師古曰：“魚豢云：漢火行忌水，故去‘洛’‘水’而加‘隹’。如魚氏説，則光武以後改爲‘雒’字也。”（1555）

【説明】《三國志·魏書·文帝紀》：“十二月，初營洛陽宫，戊午幸洛陽。”裴松之注：“《魏略》曰：‘詔以漢火行也，火忌水，故‘洛’去‘水’而加‘隹’。魏於行次爲土，土，水之牡也，水得土而乃流，土得水而柔，故除'隹'加'水',變'雒'爲'洛'。"

101. 婁—屢（假借字—後補本字）

lǚ　多次,數次。

①《漢書卷八·宣帝紀第八》:"朕之不敏,懼不能任,婁蒙嘉瑞,獲茲祉福。"師古曰:"婁,古屢字。"（267）

②《漢書卷九·元帝紀第九》:"婁敕公卿,日望有效。"師古曰:"婁,古屢字。"（289）

③《漢書卷十·成帝紀第十》:"災異婁發,以告不治。"師古曰:"婁,古屢字也。"（307）

④《漢書卷十·成帝紀第十》:"朕承鴻業十有餘年,數遭水旱疾疫之災,黎民婁困於飢寒,而望禮義之興,豈不難哉!"師古曰:"婁,古屢字。"（317）

⑤《漢書卷十·成帝紀第十》:"乃者,地震京師,火災婁降,朕甚懼之。"師古曰:"婁,古屢字。"（324）

⑥《漢書卷十一·哀帝紀第十一》:"婁敕公卿,庶幾有望。"師古曰:"婁,古屢字。"（343）

⑦《漢書卷二十四上·食貨志第四上》:"然婁敕有司以農爲務,民遂樂業。"師古曰:"婁,古屢字。"（1135）

⑧《漢書卷五十八·公孫弘卜式兒寬傳第二十八》:"時上方興功業,婁舉賢良。"師古曰:"婁,古屢字。"（2621）

⑨《漢書卷六十四上·嚴朱吾丘主父徐嚴終王賈傳第三十四上》:"是時征伐四夷,開置邊郡,軍旅數發,內改制度,朝廷多事,婁舉賢良文學之士。"師古曰:"婁,古屢字。"（2775）#

⑩《漢書卷六十九·趙充國辛慶忌傳第三十九》:"營平守節,婁奏封章,料敵制勝,威謀靡亢。"師古曰:"婁,古屢字。"（2995）

⑪《漢書卷八十五·谷永杜鄴傳第五十五》:"意豈陛下志在閨門,

未卹政事，不慎舉錯，婁失中與?”師古曰：“婁，古屢字也。與，讀曰歟。”（3444）

⑫《漢書卷八十五·谷永杜鄴傳第五十五》：“百姓財竭力盡，愁恨感天，災异婁降，饑饉仍臻。”師古曰：“婁，古屢字也。仍，頻也。”（3462）

⑬《漢書卷八十五·谷永杜鄴傳第五十五》：“夙夜孳孳，婁省無怠。”師古曰：“婁，古屢字也。屢省，屢自觀省也。”（3464）

⑭《漢書卷八十六·何武王嘉師丹傳第五十六》：“宣帝時，天下和平，四夷賓服，神爵、五鳳之間婁蒙瑞應。”師古曰：“婁，古屢字也。”（3481）

⑮《漢書卷八十六·何武王嘉師丹傳第五十六》：“朕既不明，委政於公，間者陰陽不調，寒暑失常，變异婁臻。”師古曰：“婁，古屢字。”（3507）

⑯《漢書卷九十·酷吏傳第六十》：“時黄霸在潁川以寬恕爲治，郡中亦平，婁蒙豐年。”師古曰：“婁，古屢字。”（3670）

⑰《漢書卷九十七下·外戚傳第六十七下》：“成形之禍月以迫切，不救之患日寖婁深。”師古曰：“寖，甚也。婁，古屢字。”（3979）

⑱《漢書卷九十八·元后傳第六十八》：“朕秉事不明，政事多闕，故天變（屢）〔婁〕臻，咸在朕躬。”師古曰：“婁，古屢字。”（4023）

⑲《漢書卷九十九上·王莽傳第六十九上》：“開門延士，下及白屋，婁省朝政，綜管衆治。”師古曰：“婁，古屢字。”（4059）

【説明】《説文·女部》：“婁，空也。从毋、中、女，空之意也。一曰：婁，務也。𡝤，古文。”金文作（《集成》3910），季旭昇認爲婁與要本一字之分化，婁爲摟字之初文。《郭店楚墓竹簡·成之聞之》：“是古（故）畏（威）備（服）型（刑）罰之婁（屢）行也。”《説文新附·尸部》：“屢，數也。案，今之婁字本是屢空字，此字後人所加。从尸，未詳。”

102. 楙—茂（异構本字）

mào　茂盛，草木繁盛。

①《漢書卷二十一上·律曆志第一上》："林鐘：林，君也，言陰氣受任，助蕤賓君主種物使長大楙盛也。"師古曰："種物，種生之物。楙，古茂字也。種音之勇反。"（959）#

②《漢書卷五十七上·司馬相如傳第二十七上》："夸條直暢，實葉葰楙。"師古曰："楙，古茂字也。"（2559）

【説明】《説文·林部》："楙，木盛也。从林，矛聲。"段玉裁注："此與艸部'茂'音義皆同，分艸木耳。《釋木》：'楙，木瓜。'則專爲一物之名。"《説文·艸部》："茂，艸豐盛。从艸，戊聲。"

103. 眊—耄（通假字—本字）

mào　年老。

《漢書卷六·武帝紀第六》："朕嘉孝弟力田，哀夫老眊孤寡鰥獨，或匱於衣食，甚憐愍焉。"師古曰："眊，古耄字。八十曰耄。耄，老稱也。一曰眊，不明之貌。"（174）#

104. 皃—貌（古本字—重造本字）

mào　容貌，面貌。

《漢書卷九十九下·王莽傳第六十九下》："視事四年，蠻夷猾夏不能遏絕，寇賊姦宄不能殄滅，不畏天威，不用詔命，皃很自臧，持必不移，懷執异心，非沮軍議。"師古曰："皃，古貌字也。皃很，言其很戾見於容貌也。"（4156）#

105. 須—貌（异構本字）

mào　容貌，面貌。

《漢書卷二十三·刑法志第三》："夫人宵天地之須。"應劭曰："宵，類也。頭圜象天，足方象地。”孟康曰：“宵，化也，言稟天地氣化而生也。”師古曰：“宵，義與肖同，應説是也。故庸妄之人謂之不肖，言其狀貌無所象似也。貌，古貌字。”（1079）

106. 睂—眉（异寫本字）

méi　眼上額下的毛。

《漢書卷八十七上·揚雄傳第五十七上》：“知衆嫭之嫉妒兮，何必颺纍之蛾睂？”晋灼曰：《離騷》云：‘衆女嫉余之蛾睂。’”師古曰：“蛾睂，形若蠶蛾睂也。此亦譏屈原自舉蛾睂令衆嫉之。嫭音胡故反。睂，古眉字。”（3518）#

【説明】《楚辭·離騷》：“衆女嫉余之蛾眉兮，謠諑謂余以善淫。”蛾眉，形容女子容貌美麗。美人細長而彎曲的眉毛，如蠶蛾的觸鬚，故稱爲“蛾眉”。

107. 甿—萌（本字—通假字）

méng　平民（特指外來的）。

《漢書卷三十一·陳勝項籍傳第一》：“然而陳涉，甕牖繩樞之子，甿隸之人。”如淳曰：“甿，古文萌字。甿，民也。”（1824）

【説明】《史記·秦始皇本紀》：“陳涉，甕牖繩樞之子，甿隸之人。”集解：“駰案，如淳曰：‘甿，古氓字。氓，民也。’”《文選·詩庚·論一·賈誼〈過秦論〉》：“陳涉，甕牖繩樞之子，甿隸之人。”李善注引如淳曰：“甿，古氓字。氓，人也。”今按：如淳原注當爲：“萌，古氓字。氓，民也。”

108. 惽—閔（通假字—本字）

mǐn　憂慮，擔心。

《漢書卷三十六·楚元王傳第六》：“死者恨於下，生者愁於上，怨氣感動陰陽，因之以饑饉，物故流離以十萬數，臣甚惛焉。"師古曰：
"惛謂不了，言惑於此事也。惛音昏。一曰：惛，古閔字，憂病也。"
（1956）#

109. 晦—畞（异構本字）

mǔ　①②③地積單位。④泛指農田，田地。⑤人名。⑥⑦地名。

①《漢書卷二十四上·食貨志第四》："故必建步立晦，正其經
界。"師古曰："晦，古畞字也。"（1119）#

②《漢書卷二十五下·郊祀志第五下》："《禮記》曰'天子籍田，
千晦以事天墬。'"師古曰："晦，古畞字。"（1266）

③《漢書卷六十九·趙充國辛慶忌傳第三十九》："田事出，賦人
二十晦。"師古曰："田事出，謂至春人出營田也。賦謂班與之也。晦，
古畞字。"（2986）

④《漢書卷四十九·爰盎鼂錯傳第十九》："以是觀之，往來轉徙，
時至時去，此胡人之生業，而中國之所以離南晦也。"師古曰："晦，古
畞字也。南畞，耕種之處也。"（2285）

⑤《漢書卷二十·古今人表第八》："尾生晦。"師古曰："即微生畞
也。晦，古畞字。"（935）

⑥《漢書卷二十七中之上·五行志第七中之上》："其弟以千晦之
戰生，名之曰成師。"師古曰："太子之弟，即桓叔也。晦，古畞字也。
千晦亦地名，意取能成其師衆也。"（1378）

⑦《漢書卷二十七下之上·五行志第七下之上》："皆殺之，身橫
九晦。"師古曰："晦，古畞字。"（1471）

110. 敄—穆（假借字—假借字）

mù　謚號用字。

《漢書卷十五上·王子侯表第三上》："臨樂敄侯光。"師古曰："敄

字音弋灼反；又作敿，古穆字。”（463）

【説明】當校正作“敦字或作敿，音弋灼反；又作敹，古穆字”。①

111. 耏—耐（异構本字）

nài　剃除頰鬚。古代的一種輕刑。

《漢書卷一下·高帝紀第一下》：“令郎中有罪耐以上，請之。”應劭曰：“輕罪不至于髡，完其耏鬢，故曰耏。古耐字從彡，髪膚之意也。杜林以爲法度之字皆從寸，後改如是。言耐罪已上，皆當先請也。耐音若能。”如淳曰：“耐猶任也，任其事也。”師古曰：“依應氏之説，耏當音而，如氏之解則音乃代反，其義亦兩通。（而）〔耏〕謂頰旁毛也。彡，毛髪貌也，音所廉反，又先廉反。而《功臣侯表》宣曲侯通耏爲鬼薪，則應氏之説斯爲長矣。”②（63）#

【説明】《説文·而部》：“耏，罪不至髡也。從而，從彡。耐，或從寸。諸法度字從寸。”

112. 呐—訥（异構本字）

nè　言語遲鈍。

《漢書卷八十八·儒林傳第五十八》：“江公呐於口，上使與仲舒議，不如仲舒。”師古曰：“呐，古訥字。”（3617）

113. 𢸰—攀（古本字—重造本字）

pān　①攀援，抓住某物向上爬。②追攀，指趕上前人的成就。

①《漢書卷五十七上·司馬相如傳第二十七上》：“頫杳眇而無見，仰𢸰橑而捫天。”師古曰：“頫，古俯字也。杳眇，視遠貌。𢸰，古攀字

---

① （清）王念孫：《讀書雜志》，江蘇古籍出版社，1985，第 193 頁。
② 中華書局 1962 年版《漢書》校勘記：“（而）〔耏〕謂頰旁毛也。景祐、殿本都作‘耏’。按下句云‘彡，毛髪貌也’，是釋‘耏’字所從，則作‘耏’是。”《漢語大字典·彡部》“彡”和《漢語大字典·寸部》“耐”字下均徵引《漢書》注。

也。橑，椽也。捫，摸也。言臺榭之高，有升上之者，俯視則不見地，仰攀其椽可以摸天也。橑音老。捫音門。"（2557~2558）①

②《漢書卷八十七上·揚雄傳第五十七上》："纍既㐆夫傅說兮，奚不信而遂行？"晉灼曰："㐆，慕也。《離騷》曰：'説操築於傅巖兮，武丁用之而不疑。'"師古曰："㐆，古攀字。既攀援傅説，何不信其所行，自見用而遂去？"（3520）②

【説明】《説文·丮部》："丮，引也。从反廾。攀，丮或从手，从樊。"

114. 皴—披（同源通用字）

pī　分開，散開。

《漢書卷八十七上·揚雄傳第五十七上》："回猋肆其碭駭兮，皴桂椒，鬱柊楊。"師古曰："皴，古披字。……言回風放起，過動衆樹，則桂椒披散而柊楊鬱聚也。"（3529）#

【説明】李善《文選注》："皴與披同。"

115. 番—鄱（假借字—後補本字）

pó　地名用字。

《漢書卷三十一·陳勝項籍傳第一》："吕將軍走，徼兵復聚，與番盜英布相遇。"師古曰："番即番陽縣也。於番爲盜，故曰番盜。番音蒲何反。其後番字改作鄱。"（1794）

116. 霸—魄（本字—通假字）

pò　農曆每月初始見的月亮（或月光）。

《漢書卷二十一下·律曆志第一下》："惟一月壬辰，旁死霸，若翌日癸巳，武王乃朝步自周，于征伐紂。"孟康曰："月二日以往，月〔生〕魄死（死），故言死魄。魄，月質也。"師古曰："霸，古魄字，同。"（1015）

117. 邠—岐（异構本字）

qí　①山名。②地名。

①《漢書卷二十五下·郊祀志第五下》："大王建國於邠梁，文武興於酆鎬。"師古曰："梁山在岐山之東，九嵕之西，非夏陽之梁山也。邠，古岐字。"（1251）

②《漢書卷九十四上·匈奴傳第六十四上》："當時秦襄公伐戎至邠，始列爲諸侯。"師古曰："邠，古岐字。"（3746）

118. 挳—牽（通假字—本字）

qiān　拉，挽。

《漢書卷八十七上·揚雄傳第五十七上》："鉤赤豹，挳象犀。"師古曰："挳，古牽字。"（3547）

【説明】李善《文選注》同。

119. 覉、罨、罨—遷（古本字—重造本字）

qiān　①②③遷移，遷徙。④變更，變化。

①《漢書卷二十五上·郊祀志第五上》："其後十三世，湯伐桀，欲覉夏社，不可，作《夏社》。"應劭曰："遭大旱七年，明德以薦，而旱不止，故遷社，以棄代爲稷。欲遷句龍，德莫能繼，故作《夏社》，説不可遷之義也。"師古曰："覉，古遷字。《夏社》，《尚書》篇名，今

則序在而書亡逸。"（1192）

②《漢書卷七十三·韋賢傳第四十三》："我祖斯微，嚣于彭城。"師古曰："言我之先祖於此遂微也。嚣，古遷字。"（3101）#

③《漢書卷二十八下·地理志第八下》："故《春秋》經曰：'衛嚣于帝丘。'今之濮陽是也。"師古曰："嚣，古遷字。"（1664）

④《漢書卷二十一下·律曆志第一下》："周人嚣①其行序，故《易》不載。"鄧展曰："嚣，去也，以其非次，故去之。"師古曰："此指謂共工也。嚣，古遷字。"（1012）#

【説明】《説文·舁部》："舁，升高也。从舁，凶聲。嚣，舁或从卩。舁，古文舁。"段玉裁注："升之言登也。此與辵部遷、揭音義同。""嚣"隸變爲"嚣"。"嚣""嚣"均爲"嚣"字之訛。《説文·辵部》："遷，登也。从辵，嚣聲。揭，古文遷从手、西。"

120. 嗛—謙（通假字—本字）

qiān　謙讓，謙虚。

①《漢書卷五十七下·司馬相如傳第二十七下》："上帝垂恩儲祉，將以慶成，陛下嗛讓而弗發也。"師古曰："嗛，古謙字。"（2604）

②《漢書卷七十六·趙尹韓張兩王傳第四十六》："翁歸爲政雖任刑，其在公卿之間清絜自守，語不及私，然温良嗛退，不以行能驕人，甚得名譽於朝廷。"師古曰："嗛，古以爲謙字。"（3209）#

【説明】①"嗛"《文選·符命·司馬長卿〈封禪文〉》作"謙"。

121. 廑—勤（通假字—本字）

qín　勤勞。

①《漢書卷四·文帝紀第四》："今廑身從事，而有租簡税之賦，

---

① "嚣"五洲同文局本作"嚣"。

是謂本末者無以异也，其於勸農之道未備。"晋灼曰："廑，古勤字。"（125）

②《漢書卷八十七下·揚雄傳第五十七下》："三旬有餘，其廑至矣，而功不圖。"師古曰："廑，古勤字。"（3558）

③《漢書卷一百下·叙傳第七十下》："賈廑從旅，爲鎮淮、楚。"張晏曰："劉賈晚乃從軍也。"晋灼曰："廑，無幾也。"師古曰："二説皆非也。廑，古以爲勤字。言賈從軍，有勤勞也。"（4246）

【説明】《文選卷九·賦戊·畋獵下·楊子雲〈長楊賦〉》李善注引《古今字詁》曰："廑，今勤字也。"《文選箋證·楊子雲〈長楊賦〉》"其廑至矣"條："疑'今'爲'古'字之誤。"① 其説是。

122. 遒一逎（异構假借字）

qiú　地名用字。

①《漢書卷十七·景武昭宣元成功臣表第五》："遒侯陸彊。"師古曰："遒，即古逎字，音子修反。涿郡之縣。"（639）#

②《漢書卷二十八上·地理志第八上》："遒，莽曰遒屏。"師古曰："遒，古逎字，音字由反。"（1577）

123.爇一然（异構本字）

rán　燃燒。

①《漢書卷二十七中之下·五行志第七中之下》："男子孫通等聞山中群鳥戴鵲聲，往視，見巢爇，盡墮地中，有三戴鷇燒死。"師古曰："爇，古然字。"（1416）

②《漢書卷二十八下·地理志第八下》："定陽，高奴，有洧水，可爇。莽曰利平。"師古曰："爇，古然火字。"（1617）

---

① （清）胡紹煐撰《文選箋證》三十二卷，影印清光緒劉世珩刻聚學軒叢書第五集本，《續修四庫全書》第1582册，第140頁，上欄。

③《漢書卷七十·傅常鄭甘陳段傳第四十》："卒徒工庸以鉅萬數，至難脂火夜作，取土東山，且與穀同賈。" 師古曰："難，古然字也。"（3024）#

④《漢書卷八十九·循吏傳第五十九》："晝夜難蘊火，待温氣乃生。" 師古曰："難，古然字。"（3643）

⑤《漢書卷九十六下·西域傳第六十六下》："得三（百四）〔四百〕人，去校尉府數里止，晨火難。" 師古曰："古然字。"（3926）

124. 攘—讓（本字—通假字）

ràng　避讓，謙讓。

①《漢書卷二十二·禮樂志第二》："宜興辟雍，設庠序，陳禮樂，隆雅頌之聲，盛揖攘之容，以風化天下。" 師古曰："攘，古讓字。"（1033）

②《漢書卷三十·藝文志第十》："合於堯之克攘，易之嗛嗛，一謙而四益，此其所長也。" 師古曰："《虞書·堯典》稱堯之德曰'允恭克讓'，言其信恭能讓也，故《志》引之云。攘，古讓字。"（1732）

③《漢書卷五十七下·司馬相如傳第二十七下》："進攘之道，何其爽與？" 張揖曰："進，周也。攘，漢也。爽，差也。言周未可封禪而封，爲進；漢可封禪而不爲，爲攘也。" 師古曰："攘，古讓字也。"（2602）

④《漢書卷六十二·司馬遷傳第三十二》："意在斯乎！意在斯乎！小子何敢攘焉！" 師古曰："攘，古讓字。言當述成先人之業，何敢自謙，當五百歲而讓之也。"（2717）

⑤《漢書卷七十八·蕭望之傳第四十八》："案望之大臣，通經術，居九卿之右，本朝所仰，至不奉法自修，踞慢不遜攘。" 師古曰："攘，古讓字。"（3281）

【説明】《説文·手部》："攘，推也。从手，襄聲。" 段玉裁注："推手使前也。古推讓字如此作。上《曲禮》注曰'攘，古讓字'，許云'讓者，相責讓也''攘者，推也'，從古也。……凡退讓用此字。引申之使人退讓亦用此字。如'攘寇''攘夷狄'是也。"《説文·言部》："讓，相責讓。从言，襄聲。"段玉裁注："經傳多以爲謙攘字。"

125. 睿—叡（异構本字）

ruì　通達，明智。

《漢書卷二十七中之上·五行志第七中之上》："貌曰恭，言曰從，視曰明，聽曰聰，思曰睿。"應劭曰："叡，通也，古文作睿。"（1351）#

126. 姍—訕（异構本字）

shān　誹謗，詆毁。

①《漢書卷十四·諸侯王表第二》："因矜其所習，自任私知，姍笑三代，盪滅古法。"師古曰："姍，古訕字也。訕，謗也，音所諫反，又音删。"（393）

②《漢書卷七十六·趙尹韓張兩王列傳第四十六》："御史大夫中奏尊暴虐不改，外爲大言，倨嫚姍（嫌）〔上〕。"師古曰："姍，古訕字也。訕，誹也，音所諫反，又音删。"（3233）

③《漢書卷九十三·佞幸傳第六十三》："望之當世名儒，顯恐天下學士姍己。"師古曰："姍，古訕字。訕，謗也，音所諫反。"（3729）

127. 譱—善（异構本字）

shàn　好。

《漢書卷二十二·禮樂志第二》："安上治民，莫譱於禮；移風易俗，莫譱於樂。"師古曰："此《孝經》載孔子之言也。譱，古善字。"（1028）#

【説明】《説文·譱部》:"譱,吉也。从誩从羊。此與義、美同意。善,篆文善从言。""善,篆文善从言"段玉裁校改作"善,篆文,从言",注云:"據此則譱爲古文可知矣。此亦上部之例。先古後篆也。譱字今惟見於《周禮》。他皆作善。""善"隸變爲"善"。《玉篇殘卷·言部》:"善,是闡反,《説文》篆文譱字也。譱,吉也,工佳也,大也,在誩部。或爲善字,在口部。"《玉篇·言部》:"譱,是闡切,大也。《説文》:'吉也。'善,同上。今作善。"

128. 嬗—禪（本字—通假字）

shàn 　禪讓,禪位。指帝王讓位或傳位給他姓。

①《漢書卷四·文帝紀第四》:"今縱不能博求天下賢聖有德之人而嬗天下焉,而曰豫建太子,是重吾不德也。"晋灼曰:"嬗,古禪字。"（111）

②《漢書卷二十一下·律曆志第一下》:"帝系曰:顓頊生窮蟬,五世而生瞽叟,瞽叟生帝舜,處虞之嬀汭,堯嬗以天下。"師古曰:"嬗,古禪讓字也。"（1013）

③《漢書卷九十九上·王莽傳第六十九上》:"戊辰,莽至高廟拜受金匱神嬗。"師古曰:"嬗,古禪字。言有神命,使漢禪位於莽也。"（4095）

④《漢書卷九十九中·王莽傳第六十九中》:"予之皇始祖考虞帝受嬗于唐,漢氏初祖唐帝,世有傳國之象,予復親受金策於漢高皇帝之靈。"師古曰:"嬗,古禪字。"（4108）

【説明】《説文·女部》:"嬗,緩也。从女,亶聲。一曰傳也。"段玉裁注:"孟子、孔子曰:唐虞禪,夏后殷周繼。依許説,凡禪位字當作嬗,禪非其義也。禪行而嬗廢矣。嬋者,蟬聯之意。"《説文·示部》:"禪,祭天也。从示,單聲。"

129. 禪₁—禪₁（本字—通假字）

shàn　禪讓，禪位。指帝王讓位或傳位給他姓。

①《漢書卷十三·异姓諸侯王表第一》："昔《詩》《書》述虞夏之際，舜禹受禪。"師古曰："古禪字，音上扇反。"（363）#

②《漢書卷七十五·眭兩夏侯京翼李傳第四十五》："漢帝宜誰差天下，求索賢人，禪以帝位，而退自封百里，如殷周二王後，以承順天命。"師古曰："禪，古禪字也。"（3154）

③《漢書卷七十七·蓋諸葛劉鄭孫毋將何傳第四十七》："時執金吾議，以爲寬饒指意欲求禪，大逆不道。"師古曰："禪，古禪字。言欲使天子傳位於己。"（3247）

130. 禪₂—禪₂（本字—通假字）

shàn　封禪，祭祀天地的儀典。

《漢書卷六·武帝紀第六》："望見泰一，修天文禪。"文穎曰："禪，祭也。"晋灼曰："禪，古禪字也。"師古曰："文、晋二説是也。朝日夕月，即天文禪之謂也。"（185）

【説明】《説文》"禪"字段注："凡封土爲壇，除地爲墠。古封禪字蓋祇作墠。項威曰：'除地爲墠。'後改墠曰禪，神之矣。服虔曰：'封者，增天之高。歸功於天。禪者，廣土地。'應劭亦云：'封爲增高，禪爲祀地。'惟張晏云：'天高不可及，於泰山上立封。又禪而祭之。冀近神靈也。'《元鼎二年紀》云：'望見泰一，修天文禪。'禪即古禪字。是可證禪亦祭天之名。"

131. 澹—贍（假借字—後補本字）

shàn　①供給。②滿足。③④充足。

①《漢書卷六十九·趙充國辛慶忌傳第三十九》："今久轉運煩費，傾我不虞之用以澹一隅。"師古曰："澹，古贍字。贍，給也。"

（2990）#

②《漢書卷二十四上·食貨志第四上》："竭天下之資財以奉其政，猶未足以澹其欲也。"師古曰："澹，古贍字也。贍，給也。"（1126）

③《漢書卷六十二·司馬遷傳第三十二》："動合無形，澹足①萬物。"師古曰："澹，古贍字。"（2710）

④《漢書卷六十五·東方朔傳第三十五》："朔之進對澹辭，皆此類也。"師古曰："澹，古贍字也。贍，給也。"（2863）

【説明】《漢語大詞典·水部》："澹辭，謂口才敏捷善辯。"又《貝部》："贍辭，謂善於言辭。"《漢書·叙傳下》："東方贍辭，詼諧倡優。"

132. 娠—身（分化本字—源本字）

shēn　懷孕。

《漢書卷一上·高帝紀第一上》："已而有娠，遂産高祖。"應劭曰："娠，動，懷任之意。《左傳》曰：'邑姜方娠。'"孟康曰："娠音身，《漢》《史》身多作娠，古今字也。"師古曰："孟説是也。《漢書》皆以娠爲任身字。'邑姜方震'，自爲震動之字，不作娠。"（1）

133. 猜—舐（异構本字）

shì　以舌舐物。

《漢書卷三十五·荆燕吳傳第五》："猜穅及米。"師古曰："猜，古舐字。舐，用舌食也，蓋以犬爲喻也。言初舐穅遂至食米也。舐，音食爾反。"（1907）#

134. 眂—視（异構本字）

shì　①察看，觀察。②③眂事，即視事，辦公，處理政務。

---

① "澹足"《史記》作"贍足"。

①《漢書卷九十九上·王莽傳第六十九上》：“騎都尉崔發等眡説。”師古曰：“眡，古視字也。視其文而説其意也。”（4094）

②《漢書卷九十九上·王莽傳第六十九上》：“公每見，叩頭流涕固辭，今移病，固當聽其讓，令眡事邪？將當遂行其賞，遣歸就第也？”師古曰：“眡，古視字。”（4067）#

③《漢書卷一百上·叙傳第七十上》：“久之，上出過臨候伯，伯惶恐，起眡事。”師古曰：“眡，古視字。”（4200）

【説明】《漢書》“視事”凡 42 見，“眡事”凡 4 見。

135. 竢—俟（本字—通假字）

sì　等待。

①《漢書卷四十八·賈誼傳第十八》：“恭承嘉惠兮，竢罪長沙。”師古曰：“竢，古俟字。俟，待也。”（2223）#

②《漢書卷六十二·司馬遷傳第三十二》：“臧之名山，副在京師，以竢後聖君子。”師古曰：“竢，古俟字。”（2724）

③《漢書卷六十四下·嚴朱吾丘主父徐嚴終王賈傳第三十四下》：“若罰不阿近，舉不遺遠，設官竢賢，縣賞待功，能者進以保禄，罷者退而勞力，刑於宇内矣。”師古曰：“竢，古俟字。”（2815）

④《漢書卷七十一·雋疏于薛平彭傳第四十一》：“臣資性淺薄，年齒老眊，數伏疾病，昏亂遺忘，願上大司空、長平侯印綬，乞骸骨歸鄉里，竢填溝壑。”師古曰：“竢，古俟字。”（3052）

⑤《漢書卷七十八·蕭望之傳第四十八》：“竢見二子，没齒而已矣。”師古曰：“竢，古俟字也。俟，待（世）〔也〕。”（3285）

136. 柗—松（异構本字）

sōng　地名用字。

《漢書卷二十八下·地理志第八下》：“媪圍，蒼柗，南山，柗陜水

所出，北至揟次入海。莽曰射楚。”師古曰：“枀，古松字也。陜音下夾反，兩山之間也。松陜，陜名。”（1612）#[①]

137. 崈$_2$—崇$_2$（异構本字）

sōng　崈高，亦作“崇高”，通作“嵩高”。山名，在中國河南省。

①《漢書卷二十五上·郊祀志第五上》：“乃令祠官加增太室祠，禁毋伐其山木，以山下户凡三百封崈高，爲之奉邑。”師古曰：“崈，古崇字耳。以崇奉嵩高之山，故謂之崈高奉邑。”（1234）

②《漢書卷二十八上·地理志第八上》：“郾，郟，舞陽，潁陰，崈高，武帝置，以奉太室山，是爲中嶽。有太室、少室山廟。古文以崇高爲外方山也。”師古曰：“崈，古崇字。”（1560）

【説明】王念孫《讀書雜志·漢書第一》：“念孫案：崇高即嵩高。師古分崇、嵩爲二字，非也。詔曰‘翌日親登崇高’，《志》曰‘以山下户凡三百封崇高’，則崇高本是山名，而因以爲邑名，非以崇奉中嶽而名之也。古無嵩字，以崇爲之，故《説文》有崇無嵩。經傳或作嵩，或作崧，皆是崇之异文。《地理志·潁川郡·崈高》下云：‘古文以崈高爲外方山。’《周語》：‘融降于崇山。’韋注云：‘崇，崇高山也。’是嵩高之嵩本作崇也。”

138. 雙—竦（分化本字—源本字）

sǒng　勸勉，奬勵。

《漢書卷二十三·刑法志第三》：“懼其未也，故誨之以忠，雙之以行，教之以務，使之以和，臨之以敬，莅之以彊，斷之以剛。”晋灼曰：“雙，古竦字也。”師古曰：“雙謂奬也，又音所項反。”（1093）

① 《漢語大字典》“枀”“陜”兩字下皆徵引《漢書注》。

139. 遬₁、遬—速₁（异構假借字）

sù　①②③④人名。⑤⑥匈奴官號。⑦匈奴部落名。

①《漢書卷十六·高惠高后文功臣表第四》："猗氏敬侯陳遬。"師古曰："遬，古速字。"（589）

②《漢書卷三十九·蕭何曹參傳第九》："月餘，魏王豹反，以假丞相別與韓信東攻魏將孫遬東張，大破之。"師古曰："遬，古速字。"（2016）

③《漢書卷四十·張陳王周傳第十》："因轉攻得雲中守遬、丞相箕肆、將軍博。"師古曰："遬，古速字也。"（2053）

④《漢書卷九十四上·匈奴傳第六十四上》："甯侯魏遬爲北地將軍。"師古曰："遬，古速字。"（3761）

⑤《漢書卷八·宣帝紀第八》："冬十一月，匈奴呼遬累單于帥衆來降，封爲列侯。"師古曰："遬，古速字。累音力追（切）〔反〕。"（266）

⑥《漢書卷九十四下·匈奴傳第六十四下》："呼韓邪單于左大將烏厲屈與父呼遬累烏厲溫敦皆見匈奴亂，率其衆數萬人南降漢。"師古曰："呼遬累者，其官號也。遬，古速字也。累音力追反。"（3796）

⑦《漢書卷五十五·衛青霍去病傳第二十五》："討遬濮，涉狐奴，歷五王國，輜重人衆攝讋者弗取，幾獲單于子。"師古曰："遬，古速字也。遬濮，匈奴部落名也。"（2479）

【説明】②③清光緒五洲同文局石印本《漢書》作"遬"。"遬"即"遬"字異寫。《説文·辵部》："速，疾也。从辵，束聲。遬，籒文从欶。警，古文从欶从言。"

140. 遬₂—速₂（异構假借字）

sù　通"楸"。樸遬，一種矮小的雜樹。比喻凡庸，多指才能而言。

《漢書卷四十五·蒯伍江息夫傳第十五》："諸曹以下僕遬不足數。"

師古曰："僕遬，凡短之貌也。僕音步木反。遬，古速字。"（2181）

【説明】《説文·木部》："楸，樸楸，木。从木，欶聲。"段玉裁改訓爲"小木"，注云："'樸'當作'樕'。樕、樸正俗字也。各本無'小'字。今依《五音韻譜》《韻會》《集韻》《類篇》補。《召南》：'林有樸楸。'毛曰：'樸楸，小木也。'《釋木》云：'楸樸，心。''楸樸'即《詩》之'樸楸'。俗書立心多同小。又艸書心似小。毛傳、《説文》當本作心木，訛爲小木耳。《詩正義》云：'某氏曰：樸楸，斛楸也。有心能溼，江河閒以作柱。'孫炎曰：'樸楸，一名心。'據此及許立文之次弟，知樸楸乃木名，非凡小木之偁也。斛，俗作槲。槲楸，櫟之類。'樸'《爾雅音義》作'樕'。《廣韵》曰：'杺，木名，其心黄。''杺'即《爾雅》'心'字。"

141. 妥—綏（源本字—分化本字）

suí　安定，穩定。

《漢書卷六十三·武五子傳第三十三》："薰鬻徙域，北州以妥。"孟康曰："古綏字也。"臣瓚曰："妥，安也。"師古曰："瓚説是也。妥音他果反。"（2750）

142. 髓—髓（异構本字）

suǐ　骨髓。

《漢書卷八十七下·揚雄傳第五十七下》："腦沙幕，髓余吾。"師古曰："腦塗沙幕地，髓入余吾水，言其大破死亡。髓，古髓字。"（3561）#

143. 髄—髓（异構本字）

suǐ　骨髓。

《漢書卷二十五下·郊祀志第五下》："又種五粱禾於殿中，各順色置其方面，先鬻鶴髊、毒冒、犀玉二十餘物漬種，計粟斛成一金，言此黃帝穀僊之術也。"師古曰："髊，古髓字也。謂鬻取汁以漬穀子也。"（1270）

144. 㸂—燧（异構本字）

suì　古代邊防夜間報警的火炬。與白晝使用的"烽"相對。

《漢書卷五十二·竇田灌韓傳第二十二》："及後蒙恬爲秦侵胡，辟數千里，以河爲竟，纍石爲城，樹榆爲塞，匈奴不敢飲馬於河，置㷭㸂然後敢牧馬。"師古曰："㸂，古燧字。"（2401）#①

【説明】後亦泛稱邊境報警的烽火，不分晝夜。

145. 愢—莎（异構假借字）

suō　愢題，古縣名，在今河北省棗强縣南。

《漢書卷二十八上·地理志第八上》："愢題，東陽，侯國。莽曰胥陵。"師古曰："愢，古莎字。"（1577）#

【説明】王念孫《讀書雜志·漢書第六》："引之曰：字從心聲者，不得有莎音，愢當爲愢。《説文》沙或作沙，故愢從沙聲而或作愢。今作愢者，愢之省文也。隸書心字作心，與尐相似而誤（尐，少也。讀若輟）。"

146. 鞀—鼗（异構本字）

táo　長柄小搖鼓。

《漢書卷八十七下·揚雄傳第五十七下》："然後陳鐘鼓之樂，鳴鞀磬之和。"師古曰："鞀，古鼗字。鞀，小鼓也。"（3563）

---

① 《漢語大字典·火部》"㸂""㷭"兩字下均徵引《漢書注》。

147. 諦—啼（异構本字）

tí　啼哭。

①《漢書卷六十四上·嚴朱吾丘主父徐嚴終王賈傳第三十四上》："親老涕泣，孤子諦號。"師古曰："諦，古啼字。"（2779）#

②《漢書卷九十九下·王莽傳第六十九下》："宮人婦女諦譁曰：'當奈何'。"師古曰："諦，古啼字也。"（4190）

148. 蹏—蹄（异構本字）

tí　①馬、牛、羊、豬等動物生在趾端的角質物。亦指具有這種角質物的腳。②量詞。計算獸蹄的單位，用於草食動物。

①《漢書卷十九上·百官公卿表第七上》："又牧橐、昆蹏令丞皆屬焉。"應劭曰："橐，橐佗。昆蹏，好馬名也。蹏音啼。"如淳曰："《爾雅》曰'昆蹏研，善升鼬'①者也，因以爲厩名。"師古曰："牧橐，言牧養橐佗也。昆，獸名也。蹏研者，謂其蹏下平也。善升鼬者，謂山形如甑，而能升之也。蹏即古蹄字耳。研音五見反。鼬音言，又音牛偃反。"（729）

②《漢書卷九十一·貨殖傳第六十一》："故曰陸地牧馬二百蹏，牛千蹏角②。"師古曰："蹏，古蹄字。"（3686）#

149. 惕—惕（异構本字）

tì　恐懼，憂懼。

《漢書卷八十二·王商史丹傅喜傳第五十二》："卒無怵惕憂。"師古曰："惕，古惕字。"（3372）#

---

① 《爾雅·釋畜》："騏，蹄趼，善陞甗。"郭璞注："騏蹄，蹄如趼而健上山。秦時有騏蹄苑。"
② "牛千蹏角"，《史記·貨殖列傳》作"牛蹄角千"。

150. 佗—他（假借字—假借字）

tuō　姓氏。

《漢書卷九十二·游俠傳第六十二》："至若北道姚氏，西道諸杜，南道仇景，東道佗羽公子，南陽趙調之徒，盜跖而居民間者耳，曷足道哉！"師古曰："據京師而言，指其東西南北謂也。姓佗，名羽，字公子。佗，古他字。"（3705）

151. 它—他（假借字—假借字）

tuó　橐它，亦作"橐佗""橐他""橐馳""橐駞"，通作"橐駝"，後作"駱駝"（亦作"駱馳"）。動物名。

《漢書卷九十六上·西域傳第六十六上》："民隨畜牧逐水草，有驢馬，多橐它。"師古曰："它，古他字也，音徒何反。"（3876）

152. 它—佗（假借字—假借字）

tuó　人名。

《漢書卷一下·高帝紀第一下》："會天下誅秦，南海尉它居南方長治之。"晋灼曰："長音長吏之長。"師古曰："它，古佗字也，書本亦或作他，并音徒何反。它者，南海尉之名也，姓趙。長治，謂爲之長（治）〔帥〕而治理之也。"①（73）

153. 掔、掔—腕（异構本字）

wàn　手腕，手臂下端與手掌相連可以活動的部分。搤腕，亦作"搤掔""搤捥""搤窜"。握住手腕，表達激動、振奮、悲憤、惋惜等心情。

①《漢書卷九十二·游俠傳第六十二》："搤掔而游談者，以四豪

---

① 中華書局 1962 年版《漢書》校勘記："謂爲之長（治）〔帥〕而治理之也。景祐、殿、局本都作'帥'。王先謙説作帥是。"

爲稱首。"師古曰："攣，古手腕字也。"（3697）#

②《漢書卷二十五上·郊祀志第五上》："大見數月，佩六印，貴震天下，而海上燕齊之間，莫不搤攣①而自言有禁方能神僊矣。"師古曰："攣，古手腕之字也。"（1224）#

【説明】《説文·手部》："攣②，手攣也。揚雄曰：'攣，握也。'从手，𢼄聲。"段玉裁注："各本作'手攣'。今正。攣者，手上臂下也。"邵瑛《説文解字群經正字》："（攣）今經典或作捥，……或爲腕。""擘""攣"均爲"攣"字之訛。

154. 遑—往（异構本字）

wǎng　往往，處處。

《漢書卷八十七上·揚雄傳第五十七上》："遑遑離宮般以相燭兮，封巒石關施靡虖延屬。"應劭曰："言秦離宮三百，武帝復往往修治之。"師古曰："遑，古往字。往往，言所往之處則有之。"（3525）#③

【説明】《文選·揚雄〈甘泉賦〉》："遑遑離宮般以相燭兮，封巒石關施靡乎延屬。"李善注："《説文》曰：'遑，古文往字也。'往往，言非一也。"

155. 惟—濰（通假字—本字）

wéi　水名用字。

《漢書卷二十八上·地理志第八上》："嵎夷既略，惟、甾其道。"師古曰："嵎夷，地名也，即陽谷所在。略，言用功少也。惟、甾，二水名。皆復故道也。惟水出琅邪箕屋山，甾水出泰山萊蕪縣。惟字今

---

① "攣"，《史記·封禪書》作"捥"。參見（漢）司馬遷著，（南朝宋）裴駰集解，（唐）司馬貞索隱，（唐）張守節正義《史記》，中華書局，1959，第1391頁。
② 新字形作"擘"。
③ 《漢語大字典》"迬"字下據王念孫《廣雅疏證》轉引《漢書注》。

作濰，甾字或作淄，古今通用也。”（1526）#

156. 骫、骩—委（同源通用字）

wěi　彎曲，曲折。

①《漢書卷四十四·淮南衡山濟北王傳第十四》：“皇帝骫天下正法而許大王，甚厚。”蘇林曰：“不從正法，聽王自置二千石。”師古曰：“骫，古委字。骫謂曲也。”（2137）#

②《漢書卷五十一·賈鄒枚路傳第二十一》：“其文骫骳，曲隨其事，皆得其意，頗詼笑，不甚閒靡。”師古曰：“骫，古委字也。骳音被。骫骳，猶言屈曲也。”（2367）

③《漢書卷五十七上·司馬相如傳第二十七上》：“崔錯癹骫。”師古曰：“骫，古委字。”[①]（2559）

④《漢書卷五十七下·司馬相如傳第二十七下》：“跮踱輵螛容以骫麗兮，蜩蟉偃寋怵㚇以梁倚。”張揖曰：“骫麗，左右相隨也。”師古曰：“骫，古委字也。”（2593）

⑤《漢書卷八十七下·揚雄傳第五十七下》：“是以車不安軔，日未靡旃，從者仿佛，骩[②]屬而還。”張晏曰：“從者見仿佛，委釋迴旋。”師古曰：“車不安軔，未及止也。日未靡旃，不移景也。仿佛，讀曰髣髴。骩，古委字也。屬，音之欲反。還，讀曰旋也。”（3563）

【説明】①指枉曲，即違法曲斷，不公正。②“骫骳”指文筆紆曲。③“癹骫”謂盤旋曲折。④“骫麗”訓“左右相隨”乃文意訓釋。“骫麗”即“委麗”，後來寫作“逶邐”，曲折蜿蜒貌。⑤骩屬，義同“委麗”。

① 《史記·司馬相如列傳》裴駰集解：“古委字。”（3031）李善《文選注》卷八引郭璞注作“骫，古委字。”

② “骩”即“骫”字之訛。李善《文選注》卷第九作“骫”。

157. 尉—慰（源本字—分化本字）

wèi　安慰，安撫。

①《漢書卷五十二·竇田灌韓傳第二十二》："猶頗可得，以尉^①士大夫心。"師古曰："（故）〔古〕尉安之字正如此，其後流俗乃加心耳。"（2405）

②《漢書卷六十六·公孫劉田王楊蔡陳鄭傳第三十六》："思欲寬廣上意，尉安衆庶。"師古曰："尉安之字，本無心也，是以《漢書》往往存古體字焉。"（2884）#

【説明】《説文·火部》："㷉，从上案下也。从尸、又，持火以尉申繒也。"臣鉉等曰："今俗別作熨，非是。於胃切。"由於"尉"字常用於記錄官名，如"太尉""都尉""縣尉"等，因此，人們就在"尉"字的基礎上增加形旁"火"造出"熨"字來專門記錄本義，增加形旁"心"造出"慰"字來專門記錄撫慰、安慰等引申義。

158. 䖝—蚊（异構本字）

wén　蚊子。

①《漢書卷五十三·景十三王傳第二十三》："夫衆煦漂山，聚䖝成䨓。"師古曰："䖝，古蚊字。䨓，古雷字。言衆蚊飛聲有若雷也。"（2423）

②《漢書卷九十四下·匈奴傳第六十四下》："其視戎狄之侵，譬猶䖝䖟之螫，歐之而已。"師古曰："䖝，古蚊字也。"（3824）

159. 閿—閺（异構假借字）

wén　地名用字。

《漢書卷六十三·武五子傳第三十三》："以湖閿鄉邪里聚爲戾

---

① "尉"，《史記·韓長孺列傳》作"慰"。

園。"(師古)〔孟康〕曰:"閟,古闟字,从門中旻。建安中正作(聞)〔閟〕。"師古曰:"旻,舉目使人也。旻音許密反。閟字本从旻,其後轉訛誤,遂作門中受耳。而郭璞乃音汝授反,蓋失理遠耳。"(2748)

160. 於—烏（异寫假借字）

wū 嗚呼,嘆詞,表示贊美。

《漢書卷六十二·司馬遷傳第三十二》:"太史公仍父子相繼籑其職,曰:'於戲! 余維先人嘗掌斯事,顯於唐虞。'"師古曰:"於戲,嘆聲也。於讀曰烏,戲讀曰呼。古字或作烏虖,今字或作烏呼,音義皆同耳。"(2723)

161. 侮—侮（异構本字）

wǔ 輕慢,欺侮。

①《漢書卷二十七中之下·五行志第七中之下》:"又三家已彊,皆賤公行,慢侮之心生。"師古曰:"侮,古侮字。"(1423)#

②《漢書卷四十·張陳王周傳第十》:"然大王資侮人,不能得廉節之士。"師古曰:"資謂天性也。侮,古侮字。"(2042)

③《漢書卷九十三·佞幸傳第六十三》:"長具服戲侮長定宮,謀立左皇后,皋至大逆,死獄中。"師古曰:"侮,古侮字。"(3732)

④《漢書卷九十七下·外戚傳第六十七下》:"徙定陶王於信都,爲共王立廟於京師,如天子制,不畏天命,侮聖人言,壞亂法度,居非其制,稱非其號。"師古曰:《論語》稱孔子曰:'君子有三畏:畏天命,畏大人,畏聖人之言。小人不知天命而不畏也,狎大人,侮聖人之言。'故此文引之也。侮,古侮字。"(4008)

162. 姆—侮（异構本字）

wǔ 輕慢,欺侮。

①《漢書卷四十·張陳王周傳第十》："四人年老矣，皆以上嫚姆士，故逃匿山中，義不爲漢臣。"師古曰："姆，古侮字。"（2033）①#

②《漢書卷四十八·賈誼傳第十八》："今匈奴嫚姆侵掠，至不敬也，爲天下患，至亡已也，而漢歲致金絮采繒以奉之。"師古曰："姆，古侮字。"（2240）

【説明】《説文·女部》："姆，女師也。从女，每聲。讀若母。"與"欺侮"之"侮"同形。

163. 毄—繫（假借字—後補本字）

xì（舊讀jì）拴，繫結。特指豢養牲畜。

《漢書卷五·景帝紀第五》："郡國或磽陿，無所農桑毄畜。"師古曰："毄謂食養之。畜謂牧放也。……毄，古繫字。"（139）#

【説明】《説文·系部》："繫，繫繏也。一曰惡絮。从糸，毄聲。"《説文·殳部》："毄，相擊中也。如車相擊，故从殳从軎。""毄"，典籍多作"毄"。關於"毄"字的構形，何琳儀認爲"會擊物使其支解之意"。②魏宜輝聯繫到甲骨文"🅺"字正象以手束囊之形，而"毄"字可能就是表示以絲綫"繫結"之義，即是表"繫結"義的"繫"字的表意初文。③李春桃認爲"毄"會以手執物擊打口袋之形，是"擊打"之"擊"的表意形體④。俞紹宏認爲甲骨文"🅺"字象用手抓提囊袋之形，當爲"攜"字會意初文。⑤姑且按照《説文》釋"毄"本義分析字際關係。

164. 羍—轄（假借字—後補本字）

xiá 古星名。在軫宿中。

---

① "嫚姆"，《史記·留侯世家》作"慢侮"。
② 何琳儀：《戰國古文字典——戰國文字聲系》，中華書局，1998，第741頁。
③ 參見蘇建洲《〈上博五·弟子問〉研究》，"中研院"史語所集刊第83本第2分。
④ 李春桃：《釋"紳""毄"——從楚帛書"紳"字考釋談起》，《簡帛研究2015（春夏卷）》。
⑤ 俞紹宏：《楚簡釋"毄"之字補釋》（未刊稿）。

《漢書卷二十六·天文志第六》：“袀北一星曰辖。”晋灼曰：“辖，古轄字。”（1276）

【説明】大徐本《説文·舛部》：“辖，車軸耑鍵也。兩穿相背，从舛；禼省聲。禼，古文偰字。”所訓爲假借義。甲骨文作 ∫（甲 1654）、∫（前 1.47.3），可隸作“虫”，字形象人的脚趾爲蟲虺之類所咬嚙，應該是“傷害”之“害”的本字。① 戰國楚簡作 ∮（郭．尊．26），可隸作“禼”。小徐本《説文》作“辇”，即“禼”字异體。

165. 僊、儒—仙（异構本字）

xiān　①神仙。②成爲神仙。

①《漢書卷二十五上·郊祀志第五上》：“於是始皇遂東游海上，行禮祠名山川及八神，（來）〔求〕僊人羨門之屬。”應劭曰：“羨門名子高，古仙人也。”師古曰：“古亦以僊爲仙字。”（1202）

②《漢書卷九十九下·王莽傳第六十九下》：“太一、黄帝皆僊上天，張樂崑崙虔山之上。”師古曰：“僊，古仙字。上，升也。”（4154）

【説明】“儒”爲“僊”字之訛。《説文·人部》：“僊（僊），長生僊去。从人从罨，罨亦聲。”

166. 鱻—鮮（假借字—假借字）

xiǎn　少。

《漢書卷一百上·叙傳第七十上》：“惟天墬之無窮兮，鱻生民之晦在 ②。”晋灼曰：“鱻，古鮮字也。”應劭曰：“晦，無幾也。”師古曰：“墬，古地字也。鱻，少也。言天地長久而人壽短促也。鱻音先踐反。”（4216）

---

① 裘錫圭：《釋虫》，國際中國古文字學研討會論文集編輯委員會編《古文字學論集（初編）》，香港中文大學，1983。

② 按：《文選·班固〈幽通賦〉》作“惟天地之無窮兮，鮮生民之晦在”。

167. 綫—線（异構本字）

xiàn　用絲麻等製成的細縷。

《漢書卷十六·高惠高后文功臣表第四》："降及孝成，復加卹問，稍益衰微，不絶如綫。"晋灼曰："綫，今線縷字也，音先戰反。"（529）

【説明】《説文·糸部》："綫，縷也。从糸，戔聲。線，古文綫。"段玉裁注引晋灼同。

168. 翔—翔（异構本字）

xiáng　①鳥展翅回旋而飛。②悠閑自在地行走。

①《漢書卷二十二·禮樂志第二》："聲氣遠條鳳鳥翔，神夕奄虞蓋孔享。"師古曰："條，達也。翔，古翔字。"（1058）#

②《漢書卷二十二·禮樂志第二》："神安坐，翔吉時，共翊翊，合所思。"師古曰："翔，古翔字也。言神安坐回翔，皆趣吉時也。"（1066）

169. 饟—餉（异構本字）

xiǎng　①②③④⑤軍糧。⑥⑦運送軍糧。

①《漢書卷二十四上·食貨志第四上》："男子力耕不足糧饟，女子紡績不足衣服。"師古曰："饟，古餉字也。"（1126）

②《漢書卷二十四下·食貨志第四下》："時又通西南夷道，作者數萬人，千里負擔餽饟。"師古曰："餽亦饋字。饟，古餉字。"（1158）#①

③《漢書卷三十五·荆燕吳傳第五》："將軍深溝高壘，使輕兵絶淮泗口，塞吳饟道。"師古曰："饟，古餉字。"（1913）

④《漢書卷九十五·樊酈滕灌列傳第三十五》："受詔別擊楚軍後，絶其饟道，起陽武至襄邑。"師古曰："饟，古餉字。"（2668）#

---

① 《漢語大字典·食部》"餽"字下徵引《漢書注》。

⑤《漢書卷五十一·賈鄒枚路傳第二十一》："魯東海絕吳之饟道。"師古曰："饟，古餉字。"（2364）

⑥《漢書卷三十二·張耳陳餘傳第二》："章邯軍鉅鹿南棘原，築甬道屬河，饟王離。"師古曰："饟，古餉字，謂餽運其軍糧也。"（1836）

⑦《漢書卷九十五·西南夷兩粵朝鮮傳第六十五》："當是時，巴蜀四郡通西南夷道，載轉相饟。"師古曰："饟，古餉字。"（3840）

170. 关—笑（异構本字）

xiào　顯露愉悅的表情，發出欣喜的聲音。

①《漢書卷八十三·薛宣朱博傳第五十三》："設酒肴，請鄰里，壹关相樂。"應劭曰："以壺矢相樂也。"晋灼曰："書篆形'壹关'字象壺矢，因曰壺矢。此説非也。"師古曰："关，古笑字也。"（3390）#

②《漢書卷八十五·谷永杜鄴傳第五十五》："誠留意於正身，勉強於力行，損燕私之閒以勞天下，放去淫溺之樂，罷歸倡優之关。"師古曰："关，古笑字。"（3445）

③《漢書卷一百上·叙傳第七十上》："入侍禁中，設宴飲之會，及趙、李諸侍中皆引滿舉白，談关大噱。"師古曰："关，古笑字也。噱噱，笑聲也。音其略反。或曰：'噱謂唇口之中，大笑則見。'此説非。"（4200）

171. 咲—笑（异構本字）

xiào　顯露愉悅的表情，發出欣喜的聲音。

①《漢書卷八十二·王商史丹傅喜傳第五十二》："於是上嘿然而咲。"師古曰："咲，古笑字。"（3376）

②《漢書卷九十七下·外戚傳第六十七下》："《易》曰：'鳥焚其巢，旅人先咲後號咷。喪牛于易，凶。'"師古曰："咲，古笑字也。"（3979）#

172. 訢—欣（异構本字）

xīn ①喜樂貌。

①《漢書卷七十二·王貢兩龔鮑傳第四十二》："夫廣廈之下，細旃之上，明師居前，勸誦在後，上論唐虞之際，下及殷周之盛，考仁聖之風，習治國之道，訢訢焉發憤忘食，日新厥德，其樂豈徒衒檝之間哉!"師古曰："訢，古欣字。"（3060）#

②《漢書卷四十六·萬石衛直周張傳第十六》："子孫勝冠者在側，雖燕必冠，申申如也。僮僕訢訢如也，唯謹。"晋灼曰："許慎云：'古欣字也。'"師古曰："晋説非也。此訢讀與誾誾同，謹敬之貌也，音牛巾反。"（2194）

【説明】①《漢書·賈山傳》："今陛下念思祖考，術追厥功，圖所以昭光洪業休德，使天下舉賢良方正之士。天下皆訢訢焉，曰將興堯舜之道，三王之功矣。"顏師古注："訢，讀與欣同。"②《史記集解》引晋灼説同。"訢"字段玉裁注云："蓋灼所據《説文》訢在欠部欣下，云古文欣从言。"按：晋灼所引"古今字"記錄之音義與《漢書》"訢"字記錄之實際音義不匹配，姑附於此。顏注破讀爲"誾"，可從。

173. 褎—袖（异構本字）

xiù 衣袖。

《漢書卷六十六·公孫劉田王楊蔡陳鄭傳第三十六》："是日也，拂衣而喜，奮褎① 低卬。"師古曰："褎，古衣袖字。"（2896）#

【説明】《説文·衣部》："褎，袂也。从衣，釆聲。袖，俗褎从由。"

174. 褏—袖（异構本字）

xiù 衣袖。

---

① "褎"《文淵閣四庫全書》本作"褎"。

①《漢書卷四十四·淮南衡山濟北王傳第十四》："辟陽侯出見之，即自襃金椎椎之，命從者刑之。"師古曰："襃，古袖字也。謂以金椎藏置襃中，出而椎之。"（2136）

②《漢書卷五十三·景十三王傳第二十三》："去與地餘戲，得襃中刀。"師古曰："襃，古衣袖字。"（2428）

③《漢書卷六十八·霍光金日磾傳第三十八》："須臾，何羅襃白刃從東箱上。"師古曰："置刃於衣襃中也。襃，古袖字。"（2961）

④《漢書卷九十三·佞幸傳第六十三》："嘗晝寢，偏藉上襃，上欲起，賢未覺，不欲動賢，乃斷襃而起。"師古曰："襃，古袖字。"（3733）#

175. 齅—嗅（异構本字）

xiù （被）引誘，（被）誘惑。

《漢書卷一百上·叙傳第七十上》："不紲聖人之罔，不齅驕君之餌。"應劭曰："齅音六畜之畜。"師古曰："齅，古嗅字也。餌謂爵祿。君所以制使其臣，亦猶釣魚之設餌也。"（4205）

【說明】《說文·鼻部》："齅，以鼻就臭也。从鼻从臭，臭亦聲。讀若畜牲之畜。"《五經文字·鼻部》："齅、嗅，上《說文》，下經典相承隸省。"《說文·犬部》："臭，禽走，臭而知其迹者，犬也。从犬，从自。"本義爲聞，用鼻子辨別氣味（重造本字爲"齅""嗅"），引申爲腐臭。《說文·歺部》："殠，腐氣也。从歺，臭聲。""殠"是"臭"的分化字，但不通行。

176. 縣—懸（源本字—分化本字）

xuán ①②③④懸掛。⑤距離遠。

①《漢書卷九·元帝紀第九》："冬，斬其首，傳詣京師，縣蠻夷邸門。"師古曰："縣，古懸字也。"（295）

②《漢書卷二十二·禮樂志第二》："高張四縣，樂充宮庭。"晉灼曰："四縣，樂四縣也，天子宮縣。"師古曰："謂設宮縣而高張之。縣，古懸字。"（1046）

③《漢書卷九十六上·西域傳第六十六上》："其西則有縣度，去陽關五千八百八十八里，去都護治所五千二（百）〔十〕里。縣度者，石山也，谿谷不通，以繩索相引而度云。"師古曰："縣繩而度也。縣，古懸字耳。"（3882）

④《漢書卷一百下·敘傳第七十下》："炫炫上天，縣象著明，日月周輝，星辰垂精。"師古曰："縣，古懸字。"（4243）

⑤《漢書卷一下·高帝紀第一下》："秦，形勝之國也，帶河阻山，縣隔千里。"鄭氏曰："縣音懸。"師古曰："此本古之懸字耳，後人轉用爲州縣字，乃更加心以別之，非當借音。"（59）

【説明】②《周禮·春官·小胥》："正樂縣之位：王宮縣，諸侯軒縣，卿大夫判縣，士特縣。"鄭玄注引鄭司農云："宮縣，四面縣，軒縣去其一面，判縣又去其一面，特縣又去其一面。四面象宮室，四面有牆，故謂之宮縣。"

177. 匽—偃（通假字—本字）

yǎn　停息，停止。

《漢書卷二十二·禮樂志第二》："海内安寧，興文匽武。"師古曰："匽，古偃字。"（1054）

178. 昜—陽（源本字—分化本字）

yáng　地名用字。

①《漢書卷二十八上·地理志第八上》："歷陵，傅昜山、傅昜川在南，古文以爲傅淺原。莽曰蒲亭。"師古曰："昜，古陽字。"（1593）

②《漢書卷二十八下·地理志第八下》："曲昜，北帶，稽徐，西

于，龍編，朱載。合浦郡，武帝元鼎六年開。莽曰桓合。”師古曰：
“昜，古陽字。”（1629）#

179. 颺—揚（同源通用字）

yáng　頌揚，稱頌。

《漢書卷八十七上·揚雄傳第五十七上》：“知衆嫭之嫉妒兮，何
必颺累之蛾眉？”晋灼曰：“《離騷》云：‘衆女嫉余之蛾眉。’”師古曰：
“颺，古揚字也。蛾眉，形若蠶蛾眉也。此亦譏屈原自舉蛾眉令衆嫉
之。”（3518）#

【説明】《説文·風部》：“颺，風所飛揚也。从風，昜聲。”《説文·
手部》：“揚，飛舉也。从手，昜聲。敭，古文。”

180. 遙—遙（异構本字）

yáo　遠。

《漢書卷二十五下·郊祀志第五下》：“及言世有僊人，服食不終之
藥，遙興輕舉。”如淳曰：“遙，遠也。興，舉也。”師古曰：“遙，古遙
字也。興，起也。謂起而遠去也。”（1260）#

181. 奤—要（异寫假借字）

yāo　地名。

《漢書卷二十八下·地理志第八下》：“大奤，廉。卑移山在西北。
莽曰西河亭。”師古曰：“奤，即古要字也，音一遥反。”（1616）

182. 饁—饐（异構本字）

yē　食物等堵塞喉嚨。

《漢書卷五十一·賈鄒枚路傳第二十一》：“祝饁在前，祝鯁在後。”
師古曰：“饁，古饐字，謂食不下也。以老人好饐鯁，故爲備祝以祝

之。”（2330）

【説明】“餉”爲“饐”字異構。《説文·食部》：“饐，飯傷溼也。从食，壹聲。”《説文·口部》：“噎，飯窒也。从口，壹聲。”《集韻》屑韻一結切：“噎、餉、饐，《説文》：‘飯窒也。’或作餉、饐。”作爲“噎”字異構的“饐”與《説文》訓“飯傷濕也”的“饐”是同形字。

《後漢書·禮儀上》：“三老升，東面，三公設几，九卿正履，天子親袒割牲，執醬而饋，執爵而酳，祝鯁在前，祝饐在後。”《後漢書·明帝紀》：“尊事三老，兄事五更①，安車軟輪，供綏執授。侯王設醬，公卿饌珍，朕親袒割，執爵而酳。祝哽在前，祝噎在後。”李賢注：“老人食多哽噎，故置人於前後，祝之，令其不哽噎也。”

183. 埜—野（异構本字）

yě　野生的，非人工養殖或培植的。

《漢書卷五十七下·司馬相如傳第二十七下》：“是以賢人君子，肝腦塗中原，膏液潤埜中而不辭也。”師古曰：“埜與壄同，古野字也。”（2579）

【説明】《説文·里部》：“野，郊外也。从里，予聲。壄，古文野，从里省，从林。”

184. 壄—野（异構本字）

yě　①②田野、荒野。③民間，與“朝”相對。④區域、範圍。

①《漢書卷四十九·爰盎鼂錯傳第十九》：“如飛鳥走獸於廣壄。”師古曰：“壄，古野字。”（2285）

②《漢書卷八十四·翟方進傳第五十四》：“河圖雒書遠自昆侖，出於重壄。”師古曰：“壄，古野字。”（3432）

---

① 蔡邕曰：“更，當爲‘叟’字之誤也。”其説可從。參見（唐）杜佑《通典卷二十·職官二·三老五更》。

③《漢書卷二十七上·五行志第七上》："遠四佞而放諸壄。"師古曰："壄，古野字。"（1320）

④《漢書卷二十八上·地理志第八上》："方制萬里，畫壄分州。"師古曰："壄，古野字。"（1523）

【説明】"壄"即"壄"字之訛。

185. 尼—夷（假借字—假借字）

yí　①人名。②地名。

①《漢書卷一上·高帝紀第一上》："司馬尼將兵北定楚地。"如淳曰："尼，章邯司馬。"師古曰："尼，古夷字。"（13）

②《漢書卷二十八上·地理志第八上》："三絳，蘇示，尼①江在西北。"師古曰："尼，古夷字。"（1600）#

186. 吕—以（异構本字）

yǐ　用。

《漢書卷一上·高帝紀第一上》："高祖爲亭長，乃吕竹皮爲冠，令求盗之薛治，時時冠之，及貴常冠，所謂'劉氏冠'也。"師古曰："吕，古以字。"（6）

【説明】甲骨文作𝒸（《合集》838 反）、𝒽（《合集》26983）、𝒿（明藏 429）②，西周金文與戰國楚簡承襲第二形。秦係文字承襲第一形作𝓍（睡·日甲 2）。東漢碑刻作𝓏（東漢北海相景君）、𝓉（東漢尹宙碑）。

187. 恭—益（假借字—假借字）

yì　人名。

《漢書卷十九上·百官公卿表第七上》："恭作朕虞，育草木鳥獸。"

---

① 尼，《文淵閣四庫全書》本《漢書》作"尼"，非是。
② "明藏"指"明義士所藏甲骨文字"。參見許進雄著，香港中文大學協助編校《明義士所藏甲骨釋文篇》，加拿大皇家安大略博物館出版，1977。

應劭曰："益，伯益也。虞，掌山澤禽獸官名也。"師古曰："㿯，古益字也。虞，度也，主商度山川之事。"（721）#

【說明】《説文·口部》："嗌，咽也。从口，益聲。㿯，籀文嗌上象口，下象頸脈理也。"

188. 埶一藝（异構假借字）

yì 人名。

《漢書卷三十六·楚元王傳第六》："景帝即位，以親親封元王寵子五人：子禮爲平陸侯，富爲休侯，歲爲沈猶侯，埶爲宛朐侯，調爲棘樂侯。"師古曰："埶，古藝字。"（1923）

189. 蓺一藝（古本字一重造本字）

yì 技藝，才能。

《漢書卷六十二·司馬遷傳第三十二》："序略，以拾遺補蓺，成一家言。"孟康曰："蓺音褉。謂裳下壞褉。"李奇曰："蓺，六蓺也。"師古曰："李説是也。蓺，古藝字。"（2723）

【說明】《説文·丮部》："埶（𡎐），種也。从坴、丮，持亟種之。《書》曰：'我埶黍稷。'"段玉裁注："唐人樹埶字作蓺，六埶字作藝，説見《經典釋文》。然蓺、藝字皆不見於《説文》，周時六藝字蓋亦作埶。儒者之於禮、樂、射、御、書、數，猶農者之樹埶也。又《説文》無勢字，蓋古用埶爲之，如《禮運》'在埶者去'是也。"甲骨文作🔾（鄴2下.38.7）、🔾（京津4885）、🔾（京津4499），西周金文作🔾（《集成》9900），象一人伸出雙手將樹苗種植在地上（或省土作一人手持樹苗），以會種植之意。

190. 唫一吟（异構本字）

yín ①鳴，叫。②吟咏，吟誦。

①《漢書卷四十五·蒯伍江息夫傳第十五》："秋風爲我唫，浮雲爲我陰。"師古曰："唫，古吟字。"（2188）#

②《漢書卷九十四上·匈奴傳第六十四上》："今歌唫之聲未絶，傷痍者甫起，而噲欲搖動天下，妄言以十萬衆橫行，是面謾也。"師古曰："唫，古吟字。"（3755）

191. 咏—詠（异構本字）

yǒng　歌唱，吟咏。

《漢書卷二十二·禮樂志第二》："詩言志，歌咏言。"師古曰："咏，古詠字也。"（1038）

192. 逌₁—攸₁（假借字—假借字）

yōu　助詞，所。

①《漢書卷二十八上·地理志第八上》："漆、沮既從，酆水逌同。"① 師古曰："漆、沮，即馮翊之洛水也。酆水出鄠之南山。言漆、沮既從入渭，酆水亦來同也。逌，古攸字也。攸，所也。"（1532）#

②《漢書卷七十三·韋賢傳第四十三》："於赫有漢，四方是征，靡適不懷，萬國逌② 平。"師古曰："懷，思也，來也。逌，古攸字。攸，所也。言漢兵所往之處，人皆思附而來，萬國所以平也。"（3102）

③《漢書卷一百上·叙傳第七十上》："槁取吊于逌吉兮，王膺慶於所感。"師古曰："逌，古攸字也。攸亦所也。"（4216）

④《漢書卷一百下·叙傳第七十下》："八音七始，五聲六律，度量權衡，曆算逌出。"師古曰："逌，古攸字也。攸，所也。"（4241）

⑤《漢書卷一百下·叙傳第七十下》："河圖命庖，洛書賜禹，八

---

① 按：《尚書·禹貢》作"灃水攸同"。
② "逌"，五洲同文局本《漢書》作"鹵"；《四部叢刊》本《班馬字類》作"鹵"，《文淵閣四庫全書》本《班馬字類》作"逌"。

卦成列，九疇逌叙。"師古曰："逌，古攸字。"（4243）

193. 逌₂—攸₂（假借字—假借字）

yōu　逌爾，自得貌。

《漢書卷一百上·叙傳第七十上》："主人逌爾而咲曰。"師古曰："逌，古攸字也。攸，咲貌也。"（4227）

【説明】《文選·班固〈答賓戲〉》："主人逌爾而笑。"李善注引項岱曰："逌，寬舒顏色之貌也。""逌爾"或作"逌然"。《列子·力命》："終身逌然，不知榮辱之在彼也，在我也。"殷敬順釋文："逌然，自得貌。""逌爾"顏師古訓笑貌，當爲文意訓釋，非詞義訓釋。

194. 爺—禹（异寫假借字）

yǔ　夏朝開國君主名，又名大禹。

《漢書卷三十·藝文志第十》："《大爺》三十七篇，傳言禹所作，其文似後世語。"師古曰："爺，古禹字。"（1740）#

【説明】《説文·厹部》："禹，蟲也。从厹，象形。𥜽，古文禹。""爺""𥜽"乃一字之變。

195. 欥—聿（本字—通假字）

yù　句首語氣詞。

《漢書卷一百上·叙傳第七十上》："欥中龢爲庶幾兮，顏與冉又不得。"師古曰："欥，古聿字也。……聿，曰也。曰中和之道可以庶幾免於禍難，而顏回早死，冉耕惡疾，爲善之人又不得其報也。"（4216）

196. 菀—苑（异構本字）

yuàn　古稱養禽獸、植林木的地方，多指帝王或貴族的園林。

《漢書卷八十六·何武王嘉師丹傳第五十六》："詔書罷菀，而以賜賢二千餘頃，均田之制從此墮壞。”孟康曰：“自公卿以下至於吏民名曰均田，皆有頃數，於品制中令均等。今賜賢二千餘頃，則壞其等制也。”師古曰：“菀，古苑字。”（3496）#

197. 粵—越（假借字—假借字）

yuè　古代南方少數民族名。分布於長江中、下游以南，部落衆多，地域極廣，有百粵（或越）之稱。

《漢書卷十三·异性諸侯王表第一》：“内鋤雄俊，外攘胡粵，用壹威權，爲萬世安。”師古曰：“粵，古越字。”（364）

198. 菑、蕃—灾（通假字—本字）

zāi　災害，災難。特指水災。

①《漢書卷六十三·武五子傳第三十三》：“樊、酈、曹、灌，攜劍推鋒，從高〔皇〕①帝墾菑除害，耘鉏海内。”師古曰：“菑，古災字。”（2758）

②《漢書卷六十四上·嚴朱吾丘主父徐嚴終王賈傳第三十四上》：“是以比年凶菑害衆。”師古曰：“菑，古災字。”（2786）

③《漢書卷九十三·佞幸傳第六十三》：“陰陽不調，菑害并臻。”師古曰：“菑，古災字。”（3739）

④《漢書卷九十四下·匈奴傳第六十四下》：“雲徹席卷，後無餘菑。”師古曰：“菑，古災字也。”（3814、3815）

⑤《漢書卷八十七上·揚雄傳第五十七上》：“灑沈（蕃）〔菑〕於豁瀆兮，播九河於東瀕。”師古曰：“灑，分也。（蕃）〔菑〕②，古災字也。沈災，洪水也。……禹分治洪水之災，通之四瀆，布散九河於東海之瀕也。”（3538）#

---

① 景祐、殿本均有“皇”字。
② “蕃”，殿本作“菑”。

【説明】《説文・艸部》:"菑,不耕田也。从艸、甾。《易》曰:"不菑畬。"甾,菑或省艸。通作"淄",假借爲"災"。按:"墾菑"之"菑"用爲本義,師古注與句義不匹配。

199. 蚤—早(通假字—通假字)

zǎo　在一定時間以前。

①《漢書卷四・文帝紀第四》:"正月,有司請蚤建太子,所以尊宗廟也。"師古曰:"蚤,古以爲早晚字也。"(111)

②《漢書卷二十七中之上・五行志第七中之上》:"天之戒人蚤矣,諸侯不寤。"師古曰:"蚤,古早字。"①(1398)

③《漢書卷三十四・韓彭英盧吳傳第四》:"今豹死亡後,且越亦欲王,而君王不蚤定。"師古曰:"蚤,古早字。"(1880)

④《漢書卷三十六・楚元王傳第六》:"高祖兄弟四人,長兄伯,次仲,伯蚤卒。"師古曰:"蚤,古早字也。"(1921)

⑤《漢書卷三十六・楚元王傳第六》:"爲後嗣憂,昭昭甚明,不可不深圖,不可不蚤慮。"師古曰:"蚤,古早字。"(1962)

⑥《漢書卷五十二・竇田灌韓傳第二十二》:"請語魏其具,將軍旦日蚤臨。"師古曰:"旦日,明旦也。蚤,古早字。"(2385)

⑦《漢書卷五十四・李廣蘇建傳第二十四》:"當户蚤死,乃拜椒爲代郡太守,皆先廣死。"師古曰:"蚤,古早字。"(2449)

⑧《漢書卷五十九・張湯傳第二十九》:"賀有一子蚤死,無子,子安世小男彭祖。"師古曰:"蚤,古早字。"(2651)

⑨《漢書卷六十・杜周傳第三十》:"將軍輔政而不蚤定,非天下之所望也。"師古曰:"蚤,古早字。"(2670)

⑩《漢書卷六十二・司馬遷傳第三十二》:"夫神大用則竭,形大勞則

---

① 《文淵閣四庫全書》本《漢書》無注。

敝；神形蚤衰，欲與天地長久，非所聞也。”師古曰：“蚤，古早字。”（2710）

⑪《漢書卷六十五·東方朔傳第三十五》：“伏日當蚤歸，請受賜。”師古曰：“蚤，古早字。”（2846）

⑫《漢書卷七十四·魏相丙吉傳第四十四》：“西羌未平，師旅在外，兵革相乘，臣竊寒心，宜蚤圖其備。”師古曰：“蚤，古早字也。”（3138）

⑬《漢書卷七十六·趙尹韓張兩王傳第四十六》：“孝昭皇帝蚤崩無嗣，大臣憂懼。”師古曰：“蚤，古早字。”①（3215）

⑭《漢書卷七十七·蓋諸葛劉鄭孫毋將何傳第四十七》：“故衰世之君夭折蚤没，此皆犯陰之害也。”師古曰：“蚤，古（旱）〔早〕字也。”（3255）

⑮《漢書卷八十·宣元六王傳第五十》：“太子蚤失母，故弗忍也。”師古曰：“蚤，古早字也。”（3311）

⑯《漢書卷八十一·匡張孔馬傳第五十一》：“光帝師傅子，少以經行自著，進官蚤成。”師古曰：“蚤，古早字。”（3354）

⑰《漢書卷八十四·翟方進傳第五十四》：“孝平皇帝短命蚤崩，幼嗣孺沖，詔予居攝。”師古曰：“蚤，古早字。”（3435）

⑱《漢書卷八十五·谷永杜鄴傳第五十五》：“今大將軍不幸蚤薨，纍親疏，序材能，宜在君侯。”師古曰：“蚤，古早字。”（3456）

⑲《漢書卷八十七上·揚雄傳第五十七上》：“靈修既信椒、蘭之唊佞兮，吾纍忽焉而不蚤睹。”服虔曰：“靈修，楚王也。”蘇林曰：“椒、蘭，令尹子椒、子蘭也。”師古曰：“蚤，古早字也。唊佞，譖言也。唊音妾。”（3517）

---

① 中華書局 1962 年《漢書》校勘記：“景祐、殿、局本都作‘早’。”此誤。又《漢書卷四十·張陳王周傳第十》：“與老人期，後，何也？去，後五日蚤會。”師古曰：“放良令去，戒以後會也。其下亦同。蚤，音早。”宋祁曰：“注文‘蚤，音早’當作‘蚤，古早字’。”參見上海古籍出版社、上海書店編《二十五史·史記 漢書》（第 2 版），上海古籍出版社，2018，第 192 頁。

⑳《漢書卷九十六下·西域傳第六十六下》："太子蚤死，謂昆莫曰：'必以岑陬爲太子。'"師古曰："蚤，古早字。"（3902）

㉑《漢書卷九十九上·王莽傳第六十九上》："唯莽父曼蚤死，不侯。"師古曰："蚤，古早字。"（4039）

【説明】《説文·日部》："晜，晨也。从日在甲上。"戰國文字作 ![字] （中山王鼎）、 ![字] （郭.語 3.19）、 ![字] （郭.老乙.1）、 ![字] （睡 10.2）。《説文》小篆"甲"旁疑爲秦簡"十"旁回改的結果。

裘錫圭先生認爲：

在古書裏，早晚的 {早} 往往借"蚤"（今作"蚤"）字表示。過去一般認爲"早"是本有的本字。但是，已發現的秦代和西漢的簡冊和帛書，在表示"早"這個詞的時候，大都借用"蚤"字，偶爾也借用"棗"字，却從來不用"早"字（馬王堆三號墓所出的《合陰陽》第 127 簡"早"字，實爲"旦"字）。因此過去對"早"字的看法也就需要重新考慮了（西周時代的敔簋銘裏有 ![字] 字，一般釋爲"早"，但在銘文裏是用爲地名的。"早"究竟是不是早晚之 {早} 的本字，其實還是個問題。也許對 {早} 這個詞來説，"早"也是個假借字，而且開始使用的時間比"蚤"還晚。平山戰國中山王墓所出大鼎的銘文，把 {早} 寫作"![棗]"。這倒是一個貨真價實的本字，不過它多半是在假借字"棗"上加注"日"旁而成的後起本字）。①

200. 趯—躁（异構假借字）

zào　爵號用字。

①《漢書卷十五下·王子侯表第三下》："東昌趯侯成。"晋灼曰：

---

① 裘錫圭：《文字學概要》（修訂本），商務印書館，2013，第 181~182 頁。

"音躁疾。"師古曰:"即古躁字也。"(487)

②《漢書卷十六·高惠高后文功臣表第四》:"高后六年,趮侯甯嗣。"師古曰:"趮,古躁字也。"(554)

201. 仄₂—側₂(源本字—分化本字)

zè　日仄,即日昃,太陽偏西,下午二時左右。

《漢書卷八十三·薛宣朱博傳第五十三》:"躬有日仄之勞,而亡佚豫之樂。"師古曰:"仄,古側字也。"(2386)

【説明】《説文·日部》:"厢,日在西方時,側也。从日,仄聲。《易》曰:'日厢之離。'"

202. 爪—掌(古本字—重造本字)

zhǎng　用手掌打。

《漢書卷八十七上·揚雄傳第五十七上》:"秦神下讋,跖魂負沴;河靈矍踢,爪華蹈衰。"蘇林曰:"河靈,巨靈也。華,華山也。衰,衰山也。掌據之,足蹈之也。踢音試郎反。"服虔曰:"踢,音石臾反。"師古曰:"矍踢,驚動之貌。矍音鑊。踢音惕,二音并通。爪,古掌字。凡言此者,以車騎之衆,羽旄之盛,故秦神、河靈莫不恐懼而自放也。"(3536)#

【説明】王念孫《讀書雜志·漢書第十三》:"念孫案,'衰'與'沴'爲韻,則作'衰'者是也。"《文選·張平子〈西京賦〉》:"綴以二華,巨靈贔屓,高掌遠蹠,以流河曲,厥迹猶存。"李善注引《河東賦》:"河靈矍(踢)〔踢〕,掌華蹈(襄)〔衰〕。"晋干寶《搜神記》卷十三:"二華之山,本一山也。當河,河水過之而曲行。河神巨靈以手擘開其上,以足蹈離其下,中分爲兩,以利河流。今觀手迹於華嶽上,指掌之形具在;脚迹在首陽山下,至今猶存。"《漢書·揚雄傳上》:"及至獲夷之徒,蹴松柏,掌疾梨。"顏師古注:"掌,以掌擊也。"

203. 朝₂—朝₂（异構本字）

zhāo 早晨。

①《漢書卷五十七上·司馬相如傳第二十七上》："朝① 采琬琰，和氏出焉。"師古曰："朝，古朝字也。朝采者，美玉每旦有白虹之氣，光采上出，故名朝采，猶言夜光之璧矣。"（2557）

②《漢書卷六十四上·嚴朱吾丘主父徐嚴終王賈傳第三十四上》："而使陛下甲卒死亡，暴露中原，霑漬山谷，邊境之民爲之早閉晏開，朝不及夕。"師古曰："朝，古朝字也。言憂危亡不自保也。"（2780）#

【説明】參見"朝₁—朝₁"（cháo）。

204. 觗—卮（异構本字）

zhī 古代盛酒器。

《漢書卷一下·高帝紀第一下》："上奉玉卮，爲太上皇壽。"應劭曰："飲酒禮器也。古以角作，受四升。古卮② 字作觗。"晋灼曰："音支。"師古曰："卮，飲酒圓器也，今尚有之。"（66）

【説明】"觗"爲"觝"字之訛。《説文·角部》："觶，鄉飲酒角也。《禮》曰：'一人洗，舉觶。'觶受四升。从角，單聲。觚，觶或从辰。觝，《禮經》觶。"《説文·卮部》："卮，圜器也。一名觛。所以節飲食。象人，卩在其下也。《易》曰：'君子節飲食。'凡卮之屬皆从卮。"《玉篇·卮部》："卮，之移切。酒漿器也，受四升。""卮"字構形不明，許氏析形牽強，難以信從。本書姑且按照《説文》分析字際關係。

205. 跖—蹠（异構本字）

zhí 脚掌。

---

① "朝"，李善《文選注》卷八作"晁"。
② "卮"，《文淵閣四庫全書》本作"厄"。

《漢書卷四十八·賈誼傳第十八》："病非徒瘇也①，又苦跋盭。"師古曰："跋，古蹠字也，音之石反。足下曰蹠，今所呼脚掌是也。"（2239）#

206. 穉—稚（异構本字）

zhì　人名用字。

《漢書卷六十六·公孫劉田王楊蔡陳鄭傳第三十六》："鄭弘字穉卿，泰山剛人也。"師古曰："穉，古稚字。"（2902）

【説明】裘錫圭認爲"稚"是"穉"字之訛變。②其説可從。

207.鬻—煮（异構本字）

zhǔ　①把東西放在有水的鍋裏加熱使熟。②特指煮鹽。

①《漢書卷二十五下·郊祀志第五下》："先鬻鶴髓、毒冒、犀玉二十餘物漬種。"師古曰："鬻，古煮字也。……謂鬻取汁以漬穀子也。"（1270）

②《漢書卷二十四下·食貨志第四下》："願募民自給費，因官器作鬻③鹽，官與牢盆。"師古曰："鬻，古煮字也。"（1165）

【説明】《説文·弼部》："鬻，亯④也。从鬲，者聲。煮，鬻或从火。鬻，鬻或从水。"

208.磑—墜（异構本字）

zhuì　落入，陷入。

《漢書卷一百下·叙傳第七十下》："薄姬磑魏，宗文産德。"如淳曰："薄姬在魏，許負相，當生天子。魏豹聞負言，不與漢，遂禽而死

---

① 按："病非徒瘇也"應校正作"非徒病瘇也"。説詳王念孫《讀書雜志·漢書第九》。
② 裘錫圭：《文字學概要》（修訂本），商務印書館，2013，第171頁。
③ "鬻"，《史記·平準書》作"煮"，集解引如淳曰："牢，廩食也。古者名廩爲牢也。盆者，煮鹽之盆也。"索隱："予牢盆。按：蘇林云'牢，價直也。今代人言「雇手牢盆」'。晋灼云'蘇説是，樂産云「牢乃盆名」'，其説異。"
④ 鈕樹玉《説文校録》："宋本作'孚也'，蓋即'亨'訛，《繫傳》《韻會》'亯'作'烹'，俗。"日藏本和段注本作"亯"，是也。

也。"師古曰:"碟,古墜字。"(4269)#

【説明】《説文·石部》:"碟,陊①也。从石,𧰙聲。"段玉裁注:"陊者,落也。碟與隊音義同。隊者,從高隊也。《廣韻》曰:'礲碟,物墜也。'"《説文·𨸏部》:"隊(𨽦),從高隊也。从𨸏,𧰙聲。"《説文新附·土部》:"墜,陊也。从土,隊聲。古通用碟。"《漢書·天文志》:"星碟至地,則石也。"顏師古注引如淳曰:"碟,亦墜也。"

209. 焯—灼(本字—通假字)

zhuō 焯爍,光彩閃爍貌。

《漢書卷八十七上·揚雄傳第五十七上》:"隨珠和氏,焯爍其陂。"師古曰:"焯,古灼字也。焯爍,光貌。"(3550)

【説明】《説文·火部》:"焯,明也。从火,卓聲。《周書》曰:'焯見三友俊心'。"段玉裁注:"今《尚書》作灼。古義焯、灼不同。"《説文·火部》:"灼,炙也。从火,勺聲。"段玉裁改爲"灼,灸也"。

210. 禣—詛(异構本字)

zǔ 祝詛,通作"詛祝",亦作"詛咒"。指祝告鬼神,使加禍於別人。

①《漢書卷十五上·王子侯表第三上》:"不得封年,征和四年,坐祝禣上,要斬。"師古曰:"禣,古詛字也,音側據反。"(478)

②《漢書卷二十七上·五行志第七上》:"明年,屈氂復坐祝禣,要斬,妻梟首也。"師古曰:"禣,古詛字也,音側據反。"(1334)#

【説明】《説文·言部》:"詛,詶也。从言,且聲。"秦文字作詛(詛楚文)、詛(睡.法59),楚文字作𥭐(包2.211)、禣(天卜)。

《尚書·無逸》:"民否則厥心違怨,否則厥口詛祝。"孔穎達疏:

---

① 陳刻本與孫刻本作"陸",汲古閣與日藏本作"陊"。

"詛祝，謂告神明令加殃咎也。以言告神謂之祝，請神加殃謂之詛。"《史記·孝文本紀》："民或祝詛上以相約結而後相謾；吏以爲大逆，其有他言，而吏又以爲誹謗。"《漢書》"祝詛"凡 32 見。《漢書·淮南衡山濟北王傳》："十二年，寬坐與父式王后光、姬孝兒姦，誖人倫，又祠祭祝詛上，有司請誅。"

211. 謯—詛（异構本字）

zǔ　祝詛，通作"詛祝"，亦作"詛咒"。指祝告鬼神，使加禍於別人。

《漢書卷九十七下·外戚傳第六十七下》："后姊平安剛侯夫人謁等爲媚道祝謯後宮有身者王美人及鳳等，事發覺，太后大怒，下吏考問，謁等誅死，許后坐廢處昭臺宮，親屬皆歸故郡山陽，后弟子平恩侯旦就國。"師古曰："謯，古詛字。"（3982）#

【説明】《集韻》御韻莊助切："詛、謯，《説文》：'詶也。'或作謯。"《漢書·五行志中之下》："其後許后坐祝詛廢。"

主要參考文獻

古籍類

安平秋、張傳璽分史主編《漢書》，許嘉璐主編、安平秋副主編
　　《二十四史全譯》，漢語大詞典出版社，2004。

（漢）班固撰，（唐）顏師古注《漢書》，中華書局，1962。

（漢）班固撰，（清）王先謙補注《漢書補注》，中華書局，1983。

北京大學出土文獻研究所編《北京大學藏西漢竹書（壹）》，上海古籍
　　出版社，2015。

（宋）陳彭年等：《宋本玉篇》，中國書店，1983。

（晋）陳壽撰，（南朝宋）裴松之注《三國志》，中華書局，1971。

（宋）丁度等編《集韻》（附索引），上海古籍出版社，1985。

（清）董誥等編《全唐文》，中華書局，1983。

（南朝宋）范曄撰，（唐）李賢等注《後漢書》，中華書局，1965。

（唐）房玄齡等：《晋書》，中華書局，1974。

（清）顧藹吉編撰《隸辨》，中華書局，1986。

（金）韓孝彥、韓道昭撰，（明）釋文儒等删補《成化丁亥重刊改并
　　類聚四聲篇海》，《續修四庫全書》第 229 册，上海古籍出版社，
　　2002。

何寧：《淮南子集釋》，中華書局，1998。

（宋）洪适：《隸釋·隸續》，中華書局，1985。

（宋）洪興祖撰，黃靈庚點校《楚辭補注》，上海古籍出版社，2015。

湖南省博物館編《馬王堆漢墓帛書》，岳麓書社，2013。

黄懷信、張懋鎔、田旭東《逸周書彙校集注》（修訂本），上海古籍出版社，2007。

黄暉：《論衡校釋》（附劉盼遂集解），中華書局，2017。

荆門市博物館編《郭店楚墓竹簡》，文物出版社，1998。

（漢）劉向集録，范祥雍箋證，范邦瑾協校《戰國策箋證》，上海古籍出版社，2011。

（後晋）劉昫等：《舊唐書》，中華書局，1975。

（明）梅膺祚、（清）吴任臣：《字彙　字彙補》，上海辭書出版社，1991。

清華大學出土文獻研究與保護中心編，李學勤主編《清華大學藏戰國竹簡》（壹），中西書局，2010。

清華大學出土文獻研究與保護中心編，李學勤主編《清華大學藏戰國竹簡》（柒），中西書局，2017。

（宋）歐陽修、（宋）宋祁：《新唐書》，中華書局，1975。

（清）阮元撰，鄧經元點校《揅經室集》，中華書局，1993。

（漢）司馬遷撰，（南朝宋）裴駰集解，（唐）司馬貞索隱，（唐）張守節正義《史記》，中華書局，1959。

上海古籍出版社、上海書店編《二十五史·史記　漢書》（第2版），上海古籍出版社，2018。

《十三經注疏》整理委員會整理《十三經注疏》，北京大學出版社，2000。

（清）孫怡讓撰，孫啓治點校《墨子閒詁》，中華書局，2001。

王利器：《文子疏義》，中華書局，2000。

王利器：《鹽鐵論校注》（第2版），中華書局，2015。

（清）王引之：《經義述聞》，江蘇古籍出版社，1985。

（清）王念孫：《讀書雜志》，江蘇古籍出版社，1985。

（清）王念孫：《廣雅疏證》，江蘇古籍出版社，1984。

（清）王先謙撰，沈曉寰點校《莊子集解》（第2版），中華書局，
　　2012。

（清）王先謙撰，沈曉寰、王興賢點校《荀子集解》（第2版），中華
　　書局，2013。

（清）王先慎撰，鍾哲點校《韓非子集解》（第2版），中華書局，
　　2013。

王重民、王慶菽、向達、周一良、啓功、曾毅公編《敦煌變文集》，
　　人民出版社，1957。

吳則虞編著《晏子春秋集釋》，中華書局，1962。

（梁）蕭統編，（唐）李善注《文選》，上海古籍出版社，1986。

徐元誥撰，王樹民、沈長雲點校《國語集解》，中華書局，2002。

（漢）荀悅，（東晋）袁宏撰，張烈點校《兩漢紀》，中華書局，2017。

（漢）許慎撰，（宋）徐鉉校定《說文解字》，中華書局，1963。

（漢）許慎撰，（清）段玉裁注《說文解字注》，上海古籍出版社，
　　1983。

許維遹撰，梁運華整理《呂氏春秋集釋》，中華書局，2009。

（清）嚴可均校輯《全上古三代秦漢三國六朝文》，中華書局，1958。

（北齊）顏之推撰，王利器集解《顏氏家訓集解》，上海古籍出版社，
　　1980。

（漢）揚雄撰，（宋）司馬光集注，劉韶軍點校《太玄集注》（第2
　　版），中華書局，2013。

余迺永校注《新校互注宋本廣韻》（定稿本），上海人民出版社，
　　2008。

（明）張自烈、（清）廖文英編，董琨整理《正字通》，中國工人出版
　　社，1996。

中華書局編輯部點校《全唐詩》（增訂本），中華書局，1999。

（清）朱駿聲:《説文通訓定聲》，中華書局，1984。

朱謙之:《老子校釋》，中華書局，1984。

中國社會科學院考古研究所編《殷周金文集成》，中華書局，1984。

中國社會科學院考古研究所編《甲骨文合集》，中華書局，1978~1982。

專著類

何琳儀:《戰國文字通論》，江蘇教育出版社，1989。

洪成玉:《古今字》，語文出版社，1995。

胡繼明、韋利鋒、陳秀然、郭小龍、王雲:《顏師古〈漢書注〉訓詁研究》，人民出版社，2019。

吉常宏、王佩增編《中國古代語言學家評傳》，山東教育出版社，1992。

蔣禮鴻、任銘善:《古漢語通論》，浙江教育出版社，1984。

蔣紹愚:《古漢語詞彙綱要》，北京大學出版社，1989；商務印書館，2005。

黎千駒:《訓詁方法與實踐》，廣西師範大學出版社，1997。

李建國:《漢語訓詁學史》，上海辭書出版社，2002。

林義光:《文源》，中西書局，2012。

劉曉東:《匡謬正俗平議》，山東大學出版社，1999。

劉釗:《古文字構形學》，福建人民出版社，2006。

劉釗:《郭店楚簡校釋》，福建人民出版社，2005。

陸宗達、王寧:《訓詁與訓詁學》，山西教育出版社，1994。

濮之珍:《中國語言學史》，上海古籍出版社，1987。

裘錫圭:《文字學概要》（修訂本），商務印書館，2013。

申屠爐明:《孔穎達　顏師古評傳》，南京大學出版社，2006。

孫顯斌:《〈漢書〉顏師古注研究》，鳳凰出版社，2018。

唐作藩主編，楊耐思、孫竹副主編《中國語言文字學大辭典》，中國大百科全書出版社，2007。

王力:《古代漢語》，中華書局，1981。

王力:《中國語言學史》，山西人民出版社，1987。

王寧、林銀生、周之朗、秦永龍、謝紀鋒編著《古代漢語通論》，北京師範大學出版社，1996。

王寧:《古代漢語》，北京出版社，2002。

王寧:《漢字學概要》，北京師範大學出版社，2001。

殷寄明:《語源學概論》，上海教育出版社，2000。

俞紹宏、張青松:《上海博物館藏戰國楚簡集釋》（全十冊），社會科學文獻出版社，2019。

張金霞:《顏師古語言學研究》，齊魯書社，2006。

張世祿、嚴修:《古代漢語教程》（修訂版），復旦大學出版社，2000。

趙平安:《〈說文〉小篆研究》，廣西教育出版社，1999。

朱星:《古代漢語》，天津人民出版社，1980。

朱振家主編《古代漢語》，中央廣播電視大學出版社，1990。

論文類

（一）學術期刊（含集刊）

薄守生:《〈漢書注〉聲訓法舉例》，《廣州大學學報》2002 年第 7 期。

班吉慶:《段注古今字理論的歷史貢獻》，《揚州大學學報》2007 年第 2 期。

程明安:《顏注〈漢書〉校對文字异同之計量分析》，《改革與戰略》2003 年第 9 期。

程明安:《論顏師古注〈漢書〉的异文》，《語言研究》2003 年第 4 期。

程明安:《〈漢書〉顏注解釋文字現象的方法與價值》，《郧陽師範高等專科學校學報》2005 年第 1 期。

程艷梅:《顏師古〈漢書注〉訛誤舉隅》,《北方論叢》2006 年第 5 期。

崔棠華:《也談古今字》,《遼寧大學學報》1983 年第 6 期。

鄧文琦、范知歐:《〈匡謬正俗〉的訓詁學貢獻》,《理論學刊》2004 年第 11 期。

董志翹:《〈漢書〉舊訓考辨略例》,《江蘇師範學院學報》1981 年第 4 期。

董志翹:《顏氏宗傑　班氏功臣——顏師古〈漢書注〉對訓詁學的貢獻》,《山東師範大學學報》2021 年第 3 期。

龔國祥:《〈漢書〉顏注音韻補正》,《運城高專學報》1992 年第 3 期。

龔嘉鎮:《古今字說》,《文字學論叢》(第 1 輯),吉林文史出版社,2001 年。

郭偉:《古今字與通假字比較》,《河南師範大學學報》1996 年第 1 期。

洪成玉:《古今字概説》,《中國語文》1981 年第 2 期。

洪成玉:《古今字概述》,《北京師範學院學報》1992 年第 3 期。

洪成玉:《古今字辨正》,《首都師範大學學報》2009 年第 3 期。

胡繼明:《〈漢書〉應劭注雙音詞研究》,《河南師範大學學報》2002 年第 3 期。

胡繼明:《顏師古注釋用語"今"所言唐代通語研究》,《西南大學學報》2010 年第 6 期。

胡繼明、韋利鋒:《顏師古〈漢書注〉訓詁術語"讀曰"與"讀爲"探析》,《東南大學學報》2011 年第 3 期。

胡繼明、陳秀然:《從"某,某也"看顏師古〈漢書注〉聲訓》,《東南大學學報》2008 年第 4 期。

黃方方:《從顏師古注和李善注的比較看唐代典籍注釋特點》,《暨南學報》2016 年第 2 期。

黃文龍:《也談古今字與通假字之辨別》,《河南師範大學學報》1998 年第 6 期。

賈延柱:《〈常用古今字通假字字典〉補遺（一）》,《丹東師專學報》
　　1994 年第 4 期。

蔣書紅:《重審通假字與古今字》,《廣州大學學報》2001 年第 10 期。

蔣至群:《〈漢書注〉與語音規範》,《現代語文》（學術綜合版）2014
　　年第 2 期。

康健:《對漢字古今字的再界定》,《貴州師範大學學報》（社會科學版）
　　2002 年第 1 期。

李廣龍:《〈漢書〉顏師古注引〈別錄〉〈七略〉佚文箋釋》,《咸陽師範
　　學院學報》2009 年第 3 期。

李廣龍:《〈漢書〉顏師古注引方志考》,《古籍整理研究學刊》2010 年
　　第 2 期。

李廣龍:《〈漢書〉顏師古注引"小學"考》,《咸陽師範學院學報》
　　2012 年第 5 期。

李杏:《顏師古〈漢書注〉以形説義》,《語文學刊》2015 年第 6 期。

李玉平:《論"古今字"觀念的産生時代》,《天津大學學報》2015 年
　　第 5 期。

李運富:《論漢語字詞形義關係的表達》,《湖北民族學院學報》1997
　　年第 4 期。

李運富:《論漢字職能的變化》,《古漢語研究》2001 年第 4 期。

李運富:《論漢字的字際關係》,《語言》（第 3 卷）,首都師範大學出版
　　社,2002。

李運富:《論漢字的記録職能》（上）,《徐州師範大學學報》（哲學社會
　　科學版）2003 年第 1 期。

李運富:《論漢字的記録職能》（下）,《徐州師範大學學報》（哲學社會
　　科學版）2003 年第 2 期。

李運富:《論出土文本字詞關係的考證與表述》,《古漢語研究》2005
　　年第 2 期。

李運富:《關於"异體字"的幾個問題》,《語言文字應用》2006 第 1 期。

李運富:《"余予古今字"考辨》,《古漢語研究》2008 年第 4 期。

李運富:《早期有關"古今字"的表述用語及材料辨析》,《勵耘學刊（語言卷）》總第 6 輯,學苑出版社,2008。

李運富、蔣志遠:《論王筠"分別文、累增字"的學術背景與研究意圖》,《勵耘學刊（語言卷）》總第 16 輯,學苑出版社,2013。

李運富、蔣志遠:《從"分別文""累增字"與"古今字"的關係看後人對這些術語的誤解》,《蘇州大學學報》(哲學社會科學版)2013 年第 3 期。

李運富:《論漢字職用的考察與描寫》,《上海師範大學學報》2017 年第 1 期。

李運富:《"古今字"研究需釐清概念》,《中國社會科學報》2017 年 9 月 5 日第 3 版。

梁宗奎、李瑞生:《論一代訓詁大師顏師古》,《臨沂師範學院學報》2002 年第 5 期。

林海權、黃淮:《從"六國互喪"看古代副詞"互"字的意義和用法,并兼談顏師古對"互"、"更"詞義訓釋的貢獻》,《福州師專學報》1994 年第 3 期。

劉金榮:《"少負不羈之才"之"負"顏注匡正》,《浙江大學學報》2005 年第 2 期。

劉芹:《顏師古〈漢書注〉音系韻類開合口和重紐二題》,《南陽師範學院學報》2012 年第 11 期。

劉芹:《〈漢書〉顏注音切端知系聲類再探》,《淮北師範大學學報》2014 年第 4 期。

劉芹:《顏師古〈漢書注〉精莊系反切聲類研究——兼與馬重奇先生商

權》,《南陽師範學院學報》2015 年第 1 期。

劉青松:《〈漢書〉顏注語法注釋釋例》,《懷化師專社會科學學報》
　　1988 年第 4 期。

劉新春:《古今字再論》,《語言研究》2003 年第 4 期。

劉又辛:《談談假借字、异體字、古今字和本字》,《西南師範大學學
　　報》1984 年第 2 期。

盧烈紅:《古今字與同源字、假借字、通假字、异體字的關係》,《語文
　　知識》2007 年第 1 期。

陸錫興:《談古今字》,《中國語文》1981 年第 5 期。

馬重奇:《顏師古〈漢書注中的"合韻音"淺論》,《福建師範大學學
　　報》1989 年第 1 期。

馬重奇:《顏師古〈漢書注〉反切考》,《福建師範大學學報》1990 年
　　第 3 期。

聶中慶:《郭店楚簡〈老子〉古今字、同源字研究》,《陰山學刊》(社
　　會科學版)2003 年第 6 期。

潘銘基:《論顏師古〈漢書注〉與〈急就篇注〉釋義之异同》, 第六屆
　　漢字與漢字教育國際研討會議論文, 2015。

潘志剛:《古今字形成原因試析》,《青海師專學報》2006 年第 1 期。

龐玉奇:《古今字淺議》,《内蒙古電大學刊》1990 年第 8 期。

喬魁生:《談通假字和古今字》,《遼寧大學學報》1989 年第 5 期。

曲文軍:《顏師古王念孫誤釋"奔踶"辨正》,《武漢教育學院學報》
　　2001 年第 2 期。

饒尚寬、張獻:《試論古今字》,《遼寧大學學報》1989 年第 5 期。

任福祿:《顏師古〈漢書注〉中的齒音喉音反切聲類》,《青海師範大學
　　學報》1993 年第 1 期。

任福祿:《顏師古〈漢書注〉舌音唇音反切聲類研究——兼與馬重奇先
　　生商榷》,《古漢語研究》1993 年第 3 期。

任福祿:《顏師古〈漢書注〉喉音反切聲類再研究》,《求是學刊》1994
    年第 5 期。

史鑒:《顏師古的語文規範實踐》,《語文建設》1995 年第 11 期。

孫兵:《從〈漢書注〉看顏師古訓詁學》,《鄭州大學學報》1989 第 4
    期。

孫兵:《〈漢書〉顏注再探》,《鄭州大學學報》1991 第 5 期。

孫良明:《關於古籍注釋說明歧義問題——談〈漢書注〉釋義一方法》,
    《古籍整理研究學刊》1998 年第 8 期。

孫雍長:《“古今字”研究平議——兼談字典詞書中對“古今字”的處
    理》,《五邑大學學報》1994 年第 5 期。

孫雍長:《論“古今字”暨辭書對古今字的處理》,《辭書研究》2006
    年第 2 期。

萬獻初:《顏師古〈漢書注〉中“讀”的音義考辨》,《中文學術前沿》
    2011 年第 2 輯。

萬獻初:《顏師古〈漢書注〉音義研究綜論》,《古籍整理研究學刊》
    2010 年第 6 期。

王東:《顏師古〈漢書注〉中的漢語語音現象》,《懷化學院學報》2002
    年第 3 期。

王東:《顏師古〈漢書注〉中“語有輕重”之分析》,《天中學刊》2006
    年第 1 期。

王輝:《“都官”顏注申論》,《人文雜志》1993 年第 6 期。

王賽波、鄭賢章:《〈漢書〉顏注失誤箋識》,《河池學院學報》2009 年
    第 4 期。

王秀麗、別敏鴿:《顏師古〈漢書注〉“×,古某字”作用類析》,《河
    北科技大學學報》(社會科學版)2007 年第 3 期。

王秀麗:《〈漢書〉顏師古注異體字考論》,《長春理工大學學報》2018
    年第 3 期。

王秀麗:《顏師古"古今字"觀念論析》,《寧夏大學學報》(人文社會科學版)2019 年第 2 期。

王宇:《〈漢書〉師古注的虛詞研究》,《古籍整理研究學刊》1992 年第 2 期。

王智群:《二十年來顏師古〈漢書注〉研究述略》,《古籍整理研究學刊》2003 年第 4 期。

王智群:《顏師古〈漢書注〉所引方言詞語對〈漢語方言大詞典〉的補充》,《岱宗學刊》2006 年第 3 期。

韋利鋒、胡繼明:《顏師古〈漢書注〉訓詁術語"某,亦某字"探析》,《重慶三峽學院學報》2010 年第 1 期。

吳佳蔚:《〈漢書·藝文志〉顏注中的解詞釋義——以"寖""癒"爲例》,《名作欣賞》2019 年第 2 期。

謝紀鋒:《從〈漢書〉顏氏音切校勘看音韻學在古籍整理中的作用》,《語言研究》1987 年第 2 期。

謝紀鋒:《〈漢書〉顏氏直音釋例》,《北京師範大學學報》1991 年第 1 期。

謝紀鋒:《〈漢書〉顏氏音切韻母系統的特點——兼論切韻音系的綜合性》,《語言研究》1992 年第 2 期。

謝紀鋒:《〈漢書〉音切校議》,《內蒙古民族師院學報》1992 年第 2 期。

謝永玲:《古今字與通假字、異體字》,《北京印刷學院學報》2002 年第 9 期。

徐安基:《假借字、古今字、通假字、异體字》,《教育科學論壇》1998 年第 7 期。

徐天興:《古今字概説》,《采寫編》2017 年第 3 期。

徐鳳:《"古今字"與"同源字"》,《內蒙古民族師院學報》1989 年第 2 期。

徐艷:《古今字與通假字、异體字的關係》,《殷都學刊》2003 年第 2 期。

薛克謬、王强軍:《"蜚""飛"與"蜚聲"——兼談通假异形詞語的規範》,《語文建設》1999 年第 3 期。

楊潤陸:《論古今字》,陸宗達主編《訓詁研究》(第 1 輯),北京師範大學出版社,1981。

楊潤陸:《論古今字的定稱與定義》,《古漢語研究》1999 年第 1 期。

姚小林:《通假字、假借字、古今字的聯繫與區別》,《河北廣播電視大學學報》2005 年第 2 期。

葉慧瓊:《顔師古〈漢書注〉同源詞疏證》,《和田師範專科學校學報》2007 年第 1 期。

葉慧瓊:《顔師古〈漢書注〉同源詞疏考》,《湖南城市學院學報》2009 年第 2 期。

葉慧瓊:《論顔師古〈漢書注〉對語源學研究的貢獻》,《廣東廣播電視大學學報》2012 年第 2 期。

尤煒祥:《〈漢書〉顔注异議舉例》,《浙江大學學報》1995 年第 2 期。

余光煜:《顔師古〈漢書注〉的學術貢獻》,《江西社會科學》2007 年第 6 期。

俞紹宏:《滬簡一册補釋(六則)》,《古文字研究》第 31 輯,中華書局,2016。

俞紹宏:《古今字考辨叢札》,《漢字漢語研究》2018 年第 3 期。

俞紹宏、白雯雯:《楚簡中的"丨"字補説》,《文獻》2018 年第 3 期。

俞紹宏:《值、德及相關字字際關係考辨》,《大連大學學報》2020 年第 4 期。

曾昭聰:《顔師古〈漢書注〉中的詞源探討述評》,《古漢語研究》2007 年第 2 期。

張金霞:《論顔師古對音義關係的認識》,《古籍整理研究學刊》2003

年第 1 期。

張金霞:《顏師古的古音學》,《古漢語研究》2003 年第 2 期。

張金霞:《顏師古在口語詞研究上的貢獻》,《徐州師範大學學報》(哲學社會科學版) 2004 年第 5 期。

張金霞:《顏師古在語源研究上的貢獻》,《新疆師範大學學報》(哲學社會科學版) 2006 年第 2 期。

張勁秋:《從古今字看漢字的特點和規範》,《語言文字應用》1999 年第 3 期。

張勁秋:《古今字淺談》,《安徽教育學院學報》1986 年第 1 期。

張勁秋:《再說古今字》,《安徽教育學院學報》1999 年第 4 期。

張青松:《顏師古〈漢書注〉古今字研究與辭書編纂》,《阜陽師範大學學報》(社會科學版) 2020 年第 3 期。

張青松:《古今字研究應該重視出土文獻——以顏師古〈漢書注〉古今字研究爲例》,《漢字漢語研究》2021 年第 1 期;人大複印報刊資料《語言文字學》2021 年第 8 期全文轉載。

張青松:《顏師古〈漢書注〉古今字二題》,陳斯鵬主編《漢語字詞關係研究(二)》,中西書局,2021。

張青松、關玲:《顏師古〈漢書注〉"古今字"字際關係略論》,《阜陽師範大學學報》(社會科學版) 2022 年第 5 期。

張如元:《〈漢書〉詞義札記》,《溫州師專學報》1985 年第 1 期。

張文軒:《顏師古的"合韻"和他的古音學》,《蘭州大學學報》1987 年第 4 期。

張小樂:《顏師古〈漢書注〉的語法修辭内容及其注釋條例》,《古籍研究》1995 年第 2 期。

章也:《古今字淺談》,《語言學刊》1985 年第 6 期。

章也:《論古今字》,《陰山學刊》(社會科學版) 1998 年第 3 期。

趙伯義:《論顏師古的〈匡謬正俗〉》,《河北師範大學學報》2004 年第

1 期。

趙海燕:《段玉裁對古今字的開創性貢獻》,《廣西社會科學》2005 年
第 9 期。

趙平安:《從嗇字的釋讀談到嗇族的來源》,《中國文字學報》第 1 輯,
商務印書館,2006。

趙平安:《從語源學的角度看東周時期鼎的一類别名》,《考古》2008
年第 12 期。

趙睿才、張忠綱:《〈顏氏家訓〉用語與顏師古〈漢書注〉互證舉隅
——以〈顏氏家訓〉的〈勉學〉〈書證〉篇爲中心》,《華夏文化
論壇》第 13 輯。

鍾兆華:《顏師古反切考略》,中國社會科學院語言研究所古代漢語研
究室編《古漢語研究論文集》,北京出版社,1982。

周洪才:《顏師古〈漢書注〉引宋均説考辨》,《齊魯學刊》1988 年第 5
期。

周曉瑜:《顏師古〈漢書注〉試析》,《山東大學文科論文集刊》1985
年第 5 期。

周曉瑜:《〈漢書〉顏注評議》,《文獻》1987 年第 4 期。

祝鴻傑:《漢書顏注釋例》,《研究生論文集·語言文學分册》,江蘇古
籍出版社,1985;《語言學新探——1978~1983 年全國語言專業研
究生論文提要集》,高等教育出版社,1990。

祝鴻傑:《顏師古和他的〈漢書注〉》,《語文研究》1982 年第 2 期。

（二）博士、碩士學位論文

陳秀然:《顏師古〈漢書注〉聲訓研究》,碩士學位論文,西南大學,
2009。

都惜青:《唐代顏氏家學考論》,碩士學位論文,吉林大學,2006。

范學建:《〈漢書〉顏注 "又音" 研究》,碩士學位論文,温州大學,

2009。

范芷萌：《顔師古與〈匡謬正俗〉》，碩士學位論文，武漢大學，2017。

馮靓芸：《〈漢書〉通假研究》，博士學位論文，復旦大學，2005。

關玲：《顔師古古今字研究》，碩士學位論文，北京師範大學，2009。

何玉蘭：《顔師古〈漢書注〉古今字研究》，碩士學位論文，暨南大學，2007。

胡超：《顔師古〈漢書注〉的訓詁内容》，碩士學位論文，西南大學，2012。

黄富成：《〈漢書〉顔注反切考》，碩士學位論文，四川大學，1982。

姬孟昭：《顔師古〈漢書注〉文獻學成就初探》，碩士學位論文，安徽大學，2004。

姜若虚：《〈漢書〉顔注引經考校》，碩士學位論文，南京師範大學，2011。

蔣志遠：《唐以前"古今字"學術史研究》，博士學位論文，北京師範大學，2014。

李廣龍：《顔氏家族著述考（先秦—晚唐）》，碩士學位論文，東北師範大學，2007。

李杏：《〈漢書注〉涉字形之訓詁研究》，碩士學位論文，吉首大學，2015。

李曉波：《顔師古〈漢書注〉字際關係研究》，碩士學位論文，寧夏大學，2010。

龍小軍：《〈漢書〉顔師古注研究》，碩士學位論文，南昌大學，2007。

劉琳：《〈説文段注〉古今字研究》，博士學位論文，北京師範大學，2007。

劉小紅：《顔師古〈漢書注〉音注研究》，碩士學位論文，安徽大學，2018。

羅曉燕：《從〈匡謬正俗〉看顔師古的語言文字研究》，碩士學位論文，四川師範大學，2004。

馬建民:《〈説文解字注〉古今字研究》，碩士學位論文，寧夏大學，
　　2008。

潘志剛:《古今字研究》，碩士學位論文，廣西師範大學，2004。

任國俊:《顏師古〈漢書注〉研究》，碩士學位論文，寧夏大學，2005。

時雪敏:《〈漢書〉十二帝紀顏師古注詞彙研究》，碩士學位論文，四川
　　師範大學，2009。

隋文娟:《顏師古〈漢書注〉詞義訓釋體例研究》，碩士學位論文，西
　　南大學，2012。

孫兵:《〈漢書〉顏注初探》，碩士學位論文，四川大學，1989。

王曉君:《〈史記〉三家注與〈漢書〉顏注對比研究》，碩士學位論文，
　　河北大學，2012。

王曉清:《顏師古〈漢書注〉通假字研究》，碩士學位論文，西南大學，
　　2019。

王雲專:《顏師古〈漢書注〉義訓研究》，碩士學位論文，西南大學，
　　2012。

王智群:《顏師古注引方俗語研究》，碩士學位論文，華東師範大學，
　　2004。

韋利鋒:《顏師古〈漢書注〉訓詁術語研究》，碩士學位論文，西南大
　　學，2009。

謝美連:《〈漢書注〉與〈資治通鑑釋文〉比較研究》，碩士學位論文，
　　廣西師範大學，1998。

葉慧瓊:《顏師古〈漢書注〉同源詞研究》，碩士學位論文，湖南師範
　　大學，2007。

元玉傑:《顏師古〈漢書注〉訓詁方法研究》，碩士學位論文，渤海大
　　學，2013。

張銘:《段注古今字研究》，碩士學位論文，新疆師範大學，2006。

張文輝:《〈段注〉古今字研究》, 碩士學位論文, 陝西理工學院, 2015。

張玉娟:《顏師古〈漢書注〉釋詞系統研究》, 碩士學位論文, 西北大學, 2013。

鄭玲:《〈漢書〉顏注古字考——兼與〈説文解字〉古文比較》, 碩士學位論文, 蘭州大學, 2007。

鄭賢章:《〈漢書〉顏注訓詁説略》, 碩士學位論文, 湖南師範大學, 1998。

鍾韻:《清代"古今字"學術史研究》, 博士學位論文, 北京師範大學, 2016。

朱珠:《〈漢書〉顏注引文考校》, 碩士學位論文, 南京師範大學, 2013。

工具書類

國語統一籌備會訂正《校改國音字典》, 商務印書館, 1921。

《漢語大詞典》編委會、《漢語大詞典》編纂處編《漢語大詞典》(第2版), 漢語大詞典出版社, 2001。

《漢語大字典》編輯委員會編《漢語大字典》(第2版), 四川辭書出版社、崇文書局, 2010。

洪成玉:《古今字字典》, 商務印書館, 2013。

李學勤主編《字源》, 天津古籍出版社、遼寧人民出版社, 2012。

冷玉龍、韋一心主編《中華字海》, 中華書局、中國友誼出版公司, 1994。

陸費逵、歐陽溥存等編《中華大字典》, 中華書局, 1915。

毛遠明:《漢魏六朝碑刻异體字典》, 中華書局, 2014。

王力:《同源字典》, 商務印書館, 1982。

王力主編《王力古漢語字典》, 中華書局, 2000。

容庚編著，張振林、馬國權摹補《金文編》，中華書局，1985。

唐作藩:《上古音手册》（增訂本），中華書局，2013。

滕壬生:《楚系簡帛文字編》（增訂本），湖北教育出版社，2008。

中國社會科學院語言研究所詞典編輯室編《現代漢語詞典》（第7版），商務印書館，2016。

徐中舒主編《甲骨文字典》，四川辭書出版社，1990。

臧克和:《漢魏六朝隋唐五代字形表》，南方日報出版社，2011。

張世超、孫凌安、金國泰、馬如森:《金文形義通解》，（日本）中文出版社，1996。

張振宇:《古今字小字典》，湖南人民出版社，1988。

中國大辭典編纂處編《同音字典》（第2版），商務印書館，1957。

宗福邦、陳世鐃、蕭海波主編《故訓匯纂》，商務印書館，2003。

漢語大詞典編纂處整理《康熙字典》（標點整理本），上海辭書出版社，2008。

後　記

　　本書跟關玲的碩士學位論文《顏師古古今字研究》（北京師範大學，2009，指導教師：李運富教授）有明顯區別。

　　從篇幅上看，本書在學位論文的基礎上增加了 70% 以上的字數。

　　從內容上看，本書與學位論文相比已經有了質的飛躍。本書上編除了擴充、改寫學位論文原有章節內容之外，還增加了以下內容：分析顏師古《漢書注》"古今字"字際關係應該注意的問題，《漢書》《史記》《文選》相同作品"古今字"比較，《漢書注》"古今字"研究的應用價值。

　　本書收錄顏師古《漢書注》所見"古今字"例條（包括顏師古本人指認及引用前人指認的"古今字"例條），并分析古字與今字的字際關係。在充分吸收近代漢字研究成果的同時，還盡力吸收出土文獻與古文字研究成果。

　　兩者具體差別表現如下。

　　（1）學位論文的綜述部分截至 2009 年 5 月，本書增補至 2022 年。

　　（2）在材料的搜集整理上，學位論文以附錄的形式收錄的顏師古《漢書注》注列"古今字"主要存在兩個問題。首先，"古今字"材料搜集不全。所收"古今字"共有 139 組，標明出處（含頁碼），但沒有注列原文。每一組"古今字"祇有一個出處，說明實際收錄例句祇有 139 個。其次，每一組"古今字"所記錄的義項不全。每一組"古今字"祇有一個例句，自然祇有一個義項。實際上，有些"古今字"字組的例句有二十多個，義項也不止一個。

本書把學位論文的“附録”擴充爲“顏師古《漢書注》‘古今字’綜合整理彙編”。彙編收録顏師古《漢書注》中出現的所有古今字例條，共計約 500 條，有多個義項的“古今字”按照“詞位”歸納處理，共計 211 組，并標注現代漢語拼音、義項和字際關係。“字際關係”指“古字”和“今字”分別記録該詞項時的用字屬性對應關係。最後是按語（説明）。

總之，與學位論文相比，本書無論是在規模（篇幅）上還是在質量（内容）上都有了很大的提高。

本書得以順利出版，首先要歸功於李運富先生。從 2017 年春季開始，我來到鄭州大學，協助李先生審校《歷代注列“古今字”彙編》（現名《古代注列“古今字”輯考》）。我以滿腔的熱情和百倍的信心投入這項充滿挑戰性的工作，夜以繼日，潛心審稿。上半年住在松園本科生宿舍，下半年正式入職之後纔開始在學校附近租房住。由於勞累過度，在 2018 年“五一”前夕，我的身體出了問題。經過一段時間的中醫調理之後，纔逐漸恢復了健康。跟在惠州學院相比，這幾年我在鄭州大學的收入至少減半，實在對不起我的家人。當然，這是我在追求學術的過程中必須付出的代價，無怨無悔。

李先生打算出版“‘古今字’學術史叢書”，由於關玲畢業之後所從事的工作跟學術無關，因此委托我以第一作者身份把關玲的學位論文改寫、擴充爲專著。承蒙李先生信任，從接受任務的那一天開始，我就下定決心：一定要把這本書當作我的博士後出站報告來寫，一定不能辜負李先生的殷切期望。2011 年 6 月，博士畢業之後，我本來想繼續做博士後，可惜超齡，最終未能如願，遺憾之至。當然，之所以毫不猶豫地答應李先生，主要是因爲本人 2018 年獲得國家社科基金項目“歷代注列‘古今字’多維組群研究”，内容與之緊密相關，這本書剛好可作爲階段性成果。

　　其次，要感謝各位師友、親人和友生的支持和幫助。在出土文獻和古今字方面，我經常向吳國昇和俞紹宏兩位教授請教；在古今字材料的搜集和整理上，我花費了大量的時間和精力，同時得到了親人和友生的無私幫助，謹此致謝。2018 年寒假期間，請外甥女劉鴻鵠利用《四庫全書》全文檢索系統搜集、整理《漢書注》古今字材料。接下來，請家妹張曉玲把中華書局版《漢書注》的頁碼標注在 Word 版中，以便檢索與複核古今字注列原文。由於 Word 版《漢書注》内容不全（與《四庫全書》全文檢索系統同），因此，我對部分内容進行人工排查。彙編材料整理工作基本完成之後，請妹夫劉滿華在《漢書注》“古今字”注列原文後面括注中華書局版頁碼。從 2022 年 5 月開始，又請鄭州大學研究生敖非敏校勘下編文字并複核注列原文頁碼。最後，檢索《漢語大字典》（第 2 版）徵引《漢書注》“古今字”例條，共得 109 個。

　　衷心感謝李運富先生的理解和支持，同意我調離鄭州大學并支持吳國昇教授和我在貴州師範大學成立漢字文明傳承傳播與教育中心西南地區研究基地。衷心感謝貴州師範大學各級領導及同事對我的關心和幫助，爲我的教學科研工作提供了良好的外部條件。

　　2017 年至 2018 年我的主要精力放在《古代注列“古今字”輯考》的審校工作上，2019 年至 2020 年，審校工作與本書的撰寫工作基本上是同時進行的。近幾年我們發表了幾篇《漢書注》“古今字”方面的論文，業已成爲本書的有機組成部分。

　　由於水平有限，加上時間和精力不允許，書中一定存在不少錯誤，敬祈方家批評指正。

張青松

於貴州師範大學龍文苑公寓

2022 年 6 月初稿

2022 年 11 月改定

圖書在版編目(CIP)數據

顏師古"古今字"研究 / 張青松,關玲著.--北京:
社會科學文獻出版社,2022.12
("古今字"學術史叢書)
ISBN 978-7-5228-0919-9

Ⅰ.①顏…　Ⅱ.①張…②關…　Ⅲ.①漢字-研究
Ⅳ.①H12

中國版本圖書館CIP數據核字(2022)第199781號

"古今字"學術史叢書
顏師古"古今字"研究

著　　者 / 張青松　關　玲

出 版 人 / 王利民
責任編輯 / 杜文婕
責任印製 / 王京美

出　　版 / 社會科學文獻出版社·人文分社（010）59367215
　　　　　　地址：北京市北三環中路甲29號院華龍大廈　郵編：100029
　　　　　　網址：www.ssap.com.cn
發　　行 / 社會科學文獻出版社（010）59367028
印　　裝 / 三河市東方印刷有限公司

規　　格 / 開　本：787mm×1092mm　1/16
　　　　　　印　張：24.25　字　數：323千字
版　　次 / 2022年12月第1版　2022年12月第1次印刷
書　　號 / ISBN 978-7-5228-0919-9
定　　價 / 168.00圓

讀者服務電話：4008918866